陈寅恪 著

大学者谈史系列

历史的苦心

中国文史出版社

图书在版编目（CIP）数据

历史的苦心 / 陈寅恪著 . -- 北京：中国文史出版社 , 2023.7
（大学者谈史系列 / 史鸣主编）
ISBN 978-7-5205-4128-2

Ⅰ.①历… Ⅱ.①陈… Ⅲ.①中国历史 Ⅳ.①K20

中国国家版本馆 CIP 数据核字 (2023) 第 105629 号

责任编辑：方云虎

出版发行：中国文史出版社
社　　址：北京市海淀区西八里庄路 69 号院　　邮编：100142
电　　话：010-81136606　81136602　81136603（发行部）
传　　真：010-81136655
印　　装：廊坊市海涛印刷有限公司
经　　销：全国新华书店
开　　本：16 开
印　　张：29.5
字　　数：342 千字
版　　次：2024 年 1 月北京第 1 版
印　　次：2024 年 1 月第 1 次印刷
定　　价：88.00 元

编者说明

在现代史学发展过程中,陈寅恪以独特的方法拓展了史学研究的疆域。特点有三:一、以象征性证据,包括典故、文本写作机制和不言自明的行为方式,推论和还原历史现场;二、强调"与立说之古人,处于同一境界",重建古人面对各种情境时种种可能的做法以及表达的意向,"而对于其持论所以不得不如是之苦心孤诣,表一种之同情";三、根据自己对现实的真切感受,在历史中寻求历史的教训,赋予现实情感,"在史中求史识"。本书收入陈寅恪专著以外的主要史学论文和短文,可以领略陈寅恪瑰丽的历史想象力,一窥陈寅恪历史研究的"心曲"。

本书参考了陈寅恪不同版本的著作,文章分别选自《寒柳堂集》《金明馆丛稿初编》《金明馆丛稿二编》,按时间顺序重新编排,并订正了个别错讹。

编　者

目　录

《三国志》曹冲、华佗传与佛教故事

　　陈承祚著《三国志》，下笔谨严。裴世期为之注，颇采小说故事以补之，转失原书去取之意，后人多议之者。实则《三国志》本文往往有佛教故事，杂糅附益于其间，特迹象隐晦，不易发觉其为外国输入者耳。今略举数事以证明之，或亦审查古代史料真伪者之一助也。

　　《魏志》二〇《邓哀王冲传》云：

　　　　邓哀王冲字仓舒，少聪察歧嶷，生五六岁，智意所及，有若成人之智。时孙权曾致巨象，太祖欲知其斤重，访之群下，咸莫能出其理。冲曰："置象大船之上，而刻其水痕所至，称物以载之，则校可知矣。"太祖大悦，即施行焉。

叶水心适《习学记言》二七论此事曰：

　　　　仓舒童孺，而有仁人之心，并舟称象，为世开智物理，盖天禀也。

是直信以为事实。何义门焯以仓舒死于建安十三年前，知其事为妄饰，而疑置水刻舟，算术中或本有此法。邵二云晋涵据吴曾《能改斋漫录》引符子所载燕昭王命水官浮大豕而量之，谓其事已在前（见梁章钜《〈三国志〉旁证》一四）。然皆未得其出处也。考北魏吉迦夜共昙曜译《杂宝藏经》一《弃老国缘》云：

　　　　天神又问："此大白象有几斤？"而群臣共议，无能知者。亦募国内，复不能知。大臣问父，父言："置象船上，着大池中，画水齐船，深浅几许，即以此船量石着中，水没齐画，则知斤两。"即以此智以答天神。

寅恪案：《杂宝藏经》虽为北魏时所译，然其书乃杂采诸经而成，故其所载诸国缘，多见于支那先后译出之佛典中。如卷八之《难陀王与那伽斯那共论缘》与《那先比丘问经》之关系，即其一例。因知卷一之《弃老国缘》亦当别有同一内容之经典译出在先。或虽经译出，而书籍亡逸，无可征考。或虽未译出，而此故事仅凭口述，亦得辗转流传至于中土，遂附会为仓舒之事，以见其智。但象为南方之兽，非曹氏境内所能有，不得不取其事与孙权贡献事混成一谈，以文饰之，此比较民俗文学之通例也。

又涵芬楼影印百衲本《三国志》二九《魏书二十九·华佗传》（可参《后汉书·列传》七十二下《华佗传》）略云：

华佗，字元化，一名旉。（裴注：古"敷"字与"旉"相似，写书者多不能别。寻佗字元化，其名宜为旉也。）晓养性之术，时人以为年且百岁，而貌有壮容。又精方药，其疗疾，合汤不过数种，煮熟便饮，语其节度，舍去辄愈。若病结积在内，针药所不能及，当须刳割者，便饮其麻沸散，须臾便如醉死，无所知，因破取。病若在肠中，便断肠湔洗，缝腹膏摩，四五日差，不痛，人亦不自寤，一月之间即平复矣。佗行道，见一人病咽塞，嗜食而不得下，家人车载欲往就医。佗闻其呻吟，驻车往视，语之曰："向来道边有卖饼家，蒜齑大酢，从取三升饮之，病自当去。"即如佗言，立吐蛇一枚，县车边，欲造佗。佗尚未还，疾者前入坐，见佗北壁县此蛇辈约以十数。又有一士大夫不快，佗云："君病深，当破腹取。然君寿亦不过十年，病

不能杀君，忍病十岁，寿俱当尽，不足故自刳裂。"士大
夫不耐痛痒，必欲除之。佗遂下手，所患寻差，十年竟死。
广陵太守陈登得病，胸中烦懑，面赤不食。佗脉之曰："府
君胃中有虫数升，欲成内疽，食腥物所为也。"即作汤二升，
先服一升，斯须尽服之。食顷，吐出三升许虫，赤头皆动，
半身是生鱼脍也，所苦便愈。太祖闻而召佗，佗常在左右。
太祖苦头风，每发，心乱目眩，佗针鬲，随手而差。后太
祖亲理，得病笃重，使佗专视。佗曰："此近难济，恒事攻治，
可延岁月。"佗久远家思归，因曰："当得家书，方欲暂还耳。"
到家，辞以妻病，数乞期不反。太祖累书呼，又敕郡县发遣。
佗恃能，厌食事，犹不上道。太祖大怒，使人往检，若妻
信病，赐小豆四十斛，宽假限日。若其虚诈，便收送之。
于是传付许狱，考验首服。佗死后，太祖头风未除。太祖
曰："佗能愈此。小人养吾病，欲以自重。然吾不杀此子，
亦终当不为我断此根原耳。"及后爱子仓舒病困，太祖叹曰：
"吾悔杀华佗，令此儿强死也。"

杭大宗世骏《〈三国志〉补注》四引叶梦得《玉涧杂书》略云：

> 华佗固神医也。然范晔、陈寿记其治疾，皆言"若病
> 结积在内，针药所不能及者"云云，此决无之理。人之所
> 以为人者以形，而形之所以生者以气也。佗之药能使人醉
> 无所觉，可以受其刳割，与能完养，使毁者复合，则吾所
> 不能知。然腹背肠胃既以破裂断坏，则气何由舍，安有如
> 是而复生者乎？审佗能此，则凡受支解之刑者，皆可使生，
> 王者亦无所复施矣。

是昔人固有疑其事者。夫华佗之为历史上真实人物，自不容不
信。然断肠破腹，数日即差，揆以学术进化之史迹，当时恐难臻

此。其有神话色彩，似无可疑。检天竺语"agada"乃药之义。旧译为"阿伽陀"或"阿羯陀"，为内典中所习见之语。"华"字古音，据瑞典人高本汉字典为rᵂa，日本汉音亦读"华"为"か"。则"华佗"二字古音与"gada"适相应，其淆去"阿"字者，犹"阿罗汉"仅称"罗汉"之比。盖元化固华氏子，其本名为旉而非佗，当时民间比附印度神话故事，因称为"华佗"，实以"药神"目之。此《魏志》《后汉书》所记元化之字，所以与其一名之旉相应合之故也。

又考后汉安世高译《㮈女耆域因缘经》所载神医耆域诸奇术，如治拘睒弥长者子病，取利刀破肠，披肠结处。治迦罗越家女病，以金刀披破其头，悉出诸虫，封着瓮中，以三种神膏涂疮，七日便愈，乃出虫示之，女见，大惊怖。及治迦罗越家男儿肝反戾向后病，以金刀破腹，还肝向前，以三种神膏涂之，三日便愈。其断肠破腹固与元化事不异，而元化壁县病者所吐之蛇以十数，及治陈登疾，令吐出赤头虫三升许，亦与耆域之治迦罗越家女病事不无类似之处（可参裴注引佗别传中，佗治刘勋女膝疮事）。至元化为魏武疗疾致死，耆域亦以医暴君病，几为所杀，赖佛成神，仅而得免。则其遭际符合，尤不能令人无因袭之疑。（敦煌本勾道兴《搜神记》载华佗事有："汉末开肠，洗五藏，劈脑出虫，乃为魏武帝所杀"之语，与《㮈女耆域因缘经》所记尤相似。）然此尚为外来之神话，附益于本国之史实也。若慧皎《高僧传》之耆域，则于晋惠帝之末年，经扶南交广襄阳至于洛阳，复取道流沙而返天竺（见《高僧传》九）。然据《㮈女耆域因缘》等佛典，则耆域为佛同时人，若其来游中土，亦当在春秋之世，而非典午之时，斯盖直取外国神话之人物，不经比附事实或变易名字之程序，而竟以为本国历史之人物，则较《华佗传》

所记，更有不同矣。

寅恪尝谓外来之故事名词，比附于本国人物事实，有似通天老狐，醉则见尾。如袁宏《竹林名士传》、戴逵《竹林七贤论》、孙盛《魏氏春秋》、臧荣绪《晋书》及唐修《晋书》等，所载嵇康等七人，固皆支那历史上之人物也。独七贤所游之"竹林"，则为假托佛教名词，即"velu"或"Telurana"之译语，乃释迦牟尼说法处，历代所译经典皆有记载，而法显（见《佛国记》、玄奘（见《西域记》九）所亲历之地。此因名词之沿袭，而推知事实之依托，亦审查史料真伪之一例也。（闻日本学者有论此事之著作，寅恪未见。）总而言之，《三国志》曹冲、华佗二传，皆有佛教故事，辗转因袭，杂糅附会于其间，然巨象非中原当日之兽，华佗为五天外国之音，其变迁之迹象犹未尽亡，故得赖之以推寻史料之源本。夫《三国志》之成书，上距佛教入中土之时，犹不甚久，而印度神话传播已若是之广，社会所受之影响已若是之深，遂致以承祚之精识，犹不能别择真伪，而并笔于书。则又治史者所当注意之事，固不独与此二传之考证有关而已也。

（原载一九三〇年六月《清华学报》第六卷第一期）

《西游记》玄奘弟子故事之演变

印度人为最富于玄想之民族，世界之神话故事多起源于天竺，今日治民俗学者皆知之矣。自佛教流传中土后，印度神话故事亦随之输入。观近年发现之敦煌卷子中，如《维摩诘经文殊问疾品演义》诸书，益知宋代说经与近世弹词、章回体小说等多出于一源，而佛教经典之体裁与后来小说文学盖有直接关系。此为昔日吾国之治文学史者所未尝留意者也。

僧祐《出三藏记集》九《贤愚经记》云：

> 河西沙门释昙学、威德等凡有八僧，结志游方，远寻经典，于于阗大寺遇般遮于瑟之会。般遮于瑟者，汉言五年一切大众集也。三藏诸学各弘法宝，说经讲律，依业而教。学等八僧随缘分听，于是竞习胡音，析以汉义。精思通译，各书所闻。还至高昌，乃集为一部。

据此，则《贤愚经》者，本当时昙学等八僧听讲之笔记也。今检其内容，乃一杂集印度故事之书。以此推之，可知当日中央亚细亚说经，例引故事以阐经义。此风盖导源于天竺，后渐及于东方。故今《大藏》中《法句譬喻经》等之体制，实印度人解释佛典之正宗。此土释经著述，如天台诸祖之书，则已支那化，固与印度释经之著作有异也。夫说经多引故事，而故事一经演讲，不得不随其说者、听者本身之程度及环境而生变易，故有原为一故事，而歧为二者；亦有原为二故事，而混为一者。又在同一事之中，亦可以甲人代乙人；或在同一人之身，亦可易丙事为丁事。若能溯其本源，析其成分，则可以窥见时代之风气，批评作者之技能，于治小说文学史者傥亦一助欤？

鸠摩罗什译《大庄严经论》三第十五故事，难陀王说偈言：

> 昔者顶生王，将从诸军众，并象马七宝，悉到于天上。罗摩造草桥，得至楞伽城。吾今欲升天，无有诸梯隥；次诣楞伽城，又复无津梁。

寅恪案：此所言乃二故事，一为顶生王升天因缘，见于康僧会译《六度集经》四第四士故事，《涅槃经·圣行品》，《中阿含经》一一《王相应品四洲经》，元魏吉迦夜、昙曜共译之《付法藏因缘传》一，鸠摩罗什译《仁王般若波罗蜜经》下卷，不空译《仁王护国般若波罗蜜经·护国品》，法炬译《顶生王故事经》，昙无谶译《文陀竭王经》，施护译《顶生王因缘经》及《贤愚经》一三等。梵文 Divyāvadāna 第十七篇亦载之，盖印度最流行故事之一也。兹节录《贤愚经》一三《顶生王·缘品》第六十四之文如下：

> 〔顶生王〕意中复念欲升切利，即与群众蹈虚登上。时有五百仙人住在须弥山腹，王之象马屎尿下落，污仙人身。诸仙相问，何缘有此？中有智者告众人言："吾闻顶生欲上三十三天，必是象马失此不净。"仙人怨恨，便结神咒，令顶生王及其人众悉住不转。王复知之，即立誓愿："若我有福，斯诸仙人悉皆当来，承供所为。"王德弘博，能有感致，五百仙人尽到王边，扶轮御马，共至天上。未至之顷，遥睹天城，名曰快见，其色曒白，高显殊特。此快见城有千二百门，诸天惶怖，悉闭诸门，着三重铁关。

顶生兵众直趣不疑，王即取贝吹之，张弓扣弹，千二百门一时皆开。帝释寻出，与共相见，因请入宫，与共分坐。天帝人王貌类一种，其初见者不能分别，唯以眼眴迟疾知其异耳。王于天上受五欲乐，尽三十六帝，末后帝释是大迦叶。时阿修罗王兴军上天，与帝释斗。帝释不如。顶生复出，吹贝扣弓，阿修罗王即时崩坠。顶生自念："我力如是，无有等者。今与帝释共坐何为？不如害之，独霸为快。"恶心已生，寻即堕落，当本殿前，委顿欲死。诸人来问："若后世问顶生王云何命终，何以报之？"王对之曰："若有此问，便可答之，顶生王者由贪而死。"统领四域四十亿岁，七日雨宝，及在二天，而无厌足，故致坠落。

此闹天宫之故事也。

又印度最著名之纪事诗《罗摩延传》第六编，工巧猿名 Nala 者，造桥渡海，直抵楞伽。此猿猴故事也。盖此二故事本不相关涉，殆因讲说《大庄严经论》时，此二故事适相连接，讲说者有意或无意之间，并合闹天宫故事与猿猴故事为一，遂成猿猴闹天宫故事。其实印度猿猴之故事虽多，猿猴而闹天宫，则未之闻。支那亦有猿猴故事，然以吾国昔时社会心理，君臣之伦，神兽之界分别至严。若绝无依借，恐未必能联想及之。此《西游记》孙行者大闹天宫故事之起原也。

又义净译《根本说一切有部毗奈耶杂事》三《佛制苾刍发不应长缘》略云：

> 时具寿牛卧在憍闪毗国，住水林山出光王园内猪坎窟中。后于异时，其出光王于春阳月，林木皆茂，鹅雁鸳鸯鹦鹉舍利孔雀诸鸟，在处哀鸣，遍诸林苑。时出光王命掌园人曰："汝今可于水林山处，周遍芳园，皆可修治。除

众瓦砾，多安净水，置守卫人。我欲暂住园中游戏。"彼人敬诺，一依王教。既修营已，还白王知。时彼王即便将诸内宫以为侍从，往诣芳园。游戏既疲，偃卧而睡。时彼内人性爱花果，于芳园里随处追求。时牛卧苾刍须发皆长，上衣破碎，下裙垢恶，于一树下跏趺而坐。宫人遥见，各并惊惶，唱言："有鬼！有鬼！"苾刍即往入坎窟中。王闻声已，即便睡觉，拔剑走趁。问宫人曰："鬼在何处？"答曰："走入猪坎窟中。"时王闻已，行至窟所，执剑而问："汝是何物？"答言："大王！我是沙门。"王曰："是何沙门？"答曰："释迦子。"问言："汝得阿罗汉果耶？"答言不得。"汝得不还，一来，预流果耶？"答言不得。"且置斯事，汝得初定，乃至四定？"答并不得。王闻是已，转更瞋怒，告大臣曰："此是凡人，犯我宫女，可将大蚁填满窟中，蜇螫其身。"时有旧住天神近窟边者，闻斯语已，便作是念："此善沙门，来依附我，实无所犯，少欲自居。非法恶王横加伤害。我今宜可作救济缘。"即自变身为一大猪，从窟走出。王见猪已，告大臣曰："可将马来，并持弓箭。"臣即授与。其猪遂走，急出花园，王随后逐。时彼苾刍急持衣钵，疾行而去。

《西游记》猪八戒高家庄招亲故事，必非全出中国人臆撰，而印度又无猪豕招亲之故事。观此上述故事，则知居猪坎窟中，须松蓬长、衣裙破垢、惊犯宫女者，牛卧苾刍也。变为大猪、从窟走出、代受伤害者，则窟边旧住之天神也。牛卧苾刍虽非猪身，而居猪坎窟中，天神又变为猪以代之，出光王因持弓乘马以逐之，可知此故事中之出光王即以牛卧苾刍为猪。此故事复经后来之讲说，憍闪毗国之"憍"，以音相同之故，变为高家庄之

"高"。惊犯宫女，以事相类似之故，变为招亲。辗转代易，宾主淆混，指牛卧为猪精，尤觉可笑。然故事文学之演变，其意义往往由严正而趋于滑稽，由教训而变为讥讽，故观其与前此原文之相异，即知其为后来作者之改良。此《西游记》猪八戒高家庄招亲故事之起原也。

又《慈恩法师传》一云：

> 莫贺延碛，长八百余里，古曰沙河。上无飞鸟，下无走兽，复无水草。是时顾影，唯一心但念观音菩萨及《般若心经》。初，法师在蜀，见一病人身疮臭秽，衣服破污，愍将向寺，施与衣服饮食之直。病者惭愧，乃授法师此经。因常诵习。至沙河间，逢诸恶鬼，奇状异类，绕人前后。虽念观音，不能令去。及诵此经，发声皆散。在危获济，实所凭焉。

此传所载，世人习知（胡适教授《西游记考证》亦引之），即《西游记》流沙河沙和尚故事之起原也。

据此三者之起原，可以推得故事演变之公例焉。

一曰：仅就一故事之内容而稍变易之，其事实成分殊简单，其演变程序为纵贯式。如原有玄奘度沙河逢诸恶鬼之旧说，略加傅会，遂成流沙河沙和尚故事之例是也。

二曰：虽仅就一故事之内容变易之，而其事实成分不似前者之简单，但其演变程序尚为纵贯式。如牛卧苾刍之惊犯宫女，天神之化为大猪。此二人二事，虽互有关系，然其人其事固有分别，乃接合之，使为一人一事，遂成猪八戒高家庄招亲故事之例是也。

三曰：有二故事，其内容本绝无关涉，以偶然之机会，混合为一。其事实成分因之而复杂。其演变程序则为横通式。如顶生王升天争帝释之位，与工巧猿助罗摩造桥渡海，本为各自分别之二故事，而混合为一，遂成孙行者大闹天宫故事之例是也。

又就故事中主人之构造成分言之，第三例之范围不限于一故事，故其取用材料至广。第二例之范围虽限于一故事，但在一故事中之材料，其本属于甲者，犹可取而附诸乙，故其取材尚不甚狭。第一例之范围则甚小，其取材亦因而限制，此故事中原有之此人此事，虽稍加变易，仍演为此人此事。今《西游记》中玄奘弟子三人，其法宝神通各有等级。其高下之分别，乃其故事构成时，取材范围之广狭所使然。观于上述此三故事之起原，可以为证也。

寅恪讲授佛教翻译文学，以《西游记》玄奘弟子三人，其故事适各为一类，可以阐发演变之公例，因考其起原，并略究其流别，以求教于世之治民俗学者。

（原载一九三〇年八月《历史语言研究所集刊》第二本第二分）

《彰所知论》与《蒙古源流》

（《蒙古源流》研究之三）

　　元帝师八思巴为忽必烈制蒙古国书。元亡而其所制之国书亦废不用。《彰所知论》者，帝师为忽必烈太子真金所造。其书依仿立世阿毗昙之体，据遮吐蕃旧译佛藏而成。于佛教之教义固无所发明，然与蒙古民族以历史之新观念及方法，其影响至深且久。故《蒙古源流》之作，在元亡之后将三百年，而其书之基本观念及编制体裁，实取之于《彰所知论》。今日和林故壤，至元国字难逢通习之人。而《蒙古源流》自乾隆以来，屡经东西文字之移译（满文、汉文及德文），至今犹为东洋史学之要籍。然则蒙古民族其文化精神之所受于八思巴者，或转在此而不在彼，殆亦当日所不及知者欤！

　　考东西文字之蒙古旧史，其世界创造及民族起源之观念，凡有四类。最初者，为与夫余、鲜卑诸民族相似之感生说。稍后乃取之于高车、突厥等民族之神话。迨受阿剌伯、波斯诸国之文化，则附益以天方教之言。而蒙古民族之皈依佛教者，以间接受之于西藏之故，其史书则掇采天竺、吐蕃二国之旧载，与其本来近于夫余、鲜卑等民族之感生说，及其所受于高车、突厥诸民族之神话，追加而混合之。夫蒙古民族最初之时叙述其起源，而冠以感生之说。譬诸栋宇，既加以覆盖，本已成一完整之建筑，若更于其上施以楼阁之工，未尝不可因是益臻美备而壮观瞻。然自建筑

12

方面言之，是谓重叠之工事。有如九成之台，累土而起；七级之塔，历阶而登，其构造之愈高而愈上者，其时代转较后而较新者也。今日所存之阿剌伯文、波斯文、土耳其文等蒙古旧史，大抵属于第三类之回教化者，与《蒙古源流》无涉，于此可不论。至第一类与夫余、鲜卑等民族之感生说相似者，则日本内藤虎次郎博士之蒙古开国之传说（见内藤氏《读史丛录》）并今西龙博士之朱蒙传说及老獭稚传说（见《内藤博士颂寿纪念史学论丛》）诸论文中已详言之。亦无庸赘述。兹仅就第二、第四两类略征旧史之文，阐明其义，以见帝师与蒙古史之关系，及其后来之影响。并取《彰所知论》卷上《情世界品》中吐蕃、蒙古王族之译名，与许氏本《嘉喇卜经》（Rgyal-rabs，ed.Schlagintweit）、《蒙古源流》诸书互证，以备治蒙古史者之参考。其天竺诸王名字，则皆见于佛乘，非难推知，故不多及焉。

《元朝秘史》一略云：

> 当初元朝的人祖，是天生一个苍色的狼（蒙文音译"孛儿帖赤那"，《蒙古源流》作"布尔特齐诺"），与一个惨白色的鹿（蒙文音译"豁埃马阑勒"，《蒙古源流》作"郭斡玛喇勒"）相配了，同渡过腾汲（吉）思名字的水，来到于斡难名字的河源头，不儿罕名字的山（蒙文音译"不峏罕哈勒敦纳"，《蒙古源流》作"布尔干噶勒图纳"）前住着。产了一个人，名字唤作巴塔赤罕。朵奔篾儿干（《元史·太祖本纪》《宗室世系表》，陶宗仪《辍耕录》作"脱奔咩哩犍"，《蒙古源流》作"多博墨尔根"）死了的后头，他的妻阿阑豁阿（《元史·太祖本纪》《宗室世系表》，《辍耕录》作"阿兰果火"，《蒙古源流》作"阿抡郭斡"）又生了三个孩儿。一个名不忽合答吉（《元史·太祖本纪》《宗

室世系表》,《辍耕录》作"博寒葛答黑"。《蒙古源流》
作"布固哈塔吉"),一个名不合秃撒勒只(《元史·太祖
本纪》《宗室世系表》,《辍耕录》作"博合睹撒里直",
《蒙古源流》作"博克多萨勒济固"),一个名孛端察儿
(《元史·太祖本纪》《宗室世系表》,《辍耕录》作"孛
端叉儿",《蒙古源流》作"勃端察尔")。朵奔篾儿干在
时生的别勒古讷台(《蒙古源流》作"伯勒格特依")、不
古讷台(《蒙古源流》作"伯衮德依")两个儿子背处共
说:俺这母亲无房亲兄弟,又无丈夫,生了这三个儿子,家
内独有马阿里黑伯牙兀歹(《蒙古源流》作"玛哈赉")家
人,莫不是他生的么?道说间,他母亲知觉了。因那般他母
亲阿阑豁阿说:别勒古讷台,不古讷台!您两个儿子疑惑
我这三个儿子是谁生的,你疑惑的也是。您不知道每夜有黄
白色人自天窗门额明处入来,将我肚皮摩挲。他的光明透入
肚里去时节,随日月的光,恰似黄狗般爬出去了。您休造次
说。这般看来,显是天的儿子,不可比做凡人。久后他每做
帝王呵,那时才知道也者。

**又拉施特《集史》(节录洪钧《元史译文证补》一上《太祖
本纪译证上》)略云:**

相传古时蒙兀与他族战,全军覆没,仅遗男女各二人,
遁入一山,斗绝险巇,惟一径通出入。而山中壤地宽平,
水草茂美,乃携牲畜辎重往居,名其山曰阿儿格乃衮。二
男一名脑古,一名乞颜。乞颜义为奔瀑急流,以其膂力迈
众,一往无前,故以称名。乞颜后裔繁盛。后世地狭人稠,
乃谋出山,而旧径芜塞,且苦艰险。继得铁矿,洞穴深邃。
爰伐木炽炭,篝火穴中,鼓风助火,铁石尽熔,衢路遂辟。

后裔于元旦锻铁于炉，君与宗亲次第捶之，著为典礼。蒙兀之出阿儿格乃衮，其后人最著称者，曰孛儿特赤那（《秘史》作"孛儿帖赤那"）。妻子甚多，长妻曰郭斡马特儿（《秘史》作"豁埃马阑勒"），生必特赤干（《秘史》作"巴塔赤罕"）。朵本巴延（《秘史》作"朵奔篾儿干"）早卒，阿阑郭斡（《秘史》作"阿阑豁阿"）寡居而孕，夫弟及亲族疑其有私。阿阑郭斡曰，天未晓时，有白光入自帐顶孔中，化为男子，与同寝，故有孕。且曰："我如不耐寡居，曷不再醮，而为此暧昧事乎？斯盖天帝降灵，欲生异人也。不信，请伺察数夕，以证我言。"众曰："诺。"黎明时，果见有光入帐，片刻复出。众疑乃释。

考《魏书》卷一〇三《高车传》（参《北史》九八《高车传》及《通典》一九七《边防典》一三《高车传》）云：

俗云，匈奴单于生二女，姿容甚美，国人皆以为神。单于曰："吾有此女，安可配人？将以与天。"乃于国北无人之地筑高台，置二女其上。曰："请天自迎之。"经三年，其母欲迎之，单于曰："不可，未彻之间耳。"复一年，乃有一老狼，昼夜守台嗥呼，因穿台下为空穴，经时不去。其小女曰："吾父处我于此，欲以与天，而今狼来，或是神物，天使之然。将下就之。"其姊大惊，曰："此是畜生，无乃辱父母也！"妹不从，下为狼妻而产子。后遂滋繁成国。

又《周书》五〇《异域传下》（参《隋书》八四及《北史》九九《突厥传》并《通典》一九七《边防典》一三《突厥上》及《册府元龟》九五六《外臣部·种族门》"突厥"条）略云：

突厥者，盖匈奴之别种，姓阿史那氏，别为部落。后为邻国所破，尽灭其族。有一儿，年且十岁，兵人见其小，

15

不忍杀之，乃刖其足，弃草泽中。有牝狼以肉饲之。及长，与狼合，遂有孕焉。彼王闻此儿尚在，重遣杀之。使者见狼在侧，并欲杀狼。狼遂逃于高昌国之北山。（寅恪案：《通典》作"负于西海之东，止于山上。其山在高昌西北"。其意似谓狼负此子逃于高昌。疑《周书》有脱文。俟考。）山有洞穴，穴内有平壤茂草，周回数百里，四面俱山。狼匿其中，遂生十男。十男长大，外托妻孕，其后各有一姓，阿史那即一也。子孙蕃育，渐至数百家。经数世，相与出穴，臣于茹茹。居金山之阳，为茹茹铁工。〔土门〕恃其强盛，乃求婚于茹茹。茹茹主阿那瓌大怒，使人骂辱之，曰："尔是我锻奴，何敢发是言也。"

据此，则狼祖及锻铁事，皆高车、突厥之民族起源神话，而蒙古人袭取之无疑也。

考《元史》一《太祖本纪》云：

> 太祖法天启运圣武皇帝讳铁木真，姓奇渥温氏，蒙古部人。其十世祖孛端叉儿，母曰阿兰果火，嫁脱奔咩哩犍，生二子，长曰博寒葛答黑，次曰博合睹撒里直。既而夫亡，阿兰寡居，夜寝帐中，梦白光自天窗中入，化为金色神人，来趋卧榻。阿兰惊觉，遂有娠，产一子，即孛端叉儿也。孛端叉儿状貌奇异，沉默寡言，家人谓之痴。独阿兰语人曰："此儿非痴，后世子孙必有大贵者。"

又拉施特《集史》（依洪钧《元史译文证补》一上《太祖本纪译证上》所载）云：

> 蒙兀先无文字，世系事迹，口相传述，无史记以为定论。自朵本巴延至成吉思汗约近四百载。据库藏国史及知掌故者，参访合征之焉。

洪氏注云：

> 朵本巴延即《元史》之脱奔咩哩犍。《本纪》叙帝先系，始于此人。据此数语观之，当是蒙古国史亦始此人，而《元史》本之也。自此以上世系，当是传述得之。故《元史》之世系少，而《秘史》《蒙古源流》之世系多。

寅恪案：洪氏之说极是，而阮元撰《四库未收书目·〈元秘史〉提要》云：

> 是编所载元初世系，孛端叉儿之前尚有一十一世。《太祖本纪》述其先世，仅从孛端叉儿始。诸如此类，并足补正史之纰漏。

寅恪案：《元史》所记阿兰果火不夫而孕事，乃民族起源之感生说。此种感生说，与夫余、高句丽、百济、鲜卑、契丹、日本、满洲等民族所传者极相近似（详见内藤虎次郎、今西龙两博士论文），或者即为蒙古民族最初所固有者，亦未可知。今之《元史》记蒙古民族起源，仅述此感生说，不更追述此前之神话。如《元秘史》及拉施特《集史》之所载者，姑不论其经后世史官删削与否，要为尚不尽失其简单之原始形式。而《秘史》所记世系较《元史》为多者，乃由采用突厥等民族神话，追加附益于其本来固有者之所致。故孛端叉儿以前一十一世之事迹，乃蒙古民族起源史后来向上增建之一新层级，较《元史》之简单感生说，恐尤荒诞不可征信。乌能补正其纰漏乎？阮氏殆失言矣。

《蒙古源流》卷一、卷二叙天地剖判及天竺、吐蕃二国历代事迹。其卷一云：

> 〔土伯特〕色哩持赞博汗之子曰智固木赞博汗，为奸臣隆纳木篡弑。其三子皆出亡。长子置持逃往宁博地方，次子博啰咱逃往包博地方，第三子布尔特齐诺（《秘史》音译作"孛

17

儿帖赤那",义为苍色的狼)逃往恭布(卷三作恭博)地方。
其卷三《续叙》略云:

> 古土伯特地方尼雅持赞博汗之七世孙色尔(哩)持赞
> 博汗〔之子智固木赞博汗〕为其臣隆纳木篡夺汗位,其子
> 博啰咱置持、布尔特齐诺等兄弟三人俱各出亡。季子布尔
> 特齐诺出之恭博地方,即娶恭博地方之女郭斡玛喇勒(《秘
> 史》音译作"豁埃马阑勒",义为惨白色的鹿)为妻,往
> 渡腾吉思海。东行至拜噶勒江所属布尔干噶勒图那(《秘史》
> 作"不峏罕哈勒敦纳")山下,遇必塔地方人众,询其故,
> 遂援引古额讷特珂克(天竺)人众所推尊之土伯特地方之
> 尼雅持赞博以语之。必塔地方人众议云,此子有根基,我
> 等无主,应立伊为君。遂尊为君长,诸惟遵旨行事。生子
> 必塔斯干、必塔察干(《秘史》作巴塔赤罕)二人。多博
> 墨尔根(《秘史》作"朵奔篾儿干")卒后,阿抡郭斡哈屯(《秘
> 史》作"阿兰豁阿")每夜梦一奇伟男子与之共寝。天将明,
> 即起去。因告伊姐娌及侍婢知之。如是者久之,遂生布固
> 哈塔吉(《秘史》作"不忽合答吉")、博克多萨勒济固(《秘
> 史》作"不合秃撒勒只")、勃端察尔(《秘史》作"孛
> 端察儿")等三子。后渐长成。有好事者谮之云,从无寡
> 妇生子之理。其夫之连襟玛哈费(《秘史》作"马阿里黑
> 伯牙兀歹")常往来其家,疑即此人。伯勒格特伊(《秘史》
> 作"别勒古讷台")、伯衮德依(《秘史》作"不古讷台")
> 二人遂疑其母。其母云:"尔等二人误听旁人之言疑我。"
> 因语以梦中情事,且云:"尔等此三弟殆天降之子也。"

据此,可知《蒙古源流》于《秘史》所追加之史层上,更
增建天竺、吐蕃二重新建筑,采取并行独立之材料,列为直贯

一系之事迹。换言之，即糅合数民族之神话，以为一民族之历史。故时代以愈推而愈久，事迹亦因愈演而愈繁。吾人今日治史者之职责，在逐层削除此种后加之虚伪材料，庶几可略得一近似之真。然近日学人犹有谓"吐蕃、蒙兀实一类也。《〔蒙古〕源流》之说，未可厚非"者（见屠寄《蒙兀儿史记·世纪第一》），岂不异哉！

夫逐层向上增建之历史，其例自不限于蒙古史。其他民族相传之上古史，何独不然？今就小彻辰撒囊之《蒙古源流》一书而论，推究其所以致此叠累式之原因，则不得不溯源于《彰所知论》。此论论主既采仿梵文所制之吐蕃字母，以为至元国书，于是至元国书遂为由吐蕃而再传之梵天文字。其造论亦取天竺、吐蕃事迹，联接于蒙兀儿史。于是蒙兀儿史遂为由西藏而上续印度之通史。后来蒙古民族实从此传受一历史之新观念及方法。《蒙古源流》即依此观念、以此方法采集材料而成书者。然则帝师此论与蒙古史之关系深切若是，虽非乙部之专著，治史者固不可以其为佛藏之附庸而忽视之也。兹取《彰所知论》卷上《情世界品》中吐蕃、蒙古王族名字，以旧史校之，条列于下。

《论》云：

如来灭度后千余年，西番国有王曰呀乞嘌赞普。

寅恪案：此王即藏文《嘉喇卜经》之吐蕃第一赞普 Gnya-khri-btsan-po。亦即《蒙古源流》卷一、卷三之尼雅赤（卷一作赤，卷三作持）赞。

《论》云：

二十六代有王曰祫陀朵嘌思颜赞。

寅恪案：此王即《嘉喇卜经》之二十五代王 Lha-tho-tho-ri-snyen-（snyan）-btsan。亦即《蒙古源流》一之拉托托里年赞。《彰所知论》译地名"拉萨"作"袷萨",故此王名之"袷"字,亦为 Lha 之对音。

《论》云:

> 后至第五王,名曰双赞思甘普。

寅恪案:此王即《嘉喇卜经》之 Srong-btsan-sgam-po,亦即《蒙古源流》二之苏隆赞堪布。此王亦称 Khri-ldan-srong-btsan,即《蒙古源流》二之持勒德苏隆赞(蒙文书社本《蒙古源流》作"哩勒丹苏隆赞")。亦即《旧唐书》一九六《吐蕃传》之弃宗弄赞,《新唐书》二一六《吐蕃传》之弃宗弄赞及弃苏农。

《论》云:

> 后第五代有王名曰乞㗓双提赞。

寅恪案:此王即《嘉喇卜经》之 Khri-srong-lde-btsan。亦即《蒙古源流》二之持苏陇德灿。《旧唐书》一九六《新唐书》二一六《吐蕃传》之乞黎苏笼猎赞,皆指此人也。

《论》云:

> 后第三代有王名曰乞㗓倰巴瞻。

寅恪案:此王即《嘉喇卜经》之 Ral-pa-can,长庆唐蕃会盟碑阴及敦煌发见藏文写本之 Khri-gtsug-Ide-btsan,敦煌中文《八波罗夷经》写本之乞里提足(足提)赞,亦即《蒙古源流》二之持松垒,《新唐书》二一六《吐蕃传》之可黎可足。详见拙著《吐蕃彝泰赞普名号年代考》(中央研究院《历史语言研究所集刊》第二本第一分)。

《论》云:

> 始成吉思从北方多音国如铁轮王。

寅恪案:藏文多为 Mang-po,音为 Krol。故以多音为蒙兀儿之译名。取其对音相近也。

《论》云：

> 其子名曰斡果戴，时称可罕，绍帝王位。

寅恪案：此名即《元史》太宗窝阔台之异译。

《论》云：

> 有子曰古伟，绍帝位。

寅恪案：此名即《元史》定宗贵由之异译。

《论》云：

> 成吉思次子名朵罗。

寅恪案：此名即《元史》睿宗拖雷之异译。

《论》云：

> 朵罗长子名曰蒙哥，亦绍王位。

寅恪案：此名与《元史》宪宗之译名相同。

《论》云：

> 王弟忽必烈绍帝王位。

寅恪案：此名与《元史》世祖之译名相同。

《论》云：

> 帝有三子，长曰真金。

寅恪案：此名与《元史》裕宗之译名相同。

《论》云：

> 二曰厖各剌。

寅恪案：此名即《元史》安西王忙哥剌之异译。

《论》云：

> 三曰纳麻贺。

寅恪案：此名即《元史》安北王那木罕之异译。

（原载一九三一年四月《历史语言研究所集刊》第二本第三分）

庾信《哀江南赋》与杜甫《咏怀古迹》诗

　　昔人论杜子美《重经昭陵》诗之"风尘三尺剑，社稷一戎衣"，出于庾子山《周祀宗庙歌皇夏》之"终封三尺剑，长卷一戎衣"。若此类者，可谓之以庾解杜。予今反之，以杜解庾。请举一例，以求教于读庾赋杜诗者。至庾赋中有关之史事，皆载在旧籍，人所习知。故兹篇仅就大意为之说明，不复多所征引。

　　庾子山《哀江南赋》末一节凡八句云：

　　　　天地之大德曰生，圣人之大宝曰位。用无赖之子弟，举江东而全弃。惜天下之一家，遭东南之反气。以鹑首而赐秦，天何为而此醉。

　　《庾子山集》倪璠《注》以此八句指萧詧而言，略谓"天地大德""圣人大宝"二语为下文"江东全弃""鹑首赐秦"张本。"无赖子弟"谓陈霸先，"江东全弃"谓丹阳诸郡皆为陈有也。萧詧既伤好生之心，又失大宝之位，使雍州西去，建业东亡。

　　案：萧詧既终天年，复保尊位，而丹阳诸郡本非其所能有，何得谓用无赖之陈霸先悉举而弃之乎？征诸史实，鲁玉之说近于曲解，殊不可通。

　　又曾国藩《经史百家杂钞·词赋类》上三《哀江南赋》此八句下注云：

　　　　以上追咎武帝不能豫教子弟而乱生。

案：梁武帝身死国亡，由于纳侯景之降，而不在其不能豫教子弟。乱生之因既不在不教子弟，则何所用其追咎？且梁武帝子弟之中，其所最重视者，宜无过于简文及元帝。一则选为储贰，而弃昭明太子统之诸子不立。一则授以大镇，使之雄据上游。兹二人者，又皆子山所曾北面亲事之君也。岂有暮年作赋，追纪宗邦之沦覆，于旧国旧君，极致其哀慕不忘之情，而忍以无赖之语加诸故主之身乎？故知湘乡之说非但于当日情事更不可通，兼亦昧于立言之体矣。

然则此八句之真解如何？

案：杜工部《咏怀古迹》第一首第五句云"羯胡事主终无赖"，羯胡指安禄山，亦即以之比侯景也。杜公此诗实一《哀江南赋》之缩本。其中以己身比庾信，以玄宗比梁武，以安禄山比侯景。今以无赖之语属之羯胡，则知杜公之意庾赋中"无赖子弟"一语乃指侯景而言。证以当日情事，实为切当不移。请引申其旨意而解释之。

此赋八句乃总论萧梁一代之兴亡。前四句指武帝，后四句指元帝。盖有梁一代实仅武帝、元帝二主。简文、敬帝则徒拥虚位，可以不计。后梁则北朝附庸，而又子山故主之仇雠，自不视为继承兰陵之正统者。故止举武、元二世，即足以概括萧梁一朝也。此八句之大旨既明，兹复逐句略诠其意于下：

"天地之大德曰生"，谓武帝享八十六岁之高年也。"圣人之大宝曰位"，谓武帝居南朝天子之尊位也。"用无赖之子弟"，谓用侯景也。考《孟子·告子篇上》："富岁子弟多赖。"赵《注》："子弟，凡人之子弟也。赖，善。"《史记·吴王濞传》："吴所诱皆无赖子弟，亡命铸钱奸人，故相率以反。"可知子弟亦泛称，不必以为专指武帝之子弟，如曾涤生之所说也。

"举江东而全弃"，谓武帝失国也。此前四句之意综合言之，则谓武帝以享国最久之帝王，而用无赖之侯景，卒致丧生失位，尽弃其江东之王业也。"惜天下之一家""遭东南之反气"二句，指河东王誉事也。汉吴王濞为高祖兄仲之子。河东王誉亦为元帝兄昭明太子统之子。誉反于湘州，其地适在江陵之东南。以亲族关系及郡邑方向言，可称切当。庾公之意，盖谓元帝能平侯景，可以为中兴之主，何期天下同姓一家，而遭湘州之反，遂致灭亡之祸，此诚堪深惜者也。"以鹑首而赐秦""天何为而此醉"二句，谓以河东王誉之故，岳阳王答乃乞援于西魏，于谨遂陷江陵，而灭梁室也。据《隋书·地理志》，荆州之分野为鹑首之次。故鹑首即指江陵。此用鹑首赐秦故事，以譬西魏之取江陵，准之地望，至为适合。倪氏以为指襄阳为魏有而言，所解已嫌迂远不切。至又以"鹑首赐秦"谓指周太祖资萧答以江陵空城，置兵防守，是答亦失鹑首之次之南郡。信如其后说，则非"以鹑首赐秦"乃"秦赐以鹑首也"。较之前说，尤为费解，其不可通明矣。此后四句之意综合言之，则谓可惜元帝以天下一家之局，遭河东王誉反于湘州，卒致江陵为西魏所陷没，天何为此梦梦耶？

据上所述，知《哀江南赋》必用《咏怀古迹》诗之解，始可通。是之谓以杜解庾。

（原载一九三一年四月十五日《清华中国文学会月刊》第一卷第一期）

李唐氏族之推测

（甲）引　言

李唐氏族问题，近人颇有讨论。寅恪讲授清华，适课唐史，亦诠次旧籍，写成短篇。其所征引，不出习见之书。凡关系疏远之证据、事实引申之议论，虽多可喜可观者，以限于体裁，不能详及。极知浅陋简略，无当于著述之旨。然此文本意仅在备讲堂之遗忘，资同学之商榷。间有臆测之说，固未可信为定论，尤不敢自矜有所创获。倘承博洽君子，不以为不可教诲而教诲之，实所深幸焉！

（乙）李唐自称西凉后裔之可疑

李唐自称为西凉李暠后裔。然详检载记，颇多反对之证据。兹择其最强有力，及足以解人颐者，各一事，移录于下：

《魏书》一八《广阳王深传》（《北史》一六《广阳王深传》同），《论六镇疏》云：

> 昔皇始以移防为重，盛简亲贤，拥麾作镇，配以高门子弟，以死防遏。不但不废仕宦，至乃偏得复除。当时人

25

物，忻慕为之。及太和在历，仆射李冲当官任事，凉州土
人悉免厮役，丰沛旧门仍防边戍。自非得罪当世，莫肯与
之为伍。征镇驱使，但为虞候白直，一生推迁，不过军主。
然其往世房分留居京者，得上品通官。在镇者便为清途所
隔。或投彼有北，以御魑魅，多复逃胡乡。乃峻边兵之格，
镇人浮游在外，皆听流兵捉之。于是少年不得从师，长者
不得游宦，独为匪人，言者流涕。

按：《旧唐书》一《高祖本纪》（《新唐书》一《高祖本纪》略同）云：

重耳生熙，为金门镇将，领豪杰镇武川，因家焉。

今依李冲世系（《魏书》三九《李宝传》、五三《李冲传》，
《北史》一〇〇《序传》）及唐室自称之世系（《两唐书》一《高
祖本纪》及《新唐书》七〇上《宗室世系表》等），综合推计，
列为一表。以见其亲族关系：

据此，则重耳与宝为共祖兄弟，熙与冲为共曾祖兄弟，血
统甚近。魏太和之世，冲宗族贵显，一时无比。（《新唐书》
九五《高俭传》云："后魏太和中定四海望族，以〔陇西李〕宝
等为冠。"）熙既与冲为共曾祖兄弟，所生时代前后相差必不能
甚远。当太和之世，六镇边戍乃"莫肯与之为伍"之人。李熙一
族留家武川，则非"凉州土人"，而为"丰沛旧门"可知。是李
冲即陇西李氏，不认之为同宗，自无疑义。李唐自称为西凉后裔
之反对证据中，此其最强有力者也。

又唐释彦悰《唐护法沙门法琳别传》下载法琳对太宗之言曰：

窃以拓拔元魏，北代神君。达阇（即大野）达系，阴山贵种。经云：以金易锫石，以绢易缕褐，如舍宝女与婢交通，陛下即其人也。弃北代而认陇西，陛下即其事也。（此条女师大《学术季刊》第一卷第四期刘盼遂先生《李唐为蕃姓考》所引较详，可参阅。）

据此，可知唐初人固知其皇室氏族冒认陇西，此李唐自称为西凉后裔之别一反对证据，而又可以解人颐者也。

（丙）李唐疑是李初古拔之后裔

李唐世系之纪述，其见于新旧《唐书》一《高祖本纪》，《北史》一〇〇《序传》，《晋书》八七《凉武昭王传》，林宝《元和姓纂》等书者，皆不及《新唐书》七〇上《宗室世系表》所载之详备。今即依据此《表》与其他史料比较讨论之。《表》云：

歆字士业，西凉后主。八子：勖，绍，重耳，弘之，崇明，崇产，崇庸，崇祐。重耳字景顺，以国亡奔宋，为汝南太守。后魏克豫州，以地归之，拜恒农太守。复为宋将薛安都所陷。后魏安南将军，豫州刺史。生献祖宣皇帝熙，字孟良，后魏金门镇将。生懿祖光皇帝，讳天赐，字德真。三子：长曰起头，长安侯，生达摩，后周羽林监、太子洗马、长安县伯；次曰太祖；次乞豆。

此《表》所载必为唐室自述其宗系之旧文。兹就其所纪李重耳、李熙父子事实，分析其内容，除去其为西凉后裔一事以外，尚有七事。条列于下：

（一）其氏为李。

（二）父为宋汝南太守。

（三）后魏克豫州。父以地归之。

（四）父为后魏恒农太守。

（五）父为宋将薛安都所陷。

（六）父为后魏安南将军、豫州刺史。

（七）子为后魏金门镇将，

考《宋书》五《文帝纪》云：

〔元嘉二十七年二月〕辛丑，索虏寇汝南诸郡，陈南顿二郡太守郑琨、汝阳颍川二郡太守郭道隐委守走。索虏攻悬瓠城，行汝南郡事陈宪拒之。

又《宋书》七二《南平穆王铄传》云：

索虏大帅拓跋焘南侵陈颍，遂围汝南悬瓠城。行汝南太守陈宪保城自固。

又《宋书》七七《柳元景传》云：

〔元嘉〕二十七年八月，〔随王〕诞遣振威将军尹显祖出赀谷，奋武将军鲁方平、建武将军薛安都、略阳太守庞法起入卢氏。（中略）闰〔十〕月法起、安都、方平诸军入卢氏。（中略）法起诸军进次方伯堆，去弘农城五里。（中略）诸军造攻具，进兵城下。伪弘农太守李初古拔婴城自固。法起、安都、方平诸军鼓噪以陵城。（中略）安都军副谭金、薛系孝率众先登，生禽李初古拔父子二人。（中略）殿中将军邓盛、幢主刘骖乱使人入荒田，招宜阳人刘宽纠，率合义徒二千余人，共攻金门坞，屠之。杀戍主李买得，古拔子也，为虏永昌王长史，勇冠戎类。永昌闻其死，若失左右手。

又《宋书》九五《索虏传》云：

〔元嘉〕二十七年，焘自率步骑十万寇汝南。（中略）宣威将军陈南顿二郡太守郑绲（《文帝纪》作"琨"）、绥远将军汝南颍川二郡太守郭道隐并弃城奔走。虏掠抄淮西六郡，杀戮甚多。攻围悬瓠城，城内战士不满千人。先是汝南新蔡二郡太守徐遵之去郡，南平王铄时镇寿阳，遣左军行参军陈宪行郡事。宪婴城固守。（中略）焘遣从弟永昌王库仁真步骑万余，将所略六郡口，北屯汝阳。（中略）太祖嘉宪固守，诏曰："右军行参军、行汝南新蔡二郡军事陈宪，尽力捍御，全城摧寇，忠敢之效，宜加显擢。可龙骧将军、汝南新蔡二郡太守！"

又《魏书》六一《薛安都传》云：

后自卢氏入寇弘农，执太守李拔等，遂逼陕城。时秦州刺史杜道生讨安都。仍执拔等南遁，及世祖临江，拔乃得还。

据上引史实，则父称李初古拔，子称李买得。名虽类胡名，姓则为汉姓。但其氏为李，则不待言，是与第一条适合。李初古拔为后魏弘农太守，弘农即恒农，以避讳改字，是与第四条适合。李初古拔为宋将薛安都所禽，是与第五条适合。《宋书·柳元景传》言"生禽李初古拔父子"，《魏书·薛安都传》言"安都禽李拔等"，"仍执拔等南遁，世祖临江，拔乃得还"，则李初古拔必不止一子。或买得死难以弟代领其职，或《唐书·高祖纪》称李熙领豪杰镇武川，因而留居之记载，经后人修改，今不能悬决。但李熙为金门镇将，李买得亦为金门坞戍主，地理专名，如是巧同，亦可谓与第七条适合。至第二条李重耳为宋汝南太守一事，征诸上引史实，绝不可能。盖既言为宋将薛安都所陷，其时必在元嘉二十七年。当时前后宋之汝南太守，其姓名皆可考知。郭道隐则弃城走，徐遵之则去郡，陈宪则先行郡事，后以功擢补实官，故依据时日先后，排比推计，实无李重耳可为宋汝南太守之余地。据《宋书·柳元景传》言李买得为"永昌王长史，永昌闻其死，若失左右手"，则李氏父子与永昌王关系密切可知。《宋书·索虏传》又言"永昌王北屯汝阳"。考《资治通鉴》系永昌王屯汝阳事于元嘉二十七年三月，系李初古拔被禽事于元嘉二十七年闰十月，而汝阳县本属汝南郡，后分为汝阳郡者，故以时日先后，地域接近，及人事之关系论，李初古拔殆于未被禽以前，曾随永昌王屯兵豫州之境，故因有汝南太守之授。然则此汝南太守非宋之汝南太守，乃魏之汝南太守也。第六条之安南将军，豫州刺史，当即与第二条汝南太守有关之职衔。第三条所谓后魏克豫州，以其地归之者，亦与第二条为宋汝南太守相关，同与上引史文冲突，实为不可能之事，无待详辩。《魏书·薛安都传》言安都"执李拔等南遁，及世祖临江，拔乃得还"，是李初古拔原有由北遁南，复由南归北一段因缘。李唐自述先世故实，或因此加以修改傅会，幸赖其与他种记载矛盾，留此罅隙，千载而后，遂得以发其覆耳。

又《魏书·薛安都传》之李拔即《宋书·柳元景传》李初古拔之省称。《梁书》五六《侯景传》景祖名周，《南史》八〇《侯景传》作"乙羽周"，与此同例。盖边荒杂类，其名字每多繁复，殊异乎华夏之雅称，后人于属文时因施删略。昔侯景称帝，七世庙讳，父祖之外，皆王伟追造（事见《梁书》《南史》侯景传），天下后世传为笑谈。岂知李唐自述先世之名字亦与此相类乎？夫侯汉、李唐俱出自六镇（侯氏怀朔镇人。李氏武川镇人），虽其后荣辱悬绝，不可并言，但祖宗名字皆经改造，则正复相同。考史者应具有通识，不可局于成败之见，以论事论人也。

总而言之，前所列七条，第一、第四、第五、第七，四条中，李重耳父子事实，皆与李初古拔父子事实适合。第六条乃第二条之附属，无独立性质，可不别论。第二条、第三条实为互相关联之一条。第五条既言"为宋将薛安都所陷"，则元嘉二十七年南北交兵之际，李氏父子必属于北，而不属于南，否则何能为宋将所禽？故易刘宋为后魏，则第二条、第三条之事实，不独不与其他诸条事实相反，而且适与之相成。况此其他诸条中涵有"元嘉二十七年"一定之时日，"李氏""薛安都"之人名专名，"弘农""金门"之地域专名，而竟能两相符应，天地间似无如此偶然巧值之事。故疑李唐为李初古拔之后裔，或不至甚穿凿武断也。

（丁）李唐先世与大野部之关系

李唐先世与大野部之关系，以今日史料之缺乏，甚不易知。姑就其可以间接推测者言之：李虎曾赐姓大野氏，或疑所谓赐姓者，实即复姓之意（见女师大《学术季刊》第二卷第二期王桐龄先生《杨隋李唐先世系统考》第四页）。寅恪请举一事，以明其不然。《隋书》五五《北史》七三《周摇传》云：

> 其先与后魏同源。初为普乃氏。及居洛阳，改为周氏。（中略）周闵帝受禅，赐姓车非氏。

据此，若赐姓果即复姓，则周摇应赐姓普乃氏，而非车非氏矣。故知赐姓即复姓之说非也。然则李虎何以赐姓大野氏？李氏与大野氏之关系究何如乎？今考李虎之外，李氏而有赐姓者，如李弼之赐姓徒何氏（《周书》一五《北史》六〇《李弼传》）。李穆则赐姓拓拔氏（《北史》卷五九《李贤传》。又见《容斋三笔》卷三"元魏改功臣姓氏"条。洪氏谓"〔宇文〕泰方以时俗文敝，命苏绰仿《周书》作《大诰》。又悉改官名，复周六卿之制。顾乃如是，殆不可晓"。是亦不解赐姓为兴灭国继绝世之大典，正所以摹仿成周封建制度之意者也），是同一李氏，而赐以不同之姓矣。又曾赐姓大野氏者，李虎以外，尚有阎庆［见《周书》二〇《北史》六一《阎庆传》、《新唐书》七三下《宰相世系表》、《通志》二九《氏族略五》、邓名世《古今姓氏书辩证》三一等。又郑氏、邓氏书皆言"后魏龙骧将军谢懿赐姓大野氏"，王氏《金石萃编》二七载魏孝文《吊比干文》碑阴题名有"骁骧将军臣河南郡大野愍（？）"。钱氏《潜研堂金石文跋尾》二作"大野□"。寅恪见缪氏艺风堂所藏拓本，亦不清晰，以字形推之，及证以龙骧将军官名，当是"懿"字。即此谢懿也。然魏孝文乃改代姓为汉姓者，岂有转赐汉姓之人以代姓之理？颇疑实大野氏改为谢氏，以野、谢音近之故。《魏书·官氏志》中此例甚多。后人误于西魏末年赐姓之事，因谓谢懿赐姓大野氏矣。待考。］是不同汉姓之人，亦赐以同一之大野氏矣。其间关系复杂纠纷，殊不易简单说明。考《魏书》一《序纪》（《北史》一《魏本纪》略同）云：

> 积六十七世至成皇帝，讳毛立。聪明武略，远近所推。统国三十六，大姓九十九。

又《魏书》一一三《官氏志》云：

> 初，安帝统国，诸部有九十九姓。至献帝时，七分国人，使诸兄弟各摄领之。

又《周书》一七《北史》六五《若干惠传》云：

若干惠，字惠保，代郡武川人也。其先与魏氏俱起，以国为姓。

据此则代北之姓，代表其国名。所谓国者，质言之，即部落也。《周书》二《文帝纪下》西魏恭帝元年纪赐姓事。其文云：

魏氏之初，统国三十六，大姓九十九，后多绝灭。至是以诸将功高者为三十六国后，次功者为九十九姓后。所统军人亦改从其姓。

宇文黑獭锐意复古，信用苏绰、卢辩之流，摹拟成周封建之制，赐姓功臣之举，乃其所谓兴灭国继绝世之盛典也。《资治通鉴》载此事于一六五"梁纪元帝承圣三年正月"，而删去"为三十六国后"及"为九十九姓后"之文，使赐姓大典之原意不能明显，遂启后人诸种臆测之说。今依"为后"之文解释，则赐李虎以大野氏者，其意即以李虎为大野氏之后。又依"所统军人亦改从其姓"之文解释，则其意部主与部属必应同一姓氏。当时既以大野之姓赐与李虎，则李虎先世或为大野部之部曲亦未可知。若李虎果为李初古拔之后裔，则南朝元嘉、北朝太平真君之时已姓李氏，似本汉人。譬诸后来清室之制，辽东汉人包衣有以外戚抬旗故，而升为满洲本旗，并改为满姓之例。李虎之赐姓大野氏，或亦与之有相似者欤？李唐先世与大野部之关系所能推测者，仅止于此，实非决定之结论也。

（戊）李重耳南奔之说似后人所伪造

前于（丙）章已言当元嘉二十七年南北交兵之际，李重耳无为宋汝南太守之可能。假使果有其事，而其为李唐先世与否，又为一问题，尚须别论。寅恪则并疑凡李重耳南奔之事，载在唐修《晋书·凉武昭王传》、《北史·序传》，两唐书《高祖纪》、《新唐书·宗室世系表》等者，皆依据唐室自述宗系之言，原非真实史迹。乃由后人修改，傅会李初古拔被禽，入宋后复归魏之事而成。兼以李重耳之奔宋，与李宝之归魏，互相对映也。何以知其然？因《世说新语·言语篇》云：

> 张天锡为凉州刺史，称制西隅。既为苻坚所禽，用为侍中，后于寿阳俱败。至都，为孝武所器。每入言论，无不竟日。

又《晋书》八六《张轨传》载张天锡归晋后事云：

> 又诏曰：故太尉西平公张轨著德遐域，（中略）拔迹登朝。先祀沦替，用增恧慨。可复天锡西平郡公爵！俄拜金紫光禄大夫。天锡少有文才，流誉远近。及归朝，甚被恩遇。

又僧祐《出三藏记集》一四《沮渠安阳侯传》（慧皎《高僧传》卷二《昙无谶传》略同）云：

> 沮渠安阳侯者，河西王蒙逊之从弟也。魏虏托拔焘伐凉州，安阳宗国殄灭，遂南奔于宋。从容法侣，宣通经典，是以京邑白黑咸敬而嘉焉。

夫前、西二凉，俱出汉族，遥奉江东。沮渠虽为戎类，而宰制西隅，事侔张李。故国亡之后，其宗胤南奔者咸见钦崇。即使李重耳声望不及张公纯嘏，学行不及沮渠京声，然既已致位郡守，御敌边疆，而南朝当日公私记载，一字无征，揆诸情事，宁有斯理？故举张氏沮渠同类之例，以相比喻，足知李重耳南奔之说实出后人所伪造。《魏书》九九《私署凉王李暠传》本不载重耳南奔事，汤球《十六国春秋辑补》所录重耳南奔事，亦取之唐修《晋书》，而不知其不可信也。（汤氏书《叙例》云："此书于《十六国春秋纂录》所删节处，以《晋书》张轨、李哥等传及刘渊诸载记补足。"寅恪案：今《十六国春秋纂录》六《西凉录》无重耳南奔事，故汤氏从唐修《晋书·李暠传》补足之。至若伪本《十六国春秋》之载重耳南奔事，必录自唐修《晋书》，更无足论矣。）

（己）唐太宗重修《晋书》及敕撰《氏族志》之推论

李唐先世疑出边荒杂类，必非华夏世家，已于前（丙）（丁）二章言之矣。知此，而后李唐一代三百年，其政治社会制度风气变迁兴革所以然之故，始可得而推论。以其范围非本篇所及，兹仅就太宗重修《晋书》及敕撰《氏族志》二事，简略言之：

唐以前诸家《晋书》，可称美备。而太宗复重修之者，其故安在？昔汉世古文经学者于《左氏春秋》中窜入汉承尧后之文（见《左传·鲁文公十三年》、《孔氏正义》及《后汉书》六六《贾逵传》），唐代重修《晋书》特取张轨为同类陪宾，不以前凉、西凉列于载记，而于八七《凉武昭王传》中亦窜入"士业子重耳脱身奔于江左，仕于宋，后归魏为恒农太守"一节，皆借此以欺天下后世。夫刘汉经师，李唐帝室，人殊代隔，迥不相关。而其择术用心，遥遥符应，有如是者，岂不异哉！李延寿于《北史》一〇〇《序传》中，虽亦载李重耳奔宋归魏之事，然于《南史》三八《柳元景传》、四〇《薛安都传》、《北史》三九《薛安都传》关于《宋书》《魏书》所载李初古拔父子事，皆删弃不录，或者唐初史家犹能灼知皇室先世真实渊源，因有所忌讳，不敢直书耶？其有与重修《晋书》相似者，则为敕撰《氏族志》一事。盖重修《晋书》所以尊扬皇室，证明先世之渊源。敕撰《氏族志》，虽言以此矫正当时之弊俗，实则专为摧抑中原甲姓之工具。故此二事皆同一用心，诚可谓具有一贯之政策者也。《新唐书》九五《高俭传》（参观《旧唐书》六五《高士廉传》、《唐会要》三六《氏族门》、八三《嫁娶门》、《贞观政要》七《论礼乐篇》"贞观六年太宗谓房玄龄"条、《资治通鉴》一九五"贞观十二年"条）云：

初，太宗尝以山东士人尚阀阅，后虽衰，子孙犹负世望，嫁娶必多取资，故人谓之卖昏。由是诏士廉与韦挺、岑文本、令狐德棻责天下谱谍，参考史传，检正真伪，进忠贤，退悖恶，先宗室，后外戚，退新门，进旧望，右膏粱，左寒畯，合二百九十三姓，千六百五十一家，为九等，号曰《氏族志》，而崔干仍居第一。帝曰："我于崔、卢、李、郑无嫌，顾其世衰，不复冠冕，犹恃旧地以取资，不肖子偃然自高，贩鬻松槚，不解人间何为贵之？齐据河北，梁、陈在江南，虽有人物，偏方下国，无可贵者，故以崔、卢、王、谢为重。今谋士劳臣以忠孝学艺从我定天下者，何容纳货旧门，向声背实，买昏为荣耶？（中略）朕以今日冠冕为等级高下。"遂以崔干为第三姓，班其书天下。高宗时许敬宗以不叙武后世，又李义府耻其家无名，更以孔志约、杨仁卿、史玄道、吕才等十二人刊定之，裁广类例，合二百三十五姓，二千二百八十七家。帝自叙所以然。以四后姓、郧公、介公及三公、太子、三师、开府仪同三司、尚书、仆射为第一姓，文武二品及知政事三品为第二姓，各以品位高下叙之，凡九等，取身及昆弟子孙，余属不入，改为《姓氏录》。当时军功入五品者皆升谱限，缙绅耻焉，目为"勋格"。义府奏悉索《氏族志》烧之。又诏后魏陇西李宝，太原王琼，荥阳郑温，范阳卢子迁、卢浑、卢辅，清河崔宗伯、崔元孙，前燕博陵崔懿，晋赵郡李楷，凡七姓十家，不得自为昏。三品以上纳币不得过三百匹，四品五品二百，六品七品百，悉为归装夫氏，禁受陪门财。先是，后魏太和中定四海望族，以宝等为冠。其后矜尚门地，故《氏族志》一切降之。王妃、主婿皆取当世勋贵名臣家，未尝尚山东旧族。后房玄龄、魏徵、李勣复与昏，故望不减。然每姓第其房望，虽一姓中，高下悬隔。李义府为子求昏，不得，始奏禁焉。其后天下衰宗落谱，昭穆所不齿者，皆称禁昏家，益自贵，凡男女皆潜相聘娶，天子不能禁。世以为敝云。

又《旧唐书》七八《张行成传》（《新唐书》一〇四《张行成传》、《资治通鉴》一九二《唐纪》"贞观元年"条同）云：

> 太宗尝言及山东、关中人，意有同异。行成正侍宴，跪而奏曰："臣闻天子以四海为家，不当以东西为限。若如是，则示人以隘狭。"

观此，可知对于中原甲姓压抑摧毁，其事创始于太宗，而高宗继述之（详见《旧唐书》八二《新唐书》二二三上《李义府传》、《太平广记》一八四《氏族类》"七姓"条等），遂成李唐帝室传统之政略。魏晋以来门第之政治社会制度风气，以是而渐次颓坏毁灭，实古今世局转移升降枢机之所在，其事之影响于当时及后世者至深且久。兹考李唐氏族所出，因略推论其因果关系，附于篇末，以为治唐史者之一助。至其他演绎之说，多轶出本文范围之外，故不旁及焉。

（原载一九三一年八月《历史语言研究所集刊》第三本第一分）

《李唐氏族之推测》后记

　　三年前寅恪曾作《李唐氏族之推测》一文，刊载本《集刊》第三本第一分中，尚有剩义，兹补论之于此。其关于李唐疑是李初古拔后裔，及其自称西凉李暠嫡裔必非史实二点，前篇已详言之，兹不重述。故此篇复就其自称源出陇西及家于武川二事，取资旁证，别为辩释，然后唐室伪造先世宗系，其先后变迁所经历之轨迹略能推寻，"天可汗"氏族之信史或者亦可因是而考定也。《唐会要》一《帝号上》云：

　　　　献祖宣皇帝讳熙（凉武昭王暠曾孙，嗣凉王歆孙，弘农太守重耳之子也），武德元年六月二十二日追尊为宣简公，咸亨五年八月十五日追尊宣皇帝，庙号献祖，葬建初陵（在赵州昭陵〔庆〕县界，仪凤二年五〔？〕月一日追封为建昌陵，开元二十八年七月十八日诏改为建初陵）。

　　　　懿祖光皇帝讳天赐（宣皇帝长子），武德元年六月二十二日追尊懿王，咸亨五年八月十五日追尊光皇帝，庙号懿祖，葬启运陵（在赵州昭庆县界，仪凤二年三〔？〕月一日追封为延光陵，开元二十八年七月十八日诏改为启运陵）。

《元和郡县图志》一七（《岱南阁丛书》本。又参阅《旧唐书》三九《地理志》及《新唐书》三九《地理志》"赵州昭庆县"条）略云：

　　　　赵州。

昭庆县。本汉广阿县，属钜鹿郡。

皇十三代祖宣皇帝建六〔初〕陵，高四丈，周回八十丈。

皇十二代祖光皇帝启运陵，高四丈，周回六十步。二陵共茔，周回一百五十六步，在县西南二十里。

《册府元龟》一《帝王部·帝系门》略云：

> 唐高祖神尧帝，姓李氏，陇西狄道人。其先出自李暠，是为凉武昭王，薨，子歆嗣位，为沮渠蒙逊所灭。歆子重耳奔于江南，仕宋为汝南郡守，复归于魏，拜弘农太守，赠豫州刺史。生熙，起家金门镇将，后以良家子镇于武川，都督军戎百姓之务，终于位，因遂家焉。生天赐，仕魏为幢主，大统时追赠司空公。生太祖景皇帝虎，封赵郡公，徙封陇西公，周受魏禅，录佐命功，居第一，追封唐国公。生世祖元皇帝昞，在位十七年，封汝阳县伯，袭封陇西公。周受禅，袭封唐国公。高祖即元皇帝之世子，母曰元贞皇后，七岁袭封唐国公，义宁二年受隋禅。

今河北省隆平县尚存唐光业寺碑。碑文为开元十三年宣义郎前行象城县尉杨晋所撰，中央研究院历史语言研究所藏有拓本，颇残阙不可读。兹取与黄彭年等修《畿辅通志》一七四《古迹略》所载碑文相参校，而节录其最有关之数语于下：

> （上略）皇祖瀛州刺史宣简公谨追上尊号，谥宣皇帝。皇祖妣夫人张氏谨追上尊号，谥宣庄皇后。皇祖懿王谨追上尊号，谥光皇帝。皇祖妣妃贾氏谨追上尊号，谥光懿皇后。（中略）词曰：维王桑梓，本际城池。（下略）

案：李熙、天赐父子共茔而葬，光业寺碑颂词有"维王桑梓"之语，则李氏累代所葬之地，即其家世居住之地，绝无疑义。据《魏书》一○六上《地形志》"南赵郡广阿县"条、《隋书》三○

《地理志》"赵郡大陆县"条及《元和郡县图志》一七"赵州昭庆县"条等，是李氏父子葬地旧属钜鹿郡，与山东著姓赵郡李氏居住之旧常山郡壤地邻接，李虎之封赵郡公，即由于此。又《汉书》二八《地理志》载中山国唐县有尧山，《魏书·地形志》载南赵郡广阿县即李氏父子葬地又有尧台，李虎死后追封唐国公，其唐国之名盖止取义于中山钜鹿等地所流传之放勋遗迹，并非如通常广义，兼该太原而言也。至《大唐创业起居注》上略云：

> 初，帝奉诏为太原道安抚大使，帝以太原黎庶陶唐旧民，
>
> 奉使安抚，不逾本封，因私喜此行，以为天授。

则为后来依附通常广义之解释，殊与周初追封李虎为唐国公时，暗示其与赵郡李氏关系之本旨不同也。

据上所言，李唐岂真出于赵郡李氏耶？若果为赵郡李氏，是亦华夏名家也。又何必自称出于陇西耶？考《元和郡县图志》一五略云：

> 邢州。
>
> 尧山县。本曰柏人，春秋时晋邑，战国时属赵，秦灭赵，属钜鹿郡，后魏改"人"为"仁"，天宝元年改为尧山县。

又同书一七略云：

> 赵州。
>
> 平棘县。本春秋时晋棘蒲邑，汉初为棘蒲，后改为平棘也，属常山郡。
>
> 李左车墓，县西南七里。
>
> 赵郡李氏旧宅，在县西南二十里，即后汉、魏以来山东旧族也，亦谓之三巷李家云。东祖居巷之东，南祖居巷之南，西祖居巷之西，亦曰三祖宅巷也。三祖李氏亦有地属高邑县。
>
> 元氏县。本赵公子元之封邑，汉于此置元氏县，属常山郡，

两汉常山太守皆理于元氏。

开业寺，在县西北十五里，即后魏车骑大将军陕定二州刺史、尚书令、司徒公赵郡李徽伯之旧宅也。

柏乡县。本春秋时晋鄗邑之地，汉以为县，属常山郡，后汉改曰高邑，属常山国，高齐天保七年，移高邑县于汉房子县东北界，今高邑县是也。

高邑故城，在县北二十一里，本汉鄗县也。

高邑县。本六国时赵房子邑之地，汉以为县，属常山郡。

赞皇县。本汉鄗邑县之地，属常山郡。

百陵岗，在县东十里，即赵郡李氏之别业于此岗下也。岗上亦有李氏茔冢甚多。

昭庆县。本汉广阿县，属钜鹿郡。

皇十三代祖宣皇帝建初陵。

皇十二代祖光皇帝启运陵。二陵共茔，在县西南二十里。（"昭庆县"条前已引及，因便于解说，特重出其概略于此。）

《元和郡县图志》著者李吉甫出于赵郡李氏，故关于其宗族之先茔旧宅皆详记之。若取其分布之地域核之，则赵郡李氏其显著支派所遗留之故迹，俱不出旧常山郡之范围。据此，则赵郡李氏显著支派当时居地可以推知也。但其衰微支派则亦有居旧钜鹿郡故疆者。考《新唐书》七二上《宰相世系表》"赵郡李氏"条（邓名世《古今姓氏书辩证》二一同），略云：

〔楷〕避赵王伦之难，徙居常山。〔楷〕子辑。辑子慎敦，居柏仁，子孙甚微。

案：柏仁、广阿二县后魏时俱属南赵郡，土壤邻接，原是同一地域。赵郡李氏子孙甚微之一支，其徙居柏仁之时代虽未能确定，然李楷避西晋赵王伦之难，下数至其孙慎敦，仅有二代，则李慎敦徙居柏仁约在南朝东晋之时，李熙父子俱葬于广阿，计其生时，亦约当南朝宋齐之世。故以地域邻接及年代先后二者之关系综合推论，颇疑李唐先世本为赵郡李氏柏仁一支之子孙。或者虽不与赵郡李氏之居柏仁者同族，而以同居一地，同姓一姓之故，遂因缘攀附，自托于赵郡之高门，衡以南北朝庶姓冒托士族之惯例，亦为可能之事。总而言之，据可信之材料，依常识之判断，李唐先世若非赵郡李氏之"破落户"，即是赵郡李氏之"假冒牌"。至于有唐一代之官书，其记述皇室渊源，间亦保存原来真实之事迹，但其大半尽属后人讳饰夸诞之语，治史者自不应漫无辨别，遽尔全部信从也。

又《魏书》九七《岛夷刘裕传》略云：

> 岛夷刘裕，晋陵丹徒人也。其先不知所出，自云本彭城彭城人，故其与丛亭安上诸刘了无宗次。

《宋书》七八《刘延孙传》云：

> 延孙与帝室虽同是彭城人，别属吕县。刘氏居彭城县者，又分为三里：帝室居绥舆里，左将军刘怀肃居安上里，豫州刺史刘怀武居丛亭里。及吕县，凡四刘。虽同出楚元王，由来不序昭穆，延孙于帝室本非同宗。

《南齐书》三七《刘悛传》略云：

> 刘悛，彭城安上里人也。彭城刘同出楚元王，分为三里，以别宋氏帝族。

据此，则附会同姓之显望，南北朝之皇室莫不如此。若取刘宋故事以与李唐相比，则京口之于彭城，亦犹广阿之于赵郡欤？所不同者，唐李后来忽否认赵郡，改托陇西耳。至其所以否认改托之故，亦可借一类似之例以为解释，请引李弼之成事言之：李弼与李虎同为周室佐命元勋。《周书》一五《李弼传》及《新唐书》七二上《宰相世系表》俱以弼为辽东襄平人，《唐书表》又载弼封陇西公，与《周书》及《北史》六〇《李弼传》之仅言弼封赵国公者不同。《唐书表》多歧误，姑不深考。但《北史》以弼为陇西成纪人，则必依据弼家当日所自称无疑。盖贺拔岳、宇文泰初入关之时，其徒党姓望犹系山东旧郡之名，迨其后东西分立之局既成，内外轻重之见转甚，遂使昔日之远附山东旧望者，皆一变而改称关右名家矣。此李唐所以先称赵郡，后改陇西之故也。又考《北史》一〇〇《序传》载李抗（即李暠曾孙韶之从祖）自凉州渡江，仕宋历任三郡太守，其子思穆于魏太和十七年北归，位至营州刺史。然则西凉同族固有支孙由北奔南，又由南返北之一段故实。李唐既改称陇西之后，或见李抗、思穆父子之遭际与其先世李初古拔、买得父子之事迹适相类似，因而涂附，自托于西凉李昌之嫡裔耶（参阅前篇）？又据《册府元龟》之所引，知李重耳之豫州刺史乃追赠之衔，则光业寺碑所载李熙瀛州刺史之号，疑亦后来所追赠者也。至若《册府元龟》一《帝系门》所载李天赐起家金门镇将一节，必是附会李买得曾为金门戍主之事，作为夸大之词。考《魏书·地形志》有两金门：一为金门郡，兴和中置，一为宜阳郡属之金门县，亦兴和中置。《宋书·柳元景传》载李买得为金门戍主（详见前篇），依当日南北战争所经由之路线推之，自是宜阳郡属之金门县。但当北朝太平真君之世，其地尚未置县，何从而有镇？后魏镇将位极尊崇，李天赐更何从起家而得为此高官乎？前篇疑李买得既已战死，何能复镇武川，又家于其地？今知李氏父子皆葬广阿，实无家于武川之事，然则李唐之自称来自武川者，或是睹贺拔岳、宇文泰皆家世武川，因亦诡托于关西霸主乡邑之旧耶？以李唐世系改易伪托之多端，则此来自武川一事之非史实，亦不足为异矣。

据以上所推证，则李唐氏族或出于赵郡李氏衰微之支派，或出于邻居同姓之攀援，虽皆不能确知，而其本为汉族，似不容疑。李熙、天赐父子二世所娶张氏及贾氏又俱为汉姓，则其血统于娶独孤、窦氏等胡姓之前，恐亦未尝与胡族相混杂也。假使李唐先世本为纯粹之汉族，其与大野部之关系果何如乎？前篇已言宇文泰之赐胡姓，实为继绝之义，而非复姓之旨。考《周故开府仪同贺屯公墓志》（即侯植之墓志，《周书》二九、《北史》六六皆有《侯植传》，陆增祥《八琼室金石补正》二三亦载此志。又承赵万里先生以李宗莲《怀珉精舍金石跋尾》中此志跋文及此志拓印本见示）云：

> 魏前二年十二月中太祖文皇帝以公忠效累彰，宜加旌异，爰命史官，赐姓贺屯氏，时推姓首，寔〔实〕主宗祀。

此志文中"时推姓首，实主宗祀"之语最关重要，盖宇文泰之赐姓，原欲恢复鲜卑部落之旧制，故命军人从其所统主将之姓。夫一军之中，既同姓一姓，则同姓之人数必众，不可无一姓首，而姓首即主宗祀之统将也。但姓首不必尽为塞外异族，如《庾子山集》一三《周太子太保步陆逞神道碑》（参考同集一六《周谯国夫人步陆孤氏墓志铭》）略云：

> 公讳逞，本姓陆，吴郡吴人也。曾祖载，为宋王司马，留镇关中，赫连之乱，仗剑魏室，今为河南洛阳人也。高祖（疑误倒）冠军将军营州刺史，吴人有降附者，悉领为别军，自是官帅拥铎，更为吴越之兵，君子习流，别有楼船之阵。

又《周书》三二《陆通附弟逞传》（《北史》六九同）略云：

> 父政，其母吴人，好食鱼，北土鱼少，政求之，常苦难。后宅侧忽有泉出，而有鱼，遂得以供膳，时人以为孝感所致，因谓其泉为孝鱼泉。通赐姓步六孤氏。

案：陆通、陆逞兄弟之为汉人，确无疑义，且其祖母又为吴人，则亦未与胡族血统混杂。其祖统领降附吴人别为水军，盖清初黄梧、施琅一流人物。然宇文泰赐通以胡姓，专统一军，是以通为降附吴人之姓首，而主塞外鲜卑步陆孤部之宗祀也。据此可以推知，即汉人与塞外鲜卑部落绝无关涉者，亦得赐胡姓，且为主宗祀之姓首。然则李虎虽赐姓大野氏，亦可以与塞外大野部落绝无关涉。近人往往因李唐曾赐姓大野，遂据以推论，疑其本为塞外异族，今既证明其先世不家于武川，而家于南赵郡，则李熙父子（即李初古拔父子）与陆通兄弟又何以相异乎？故关于李唐氏族问题，综合前后二篇之主旨，假设一结论于下：

李唐先世本为汉族，或为赵郡李氏徙居柏仁之"破落户"，或为邻邑广阿庶姓李氏之"假冒牌"，既非华盛之宗门，故渐染胡俗，名不雅驯。于北朝太平真君、南朝元嘉之世，曾参与弘农之战，其后并无移镇及家于武川之事。迨李虎入关，东西分立之局既定，始改赵郡之姓望而为陇西，因李抗父子事迹与其先世类似之故，遂由改托陇西更进一步，而伪称西凉嫡裔。又因宇文氏之故，复诡言家于武川，其初之血统亦未与外族混杂。总而言之，李唐氏族若仅就其男系论，固一纯粹之汉人也。

若上所假设者大体不谬，则李唐一族之所以崛兴，盖取塞外野蛮精悍之血，注入中原文化颓废之躯，旧染既除，新机重启，扩大恢张，遂能别创空前之世局。故欲通解李唐一代三百年之全史，其氏族问题实为最要之关键。吾国昔时学者固未尝留意于此，近人虽有撰著，亦与鄙见多所异同，因据与此问题有关之史籍及石刻，约略推论其伪造世系先后演变之历程如此。

（原载一九三三年《历史语言研究所集刊》第三本第四分）

三论李唐氏族问题

寅恪于本《集刊》第三本第一分《李唐氏族之推测》及第四分《李唐氏族之推测后记》两文中先后讨论李唐氏族问题，仍有未尽之意，本欲复有所申论，以求教于治唐史之学者。近又见日本东北帝国大学文科会编辑之文化第二卷第六号载有金井之忠氏《李唐源流出于夷狄考》一文，其中涉及拙作，有所辨难，故作此篇，略述鄙见，条列于后。夫考证之业譬诸积薪，后来者居上，自无胶守所见，一成不变之理。寅恪数年以来关于此问题先后所见亦有不同，按之前作二文，即已可知。但必发见确实之证据，然后始能改易其主张，不敢固执，亦不敢轻改，惟偏蔽之务去，真理之是从。或者李唐氏族问题之研讨因此辨论，得有更进一程之发展乎？此则寅恪之所甚希望者也。

（甲）李唐之李必非代北叱李部所改

金井氏据郑樵《通志》三〇《氏族略·变夷篇》记代北之人随后魏迁河南改胡姓为汉姓事，其中有"叱李之为李"一语，及邓名世《古今姓氏书辩证》二一"河南李氏后魏《官氏志》有叱李氏改为李氏"之文，作一结论，谓李唐源出于叱李氏。寅恪案：无论今《魏书》一一三《官氏志》无"叱李氏改为李氏"之语，郑、邓之书未详其何所依据。但此点无关宏旨，可置不论。

《魏书》七下《高祖纪》（参阅《北史》三《魏本纪》、

《资治通鉴》一四〇《齐纪》"建武二年六月"条）云：

〔太和十九年〕丙辰，诏迁洛之民死葬河南，不得还北。

又《北史》一九《广川王谐传》（今《魏书》二〇即取《北史》此卷所补者。并参阅《通鉴》一四〇《齐纪》"建武二年六月"条）云：

诏曰："迁洛之人，自兹厥后，悉可归骸邙岭，皆不得就茔恒代。"

据此，李虎之祖熙及其父天赐死于何年，固不能定，但如金井氏之说，既是代人迁洛之改姓者，则其所葬之地实为解决此问题之关键。假使熙及天赐父子二人俱死于太和十九年六月丙辰以前，则应俱葬于恒代。假使父子二人俱死于太和十九年六月丙辰以后，则父子二人俱应葬于邙岭。假使父子二人一死于太和十九年六月丙辰以前，一死于太和十九年六月丙辰以后，则应一葬于恒代，一葬于邙岭。今则其所葬之地北不在恒代，南不在邙岭，乃在后魏南赵郡之广阿，唐代赵州之昭庆，而又父子共茔，显是族葬之遗迹。然则李唐先世果如金井氏之说，出于代北叱李部迁洛后改为李氏者欤？抑如寅恪之说，其初本为赵郡李氏之"破落户"或"假冒牌"者欤？孰非孰是，何去何从，治史者自能别择，不待详辨也。

（乙）李唐在李渊以前其血统似未与胡族混杂

开元十三年象城县尉杨晋撰《光业寺碑》（碑文详见前篇）云：

皇祖瀛州刺史宣简公谨追上尊号，谥宣皇帝。皇祖姚夫人张氏谨追上尊号，谥宣庄皇后。皇祖懿王谨追上尊号，谥光皇帝。皇祖姚妃贾氏谨追上尊号，谥光懿皇后。

又巴黎国民图书馆藏敦煌写本伯希和号第二千五百四《唐代祖宗忌日表》云：

　　皇六代祖景皇帝。

　　皇后梁氏。　　　五月九日忌。

今《唐会要》一《帝号门上》及二三《忌日门》俱缺载张氏、贾氏、梁氏三代女系。据此，张、贾皆是汉姓，其为汉族，当无可疑。梁氏如梁御之例，虽亦有出自胡族之嫌疑（见《周书》一七及《北史》五九《梁御传》。又《魏书》一一三《官氏志》云"拔列氏后改为梁氏"），但梁氏本为汉姓，大部分皆是汉族，未可以其中间有少数例外出自胡族之故，遽概括推定凡以梁为氏者皆属胡族也。故李虎妻梁氏在未能确切证明其氏族所出以前，仍目之为汉族，似较妥慎。然则李唐血统其初本是华夏，其与胡夷混杂，乃一较晚之事实欤？兹取今日新获得之资料，补作一李唐血统世系表，起自李熙，迄于世民，以供研究李唐氏族问题者之参考。至李重耳则疑本无其人，或是李初古拔之化身，已详前篇，兹不赘论。故兹表只就今日能确切考知及有实物能证明者为限。其女统确知为汉族者，标以 ▢ 符号。确知为胡族者，标以 〰 符号。虽有胡族嫌疑，但在未能确切证明前，姑仍认为汉族者，则标以……符号。

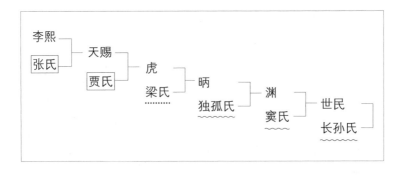

（丙）推测李虎所以追封唐国公之故

前篇谓周初追封李虎为唐国公暗示其与赵郡之关系者，实指当时拟此封号者联想李氏与赵郡之关系而言。盖李虎生前初封之赵郡公及徙封之陇西公，皆郡公也。郡公进一等则为国公。（参考《周书》四〇《北史》六二《尉迟运传》、《隋书》二八《百官志下》等。）凡依等进封，以能保留元封之名为原则，故其取名多从元封地名所隶属之较大区域中求之。若不得已，则于元封地名相近之较大区域中求之。若犹无适当之名，则尽弃与元封有关之名，别择一新号。考李虎之追封唐国公，当在周初受魏禅，大封佐命功臣之时，即与孝闵帝元年春正月乙卯进封赵郡公李弼、中山〔郡〕公宇文护等为赵国公、晋国公等同时。（见《周书》三《孝闵帝纪》、一一《晋荡公护传》、一五《李弼传》及《北史》五七《邵惠公颢传》附子护传、六〇《李弼传》等。）赵为郡名，亦古国名。故李弼即由赵郡公进封赵国公，同时自不得以赵国公追封李虎。陇西只是郡名，而非国名，不可作国公之封号。于是当日之拟封号者不得不联想及于与赵郡及陇西郡有关之古代国名。《通典》一七四《州郡典》略云：

> 天水郡。秦州，古西戎之地，秦国始封之邑，领县五。
> 成纪。陇西郡。渭州，春秋为羌戎之居。秦置陇西郡。

同书一七八《州郡典》云：

> 赵郡。赵州，春秋时晋地，战国时属赵，领县九。昭庆（寅恪案：《魏书》一〇六上《地形志》"南赵郡广阿县"即昭庆，有尧台）。
> 博陵郡。定州，帝尧始封唐国之地，战国初为中山国，后为魏所并，后又属赵，秦为上谷、钜鹿二郡之地，汉高帝置中山郡，景帝改为中山国，后汉因之，晋亦不改，后

燕慕容垂移都于此，（都中山，置中山郡。至慕容宝为后
魏所陷。）后魏为中山郡，领县十一。望都。（尧始封于此，
尧山在北，尧母庆都山在南。）

据此，与陇西郡有关之古代国名为秦。与赵郡有关之古代国
名为赵、魏、中山、晋及唐。魏为拓拔氏之国号，自不可以封。
中山之名在后魏为郡王爵封号，亦为郡公封号。但通称则省郡
字，如中山王、中山公之例。北周在明帝武成元年八月改天王称
皇帝以前，国公为人臣最高之封爵。故宇文护由中山郡公进封国
公时，不以为中山国公者，虽因晋国较中山为大名，实亦受魏制
习惯影响，盖欲以表示区别。是中山复不可为进封国公之号。
（见《魏书》一一三《官氏志》，《魏书》一五《北史》一五
《秦王翰传》附《中山王纂传》，《魏书》一九下《北史》一八
《南安王桢传》附《中山王英传》，《周书》三《孝闵帝纪》、
四《明帝纪》、三五《崔猷传》，《北史》九《周本纪》、三二
《崔挺传》附猷传，《通鉴》一六六及一六七等。）当追封李虎
之时，西魏恭帝仅于数月前即恭帝之三年秋七月封宇文直为秦
郡公。（见《周书》二《文帝纪下》、一三《卫剌王直传》及
《北史》五八《卫剌王直传》等。）故为宇文直地，亦不能以秦
为追封李虎之国号。而晋国则又已封宇文护矣。夫赵国之号，既
以李弼之故不可取用，秦国、晋国复以宇文直、宇文秦之故不能
进封，魏及中山又皆不可用为封号，然则当时司勋拟号之官若不
别择一新号，而尚欲于旧时封地之名有所保存联系者，则舍唐国
莫属。此李虎所以追封唐国公之故也。

又李德裕《会昌一品集》一八《请改封卫国公状》云：

臣今日蒙恩进封赵国公，承命哀惶，不任感涕。臣亡
父先臣宪宗宠封赵国，先臣与嫡孙宽中小名三赵，意在传

嫡嗣，不及支庶。臣前年恩例进封，合是赵郡，臣以宽中
之故，改就中山。亡祖先臣曾居卫州汲县，解进士及第。
倘蒙圣恩，改封卫国，遂臣私诚，庶代受殊荣，免违先志。

据此，李德裕合封赵郡，而改就中山，则赵郡之与中山为互
相平等及互相关联之封号，可以确实证明。中山相传为帝尧始封
唐国之地，唐朝之宰辅李德裕自不能由中山进封唐国，只能进封
赵国。周代之元勋李虎曾封赵郡，以李弼之故不能进封赵国，遂
得进封唐国。故取此二事，以相比证，李虎所以追封唐国公之
故，更可豁然通解矣。至德裕之请免封赵国，改封卫国，即前文
所谓尽弃与元封有关之名。别择一新号者，而犹以其祖曾居卫州
汲县之故，请改封卫国，则唐人心目中封号与居地之关系，亦可
想见也。兹以李德裕由中山进封赵国之例，时代虽晚，然足资比
证，因并附记之，以供参考。（附识：李虎、熙、天赐妻姓氏俱
见《唐会要》三《皇后门》。前文失检，特此补正。）

（原载一九三五年十二月《历史语言研究所集刊》第五本第二分）

高鸿中明清和议条陈残本跋

内阁大库档案中发见高鸿中条陈残本一纸，仅附识"二月十一日到"及"三月十三日奏了"数字。寅恪案：清崇德七年即明崇祯十五年春，清人闻明兵部尚书陈新甲遣职方郎中马绍愉来议和，诸臣各条陈意见。此残本乃其时所上意见书之一也。兹不广征旧籍。但移录《明史》及《清史稿》所载此事本末之文，以资参证。

《清史稿》三《太宗本纪二》略云：

〔崇德七年〕三月乙酉，阿济格等奏明遣职方郎中马绍愉来乞和，出明帝敕兵部尚书陈新甲书为验。上曰："明之笔札多不实，且词意夸大，非有欲和之诚。然彼真伪不可知，而和好固朕夙愿。尔等以朕意传示之。"五月己巳朔，济尔哈朗等奏明遣马绍愉来议和，遣使迓之。壬午，明使马绍愉等始至。六月辛丑，都察院参政祖可法、张存仁言："明寇盗日起，兵力竭而仓廪虚，征调不前，势如瓦解，守辽将帅丧失八九。今不得已乞和，计必南迁。宜要其纳贡称臣，以黄河为界。"上不纳。以书报明帝曰："自兹以往，尽释宿怨，尊卑之分，又奚较焉？使者往来，期以面见。吉凶大事，交相庆吊。岁各以地所产互为馈遗。两国逃亡亦互归之。以宁远双树堡为贵国界，塔山为我国界，而互市于连山适中之地。其自海中往来者，则以黄城岛之东西为界。越者各罪其下。贵国如用此言，两君或亲誓天地，或遣大臣莅盟，唯命之从。否则后勿复使矣。"遂厚赉明使臣及从者，遣之。后明议中变，和事竟不成。

观此可知鸿中所言与祖可法、张存仁之说相类，应是同时议论。沈阳当日明室降臣，其于和议条件所论至苛。盖渐染中原士大夫夸诞之风习，匪独大言快意，且欲借此以诏谀新主，是诚无耻之尤者矣。其实崇祯季年，虽内忧外患不可终日，然究为中华上国，名分尚存，体制仍在。朝鲜前例岂得遽以相加？故清廷报书亦仅欲以宁远为界。与鸿中所陈"以山海〔关〕为界也罢"之第二说不甚相远。此本当时较切情事之议，自异乎外廷夸大之言也。

又《明史》二五七《陈新甲传》云：

初，新甲以南北交困，遣使与大清议和，私言于傅宗龙。宗龙出都日，以语大学士谢陛。陛后见疆事大坏，述宗龙之言于帝。帝召新甲诘责。新甲叩头谢罪。陛进曰："倘肯议和，和亦可恃。"帝默然。寻谕新甲密图之，而外廷不知也。已，言官谒陛，陛言上意主和，诸君幸勿多言。言官骇愕，交章劾陛。陛遂斥去。帝既以和议委新甲，手诏往返者数十，皆戒以勿泄。外廷渐知之，故屡疏争，然不得左验。一日，所遣职方郎马绍愉以密语报，新甲视之，置几上。其家僮误以为塘报也，付之钞传。于是言路哗然。给事中方士亮首论之。帝愠甚，留疏不下。已，降严旨切责新甲，令自陈。新甲不引罪，反自诩其功。帝益怒。至七月，给事中马嘉植复劾之，遂下狱。新甲从狱中上书乞宥，不许。新甲知不免，遍行金内外。给事中廖国遴、杨枝起等营救于刑部侍郎徐石麒，拒不听。大学士周延儒、陈演亦于帝前力救，且曰："国法，敌兵不薄城，不杀大司马。"帝曰："他且勿论，戮辱我亲藩七，不甚于薄城耶？"遂弃新甲于市。新甲为杨嗣昌引用，其才品、心术相似。军书旁午，裁答无滞。帝初甚倚之，晚时恶其泄机事，且彰主过，故杀之不疑。

同书二五二《杨嗣昌传》略云：

当是时，流贼既大炽，朝廷又有东顾忧，嗣昌复阴主互市策。适太阴掩荧惑，帝减膳修省。嗣昌则历引汉永平、唐元和、宋太平兴国事，盖为互市地云。给事中何楷疏驳之。给事中钱增、御史林兰友相继论列，帝不问。嗣昌既以夺情入政府，又夺情起陈新甲总督，自是益不理于人口。我大清兵入墙子岭青口山，京师戒严。召卢象昇帅师入卫。象昇主战，嗣昌与监督中官高起潜主款，议不合，交恶。象昇阵亡。神宗末，增赋五百二十万。崇祯初，再增百四十万。总名辽饷。至是，复增剿饷、练饷，额溢之。先后增赋千六百七十万，民不聊生，益起为盗矣。

据此，则杨嗣昌、陈新甲等皆主和议，而新甲且奉其君之命而行事者。徒以思陵劫于外廷之论，不敢毅然自任，遂致无成。夫明之季年，外见迫于辽东，内受困于张、李。养百万之兵，糜亿兆之费，财尽而兵转增，兵多而民愈困。观其与清人先后应对之方，则既不能力战，又不敢言和。成一不战不和、亦战亦和之局，卒坐是以亡其国。此残篇故纸，盖三百年前废兴得失关键之所在，因略征旧籍，以为参证如此。

（原载一九三二年四月《清华周刊》第三十七卷第八期）

"对对子"意义

今年国文题之前两部，对对子及作文题，皆我所出，我完全负责，外面有人批评攻讦，均抓不着要点，无须一一答复，将来开学后，拟在中国文学会讲演出题用意及学理，今暂就一二要点谈其大概。入学考试国文一科，原以测验考生国文文法及对中国文字特点之认识。中国文字固有其种种特点，因其特点之不同，文法亦不能应用西文文法之标准，盖中文文法属于"西藏缅甸系"而不属于"Indo-European"系也。国文完善的文法成立，必须经过与西藏缅甸系文法作比较的研究。现在此种比较的研究不可能，文法尚未成立，"对对子"即是最有关中国文字特点，最足测验文法之方法。且研究诗、词等美的文学，对对亦为基础知识。出对子之目的，简言之，即测验考生（1）词类之分辨：如虚字对虚字，动词对动词，称谓对称谓，代名词形容词对代名词形容词等；（2）四声之了解：如平仄相对求其和谐；（3）生字（vocabulary 大小）及读书多少：如对成语，须读书（诗词古文）多，随手掇拾，俱成妙对，此实考生国学根底及读书多少之最良试探法；（4）思想如何：妙对巧对不惟字面上平仄虚实尽对，"意思"亦要对工，且上下联之意要"对"而不同，不同而能合，即辩证法之"一正，一反，一合"。例如后工字厅门旁对联之末有"都非凡境"，"洵是仙居"字面对得甚工，而意思重复，前后一致，且对而不反，亦无所谓合，尚不足称为妙对。如能上下两联并非同一意思，而能合起成一文理，方可见脑筋灵活，思想高明。基上所述，悉与国文文法有密切之关系，为最根本，最方便，最合理之测验法无疑。评判标准，即基前项，（一）文法方面，如平仄虚实词类之对否，（二）意思对工与不工，及思想如何。分数则仅占百分之十，倘字面对工，意思不差，可得十分；若文法恰好，巧合天成，可得四十分；即完全不对，亦不过扣国文总分百分之十，是于提倡中已含体恤宽待之意。其所以对题中有较难者，实为有特长之考生预备。有人谓题中多绝对，并要求主题者宣布原对，吾意不然：题对并无绝对，因非悬案多年，无人能对者，中国之大，焉知无人能对？若主题者自己拟妥一对，而将其一联出作考题，则诚有"故意给人难题作"之嫌；余不必定能对，亦不必发表余所对。譬诸作文，主题者，亦须先作一篇，然后始能出该题乎？文尚如此，诗词对对之流，更不能自作答案，俨然作为标准。青年才子甚多，益无庸主题者发表原对。现在国文考卷，尚有少许未完，且非尽我一人评阅，但就记忆所及，考生所对之较好者可提出一二。对"孙行者"有"祖冲之""王引之"，均三字全对，但以王引之为最妙，因引字胜于冲字，王字为姓氏且同时有祖意——如王父即祖父之意——是为最佳。对"少小离家老大回"无良好者，记得有一考生以"匆忙入校从容出"尚可。中国文学研究所三言对"墨西哥"，字少而甚难，完全测人读书多少，胸中有物与否，因读书多，始能临时搜得专名词应对。某生对"淮南子"，末二字恰合，已极难得。关于"梦游清华园记"作文题，多人误会以为系夸耀清华之风景与富丽，或误解为叙事体游记，其浅薄无聊，殊属可笑。盖所谓梦游云者，即测验考生之想象力 imagination 及描写力，凡考本校生总对本校有相当猜想，若不知实际情形，即可以"空中楼阁"地写去。这题换句话说，就是"理想中的清华大学"。再，考者欲入大学，当必有一理想中的大学形状景物。我所以不出"理想中之清华大学"或"梦游清华大学"者，乃以写景易而描写学校组织、师生、课业状况较难，美的描写易而写实较难。近数年来，已将"求学志愿""家乡""朋友""钓鱼"等题用尽，似此种题实新颖、简单、美妙、自由，容易之至，我以为那题很好。而有人仍发怨言者，想系入清华之心过切，或因他故而生忌嫉之感，不足介意。

（原载民国二十一年八月十七日《清华暑期周刊》第六期）

天师道与滨海地域之关系

一、引　言

东晋孙恩之乱与滨海地域之关系，旧史纪之已详，且为世人所习知者也。若通计先后三百余年间之史实，自后汉顺帝之时，迄于北魏太武刘宋文帝之世，凡天师道与政治社会有关者，如汉末黄巾米贼之起原，西晋赵王伦之废立，东晋孙恩之作乱，北魏太武之崇道，刘宋二凶之弑逆，以及东西晋、南北朝人士所以奉道之故等，悉用滨海地域一贯之观念以为解释者，则尚未之见。故不自量，钩索综合，成此短篇。或能补前人之所未逮，而为读国史者别进一新解欤？

二、黄巾米贼之起原

自战国驺衍传大九州之说，至秦始皇、汉武帝时方士迂怪之论，据《太史公书》所载（《始皇本纪》《封禅书》《孟子荀卿列传》等），皆出于燕、齐之域。盖滨海之地应早有海上交通，受外来之影响。以其不易证明，姑置不论。但神仙学说之起原及其道术之传授，必与此滨海地域有连，则无可疑者。故汉末黄巾之乱亦不能与此区域无关系。

《后汉书》六〇下《襄楷传》略云：

> 襄楷，字公矩，平原隰阴人也。好学博古，善天文阴阳之术。延熹九年，楷自家诣阙，上疏曰："臣前上琅邪宫崇受于吉神书，不合明德。"复上书曰："前者宫崇所献神书，专以奉天地顺五行为本，亦有兴国广嗣之术。其文易晓。而顺帝不行，故国胤不兴。"初，顺帝时，琅邪（琅邪当今地详见于下第七章）宫崇诣阙，上其师于吉于曲阳泉水上所得神书百七十卷，皆缥白素朱介青首朱目，号《太平清领书》。其言以阴阳五行为家，而多巫觋杂语。有司奏崇所上妖妄不经，乃收藏之。后张角颇有其书焉。

章怀太子《注》以地名有三曲阳，而定此曲阳为东海之曲阳。其说云：

> 海州有曲阳城，北有羽潭水。而于吉、宫崇并琅邪人，盖东海曲阳（在今江苏省东海县西南）是也。（凡篇中古代郡邑之名其约略相当现今何地悉附注于本文之下，以便参考。但以在海滨地域，而又与本篇主旨之说明有关者为限。）

《三国志·吴书》一《孙策传》注引《江表传》略云：

> 时有道士琅邪于吉，先寓居东方，往来吴会，立精舍，烧香，读道书，制作符水以治病。

> 吴会人多事之。策尝于郡城门楼上集会诸将宾客，吉趋度门下。诸将宾客三分之二下楼迎拜之，掌宾者禁呵不能止。

案：《江表传》所言与时代不合，虽未可尽信，而天师道起自东方，传于吴会，似为史实，亦不尽诬妄。是于吉、宫崇皆海滨区域之人，而张角之道术亦传自海滨，显与之有关也。

又据《三国志·魏书》八《张鲁传》及《后汉书》一〇五《刘焉传》等，张道陵顺帝时始居蜀，本为沛国丰（今江苏省丰县）人。其生与宫崇同时（宋濂《翰苑别集》卷六《汉天师世家叙》云："道陵，建武十年生于吴之天目山。"殊不足信，故不依以为说），丰沛又距东海不远，其道术渊源来自东，而不自西，亦可想见。此后汉之黄巾米贼之起原有关于海滨区域者也。

三、赵王伦之废立

西晋八王之乱，其中心人物为赵王伦。赵王伦之谋主为孙秀，大将为张林。林、秀二人《晋书》皆无专传。其事迹悉见于《晋书》五九《赵王伦传》中。以予考之，秀固确为天师道之信徒，林亦疑与之同教者也。《三国志·魏书》八《张燕传》裴《注》引陆机《晋惠帝起居注》曰：

> 门下通事令史张林，飞燕之曾孙。林与赵王伦为乱，未及周年，位至尚书令、卫将军，封郡公。寻为伦所杀。

据此，张林为黄巾同类黑山之苗裔，其家世传统信仰当与黄巾相近。《晋书》一〇〇《孙恩传》云：

> 孙恩，字灵秀，琅邪人，孙秀之族也。世奉五斗米道。

以"世奉五斗米道"之语推之，秀自当与恩同奉一教。匪独孙秀、张林为五斗米道中人，即赵王伦亦奉天师道者。兹移写《晋书》本传及其他史料中有关事实，略附以说明。

《晋书》五九《赵王伦传》云：

> 赵王伦，宣帝第九子也。武帝受禅，封琅邪郡王。及之国，行东中郎将、宣威将军。咸宁中，改封于赵。

《世说新语·贤媛篇》注引傅畅《晋诸公赞》曰：

> 孙秀，字俊忠，琅邪人。初赵王伦封琅邪，秀给为近
> 职小吏。伦数使秀作书疏，文才称伦意。伦封赵，秀徙户
> 为赵人，用为侍郎，信任之。

又《仇隙篇》注引王隐《晋书》曰：

> 岳父文德为琅邪太守。（《晋书》五五《潘岳传》云：
> "父芘，琅邪内史。"）孙秀为小吏给使。岳数蹋蹋秀，
> 而不以人遇之也。

案：琅邪为于吉、宫崇之本土，实天师道之发源地。伦始封琅
邪，而又曾之国。则感受环境风习之传染，自不足异。孙秀为琅
邪土著，其信奉天师道由于地域关系，更不待言。

又《晋书·赵王伦传》云：

> 伦、秀并惑巫鬼，听妖邪之说。秀使牙门赵奉诈为宣
> 帝神语，命伦早入西宫。又言宣帝于北芒为赵王佐助，于
> 是别立宣帝庙于芒山，谓逆谋可成。

又云：

> 使杨珍昼夜诣宣帝别庙祈请，辄言宣帝谢陛下（指赵
> 王伦），某日当破贼。拜道士胡沃为太平将军，以招福祐。
> 秀家日为淫祀，作厌胜之文，使巫祝选择战日。又令近亲
> 于嵩山着羽衣，诈称仙人王乔，作神仙书，述伦祚长久以
> 惑众。

案：陶弘景《真诰》一六《阐幽微第二》谓晋宣帝为西明公宾
友，则在天师道诸鬼官中位置颇高。其所以立别庙于北芒山者，
殆以鬼道仪轨祀之，不同于太庙祖宗之常祭也。《三国志·吴
书》一《孙坚传》云："中平元年，黄巾贼帅张角起于魏郡，自
称'黄天泰平'。"《魏书》八《张鲁传》注引《典略》言：

"张角（《后汉书》一〇五《刘焉传》注引《典略》作张修）为太平道。"而宫崇所上于吉神书又名《太平清领书》，今伦拜道士为将军，以太平为称号。战阵则乞灵于巫鬼。其行事如此，非天师道之信徒而何？

又云：

> 许超、士猗、孙会等军既并还，乃与秀谋，或欲收余卒出战，或欲焚烧宫室，诛杀不附己者，挟伦南就孙族、孟观等，或欲乘船东走入海。

考《晋书》一〇〇《孙恩传》云：

> 诸贼皆烧仓廪，焚邑屋，刊木堙井，虏掠财货，相率聚于会稽。其妇女有婴累不能去者，囊簏盛婴儿投于水，而告之曰："贺汝先登仙堂，我寻后就汝。"

又云：

> 刘裕与刘敬宣并军蹑之于郁洲，恩遂远迸海中。及桓玄用事，恩复寇临海，太守辛景讨破之。恩穷蹙，乃赴海自沉，妖党及妓妾谓之"水仙"，投水从死者百数。

《晋书》八四《刘牢之传》云：

> 恩浮海奄至京口，战士十万，楼船千余。闻牢之已还京口，乃走郁洲。

夫郁洲为孙恩栖泊之所。《抱朴子内篇》四《金丹篇》云：

> 海中大岛屿，若徐州之鬱洲。（即郁洲，在今江苏省灌云县东北，昔为岛屿，今已与大陆连接。）

又《水经注》三〇《淮水篇》云：

> 东北海中有大洲谓之郁洲，《山海经》所谓"郁山在海中"者也。言是山自苍梧徙此云，山上犹有南方草木。今郁州治。故崔季珪之叙《述初赋》言："郁州者，故苍梧之山也。

心悦而怪之。闻其上有仙士石室也，乃往观焉。见一道人独处，休休然，不谈不对，顾非已及也。"

据此，可知郁洲之地为神仙居处，而适与于吉、宫崇之神书所出处至近。孙恩、卢循武力以水师为主，所率徒党必习于舟楫之海畔居民。其以投水为登"仙堂"，自沉为成"水仙"，皆海滨宗教之特征。孙秀之"欲乘船东走人海"，即后来其族孙败则入海，返其旧巢之惯技。若明乎此，则知孙、卢之所以为海屿妖贼者，盖有环境之熏习，家世之遗传，决非一朝一夕偶然遭际所致。自来读史者惜俱不知综贯会通而言之也。

四、孙恩之乱

晋代天师道之传播于世胄高门，本为隐伏之势力，若渐染及于皇族，则政治上立即发生巨变。西晋赵王伦之废惠帝而自立，是其一例，前已证明。东晋孙恩之乱，其主因亦由于皇室中心人物早成天师教之信徒。兹略举数证，并附以说明。

《晋书》三二《孝武文李太后传》云：

> 始简文帝为会稽王，有三子，俱夭。自道生废黜，献王早世，其后诸姬绝孕将十年。帝令卜者扈谦筮之。曰："后房中有一女，当育二贵男，其一终盛晋室。"时徐贵人生新安公主，以德美见宠。帝常冀之有娠，而弥年无子。会有道士许迈者，朝臣时望多称其得道。帝从容问焉，答曰："当从扈谦之言，以存广接之道。"帝然之，更加采纳。又数年无子。乃令善相者召诸爱妾而示之，皆云非其人。又悉以诸婢媵示焉。时后为宫人，在织坊中，形长而色黑，

宫人皆谓之昆仑。既至，相者惊云："此其人也。"帝以大计，召之侍寝，遂生孝武帝及会稽文孝王、鄱阳长公主。

《真诰》八《甄命授第四》（涵芬楼重印道藏本）云：

我案《九合内志文》曰：竹者为北机上精，受气于玄轩之宿也。所以圆虚内鲜，重阴含素。亦皆植根敷实，结繁众多矣。公（寅恪案：后注云"凡云公者，皆简文帝为相王时也"）试可种竹于内北宇之外，使美者游其下焉。尔乃天感机神，大致继嗣，孕既保全，诞亦寿考。微著之兴，常守利贞。此玄人之秘规，行之者甚验。

六月二十三日中候夫人告公。（孝武壬戌生。此应是辛酉年。）

灵草荫玄方，仰感旋曜精。洗洗（诜诜）繁茂萌，重德必克昌。

紫薇夫人作。

福和者当有二子。盛德命世。（福和似是李夫人贱时小名也。今《晋书》名俊容。二子即孝武并弟道子也。寅恪案：俊容，《晋书·孝武文李太后传》作"陵容"，当据此改正。）

同夜中候告。

（右三条杨书。又搽写。）

又《太平御览》六六六引《太平经》曰：

濮阳者不知何许人。事道专心，祈请皆验。晋简文废世子无嗣时，使人祈请于阳。于是中夜有黄气起自西南，遥堕室。尔时李皇后怀孝武。（刘敬叔《异苑》四亦载此事。）

据简文帝求嗣事，可知孝武帝及会稽王道子皆长育于天师道环境中。简文帝字道万，其子又名道生、道子。俱足证其与天师道之关系。六朝人最重家讳，而"之""道"等字则在不避之

列，所以然之故虽不能详知，要是与宗教信仰有关。王鸣盛因
齐、梁世系"道""之"等字之名，而疑《梁书》《南史》所载梁
室世系倒误（见《十七史商榷》五五"萧氏世系"条），殊不知
此类代表宗教信仰之字，父子兄弟皆可取以命名，而不能据以定
世次也。（参考《燕京学报》第四期陈垣《史讳举例》第五三
"南北朝父子不嫌同名例"条。）又锺嵘《诗品》上"宋临川太
守谢灵运"条云：

> 钱唐杜明师夜梦东南有人来入其馆，是夕即灵运生于会
> 稽。旬日而谢玄亡。其家以子孙难得，送灵运于杜治养之，
> 十五方还都，故名"客儿"。（原注：治音稚，奉道之家靖
> 室也。）

按：仲伟所记此条，不独可以解释康乐所以名"客儿"之故，
兼可以说明所以以"灵"字为名之故。钱唐杜氏为天师道世家（见
后第七章），康乐寄养其靖室以求护佑，宜其即从其信仰以命
名也。

又孝武帝名曜，字昌明，其名字皆见于紫薇夫人诗中。此诗
为后来附会追作，或竟实有此诗，简文即取其中之语以名其子，
皆可不必深论。但可注意者，天师道对于竹之为物，极称赏其功
用。琅邪王氏世奉天师道，故世传王子猷之好竹如是之甚（见
《世说新语·简傲篇》、《御览》三八九引《语林》，及《晋
书》八〇《王徽之传》等）。疑不仅高人逸致，或亦与宗教信仰
有关。姑附识于此，以质博雅君子。

《晋书》一〇〇《孙恩传》云：

> 恩叔父泰，字敬远，师事钱唐（见下第七章）杜子恭。
> 而子恭有秘术。子恭死，泰传其术。然浮狡有小才，诳诱百姓，
> 愚者敬之如神，皆竭财产，进子女，以求福庆。王珣言于

会稽王道子，流之于广州。广州刺史王怀之以泰行郁林太守，南越亦归之。太子少傅王雅先与泰善，言于孝武帝，以泰知养性之方，因召还。道子以为徐州主簿，犹以道术眩惑士庶。稍迁辅国将军新安太守。会稽世子元显亦数诣泰求其秘术。泰见天下兵起，以为晋祚将终，乃扇动百姓，私集徒众。三吴士庶多从之。于时朝士皆惧泰为乱，以其与元显交厚，咸莫敢言。

《晋书》八四《王恭传》云：

淮陵内史虞珧子妻裴氏，有服食之术，常衣黄衣，状如天师。〔会稽王〕道子甚悦之，令与宾客谈论，时人皆为降节。恭抗言曰："未闻宰相之坐有失行妇人。"坐宾莫不反侧，道子甚愧之。

寅恪案：道子虽从王珣之言，暂流孙泰于广州，但后仍召还任用，且喜裴氏服食之术，是终与天师道术有关。然则孝武帝、会稽王道子及会稽世子元显等东晋当日皇室之中心人物皆为天师道浸淫传染，宜其有孙卢之乱也。

至卢循之家世及姻党尚有可注意者。《三国志·魏书》二二《卢毓传》注引《卢谌别传》云：

永和六年，卒于胡中，子孙过江。妖贼帅卢循，谌之曾孙。

《晋书》一〇〇《卢循传》略云：

〔卢循，〕司空从事中郎谌之曾孙也，娶孙恩妹。及恩作乱，与循通谋。

案：卢谌为范阳涿人，似与滨海地域无关。然《晋书》四四其伯祖卢钦传云：

累迁琅邪太守。

同卷附卢谌传云：

〔刘〕琨妻即谌之从母，既加亲爱，又重其才地。

《晋书》六二《刘琨传》云：

> 赵王伦执政，以琨为记室督，转从事中郎。伦子荂，
> 即琨姊婿也，故琨父子兄弟并为伦所委任。及篡，苟为皇
> 太子，琨为荂詹事。三王之讨伦也，以琨为冠军、假节，
> 与孙秀子会率宿卫兵三万距成都王颖，琨大败而还，焚河
> 桥以自固。及齐王冏辅政，以其父兄皆有当世之望，故特
> 宥之。

案：刘琨为赵王伦死党，卢谌既与之为姻戚，而伯祖钦又曾官琅
邪，是其家世环境殊有奉天师道之可能。故因循妻为孙恩之妹，
而疑卢氏亦五斗米世家。否则南朝士族婚嫁最重门第，以范阳卢
氏之奕世高华，而连姻于妖寇之孙氏，其理殊不可解也。

又《魏书》九七《岛夷刘裕传》云：

> 其（指卢循）党琅邪人徐道覆为始兴相。

案：徐道覆为循之死党，又循之姊夫（详见《晋书》一〇〇《卢
循传》）。其世系虽不可考，然为海滨地域之人，且以其命名及
姻党之关系言之，当亦五斗米世家无疑也。

又《晋书》八《废帝海西公纪》云：

> 咸安二年十一月，妖贼卢悚遣弟子殿中监许龙晨到其
> 门，称太后密诏，奉迎兴复。帝初欲从之，纳保母谏而止。
> 因叱左右缚之，龙惧而走。

案：此事可参阅《法苑珠林》六九《破邪篇·妖乱惑众第四》
"彭城道士卢悚"条。许龙或即许迈同族，卢悚或即循同族，彭
城或为侨居之地，而非郡望。此皆无可考，不能决定（《魏书》
九六《僭晋司马睿传》称"徐州小吏卢悚"），姑附记于此，以
见东晋末年天师道与政治之关系焉。

五、刘劭之弑逆

宋元凶劭之弑逆，实由于信惑女巫严道育。《宋书》九九《二凶传》（《南史》一四略同）云：

> 上（文帝）时务在本业，劝课耕桑，使官内皆蚕，欲以讽励天下。有女巫严道育，本吴兴（今浙江省旧湖州府）人。自言通灵，能役使鬼物。夫为劫，坐没入奚官。劭姊东阳公主应阎婢王鹦鹉白公主云："道育通灵有异术。"主乃白上，托云善蚕，求召入，见许。道育既入，自言服食，主及劭并信惑之。始兴王濬素佞事劭，与劭并多过失，虑上知，使道育祈请，欲令过不上闻。道育辄云："自上天陈请，必不泄露。"劭等敬事，号曰"天师"。及劭将败，〔濬〕劝劭入海，辇珍宝缯帛下船，与劭书曰："船故未至，尼已入台。愿与之明日决也。"人情离散，故行计不果。濬书所云尼，即严道育也。当时不见传国玺，问劭，云：在严道育处。

《隋书》三五《经籍志·道经部》云：

> 〔梁〕武帝弱年好事，先受道法，及即位，犹自上章，朝士受道者众。三吴及边海之际，信之逾甚。陈武世居吴兴，故亦奉焉。

寅恪案：严道育以道字命名，生地为吴兴，号为"天师"。又唐法琳《破邪论》（见道宣《广弘明集》一一，及唐彦琮《护法沙门法琳别传》）历举古来道士破家破国为逆乱者，如张鲁、孙恩之类。其中有一条云："道育醮祭而祸宋。出《宋书》。"则法琳亦以严道育为天师道也。凡此皆足以证其为五斗米教中人。故南朝元嘉太初之际宫廷之惨变，实天师道传入皇族中心所致，而其主动之人固与滨海地域有关系也。

六、魏太武之崇道

凡信仰天师道者，其人家世或本身十分之九与滨海地域有关。《隋书·经籍志·道经部》谓"三吴及边海之际，信之逾甚"。《晋书·孙恩传》亦言"三吴士庶多从之（孙泰）"。盖边海之际本其教之发源地。三吴区域或以邻接海滨，或以重要都会所在，居南朝政治之中心，为北来信徒若琅邪王氏等所侨聚之地。但《隋志》仅就南朝言之，其实北朝亦何独不然。兹节取旧史所载魏太武崇道事，条列于后，以证成吾说。《魏书》一一四《释老志》云：

> 世祖时，道士寇谦之，字辅真，南雍州刺史赞之弟，自云寇恂之十三世孙。早好仙道，有绝俗之心。少修张鲁之术。

《魏书》四二《寇赞传》云：

> 寇赞，字奉国，上谷人，因难徙冯翊万年。父脩之，字延期，符坚东莱太守。（东莱郡，今山东省旧登莱二府之地。）赞弟谦之有道术，世祖敬重之。

案：谦之自附于寇恂之后裔，故称上谷人。魏收亦谓其"自云"，明不足信也。但其父既任东莱太守，即曾居滨海地域。父子俱又以"之"字命名，是其家世遗传，环境熏习，皆与天师道有关，所以"少修张鲁之术"也。

复次，《元和姓纂》九"去声·五十候"条云：

> 寇，上谷昌平，恂，后汉执金吾雍奴侯，曾孙荣，荣孙孟，
> 魏冯翊太守，徙家冯翊。

罗振玉《雪堂金石文字·〈寇臻志〉跋》云：

> 《志》称臻汉相威侯之裔，〔寇〕荣十世之允（胤），
> 荣之子孙，前魏因官，遂寓冯翊。

寅恪案：寇氏实以前魏时徙居冯翊，所谓因难或因官，其真伪姑
不深论，考《三国·魏志》一五《张既传》云：

> 〔张〕鲁降，既说太祖拔汉中民数万户以实长安及三辅。

故颇疑寇氏本为米贼之党，魏武帝平张鲁，遂徙其族于冯
翊，寇氏自谓徙家冯翊在前魏时，实即后汉建安时，特以其时汉
祚已危，魏武已霸主专政，遂混称为前魏时耳。此谦之所以世修
张鲁道术之由来欤？（又《高僧传》一二《宋伪魏平城释玄高
传》云："释玄高姓魏，冯翊万年人也，母寇氏本信外道。"是
玄高之母亦谦之之族也，附记于此，以备参考。）

《魏书》三五《崔浩传》略云：

> 崔浩，字伯渊，清河人也，白马公玄伯之长子。初，
> 浩父疾笃，浩乃剪爪截发，夜在庭中仰祷斗极，为父请命，
> 求以身代，叩头流血，岁余不息。性不好《老》《庄》之书，
> 每读不过数十行，辄弃之。

又《魏书·释老志》云：

> 始光初，〔寇谦之〕奉其书而献之，时朝野闻之，若
> 存若亡，未全信也。崔浩独异其言，因师事之，受其法术。
> 于是上疏，赞明其事。世祖欣然崇奉天师，显扬新法。

又《魏书》二四《崔玄伯传》云：

> 〔符〕坚亡，避难于齐鲁之间，为丁零翟钊及司马昌
> 明叛将张愿所留絷。慕容垂以为吏部郎、尚书左丞、高阳

内史。太祖征慕容宝，次于常山。玄伯弃郡，东走海滨。

又《魏书》三五《崔浩传》云：

> 浩母卢氏，谌孙也。

案：玄伯妻为卢谌孙女，即孙恩妹婿卢循之姑母，是崔浩、卢循两人实中表兄弟，其家世相传之信仰，自属天师道无疑。观浩剪爪截发，夜祷斗极，为父请命（参阅《梁书》四七及《南史》五〇《庾黔娄传》），正似后来道家北斗七星延命之术。（今《道藏》"为"字号有《北斗七星灯仪》及《北斗本命延寿灯仪》等书，此等自为后世撰述，而《佛藏·密教部》亦有《北斗七星延命经》及其他类似之经殊多。颇疑此种禳祷之方译出虽晚，要是天竺早已有之，道家之术或仍间接传自西方，特不肯显言之耳。）至其不好《老》《庄》之书者，盖天师道之道术与《老》《庄》之玄理本自不同，此与浩之信仰天师道，并无冲突也。故浩之所以与谦之之道独有契合，助成其事者，最主要因实在少时所受于其母之家庭教育。况浩父玄伯既避乱于齐鲁之间，后复东走海滨，是浩之父系与滨海地域亦有一段因缘，不仅受母氏外家信仰之渐染而已也。（又浩宗人颐与方士韦文秀诣王屋山造金丹，见《魏书》三二、《北史》二四。或亦崔氏本来奉道之旁证。）此点为北朝佛道废兴关键所系，前人似尚无言及之者，特为发其覆如此。

七、东西晋南北朝之天师道世家

凡东西晋南北朝奉天师道之世家，旧史记载可得而考者，大抵与滨海地域有关。故青徐数州，吴会诸郡，实为天师道之传教区。观《风俗通》九《怪神篇》"城阳景王祠"条、《三国志·魏书》一《武帝纪》注引王沈《魏书》详述琅邪及青州诸郡淫祀之俗。（兼可参考《后汉书》四一《刘盆子传》所载赤眉"军中常有齐巫鼓舞祠城阳景王，以求福助"事。）又《江表传》"于吉先寓居东方，往来吴会"之语，最足以见东汉末年天师道分布地域之情况。兹除去前已论及者外，略诠次旧记条列于后。

琅邪王氏（晋琅邪国约当今山东省旧兖青沂莱四府东南境及胶州之地）

《晋书》八〇《王羲之传》云：

> 与道士许迈共修服食，采药石不远千里。次〔子〕凝之亦工草隶。仕历江州刺史、左将军、会稽内史。王氏世事张氏五斗米道，凝之弥笃。孙恩之攻会稽，寮佐请为之备，凝之不从。方入靖室请祷，出语诸将曰："吾已请大道许鬼兵相助，贼自破矣。"既不设备，遂为孙恩所害。

案：《真诰》一六《阐幽微第二》云："王虞为部鬼将军。"虞为凝之之叔祖，既领鬼兵，更宜凝之请以相助。夫琅邪王氏为五斗米世家，读史者所习知。兹特上溯其先世，至于西汉之王吉，拈出地域环境与学说思想关系之公案以供学者参决，姑记其可疑者于此，非敢多所附会也。

《新唐书》七二中《宰相世系表》云：

> 王氏
>
> 元避秦乱，迁于琅邪，后徙临沂（今山东省临沂县）。四世孙吉，字子阳，汉谏议大夫，始家皋虞（汉侯国，今山东省即墨县东北地）。后徙临沂都乡南仁里。生骏，字伟山，御史大夫。二子：崇、游。崇字德礼，大司空、扶平侯。生遵，字伯业，后汉中大夫、义乡侯。生二子：昔、音。

音字少玄，大将军掾。四子：谊、睿、典、融。融字巨伟。

二子：祥、览。

《晋书》三三《王祥传》云：

> 王祥，字休征，琅邪临沂人，汉谏议大夫吉之后也。祖仁，
> 青州刺史。父融，公府辟不就。

案：《唐书》"表"所载世系，其见于《汉书·王吉传》者，自
属可信。其后诸世当有脱误，然为王吉之后，要无可疑。今节录
《汉书》七二《王吉传》推论之。传云：

> 王吉，字子阳，琅邪皋虞人也。上疏言得失曰：陛下
> 躬圣质，总万方，帝王图籍日陈于前，惟思世务，将兴太平。
> 公卿幸得遭遇其时，言听谏从，然未有建万世之长策，举
> 明主于三代之隆者也。其务在于期会、簿书、断狱、听讼而已，
> 此非太平之基也。臣愿陛下承天心，发大业，与公卿大臣
> 延及儒生述旧礼，明王制，驱一世之民，跻之仁寿之域，
> 则俗何以不若成康，寿何以不若高宗？窃见当世趋务不合
> 于道者，谨条奏，唯陛下财择焉。吉意以为夫妇，人伦大
> 纲，夭寿之萌也。世俗嫁娶太早，未知为人父母之道而有
> 子，是以教化不明，而民多夭。聘妻送女亡节，则贫人不及，
> 故不举子。又汉家列侯尚公主，诸侯则国人承翁主，使男
> 事女，夫诎于妇，逆阴阳之位，故多女乱云云。自吉至崇，
> 皆好车马衣服，其自奉养极为鲜明，而亡金银锦绣之物。
> 及迁徙去处，所载不过囊衣，不蓄积余财。去位家居，亦
> 布衣疏食。天下服其廉而怪其奢，故俗传王阳能作黄金。

案：《后汉书》六〇下《襄楷传》言："顺帝时，琅邪宫崇诣
阙，上其师于吉于曲阳泉上水所得神书百七十卷，号《太平清领
书》。""专以奉天地顺五行为本，亦有兴国广嗣之术。"

73

章怀《注》引《太平经·兴帝王篇》略曰：

> 真人问神人曰："吾欲使帝王立致太平，岂可闻邪？"
> 神人言："但顺天地之道，不失铢分，则立致太平延年不
> 疑也。"又问曰："今何故其生子少也？"天师曰："今太
> 平气到。或有不生子者，反断绝天地之统，使国少人。理
> 国之道，多人则国富，少人则国贫。"

案：《汉书》与王吉同传者有贡禹。禹亦琅邪人。其所言调和阴
阳，兴致太平，减少宫女，令儿七岁乃出口钱，其旨趣与王吉相
似。后来于吉《太平清领神书》"兴国广嗣"之言，实不能外
此。又《汉书》七五《李寻传》载成帝时，齐人甘可忠诈造《天
官历》《包元太平经》，其徒党夏贺良等陈说哀帝，以为成帝不
应天命，故嗣绝，今宜急改元易号，则得延年益寿，皇子生，灾
异息矣。哀帝从其议，改元太初，易号曰"陈圣刘太平皇帝"。
其言亦与后来《太平清领书》所记兴国广嗣之术约略相似。殆所
谓齐学，即滨海地域之学说也。夫《汉书》既载"俗传王阳能作
黄金"，则王阳当时所处之环境中，作黄金之观念必已盛行，然
后始能致兹传说。故据此可以推见其时社会情况。而应仲远不明
斯义，转以此讥孟坚（见《风俗通·过失篇》），过矣。
又《真诰》一六《阐幽微第二》云：

> （上略）夫至廉者不食非己之食，不衣非己之布帛。
> 王阳有似也。（原注：此目应以夷齐为摽。高士中亦多此例，
> 而今乃举王阳。当年淳德自然，非故为皎洁者也。王阳先
> 汉人也。（下略）右五条皆积行获仙，不学而得。

天师道以王吉为得仙，此实一确证，故吾人虽不敢谓琅邪
王氏之祖宗在西汉时即与后来之天师道直接有关，但地域风习
影响于思想信仰者至深且巨。若王吉、贡禹、甘忠可等者，可

谓上承齐学有渊源，下启天师之道术。而后来琅邪王氏子孙之为五斗米教徒，必其地域熏习，家世遗传，由来已久。此盖以前读史之人所未曾注意者也。

高平郗氏

《晋书》六七《郗鉴传》云：

> 郗鉴，字道徽，高平金乡人。（晋高平国治昌邑，在今山东省金乡县西北。）赵王伦辟为掾，知伦有不臣之迹，称疾去职。及伦篡，其党皆至大官，而鉴闭门自守，不染逆节。二子：愔、昙。愔，字方回。与姊夫王羲之、高士许恂（询）并有迈世之风，俱栖心绝谷，修黄老之术。子超，一字嘉宾。愔事天师道，而超奉佛。昙，字重熙。子恢，字道胤。

又鉴叔父隆传云：

> 隆，字弘始，少为赵王伦所善。及伦专擅，召为散骑常侍。伦之篡也，以为扬州刺史。齐王冏檄至，中州人在军者皆欲赴义。隆以兄子鉴为赵王掾，诸子悉在京洛，故犹豫未决。停檄六日，将士愤怒，扶〔王〕邃为主而攻之，隆父子皆死。

又《晋书》七七《何充传》云：

> 于时郗愔及弟昙奉天师道，而充与弟准崇信释氏。谢万讥之云："二郗谄于道，二何佞于佛。"（《世说新语·排调篇》同。）

又《世说新语·术解篇》云：

> 郗愔信道甚精勤，常患腹内恶，诸医不可疗。闻于法开有名，往迎之。既来，便脉云："君侯所患，正是精进太过所致耳。"合一剂汤与之。一服即大下，去数段许纸如拳大，剖看，乃先所服符也。

又《太平御览》六六六引《太平经》云：

> 郗愔心尚道法，密自遵行。善隶书，与右军相埒。手自起写道经，将盈百卷，于今多有在者。

案：《晋书》一四《地理志》金乡为兖州高平国之属县，距海滨虽略远，然观郗氏一门在西晋时与赵王伦关系之密切如此，则郗隆父子与孙秀等实皆伦之死党，事败俱以身殉，不过一处中枢，一居方镇之别耳。故以东晋时憎、昙之笃信天师道，及鉴字道徽，恢字道胤而推论之，疑其先代在西晋时即已崇奉此教。至嘉宾之奉佛，与其家风习特异者，犹之愔忠于王室，而超党于桓氏，宗教信仰及政治趋向皆与其父背驰也。

吴郡杜氏

《晋书》一〇〇《孙恩传》云：

> 恩叔父泰，字敬远，师事钱唐（见下）杜子恭。而子恭有秘术，尝就人借瓜刀，其主求之，子恭曰：当即相还耳。既而其刀主行至嘉兴，有鱼跃入船中，破鱼得瓜刀。其为神效往往如此。子恭死，泰传其术。

《南齐书》五四《高逸传》云：

> 杜京产，字景齐，吴郡钱唐人。（晋吴郡钱唐县，今浙江省杭县。）杜子恭玄孙也。祖运，为刘毅卫军参军。父道鞠，州从事，善弹棋。世传五斗米道，至京产及子栖。
> （《南史》七五《隐逸传》同。）

《真诰》一九《翼真检第一·真诰叙录》云：

> 〔许〕黄民乃奉经入剡（见下）。钱唐杜道鞠（即居士京产之父）道业富盛，数相招致。于时诸人并未知寻阅经法，止禀奉而已。

又锺嵘《诗品》载谢灵运寄养于钱唐杜明师家，前已论及，兹不重出。

案：杜子恭为孙泰之师，其历代相传至后裔杜栖，多有时名，为南朝天师最著之世家，而钱唐又属滨海地域也。

会稽孔氏

《晋书》一〇〇《孙恩传》略云：

> 黄门郎孔道、鄱阳太守桓放之、骠骑谘议周勰等皆敬事之（指孙泰）。中书郎孔道等皆遇害。

《晋书》七八《孔愉传》云：

> 孔愉，字敬康，会稽山阴（晋会稽郡治山阴，今浙江省绍兴县）人也。其先世居梁国。曾祖潜，太子少傅，汉末避地会稽，因家焉。吴平，愉迁于洛。惠帝末，东还会稽，入新安山中，改姓孙氏。后忽舍去，皆谓为神人，而为之立祠。

《世说新语·栖逸篇》云：

> 孔车骑少有嘉遁意，自称孔郎，游散名山。百姓谓有道术，为生立庙。今犹有孔郎庙。

刘孝标《注》引《孔愉别传》曰：

> 永嘉大乱，愉入临海（晋临海郡治章安，今浙江省临海县）山中，不求闻达。

《南齐书》四八《孔稚珪传》（《南史》四九《孔稚珪传》同）云：

> 孔稚珪，字德璋，会稽山阴人也。祖道隆，位侍中。父灵产，泰始中罢晋安太守。有隐遁之怀，于禹井山立馆，事道精笃。吉日于静屋四向朝拜，涕泗滂沱，东出过钱塘北郭，辄于舟中遥拜杜子恭墓，自此至都，东向坐，不敢背侧。

《南史》七五《隐逸传》云：

　　孔道徽，守志业不仕，与〔杜〕京产友善。道徽父祐，至行通神，隐于四明山（在今浙江省鄞县西南一百五十里，余姚县南一百十里）。尝见山谷中有数百斛钱，视之如瓦石不异。采樵者竞取，入手即成砂砾。王僧虔与张绪书曰："孔祐，敬康曾孙也。古之遗德也。道徽少厉高行，能世其家风。"

《真诰》一九《翼真检第一·真诰叙录》云：

　　元兴三年京畿纷乱，〔许〕黄民乃奉经入剡（今浙江省嵊县）。至义熙中，鲁国孔默崇奉道教，为晋安太守（晋晋安郡故治在今福建省闽侯县东北）。罢职，还至钱唐。闻有许郎先人得道，经书俱存，乃往诣许。许不与相见，孔膝行稽颡，积有旬日，兼献奉殷勤，用情甚至。许不获已，始乃传之。孔仍令晋安郡吏王兴缮写。（兴善有心尚，又能书画，故以委之。）孔还都，唯宝录而已，竟未修用。元嘉中，复为广州刺史。及亡后，其子熙先、休先才学敏赡，窃取看览，见《大洞真经》说云："诵之万遍，则能得仙。"大致讥诮，殊谓不然。以为仙道必须丹药炼形，乃可超举，岂可空积声咏，以致羽服。兼有诸道人助毁其法，或谓不宜蓄此。因一时焚荡，无复孑遗。

《宋书》六八《彭城王义康传》（《南史》一三同）云：

　　上（太祖）疾尝危殆，〔祭酒鲁郡孔〕胤秀等辄就尚书仪曹索晋咸康末立康帝旧事。及太祖疾豫，微闻之。〔元嘉〕十七年十月，诛大将军录事参军刘敬文、贼曹参军孔邵秀、主簿孔胤秀、丹阳丞孔文秀、司空从事中郎司马亮等。胤秀始以书记见任，渐预机密。文秀、邵秀，皆其兄也。司马亮，孔氏中表，并由胤秀而进。

又《宋书》六九《范晔传》（《南史》三三同）略云：

初，鲁国孔熙先博学，有纵横才志，文史星算，无不兼善。初，熙先父默之为广州刺史，以赃货得罪下廷尉，大将军彭城王义康保持之，故得免。及义康被黜，熙先密怀报效。以晔意志不满，欲引之。极辞譬说，其意乃定。熙先素善天文，云：太祖必以非道晏驾，当由骨肉相残。江州应出天子，以为义康当之。有法略道人，先为义康所供养，粗被知待。又有王国寺法静尼亦出入义康家内，皆感激旧恩，规相拯拔，并与熙先往来，使法略罢道。本姓孙，改名景玄，以为臧质宁远参军。熙先善于治病，兼能诊脉。法静尼妹夫许耀，领队在台，宿卫殿省。尝有病，因法静尼就熙先乞治，为合汤一剂，耀疾即损。耀自往酬谢，熙先深相待结，因告逆谋，耀许为内应。熙先于狱中上书，所陈并天文占候，谶（《南史》作"诚"）上有骨肉相残之祸，其言深切。

《真诰》二〇《翼真检第二》云：

孔璪贼时，杜居士京产将诸经书往剡南墅大墟住，始与顾欢、戚景玄、朱僧标等数人共相料视，于是分别选出，凡有经传四五卷，真唉七八篇，今犹在杜家。

案：孔璪事迹见《宋书》八四及《南史》二七《孔觊传》。孔觊等起兵应晋安王子勋，实躁为之谋主，亦天师道信徒也。

又会稽孔氏其居山阴之孔愉一门及孔道隆、灵产、稚珪三世，与居剡之孔默之、孔熙先父子及孔胤秀、文秀、邵秀兄弟，是否本为一族？不能详考。然孔愉自谓先世居梁国，孔默之父子孔胤秀兄弟自称鲁郡，皆托为孔子后裔，来从北方（见《新唐书》七五下《宰相世系表》"孔氏"及林宝《元和姓纂》六"山阴孔氏"各条）。其事之真伪，且不置论，而其俱居滨海地域，俱有与天师道相关之迹象，则无疑义。故称之为奉天师道之世家，当无不可。至《晋书·孙恩传》中敬事孙泰之黄门郎孔道即同传下文遇害之中书郎孔道，与山阴孔氏疑是一族。《南齐书·孔稚珪传》稚珪祖为侍中道隆，以稚珪父灵产奉道如此之笃推之，孔道隆恐即孔道。以唐人传写避讳，略书名下一字，而侍中之官或者又因死难之故所追赠欤？姑记于此，以俟考。孔熙先之为天师道信徒，不待论。而法略本孙氏，法静妹夫许耀又为许氏，皆有天师道家世之嫌疑。宋文帝初不死于彭城王义康及孔熙先，而卒死于元凶劭及严道育。其被弑之人虽殊，而俱与天师道有关则一，故谓之死于天师道之手实无不可。至于范蔚宗以谋逆诛，王西庄（《十七史商榷》六一）、陈兰甫（《东塾集》附《申范》一卷）皆著论辨诬，而不知其死由于孔熙先，熙先为天师道世家。然则谓蔚宗之死实由于天师道，固亦无不可也。

又蔚宗之著《后汉书》，体大思精，信称良史，独《方术》一传附载不经之谈，竟与《搜神记·列仙传》无别，故在全书中最为不类。遂来刘子玄之讥评（见《史通》五《采撰篇》及一七《杂说篇》中诸晋史条），亦有疑其非范氏原文，而为后人附益者（见王先谦《后汉集解》八二下《黄山校补》）。其实读史者苟明乎蔚宗与天师道之关系，则知此传全文本出蔚宗之手，不必致疑也。

义兴周氏

《晋书·孙恩传》言骠骑谘议周勰敬事孙泰。今《晋书》五八有《周勰传》，勰为义兴阳羡人，周处之孙，终以临淮太守，然其所生时代较早，当非一人。但义兴周氏实有信奉天师道之嫌疑。据《晋书》五八周勰之叔父札传云：

> 时有道士李脱者，妖术惑众，自言八百岁，故号"李

八百"。自中州至建邺，以鬼道疗病，又署人官位，时人多信事之。弟子李弘养徒潜山，云应谶当王。故〔王〕敦使庐江太守李恒告札及其诸兄子与脱谋图不轨。时莚（札兄子）为敦谘议参军，即营中杀莚及脱、弘，又遣参军贺鸾就沈充尽掩杀札兄弟子，既而进军会稽，袭札。札出距之，兵散见杀。（《太平御览》六七〇引《集仙录》，《太平广记》七引《神仙传》等，皆有李八百事。）

《抱朴子内篇》九《道意篇》云：

> 诸妖道百余种，皆煞生血食。独有李家道无为，为小差。或问："李氏之道起于何时？"余答曰："吴太帝时，蜀中有李阿者，穴居不食，传世见之，号为'八百岁公'。后一旦忽去，不知所在。后有一人，姓李名宽，到吴，而蜀语，能祝水，治病颇愈，于是远近翕然，谓宽为李阿，因共呼之为'李八百'，而实非也。自公卿以下，莫不云集其门。于是避役之吏民依宽为弟子者，恒近千人。余亲识多有及见宽者。宽弟子转相教受，布满江表，动有千许。"

案：葛稚川之言与《晋书》虽有异同，今观其所述，亦天师道之一派也。当时李氏妖党之盛，可以想见。李恒告周札及其诸兄子与李脱同谋不轨，盖当日李氏妖党自吴迄晋布满江表，义阳周氏为吴地世族之最著者，疑本与李氏道术有连，故王敦等得借为口实。故曰敬事孙泰之周勰纵非义阳周氏，而义阳周氏之勰者，固曾陷于妖党之嫌疑，则为史实也。

陈郡殷氏

《晋书》八四《殷仲堪传》云：

> 殷仲堪，陈郡人也。父师，骠骑谘议参军，晋陵太守，沙

阳男。父病积年,仲堪衣不解带,躬学医术,究其精妙。少奉
天师道,又精心事神,不吝财贿,而急行仁义,啬于周急,及
〔桓〕玄来攻,犹勤请祷。然善取人情,病者自为诊脉分药。

《世说新语·文学篇》"羊孚弟娶王永言女"条刘孝标《注》引
《殷氏谱》曰:

仲堪娶琅邪王临之女,字英彦。

又《世说新语·术解篇》叙仲堪伯父浩精通医术事云:

殷中军妙解经脉,中年都废。有常所给使忽叩头流血,
浩问其故,云:"有死事,终不可说。"诘问良久,乃云:"小
人母年垂百岁,抱疾来久,若蒙官一脉,便有活理,讫就
屠戮无恨。"浩感其至性,遂令舁来,为诊脉处方。始服
一剂汤便愈,于是悉焚经方。

《真诰》一五《阐幽微第一》云:

殷浩侍帝晨,与何晏对。

又云:

侍帝晨有八人:徐庶、庞德、爰愉、李广、王嘉、何晏、
解结、殷浩。如世之侍中。

案:殷仲堪为陈郡长平人。陈郡非滨海地域。虽妻为琅邪王氏,
本天师道世家,然疑仲堪之奉道,必已家世相传,由来甚久,而
不可考矣。今所传《黄帝内经·素问》,虽出后人伪造,实为中
国医术古籍,而与天师道有关。其"天元纪大论"殆即张机《伤
寒论序》所称"阴阳大论"。故其文中托为黄帝与天师问答之
语,是其明证。殷仲堪之伯父殷浩即已妙解经脉,然则仲堪之精
于医术(《隋书》三四《经籍志·子部·医方类》:"《殷荆州
要方》一卷,殷仲堪撰,亡。")亦当为家门风习渐染所致,非
偶因父病始从事学医也。

故参以晋代神仙家葛洪之综练医术（《晋书》七二《葛洪传》，又《隋书·经籍志》："《肘后方》六卷，葛洪撰。梁二卷。《陶弘景补阙肘后百一方》，九卷，亡。"），宋代天师道世家孔熙先善疗病，治愈许耀之故事（《宋书》六九《范晔传》），梁代神仙家陶弘景祖孙父子之尤明医术本草（见《梁书》五二《南史》七六《陶弘景传》）。又《云笈七签》一〇七下陶翊撰《华阳隐居先生本起录》云："祖隆兼解药性，常行拯救为务。父贞宝深解药术。"及北朝天师道世家清河崔氏一门若崔彧、崔景哲、崔景鸾、崔冏等累代皆精通医术，为尚药典御（《魏书》九一《术艺传》、《北史》二四）等事实，推定陈郡殷氏为天师道世家，明乎吾国医术与道教之关系者，当不以此为无稽之说也。

丹阳葛氏及东海鲍氏

抱朴子之学虽有异于黄巾、米贼，然实亦与之同出一源，不过流派略别耳。抱朴子之著述及其师鲍靓之行事今皆不论，仅就其家世籍贯与海滨之关系，略缀数语，以阐明此篇主旨。

《晋书》七二《葛洪传》云：

> 葛洪，字稚川，丹杨句容人也。（句容，今江苏省句容县。）尤好神仙导养之法。从祖玄，吴时学道得仙，号曰"葛仙公"。以其炼丹秘术授弟子郑隐。洪就隐学，悉得其法焉。后师事南海太守上党鲍玄。玄见洪深重之，以女妻洪。洪传玄业，并综练医术。

《晋书》九五《艺术传·鲍靓传》云：

> 鲍靓，字太玄，东海人也。（晋东海郡在惠帝元康元年未分置兰陵郡以前统县十二，其境约当今山东省旧充州府东南至江苏省旧海州之地。）年五岁语父母云："本是

曲阳李家儿，九岁坠井死。"其父母寻访得李氏，推问皆
符验。靓学兼内外，明天文河洛书，为南海太守。尝见仙
人阴君，受道诀，百余岁卒。

案：神仙之说于此可不置论。以地域言，丹阳、东海皆《隋书·经
籍志》所谓"三吴及滨海之际"者也（见上文）。然葛氏之居丹
阳，亦由海滨迁来，其家世信仰盖远有所承受。据《抱朴子·自
余篇》云：洪曩祖为荆州刺史。王莽之篡，与翟义共起兵，为莽
所败，遇赦免祸，莽乃徙君于琅邪。君之子卢佐光武，封下邳僮
县侯。托他行，遂南渡江，家于句容。《太平御览》六六三引
《列仙传》作"葛洪，字稚川，琅邪人"。陶弘景《吴太极左仙
公葛公之碑》云："本属琅邪，后汉骠骑僮侯卢，让国于弟，来
居此土。"（见《陶弘景集》及《道藏》"虞"字号谭嗣先《太
极葛仙翁传》。）是葛氏本琅邪人。琅邪固天师道发源之地，与
史实尤相适合。又《太平御览》六六四引《神仙传》云："鲍
靓，字太玄，琅邪人。一说上党人。汉司徒鲍宣之后。"又《太
平御览》四一引袁宏《罗浮山记》云："鲍靓，字子玄，上党
人。"考靓所以作上党人者，盖据《汉书》七二《鲍宣传》中
"宣既被刑，乃徒之上党，遂家于长子"之语。既以靓为宣之后
裔，故宜云然。其实此类依托华胄之言，殊不足信，自无待论。
而鲍靓之为琅邪人，更不容疑也。至《晋书》靓传中靓自称"本
是曲阳李家儿"之曲阳，即《后汉书·襄楷传》于吉"于曲阳泉
水上得神书"之曲阳，章怀《注》所谓"东海之曲阳"是也。于
此转可证成靓实为东海人，或琅邪人，皆属滨海地域，所谓上党
人者，不过自托于子都之后裔而已。近人注《晋书》以《鲍靓
传》作东海为误。又以上党与曲阳地相近，殆未详考（见吴士鉴
《〈晋书〉斠注》七五《〈鲍靓传〉注》）。《云笈七签》卷

一〇六有《鲍靓真人传》作陈留人。此较后之说，不如《晋书》等之足据也。

丹阳许氏

丹阳许氏为南朝最著之天师道世家。据其自称，为汉顺帝司徒汝南平舆许敬之后。敬子光始渡江，居丹阳句容。《真诰》卷末附有《真胄世谱》，详载其世系，然细核之，殊有可疑。盖《真诰》二《运象篇第二》"八月十七日夜保命仙君小茅口授与许长史"之文云：

> 肇祖植德（即谓七世祖许肇也）。

又一二《稽神枢第二》云：

> 亦如子七世祖父许肇字子阿者，有赈死之仁，拯饥之德。故令云荫流后，阴功垂泽，是以今得有好尚仙真之心者，亦有由而然也。此紫阳真人六月二十日受。
>
> （右一条有掾写。）

又一六《阐幽微第二》云：

> 许肇今为东明公右帅晨。帅晨之任，如世间中书监。
> （许肇，字子阿，即长史七代祖司徒敬也。虽有赈救之功，而非阴德，故未蒙受化。既福流后叶，方使上拔，然后为九宫之仙耳。）

又《真胄世谱》云：

> 《真诰》云："长史七世祖肇字子阿有振惠之功。"今检谱，七世祖名敬，字鸿卿，后汉安帝时为光禄，顺帝永建元年拜司徒。（寅恪案：范氏《后汉书》六《顺帝纪》云：永建二年七月光禄勋许敬为司徒。《通鉴》五一亦同。袁宏《后汉纪》系此事于永建元年。与此同。）名字与《真诰》不同，

未详所以舛异。

案：《许氏家谱》与《真诰》互相舛异，毋宁信《真诰》为较近真。盖《真诰》中托为保命仙君及紫阳真人等，对许氏言其祖宗名字，且托为许氏亲笔记录。其事虽不可信，而此点却不应讹误也。至《家谱》则于六朝时往往为寒门攀附华族以作婚宦之资者，尤多所改易。故丹阳许氏确否自汝南南徙，尚不可知。或如葛氏之比，原自琅邪迁来。或如鲍氏之比，本为东海，而自附于上党，今皆无考。要之，吴地居民本多天师道信徒，许氏既世居丹阳，想其宗教信仰之遗传必已甚久。又后汉灵帝熹平元年有会稽妖贼许昌起于勾章，自称"阳明皇帝"，扇动诸县，众以万数（见《三国志·吴书》一《孙坚传》、二《孙策传》裴《注》，《东观汉记》，《后汉书》八八《臧洪传》及《续汉书·天文志》等）。许昌既称妖贼，又以阳明为号，必系天师道，此许氏虽不必与丹阳之许同出一源，要为滨海地域天师道之党，与三张之徒先后同起者，则无可疑也。

丹阳陶氏

周嘉猷《南北史世系表》三《丹阳陶氏表》云：

陶隐居弘景，字通明，尤著名于梁代，盖基之裔也。

世系无可考。

案：《云笈七签》一〇七有陶弘景从子翊字木羽者所撰《华阳隐居先生本起录》，详载世系。周氏谓无可考者，非也。兹录取其有关者之语于下：

隐居先生讳弘景，字通明，丹阳人也。宅在白杨巷南冈之东。宋初土断，仍割秣陵县西乡之桐下里，至今居之。十三世祖超，汉末渡江，始居丹阳。七世祖济，交州刺史瑶之弟，与孙皓俱降晋，拜议郎、散骑常侍、尚书。祖隆，好学，读书善写，兼解药性，常行拯救为务。父讳贞宝，善蘽隶书，家贫，以写经为业，一纸直价四十。深解药术。先生尤好五行阴阳，风角冠候，太一遁甲，星历算数，山川地理，方国所产，及医方香药分剂，虫鸟草木，考校名类，莫不该悉。善隶书，不类常式，别作一家，骨体劲媚。

案：陶潜附见《晋书》五七《陶璜传》。璜传云："自基至绥四世为交州者五人。"是陶氏一门与南部滨海之地关系至切。匪独陶氏如是，即鲍靓、葛洪及孙泰、卢循诸人，亦莫不然。岂交、广二州之区域不但丹砂灵药可为修炼之资，且因邻近海滨，为道教徒众所居之地。以有信仰之环境，故其道术之吸收与传授，较易于距海辽远之地域欤？观陶翊之所述，则天师道世家皆通医药之术，尤有确证。中国儒家虽称格物致知，然其所殚精致意者，实仅人与人之关系。而道家则研究人与物之关系。故吾国之医药学术之发达出于道教之贡献为多。其中固有怪诞不经之说，而尚能注意于人与物之关系，较之佛教，实为近于常识人情之宗教。然则道教之所以为中国自造之宗教，而与自印度所输入之佛教终有区别者，或即在此等处也。

吴兴沈氏

《宋书》一〇〇《自序》（《南史》五七《沈约传》同）云：初，钱唐人杜子恭（《南史》作"杜炅，字子恭"）通灵，有道术，东土豪家及京邑贵望并事之为弟子，执在三之敬。〔沈〕警累世事道，亦敬事子恭。子恭死，门徒孙泰、泰弟子恩传其业，警复事之。隆安三年，恩于会稽作乱，自称征东将军，三吴皆响应。〔警子〕穆夫时在会稽，恩以为前部参军、振武将军、余姚令。其年十二月二十八日，恩为刘牢之所破，辅国将军高素于山阴回踵埭，执穆夫及伪吴郡太守陆壤之、吴兴太守丘尫，并见害，函首送京邑。先是宗人沈预素无士行，为警所疾。至是警闻穆夫预乱，逃藏将免矣。预以告官，警及穆夫、弟仲夫、任夫、预夫、佩夫并遇害，惟穆夫子渊子、云子、田子、林子、虔子获全。

《梁书》一三《沈约传》（《南史》五七同）略云：

沈约，字休文，吴兴武康（今浙江省武康县）人也。祖林子，宋征虏将军。因病，梦齐和帝以剑断其舌，召巫视之，巫言如梦。乃呼道士奏赤章于天，称禅代之事，不由己出。

〔梁〕高祖闻赤章事，大怒，中使谴责者数焉，约惧，遂卒。

案：吴兴为滨海地域。沈约为林子之孙，穆夫之曾孙，警之玄孙，累世奉天师道。警、穆夫皆孙恩妖党。恩败，几举族殉之。据此，则休文受其家传统信仰之熏习，不言可知。赤章之事即其一例也。请以王献之事证之。《世说新语·德行篇》（参阅《晋书》八〇《王羲之传》附王献之传及《太平御览》卷六四一引《语林》）云：

王子敬病笃，道家上章应首过，问子敬由来有何异同得失？子敬云：不觉有余事，唯忆与郗家离婚。（刘孝标《注》引《王氏谱》曰：献之娶郗昙女，名道茂。寅恪案：以道茂之名观之，亦郗氏奉道之旁证。）

案：沈隐侯虽归命释迦，平生著述如《均圣论》《答陶隐居难均圣论》《内典序》《佛记序》《六道相续作佛义》《形神论》《神不灭论》《难范缜神灭论》《究竟慈悲论》《千僧会愿文》《舍身愿疏》及《忏悔文》等（见《广弘明集》五、一五、一九、二二、二六、二八等），皆阐明佛教之说。迨其临终之际，仍用道家上章首过之法。然则家世信仰之至深且固，不易湔除，有如是者。明乎此义，始可与言吾国中古文化史也。

又《南史》三七《沈庆之传》附僧昭传云：

> 僧昭别名法朗，少事天师道士，常以甲子及甲午日夜，着黄巾，衣褐，醮于私室。时记人吉凶，颇有应验。自云为太山录事，幽司中有所收录，必僧昭署名。中年为山阴县。梁武陵王纪为会稽太守，宴坐池亭，蛙鸣聒耳。王曰："殊废丝竹之听。"僧昭咒厌十许口便息。及日晚，王又曰："欲其复鸣。"僧昭曰："王欢已阑，今恣汝鸣。"即便喧聒。又尝校猎，中道而还。左右问其故，答曰："国家有边事，须还处分。"问："何以知之？"曰："向闻南山虎啸知耳。"俄而使至。复谓人曰："吾昔为幽司所使，实为烦碎，今已自解。"乃开匣出黄纸书，上有一大字，字不可识。曰："教分判如此。"及太清初，谓亲知曰："明年海内丧乱，生灵十不一存。"乃苦求东归。既不获许，及乱，百口皆歼。

寅恪案：此吴兴沈氏世事天师道之又一确证也。

八、天师道与书法之关系

东西晋南北朝之天师道为家世相传之宗教，其书法亦往往为家世相传之艺术，如北魏之崔、卢，东晋之王、郗，是其最著之例。旧史所载奉道世家与善书世家二者之符会，虽或为偶值之事，然艺术之发展多受宗教之影响。而宗教之传播，亦多倚艺术为资用。治吾国佛教美艺史者类能言佛陀之宗教与建筑、雕塑、绘画等艺术之关系，独于天师道与书法二者互相利用之史实，似尚未有注意及之者。因论地域关系既竟，略举旧籍中涉及二者相互关系之记载，以质正于治吾国宗教美术史者。

《魏书》二四《北史》二一《崔玄伯传》云：

> 玄伯尤善草隶行押之书，为世摹楷。玄伯祖悦与范阳卢谌，并以博艺著名。谌法锺繇，悦法卫瓘，而俱习索靖之草，皆尽其妙。谌传子偃，偃传子邈；悦传子潜，潜传玄伯。世不替业。故魏初重崔、卢之书。次子简，字冲亮，一名览，好学，少以善书知名。

又《魏书》三五《北史》二二《崔浩传》云：

> 崔浩，玄伯之长子。既工书，人多托写《急就章》。从少至老，初不惮劳，所书盖以百数。浩书体势及其先人，而妙巧不如也。世宝其迹，多裁割缀连，以为模楷。

案：崔、卢皆天师道世家，前已证明。史云："魏初重崔、卢之书。"然则北朝最著之能书世家即奉道之世家也。南朝能书者之家世事迹可考者较北朝为多，兹不广征，仅摘录一最显著简单之例如下：

王羲之父子之书法，其地位不待论。兹但言亚于二王者。《南齐书》三三《南史》二一《王僧虔传》载僧虔论书之语云：

> 郗愔章草亚于右军。郗嘉宾草亚于二王。

可知即依王氏之言，郗氏父子之书亦止亚于二王。然则南朝书法自应以王、郗二氏父子为冠，而王氏、郗氏皆天师道之世家，是南朝最著之能书世家即奉道之世家也。兹移录天师道经典数则于下，以解释天师道与书法之关系。

《真诰》一九《叙录》述写经画符事云：

> 三君（杨君羲、许长史谧、许掾翙）手迹，杨君书最工，不今不古，能大能细。大较虽祖效郗法，笔力规矩并于二王，

而名不显者，当以地微，兼为二王所抑故也。掾书乃是学杨，而字体劲利，偏善写经，画符与杨相似，郁勃锋势，殆非人功所逮。长史章草乃能，而正书古拙，符又不巧，故不写经也。

又《真诰》二〇《翼真检第二》"孔璪贱时"条注云：

> 楼（惠明家）锺（义山家）间经，亦互相通涉，虽各摹符，殊多粗略。唯加意润色滑泽取好，了无复规矩锋势，写经又多浮谬。至庚午岁（齐武帝永明八年），〔陶〕隐居入东阳道，诸晚学者渐效为精。时人今知摹二王法书，而永不悟摹真经，经正起隐居手尔。亦不必皆须郭填，但一笔就画，势力殆不异真，至于符无大小，故宜皆应郭填也。

《太平御览》六六六引《太平经》云：

> 郗愔心尚道法，密自遵行。善隶书，与右军相埒。手自起写道经，将盈百卷，于今多有在者。（已见前。）

《云笈七签》一〇七陶翊撰《华阳隐居先生本起录》云：

> 〔隐居先生〕祖隆，好学，读书善写。父讳贞宝，善藁隶书，家贫，以写经为业，一纸直价四十。（已见前。）

唐张彦远《法书要录》二载梁中书侍郎虞龢《论书表》（亦见《晋书》八〇《王羲之传》，及《太平广记》二〇七《书类》引《图书会粹》等）云：

> 〔王〕羲之性好鹅。山阴昙䁒（一作"酿"）村有一道士，养好鹅十余。王清旦乘小船故往。意大愿乐。乃告求市易，道士不与。百方譬说，不能得。道士乃言性好道，久欲写河上公《老子》，缣素早办，而无人能书。府君若能自屈书《道德经》各两章，便合群以奉。羲之便住半日，为写毕，笼鹅而归。

《法书要录》三褚遂良撰《晋右军王羲之书目》（《宣和书谱》
一五略同）载：

> 《正书》都五卷，共四十帖。
>
> 第二，《黄庭经》，六十行。与山阴道士。

据此，知道家学经及画符必以能书者任之。故学道者必访寻
真迹，以供摹写。适与学书者之访寻碑帖无异。（可参阅《道
藏》"翔"字号贾嵩撰《华阳隐居先生内传》所纪。）是书法之
艺术实供道教之利用。而写经又为一种功德。如《太平经》记
"郗愔之性尚道法，多写道经"，是其一例。画符郭填之法或与
后来之双钩有关，兹不详论。至王右军为山阴道士写经换鹅故
事，无论右军是否真有斯事，及其所书为《道德经》或《黄庭
经》，姑不深考。（参考《容斋四笔》五"黄庭换鹅"条、程大
昌《考古编》八"黄庭经"条、《演繁露》一二"换鹅是《黄庭
经》"条，及袁文《瓮牖闲评》五等。）然此流传后世之物语既
见于梁虞龢《论书表》，则必为六朝人所造作可知，昔人亦疑鹅
与书法笔势有关，故右军好之。如陈师道《后山谈丛》一云：

> 苏、黄两公皆喜书，不能悬手。逸少非好鹅，效其腕
> 颈耳。正谓悬手转腕。而苏公论书，以手抵案，使腕不动
> 为法，此其异也。（参考叶梦得《石林避暑录话》四"《晋
> 史》言王逸少性爱鹅"条引张正素语。）

又包世臣《艺舟双楫》五《述书上》云：

> 其要在执笔，食指须高钩，大指加食指中指之间，使
> 食指如鹅头昂曲者。中指内钩，小指贴〔无〕名指外距，
> 如鹅之两掌拨水者。故右军爱鹅，玩其两掌行水之势也。

寅恪案：后山及安吴之说特善于附会耳，非能得其真解也。据陶
隐居《名医别录》，鹅列上品。唐孟诜《食疗本草》则以鹅为

"与服丹石人相宜"。（悉见唐慎微《重修政和经史证类本草》一九及李时珍《本草纲目》四七《禽部》所引。）本草药物之学出于道家。《抱朴子内篇》一一《仙药篇》引《神农经》曰："上药令人身安命延，升天神，遨游上下，使役万灵，体生毛羽，行厨立至。"又《名医别录》（《重修政和经史证类本草》一所引）云："上药一百二十种为君，主养命以应天，无毒，多服、久服不伤人。欲轻身益气、不老延年者，本上经。"然则依医家言，鹅之为物，有解五脏丹毒之功用，既于本草列为上品，则其重视可知。医家与道家古代原不可分。故山阴道士之养鹅，与右军之好鹅，其旨趣实相契合，非右军高逸，而道士鄙俗也。道士之请右军书道经，及右军之为之写者，亦非道士仅为爱好书法，及右军喜此鹅鹅之群有合于执笔之姿势也，实以道经非僖能书者写之不可。写经又为宗教上之功德，故此段故事适足表示道士与右军二人之行事皆有天师道信仰之关系存乎其间也。此虽末节，然涉及宗教与艺术相互之影响，世人每不能得其真谛，因并附论及之。（《太平御览》一一九引《世说》云："会稽有孤居老姥，养一鹅。王逸少为太守，既求市之，未得。乃径观之。姥闻二千石当来，即烹以待之。逸少既至，殊丧生意，叹息弥日。"寅恪案：《晋书》八〇《王羲之传》并载"羲之为山阴道士写经换鹅"及"会稽孤姥烹鹅饷羲之"两事。而烹鹅事《御览》虽言出《世说》，然实不见于今传本《世说新语》中，必非指康王之书。且此姥既不欲售其所爱之鹅于太守，何得又因太守来看而烹鹅相饷？意义前后相矛盾至于此极，必后人依仿写经换鹅故事，伪撰此说，而不悟其词旨之不可通也。故据《太平御览》此条殊不足以难吾所立之说。）又十六国中前蜀李氏之建国，与西晋之衰乱分裂，最有关系。而巴賨为笃信天师道之民族，范长生本为天师道之教主，故其拯李氏于几亡之时，又劝其称帝者，实有宗教之背景。否则范氏以汉族儒者，竟倒行逆施，助赍逐华，诚如夏曾佑所言"其用心殆不可解矣"（见夏氏《中国历史》第三册第二章第十四节）。然此事不直接关涉滨海地域问题，若详论之，将轶出本篇主旨之外，故不复旁及，仅附着其意于此，以供治中国宗教与政治关系史者之参究。

九、附　论

东西晋南北朝时之士大夫，其行事遵周孔之名教（如严避家讳等），言论演老庄之自然。玄儒文史之学著于外表，传于后世者，亦未尝不使人想慕其高风盛况。然一详考其内容，则多数之世家其安身立命之秘，遗家训子之传，实为惑世诬民之鬼道，良可慨矣。凡前所举此时期宫廷政治之剧变多出于天师道之阴谋，考史者自不可得而忽视。溯其信仰之流传多起于滨海地域，颇疑接受外来之影响。盖二种不同民族之接触，其关于武事之方面者，则多在交通阻塞之点，即山岭险要之地；其关于文化方面者，则多在交通便利之点，即海滨湾港之地。凡史籍所纪之大战争，若考其杀人流血之旧虚，往往同在一地。吾国自来著述多侈言地形险要，非必尽由书生安安之习。喜言兵事，实亦因人类之行动如战争者，常受地形天然之限制，故人事与地势之关系，遂往往为读史者议论之所及也。海滨为不同文化接触最先之地，中外古今史中其例颇多。斯篇之作，不过欲于此议复加一新证，并以见吾国政治革命，其兴起之时往往杂有宗教神秘性质，虽至今日，尚未能尽脱此历史之惯例。

好学深思之士当能心知其意也。篇中间及逸少之换鹅、子猷之爱竹等故事，所附之新解，即谓近乎傅会，然俱有征于旧文，倘借此而得承教于通人，则诚著者之大幸也。兹请引《世说新语·言语篇》"王中郎令伏玄度、习凿齿论青、楚人物"条刘《注》所载彦威之言，以结此篇。其言曰：

寻其事，则未有赤眉黄巾之贼。此何如青州邪？

若更参之以《后汉书·刘盆子传》所记赤眉本末，应劭《风俗通义》九《怪神篇》"城阳景王祠"条，及《魏志》一《武帝纪》注引王沈《魏书》等，则知赤眉与天师道之祖先复有关系。故后汉之所以得兴，及其所以致亡，莫不由于青、徐滨海妖巫之贼党。殆所谓"君以此始，必以此终"者欤？因其事亦轶出本文范围，不能详论，遂并识此意于篇末，俟他日与李蜀范长生之事共推证焉。

（原载一九三三年中央研究院《历史语言研究所集刊》第三本第四分）

李太白氏族之疑问

李阳冰《草堂集序》云：

李白，字太白，陇西成纪人，凉武昭王暠九世孙。蝉联珪组，世为显著。中叶非罪，谪居条支，易姓与（"与"字，缪本作"为"）名。然自穷蝉至舜，累世不大曜，亦可叹焉。神龙之始，逃归于蜀，复指李树而生伯阳。惊姜之夕，长庚入梦，故生而名"白"，以"太白"字之。

范传正《唐左拾遗翰林学士李公新墓碑》云：

公名白，字太白，其先陇西成纪人。绝嗣之家，难求谱牒。公之孙女搜于箱箧中，得公之亡子伯禽手疏十数行，纸坏字缺，不能详备。约而计之，凉武昭王九代孙也。隋末多难，一房被窜于碎叶，流离散落，隐易姓名。故自国朝已来漏于属籍。神龙初，潜还广汉，因侨为郡人。父客以逋其邑，遂以客为名。高卧云林，不求禄仕。公之生也，先府君指天枝以复姓。先夫人梦长庚而告祥，名之与字咸所取象。

寅恪案：《新唐书》四〇《地理志》云：

安西大都护府，初治西州。显庆二年平贺鲁，析其地，置蒙池、昆陵二都护府，分种落，列置州县，西尽波斯国，皆隶安西，又徙治高昌故地。三年，徙治龟兹都督府，而故府复为西州。（有保大军，屯碎叶城。）

又四三下云：

> 焉耆都督府。（贞观十八年灭焉耆置。有碎叶城。）
>
> （中略）
>
> 西域府十六、州七十二。
>
> （中略）
>
> 条支都督府，领州九。
>
> （中略）
>
> 右隶安西都护府。

是碎叶、条支在唐太宗贞观十八年即西历六四四年平焉耆，高宗显庆二年即西历六五七年平贺鲁，隶属中国政治势力范围之后，始可成为窜谪罪人之地。若太白先人于杨隋末世即窜谪如斯之远地，断非当日情势所能有之事实。其为依托，不待详辨。至所以诡称隋末者，殆以文饰其既为凉武昭王后裔，又何以不编入属籍，如镇远将军房、平凉房、姑臧房、敦煌房、仆射房、绛郡房、武陵房等之比故耳（参阅《新唐书》七〇上《宗室世系表》"兴圣皇帝十子"条及七二下《宰相世系表》"陇西李氏"条）。

又考《太白集》二六《为宋中丞自荐表》云：

> 臣伏见前翰林供奉李白，年五十有七。

寅恪案：太白为宋若思作此表时在唐肃宗至德二载，即西历七五七年。据以上推其诞生之岁，应为武后大足元年，即西历七〇一年。此年下距中宗神龙元年，即西历七〇五年，尚有四年之隔。然则太白由西域迁居蜀汉之时，其年至少已五岁矣。是太白生于西域，不生于中国也。又考李序"神龙之始逃归于蜀，复指李树而生伯阳"，及范碑"公之生也，先府君指天枝以复姓"之语，则是太白至中国后方改姓李也。其父之所以名"客"者，殆由西域之人其名字不通于华夏，因以"胡客"呼之，遂取以为名，其实非自称之本名也。夫以一元非汉姓之家，忽来从西域，自称其先世于隋末由中国谪居于西突厥旧疆之内，实为一必不可能之事。则其人之本为西域胡人，绝无疑义矣。

又《续高僧传》三四《感通篇上·隋道仙传》云：

> 释道仙，本康居国人。以游贾为业，梁、周之际往来吴、蜀，行贾达于梓州。

又同书三五《感通篇中·唐慧岸传》云：

> 释慧岸者，未详何人。面鼻似胡，言同蜀汉。

又杜甫在夔州作《解闷十二首》之二云：

> 贾胡离别下扬州，忆上西陵故驿楼。为问淮南米贵贱，老夫乘兴欲东游。

据此，可知六朝、隋唐时代蜀汉亦为西胡行贾区域。其地之有西胡人种往来侨寓，自无足怪也。太白既诡托陇西李氏，又称李阳冰为从叔（见《献从叔当涂宰阳冰》五言诗）。阳冰为赵郡李氏（见《唐文粹》七七舒元舆《玉箸篆志》及《宣和书谱》二等），故太白之同时人及后来之人亦以山东人称太白（杜甫《苏端薛复筵简薛华醉歌》及元稹《唐检校工部员外杜君墓志》），盖谓其出于赵郡李氏也。《旧唐书》一九〇下《文苑传·李白传》既载不可征信之"父为任城尉，因家焉"之语，又称白为"山东人"。不知山东非唐代州县之名。若依当时称郡望之惯例，固应作"赵郡人"，即使以家住地为籍贯，亦当云"兖州或鲁郡任城人"。旧史于此诚可谓进退两无所据者矣（参钱大昕《廿二史考异》一八）。

（原载一九三五年一月《清华学报》一〇卷第一期）

元白诗中俸料钱问题

　　寅恪于《清华学报》第十卷第三期《元微之遣悲怀诗之原题及其次序》文中，曾据"今日俸钱过十万"之句，以为微之作此诗，疑在通州司马权知州务之时，非权刺史之职，不能有"过十万"之月俸也。唐代官俸随时随地互不相同，今存史料殊不完具，不易知其详实之数额。故所依据以推测者，亦不敢自信以为定说。不过欲借此提出问题，以资讨论。前文已声明此意，兹复别立一不同之假设，以备参证。但其主旨不在考定微之作诗之年月，而在拈出唐代地方官吏俸料钱之一公案。此为是篇与前文不同之点。倘承读诗论世之君子并取参究，赐以教诲，尤所感幸！

　　《白氏文集》一四有《感元九悼亡诗因为代答三首》，其二为《答骑马入空台》五律。此诗今《元氏长庆集》九原题作《空屋题》，下注云："十月十四日夜。"据《昌黎先生集》二四《监察御史元君妻京兆韦氏夫人墓志铭》略云：

　　　　〔夫人〕以元和四年七月九日卒。其年之十月十三日葬咸阳。

　　微之次年春即贬江陵府士曹参军事。故知微之《空屋题》诗注之"十月十四日夜"，乃元和四年十月十四日夜，即韦氏葬于咸阳之次夕。观其"更想咸阳道，魂车昨夜回"之句，可证是时微之以监察御史分务东台，故以职事留于洛阳。此乐天代答诗所以有"鳏夫仍系职"及"寂寞咸阳道,家人覆墓回"之句也。其三为《山驿梦(七绝)》。今《元氏长庆集》九原题作《感梦》。据其"影绝魂消动隔年"及"今夜商山馆中梦"之句,知此诗为微之于元和五年春贬江陵士曹参军,途经商山驿馆时之所作也。

今《白氏文集》第十四卷中所载之诗,其著作先后相距有至二十年以上者,如《王昭君》二首,下注云:"时年十七。"考乐天生于大历七年。其十七岁为贞元四年,其《答山驿梦》一诗,至早作于元和五年春微之贬江陵之后。自贞元四年至元和五年,其间有二十一年之久。此著作年月先后相距甚久最著之例也。据此推论,则乐天《代答》诗三首,其一《答谢家最小偏怜女(七律)》及微之之原作,究作于何时,殊不易考定,即使微之此首原作亦与其他《空屋题》《感梦》二首为相距不久之时所作,而"谢公最小偏怜女"一首,亦不能作于贬江陵以前,因韦氏未卒之时,微之已任监察御史,(据《新唐书》五五《食货志》,监察御史俸钱三万。)及其由监察御史贬江陵士曹参军之后,官职与前不同,俸钱方能有多寡之别也。又微之此首原作,虽不能确知作于何时,但今《白集》诸诗与《代答三首》同列于第十四卷者,其中多是元和五年白公在长安时所作,白和元诗,其间距离不得太长,故微之"谢公"一首,颇有作于谪江陵时之可能。若果如此,无论此诗所言"俸钱过十万"之数,与《唐会要》九一、《册府元龟》五〇六及《新唐书》五五《食货志》所载京兆诸府判司月俸之额相差甚远,按之法制,固不相合,而微之一由御史贬为士曹,即有如斯厚俸,则不得身入帝城,复何足以为恨,是于人情亦不可通。此点诚关系唐代官俸全部之问题,非仅限于一诗一句之考证而已。遂旁搜资料,重加审查,别拟假设，以为解释。

关于唐代官吏俸料制度，今《唐会要》九一至九二《内外官料钱门》、《册府元龟》五〇六《邦计部·俸禄门》及《新唐书》五五《食货志》诸书，所载皆极不完备，故元白诗中俸料问题，颇难作精密之研究，仅能依据《会要》《册府》所载贞元四年京文武及京兆府县官元给及新加每月当钱之数，并《新唐书·食货志》所载会昌时百官俸钱定额，与元白诗文之涉及俸料钱者，互相比证，以资推论，盖元白著作与此二时代相距最近故也。现存微之诗中言及俸钱者，寅恪前文亦已论及，今只取乐天诗文关涉俸料者释证之。乐天诗文多言及禄俸，昔人已尝注意，如《容斋五笔》八"白公说俸禄"条，即是其例。本文材料虽亦承用洪氏之书，然洪氏随笔之旨趣在记述白公之"立身廉清，家无余积"。本文则在考释唐代京官、外官俸料不同之问题，及证明肃、代以后内轻外重与社会经济之情势，故所论与之迥别。读者幸取而并观之，亦不敢掠美于前贤之微意也。

《白集》五《常乐里闲居偶题十六韵时为校书郎》云：

> 俸钱万六千，月给亦有余。

寅恪案：《唐会要》九一、《册府元龟》五〇六（下引此两书，其卷数不别标明者，悉与此同。又为行文便利之故，后有重复引用此两书之材料，亦不注出）载贞元四年京文武及京兆府县官元给及新加每月当钱数略云：

> 校书正字〔等〕各十六贯文。（寅恪案：《册府》"校"作"较"，误。"贯"作"千"，义同。）

《新唐书》五五（下引此书，其卷数不别标明者，悉与此同。又后有重复引用此书之材料，亦不注出）《食货志》载会昌后官俸额略云：

秘书省崇文弘文馆校书郎正字〔等〕万六千。

据此，与诗所言之数相合。

又《白集》一二为左拾遗时作《醉后走笔酬刘五主簿长句之赠》云：

月惭谏纸二百张，岁愧俸钱三十万。（寅恪案：《容斋五笔》八"白公说俸禄"条"二百张"作"二千张"。）

寅恪案：《唐会要》《册府元龟》略云：

拾遗〔等〕各三十贯文。

《新唐书·食货志》略云：

拾遗〔等〕三万。

据此，与诗所言之数相合。唐代俸钱自开元二十四年六月以后，本应以月计（见上引三书"开元二十四年"条）。此不过避上句谏纸月计之重复，故易为岁计，而举其成数耳。

又《白集》二九《再授宾客分司》云：

俸钱七八万，给受无虚月。

同书三五刘禹锡罢太子宾客除秘书监时《酬梦得贫居咏怀见赠》云：

日望挥金贺新命，俸钱依旧又如何。

寅恪案：《唐会要》《册府元龟》略云：

太子宾客诸卿监〔等〕各八十贯文。

《新唐书·食货志》略云：

秘书殿中内侍监太子宾客〔等〕八万。

据此，太子宾客月俸八万，与诗言七八万之数略同。又太子宾客与秘书监俸钱额数相等，诗言"俸钱依旧"，亦相符合。

又《白集》三三《从同州刺史改授太子少傅分司》云：

月俸百千官二品，朝廷雇我作闲人。

同书三六为太子少傅分司时《春日闲居三首》之三云:

> 又问俸厚薄,百千随月至。

同书三七以刑部尚书致仕后《自咏老身示诸家属》云:

> 寿及七十五,俸沾五十千。

同书同卷《刑部尚书致仕》云:

> 半俸资身亦有余。

同书同卷《狂吟七言十四韵》略云:

> 俸随日计钱盈贯。(自注:"尚书致仕请半俸。")

同书同卷《赠诸少年》云:

> 老惭退马沾刍秣。(自注:"谓致仕半禄也。")

寅恪案:《唐会要》《册府元龟》略云:

> 六尚书太子三少〔等〕各一百贯。

《新唐书·食货志》略云:

> 尚书、太子少保、少傅〔等〕百万。(寅恪案:少保、少傅次序应互易。)

又《册府元龟》云:

> 贞元五年四月,以太子少傅兼礼部尚书萧昕为工部尚书,前太子少詹事韦建为秘书监,并致仕,仍给半禄料。后授致仕官者,并宜准此。旧例致仕官给半禄及赐帛,俸料悉绝。帝念归老之臣,时命赐其半焉。致仕官给半禄料,自昕等始也。

据《会要》《册府》,太子少傅、尚书月俸俱一百贯文,即十万。致仕半俸为十万之半数,即五万,或五十贯,皆与诗所言之数相合。唯《新唐书·食货志》所载俸额,自太师起,至太子少傅止,较《会要》《册府》之数,多至十倍。疑唐代旧文本以"贯"计,《新书》改"贯"为"千"时,讹为"万",遂进

103

一位。今但取《新志》与《会要》《册府》比勘，已知其必有讹误。况《新志》所载俸钱之数为会昌时之定额，而白诗即作于会昌时，断无相差十倍之理，其为误计，尤显然易见也。

又《白集》五《初除〔京兆府〕户曹，喜而言志》云：

> 俸钱四五万，月可奉晨昏。廪禄二百石，岁可盈仓囷。

寅恪案：禄米别是一问题，于此姑置不论。《唐会要》《册府元龟》"贞元四年敕定京兆府县官元给及新加每月当钱"条略云：

> 京兆府县官惟两县簿尉减五千。(寅恪案："减"字从《册府》。《会要》作"加"，疑误。)余并同大历十二年四月二十八日敕。

同上二书载大历十二年四月二十八日敕略云：

> 京兆判司两县丞各三十五贯文。

《新唐书·食货志》载会昌俸钱定额略云：

> 诸府、大都督府判官〔等〕三万五千。

据此，大历、贞元及会昌时，京兆府户曹参军月俸只三万五千，与诗言之数不相符合。

又《白集》二六《送陕州王司马建赴任》云：

> 公事忙闲同少尹，(寅恪案：《唐六典》三〇"〔京兆〕少尹二人从四品下"注云："魏晋以下有治中，隋文帝改为司马。炀帝改为赞治，后改为丞。皇朝曰治中，后避高宗讳，改曰司马。开元初，改为少尹，置二员。"然则，"同少尹"即同于京兆少尹也。)料钱多少敌尚书。

寅恪案：《唐会要》《册府元龟》"大历十二年四月加给京百司文武官及京兆府县官每月料钱"条略云：

> 六尚书〔等〕各六十贯文。

又同年五月"厘革诸道观察使团练使及判官料钱"条略云：

州县给料。（其大都督府长史准七府尹例。左右司马准上州别驾例，支给料钱。）〔上州〕别驾五十五贯文，长史司马各五十贯。

《旧唐书》三八《地理志》"陕州大都督府"条云：

广德元年十月，吐蕃犯京师，车驾幸陕州，仍以陕为大都督府。天祐初，昭宗迁都洛阳，驻跸陕州，改为兴德府。

据此，陕州在乐天时代实为大都督府。其司马料钱准上州别驾例支给，为五万五千文，颇与尚书之料钱六万文相近也。但此仅依大历十二年四月及五月敕定之官书纸面材料而言。乐天苟非用此等材料，则别为考释如下。

检《白集》此诗前第四题为《大和戊申岁大有年》诗。前第三题为《赠悼怀太子挽歌辞二首》，题下自注："奉诏撰进。"据《新唐书》八二《敬宗五子传》略云：

悼怀太子普，大和二年薨。帝（文宗）恻念不能已，故赠恤加焉。

是亦作于太和二年戊申。由是观之，《送王司马》诗当亦作于此年，或距离不甚远之时间。考太和二年去大历十二年为五十一年，若取相去较近之材料，如《唐会要》"贞元四年京文武及京兆府县官元给及新加每月当钱"条略云：

六尚书〔等〕各一百贯文。京兆府县官。（唯两县簿尉减五千文，余并同大历十二年四月二十八日敕。）

同书"大历十二年四月二十八日敕定加给料钱"条，仅载少尹五十贯，未载司马月料。其年五月"厘革诸道观察使团练使及判官料钱"条略云：

州县给料。（其大都督府长史准七府尹例，左右司马准上州别驾例，支给料钱。）〔上州〕别驾五十五贯文。长史司马各五十贯。

《新唐书·食货志》略云：

> 唐世百官俸钱，会昌后不复增减，今著其数。尚书〔等〕百万。（寅恪案："百"当作"十"，见前所论。）上州别驾五万五千，上州长史司马五万。

据此，则尚书每月俸料为一百贯，或十万文。而陕州大都督府司马准上州别驾例，仍为五十五贯，或五万五千文。其额数相差甚多，不得如乐天诗所言司马之料钱"敌尚书"矣。岂当日陕州司马实支之额数亦近于十万，几与尚书相等耶？

又《白集》四三《江州司马厅记》略云：

> 案《唐〔六〕典》上州司马秩五品。（寅恪案：乐天此语乃据《唐六典》三〇"上州司马一人，从五品下"之制度而言。其下"岁廪数百石，月俸六七万"等语，乃据元和十三年作《厅记》时之实况而言。读者须分别观之，不可误会也。）岁廪数百石，月俸六七万。予佐是郡，行四年矣。时元和十三年七月八日记。

同书四五《与元九书》略云：

> 今虽谪佐远郡，而官品至第五，月俸四五万。浔阳腊月，江风苦寒，岁暮鲜欢，夜长无睡，引笔铺纸，有念则书，言无次第，勿以繁杂为倦，且以代一夕之话也。

寅恪案：上引《会要》及《册府》载大历十二年五月敕定料钱数云：

> 〔上州〕长史司马各五十贯。

《新唐书·食货志》载会昌后俸额略云：

> 上州长史司马〔等〕五万。

据此，大历、会昌俸料钱之数，与《与元九书》约略相合，而与《司马厅记》所言则相差甚远。又汪立名本《白香山诗集》引《年谱旧本》"元和十年乙未"条下略云：

> 初到江州有诗云："树木凋疏山雨后。"又《江楼闻砧》诗云："江人授衣晚，十月始闻砧。"当是秋末冬初始到也。腊月有《与元九书》。

然则乐天《与元九书》作于元和十年十二月初抵江州莅任未久之时，《江州司马厅记》作于元和十三年七月八日佐郡将及四年之时。此四年之间，官职既是依旧，俸钱自无变更。且以本人述己身之俸料，决无误记之事。但取此两文互相比勘，相差竟至二三万之多。《容斋五笔》八"白公说俸禄"条虽引《江州司马厅记》，而忘却《与元九书》中亦有"月俸四五万"之语，以未比较，遂不觉其前后矛盾也。鄙意乐天两文所以互异之故，实由《与元九书》中江州司马月俸之数，乃其元和十年初冬始到新任时，仅据官书纸面一般通则记载之定额而言，其时尚未知当日地方特别收入之实数。至元和十三年秋，作《江州司马厅记》时，则莅任已行将四年，既知其地方特别之实数，遂于官舍《厅记》中言及之。此《厅记》之文，必是当日地方特别规定之常额，较之《与元九书》中所言，更宜可信。唯《与元九书》所言虽与事实不符，然取与流传至今根据唐代中央政府颁布之材料，如《会要》《册府》《唐书》等，以相比勘，则转与之相合，益可证知乐天作《与元九书》时，只依官书纸面一般通则之额数也。

综合以上所比证之例言之，凡关于中央政府官吏之俸料，史籍所载额数，与乐天诗文所言者无不相合。独至地方官吏（京兆府县官吏，史籍虽附系于京官之后，其实亦地方官吏也），则史籍所载，与乐天诗文所言者多不相合。且乐天诗文所言之数，悉较史籍所载定额为多。据此可以推知唐代中晚以后，地方官吏除法定俸料之外，其他不载于法令，而可以认为正当之收入者，为数远在中央官吏之上。如《白氏文集》六四《策林三》"省官并俸减使职"条云：

> 兵兴以来，诸道使府，或因权宜而置职，一置而不停。或因暂劳而加俸，一加而无减，至使职多于郡县之吏，俸优于台省之官。积习生常，烦费滋甚。

即是其例证。

又内外官吏同一时间，同一官职，而俸料亦因人因地而互异，如《唐会要》云：

> 〔大历〕十四年正月宰臣常衮与杨绾同掌枢务，道不同。先是百官俸料寡薄，绾与衮奏请加之。时〔韩〕滉判度支，衮与滉各聘私怀，所加俸料，厚薄多由己。

《唐会要》《册府元龟》"元和七年中书门下奏"略云：

> 艰难以来，网禁渐弛，于是增置使额，厚请俸钱，故大历中，权臣月俸有至九千贯者，列郡刺史无大小，给皆千贯。常衮为相，始立限约。至李泌又量其闲剧，随事增加。闲剧之间，厚薄顿异。

即是其例证。故考史者不可但依官书纸面之记载，遽尔断定官吏俸料之实数。只可随时随地随人随事，偶有特别之记载，因而得以依据证实之。若欲获全部系统之知识，殊非易事。此亦治唐史者所不可不知者也。

乐天诗文中言俸料者比证既竟，兹再推论微之"谢公最小偏怜女"诗之问题。

《新唐书》四九下《百官志》略云：

> 江陵〔等〕府，府尹各一人。少尹二人。司录参军二人。功曹，仓曹，户曹，田曹，兵曹，法曹，士曹参军事各二人。

《唐会要》《册府元龟》记载大历十二年料钱之数略云：

> 京兆及诸府少尹〔等〕各五十贯文。司录〔等〕各
> 四十五贯文。判司〔等〕各三十五贯文。

《新唐书·食货志》记载会昌后官俸之制略云：

> 诸府少尹〔等〕六万五千。诸府、大都督司录参军事〔等〕
> 四万五千。诸府、大都督府判官三万五千。（寅恪案："官"
> 疑"司"之误。以《新志》上文已载"节度推官支使防御
> 判官四万"，此处不应重出。且作"判司"与《会要》及《册
> 府》等所载符合。殆后人习于"判官"之名，而罕见"判司"
> 之语，因以致误欤？）

据此，《会要》《册府》与《新志》所载，因时代先后有所
不同，额数亦参差互异。但此亦关于中晚唐以后，地方政府官吏
俸料之额数，其实际无论与任何纸面之定额，皆不符合者也。微
之此诗若作于江陵，江陵士曹参军即判司，其月俸纸面额数只
三万五千，去"俸钱过十万"之数相差甚远，但若例以陕州大都
督府司马俸料钱，可由官书纸面之五十五贯，或五万五千文，而
实支等于尚书之一百贯，或十万文。江州上州司马月俸，可由官
书纸面之四五万，而实支至六七万。如上所论唐代中晚以后，地
方官吏除法定俸料之外，其他不载于法令，亦可认为正当收入之
推证，及其本人与当权执政者人事之关系，则江陵士曹参军之元
微之，"俸钱过十万"，亦非不可能也。总之，此为一假设，仅
可备参考，不得视为定论也。

复次，《旧唐书》一六六《白居易传》（可参《白集》五九
元和五年四月二十六日所进《奏陈情状》及其年五月六日所进
《谢官状》）云：

> 〔元和〕五年，当改官，上谓崔群曰："居易官卑俸薄，

拘于资地，不能超等，其官可听自便奏来。"居易奏曰："臣
闻姜公辅为内职，求为京府判司，为奉亲也。臣有老母，
家贫养薄，乞如公辅例。"于是除京兆府户曹参军。

《白集》五《初除户曹，喜而言志》诗略云：

> 诏授户曹掾，捧诏感君恩。感恩非为己，禄养及吾亲。
> 喧喧车马来，贺客满我门。不以我为贪，知我家内贫。

杜牧《樊川集》一六载《上宰相求湖州三启》及《上宰相求杭州
启》，其《求杭州启》云：

> 作刺史，则一家骨肉四处皆泰。为京官，则一家骨肉
> 四处皆困。

观白氏传及乐天之诗、牧之之启，更可知其时京官、外官收
入多寡，判若天渊。此则中晚唐士大夫共同之心理及环境，实不
独白、杜二人为然也。

又《册府元龟》"会昌六年中书门下奏"云：

> 诸州刺史既欲责其洁己，须令俸禄稍充，但以厚薄不同，
> 等给无制，致使俸薄处无人愿去，禄厚处终日争先。

《白集》六四《策林三》"使官吏清廉，在均其禄，厚其俸"条
略云：

> 今之官吏所以未尽贞廉者，由禄不均而俸不足也。不
> 均者，由所在课料重轻不齐也；不足者，由所在官长侵刻
> 不已也。夫上行则下从，身穷则心滥。今官长日侵其利，
> 而望吏之不日侵于人，不可得也。

此可与上论同时同官而俸料互异之材料相参证，并可知内外
官有轻重之别，外官复有厚薄之分也。其余可参赵耘松翼《陔余
丛考》一七"唐制内外官轻重先后不同"条，于此不复备论。兹
仅据元白诗文中所言俸料实数，取与现存当时法令规定之定额，

互相比证，以见《新唐书·食货志》记载之有讹误，并标举唐代肃、代以后内外官俸不同之特点如此。

兹更有可附论者，范摅《云溪友议》卷下"艳阳词"条载微之诗，此句作"今日赠钱过百万"，其"百"字为"十"字之讹，自不待言。唯其以"俸钱"为"赠钱"，即"赙赠"之意，初视之，似亦可通。但检《唐会要》"贞元十年二月"条云：

> 诏应文武朝官有薨卒者，自今已后，其月俸料宜皆全给，仍更准本官一月俸钱，以为赙赠。

则是此等"赙赠"只限于文武朝官之本人身死而言，与其妻无关。故"赠钱"二字，殊不能援引以为解释。况乐天《答谢家最小偏怜女》诗，有"谁知厚俸今无分"之句，更可证范书之误，而微之原诗，此句必为"今日俸钱过十万"，绝无可疑矣。

（原载一九三五年十月《清华学报》第十卷第四期）

武曌与佛教

（甲）本文讨论之范围

《李义山文集》四《纪宜都内人事》略云：

> 武后篡既久，颇放纵，耽内习，不敬宗庙。四方日有叛逆，防豫不暇。时宜都内人以唾壶进，思有以谏。后坐帷下，倚檀机与语，问四方事。宜都内人曰："大家知古女卑于男耶？"后曰："知。"内人曰："古有女娲，亦不正是天子，佐伏羲理九州耳。后世娘姥有越出房阁断天下事者，皆不得其正，多是辅昏主，不然抱小儿。独大家革天姓，改去钗钏，袭服冠冕，符瑞日至，大臣不敢动，真天子也。大家始今日能屏去男妾，独立天下，则阳之刚亢明烈可有矣。如是过万万世，男子益削，女子益专。妾之愿在此。"后虽不能尽用，然即日下令诛作明堂者。（寅恪案：此指薛怀义。）

寅恪案：武曌在中国历史上诚为最奇特之人物，宜都内人之语非夸词，皆事实也。自来论武曌者虽颇多，其实少所发明。兹篇依据旧史及近出佚籍，参校推证，设一假定之说，或于此国史上奇特人物之认识，亦一助也。但此文所讨论者，仅以武曌与佛教之关系为范围，即其母氏家世宗教信仰之薰习及其本身政治特殊地位之证明二点。其他政治文化等问题与武曌有关者，俱不涉及，以明界限。

（乙）杨隋皇室之佛教信仰

南北朝诸皇室中与佛教关系最深切者，南朝则萧梁，北朝则杨隋，两家而已。两家在唐初皆为亡国遗裔。其昔时之政治地位，虽已丧失大半，然其世代遗传之宗教信仰，固继承不替，与梁、隋盛日无异也。请先以萧梁后裔萧瑀之事证之。

《旧唐书》六三《萧瑀传》略云：

> 瑀字时文，高祖梁武帝，曾祖昭明太子。祖䗮，后梁宣帝。父岿，明帝。好释氏，常修梵行，每与沙门难及苦空，必诣微旨。太宗以瑀好佛道，尝赉绣佛像一躯，并绣瑀形状于佛像侧，以为供养之容。又赐王褒所书《大品般若经》一部，并赐袈裟，以充讲诵之服焉。会瑀请出家，太宗谓曰："甚知公素爱桑门，今者不能违意。"瑀旋踵奏曰："臣顷思量，不能出家。"太宗以对群臣吐言而取舍相违，心不能平。瑀寻称足疾，时诣朝堂，又不入见。太宗谓侍臣曰："瑀岂不得其所乎？而自慊如此。"遂手诏曰："至于佛教，非意所遵。虽有国之常经，固弊俗之虚术。何则？求其道者，未验福于将来。修其教者，翻受辜于既往。至若梁武穷心于释氏，简文锐意于法门，倾帑藏以给僧祇，殚人力以供塔庙。及平三淮沸浪，五岭腾烟，假余息于熊蹯，引残魂于雀鷇。子孙覆亡而不暇，社稷俄顷而为墟。报施之征，何其缪也。而太子太保宋国公瑀践覆车之余轨，袭

亡国之遗风。弃公就私，未明隐显之际；身俗口道，莫辩邪正之心。修累叶之殃源，祈一躬之福本。上以违忤君主，下则扇习浮华。往前朕谓张亮云：'卿既事佛，何不出家？'瑀乃端然自应，请先入道。朕即许之，寻复不用。一回一惑，在于瞬息之间；自可自否，变于帷扆之所。乖栋梁之大体，岂具瞻之量乎？朕犹隐忍至今，瑀尚全无悛改。宜即去兹朝阙，出牧小藩。可商州刺史，仍除其封。"

唐释彦悰《护法沙门法琳别传》中载贞观十一年正月（《适园丛书》本《唐大诏令集》一一三作"二月"）《道士女冠在僧尼之上诏》略云：

至于佛教之兴，基于西域。爰自东汉，方被中华。神变之理多方，报应之缘匪一。暨乎近世，崇信滋深。人冀当年之福，家惧来生之祸。由是滞俗者闻玄宗而大笑，好异者望真谛而争归。始波涌于闾里，终风靡于朝廷。遂使殊俗之典，郁为众妙之先；诸夏之教，翻居一乘之后。流遁忘反，于兹累代。朕夙夜寅畏，缅惟至道。思革前弊，纳诸轨物。况朕之本系，出自柱下。鼎祚克昌，既凭上德之庆；天下大定，亦赖无为之功。宜有解张，阐兹玄化。自今已后，齐供行立。至于讲论，道士女冠宜在僧尼之前。庶敦本系之化，畅于九有；尊祖宗之风，贻诸万叶。

观上录唐太宗两诏，知佛教自隋文帝践祚复兴以来，至唐太宗贞观十一年，始遭一严重之压迫。前此十年，即唐高祖武德九年五月虽有沙汰僧尼道士女冠之诏，其实并未实行（详见《旧唐书》一《高祖纪》及《通鉴》一九一"武德九年五月辛巳下诏命有司沙汰天下僧尼道士女冠"条）。且彼时诏书，兼涉道士女冠，非专为僧尼而发也。盖佛教自北周武帝废灭以后，因隋文帝之革周命而复兴。唐又代隋，以李氏为唐国姓之故，本易为道士所利用。而太宗英主，其对佛教，虽偶一褒扬，似亦崇奉者。如贞观三年闰十二月癸丑为殒身戎阵者建立寺刹（见《旧唐书》二及《新唐书》二《太宗纪》），及优礼玄奘等（详见《慈恩大师传》六），皆其显著之例。其实太宗于此等事皆别有政治作用。若推其本心，则诚如其责萧瑀诏书所谓"至于佛教，非意所遵"者也。当日佛教处此新朝不利环境之中，惟有利用政局之变迁，以恢复其丧失之地位。而不意竟于"袭亡国遗风"之旧朝别系中，觅得一中兴教法之宗主。今欲论此中兴教法宗主之武曌与佛教之关系，请先略述其外家杨隋皇室崇奉释氏之事实于下：

唐释道宣《集古今佛道论衡实录》二"隋两帝重佛宗法俱受归戒事"条云：

案隋著作郎王邵述《隋祖起居注》云："帝以后魏大统七年六月十三日生于同州般若尼寺。于时赤光照室，流溢户外，紫气满庭，状如楼阁，色染人衣，内外惊异。帝母以时炎热，就而扇之，寒甚几绝，困不能啼。有神尼者名曰智仙，河东刘氏女也。少出家，有戒行。和尚失之，恐堕井，乃在佛屋，俨然坐定，遂以禅观为业。及帝诞日，无因而至。语太祖曰：'儿天佛所祐，勿忧也。'尼遂名帝为'那罗延'，言如金刚不可坏也。又曰：'儿来处异伦，俗家秽杂，自为养之。'太祖乃割宅为寺，以儿委尼，不敢召问。后皇妣来抱，忽化为龙，惊惶堕地。尼曰：'何因妄触我儿，遂令晚得天下。'及年七岁，告帝曰：'儿当大贵，从东国来。佛法当灭，由儿兴之。'尼沉静寡言，时道吉凶，莫不符验。初在寺养帝，年至十三，方始还家。及周灭二教，尼隐皇家。帝后果自山东入为天子，重兴佛法，皆如尼言。及登位后，每顾群臣，追念阿阇黎，以为口实。又云：'我兴由佛法，而好食麻豆，前身似从道人中来。由小时在寺，至今乐闻钟声。'乃命史官为尼作传。帝昔龙潜所经四十五州，及登极后，悉皆同时起大兴国寺。仁寿元年，帝及后宫同感舍利，并放光明，砧槌试之，宛然无损。遂前后置塔诸州，百有余所。皆置铭勒，隐于地府。感发神端，充牣耳目。具如王邵所撰《感应传》。所以周祖窃忌黑衣当王，便摧灭佛法。莫识隋祖元养佛家。王者不死，何由可识？"（参考道宣《续高僧传》二六《感通篇·隋释道密传》）

《隋书》一《高祖纪》（《北史》一一《隋本纪》同）云：

皇妣吕氏，以大统七年六月癸丑夜，生高祖于冯翊般若寺，紫气充庭。有尼来自河东，谓皇妣曰："此儿所从来甚异，不可于俗间处之。"尼将高祖舍于别馆，躬自抚养。皇妣尝抱高祖，忽见头上角出，遍体鳞起。皇妣大骇，坠高祖于地。尼自外入，见曰："已惊我儿，致令晚得天下。"

道宣《广弘明集》一七隋安德王雄、百官等《庆舍利感应表》云：

其〔蒲州〕栖岩寺者，即是太祖武元皇帝之所建造。

寅恪案：帝王创业，史臣记述，例有符瑞附会之语，杨隋之兴，何得独异？但除去此类附会例语之外，有可注意者二事：一为隋高祖父母之佛教信仰，一为隋高祖本身幼时之佛教环境。夫杨氏为北周勋戚，当北周灭佛之时，而智仙潜匿其家，则杨氏一门之为佛教坚实信徒，不随时主之好恶转移，于此益可以证明也。

《隋书》三五《经籍志·道佛经类》云：

开皇元年，高祖普诏天下，任听出家。仍令计口出钱，营造经像。而京师及并州、相州、洛州等诸大都邑之处，并官写一切经，置于寺内，而又别写藏于秘阁。天下之人从风而靡，竞相景慕。民间佛经多于六经数十百倍（参阅《通鉴》一七五《陈纪》宣帝太建十三年"隋主诏境内之民任听出家"条）。

《续高僧传》八《隋释昙延传》略云：

> 隋文创业，未展度僧。延初闻改政，即事剃落。法服执锡，来至王庭。帝奉闻雅度，欣泰本怀。共论开化之模，孚化之本。延以寺宇未广，教法方隆。奏请度僧，以应千二百五十比丘、五百童子之数。敕遂总度一千余人，以副延请。此皇隋释化之开业也。尔后遂多，凡前后别请度者，应有四千余僧。周废伽蓝并请兴复。三宝再弘，功兼初运者，又延之力矣。

寅恪案：周武帝废灭佛教。隋文帝代周自立，其开国首政即为恢复佛教。此固别有政治上之作用，而其家世及本身幼时之信仰，要为一重要之原因，则无疑也。至于炀帝，在中国历史上通常认为弑父弑君荒淫暴虐之主，与桀、纣、幽、厉同科，或更不如者。然因其崇奉佛教，尤与天台宗创造者智者大师有深切之关系之故，其在佛教中之地位，适与其在儒家教义中者相反，此乃吾国二种不同文化价值论上之问题，不止若唐代改易《汉书·古今人表》中老子等级之比也。此问题非兹篇所能详论，今但择录天台宗著述中与此问题有关之文，略附诠释，以供参证。

南宋天台宗僧徒志磐撰《佛祖统纪》三九"开皇十一年晋王广受菩萨戒于智者大师"条述曰：

> 世谓炀帝禀戒学慧，而弑父代立。何智者之不知预鉴耶？然能借阇王之事以比决之，则此滞自销。故观《经疏》释之（寅恪案：此指智者大师之《观无量寿佛经疏》），则有二义：一者事属前因，由彼宿怨，来为父子。故阿阇世此云："未生怨。"二者大权现逆，非同俗间恶逆之比。故佛

117

言："阇王昔于毗婆尸佛发菩提心,未尝堕于地狱。"（原
注："《涅槃经》云。"寅恪案:此语出北本《大涅槃经》
二十《梵行品》第八之七末段。）又佛为授记,却作后佛,
号"净身"。（原注："《阇王受决经》。"寅恪案:今此
经文作"净其所部"。志磐所据本"其"作"身"字,故云
"净身"。）又"阇王未受果而求忏,令无量人发菩
提心。"
（寅恪案:原本此处有"垂裕记"三字。今移置下文"孤山"
二字之下。）有能熟思此等文意,则知智者之于炀帝鉴之深
矣。故智者自云:"我与晋王深有缘契。"今观其始则护庐
山主玉泉,终则创国清,保龛垄。而章安结集,十年送供。
（原注:"事见《智者本纪》。"寅恪案:见《佛祖统纪》六
《智者纪》。原注本在篇末,今移于此。）以是比知,则炀
帝之事,亦应有前因、现逆二者之义。孤山〔垂裕记〕云:
"菩萨住首楞严定者或现无道,所以为百王之监也。"（寅
恪案:此语见孤山即智圆《维摩经略疏垂裕记》一。）

寅恪案:阿阇世王为弑父弑君之恶主。然佛教经典如《大涅槃
经》《梵行品》则列举多种理由,以明其无罪。非但无罪,如
《阿阇世王受决经》且载其未来成佛之预言。智圆之书成于北宋
初期,志磐之书成于南宋季世。虽皆较晚,疑其所论俱出于唐代
天台宗相承之微言,而非二人之臆说也。夫中国佛教徒以隋炀帝
比于阿阇世王,则隋炀在佛教中,其地位之尊,远非其他中国历
代帝王所能并论。此点与儒家之评价适得其反。二种文化之同异
是非,于此不必讨论。但隋文帝重兴释氏于周武灭法之后,隋炀
帝又隆礼台宗于智者阐教之时,其家世之宗教信仰,固可以推测
得知。而武曌之母杨氏既为隋之宗室子孙,则其人之笃信佛教,
亦不足为异矣。兹节录旧史及佛藏之文于后,以资证明。

《旧唐书》一八三《外戚传》（《新唐书》二〇六《外戚传》同）略云：

> 初〔武〕士彟娶相里氏，又娶杨氏，生三女。长适越王府功曹贺兰越石，次则天，次适郭氏。则天立为皇后，追赠士彟为司徒周忠孝王，封杨氏代国夫人。贺兰越石早卒，封其妻为韩国夫人。寻杨氏改封为荣国夫人。咸亨二年荣国夫人卒。

《新唐书》一〇〇《杨恭仁传》（《旧唐书》六二《杨恭仁传》略同）略云：

> 杨恭仁，隋〔司空〕观王雄子也。执柔，恭仁从孙，历地官尚书。武后母即恭仁叔父达之女。及临朝，武承嗣、攸宁相继用事。后曰："要欲我家及外氏常一人为宰相。"乃以执柔同中书门下三品。

《新唐书》七一下《宰相世系表》"杨氏观王"条云：

> 达字士达。隋纳言，始安泰侯（寅恪案：《隋书》四三《北史》六八《杨达传》"泰"作"恭"，应据改）。

《旧唐书》五二《后妃传下·玄宗元献皇后杨氏传》（《新唐书》七六《后妃传上》同）云：

> 玄宗元献皇后杨氏，弘农华阴人。曾祖士达，隋纳言。天授中以则天母族，追封士达为郑王，赠太尉。

钱易《南部新书》甲云：

> 龙朔中杨思玄恃外戚典选，多排斥选士。

《新唐书》七一下《宰相世系表》"杨氏观王房"条云：

> 思玄，吏部侍郎。

寅恪案：依据上述，可知武曌之母杨氏为隋宗室观王雄弟始安侯达之女。观王雄者，即前引《广弘明集》一七隋安德王雄、百官等《庆舍利感应表》之安德王雄。雄及其弟达事迹，详见《周书》二九、《隋书》四三及《北史》六八等本传，兹不备录。此武婴血统与杨隋关系之可推寻者。自来论史者多不及此事，其实此点甚可注意也。

唐释彦惊所编之《沙门不应拜俗等事》三载龙朔二年四月二十七日西明寺僧道宣等《上荣国夫人杨氏请论沙门不合拜俗启》一首，下注云：

> 夫人帝后之母也。敬崇正化，大建福门，造像书经，架筑相续。出入宫禁，荣问莫加。僧等诣门致书云尔。

又彦惊书六尚载有龙朔二年八月十三日西明寺僧道宣等《重上荣国夫人杨氏请论不合拜亲启》一首。据此可知武曌之母杨氏必为笃信佛教之人，故僧徒欲借其力以保存不拜俗之教规。至杨氏所以笃信佛教之由，今以史料缺乏，虽不能确言，但就南北朝人士其道教之信仰，多因于家世遗传之事实推测之（参阅拙著《天师道与滨海地域之关系》），则荣国夫人之笃信佛教，亦必由杨隋宗室家世遗传所致。荣国夫人既笃信佛教，武曌幼时受其家庭环境佛教之薰习，自不待言。又据伦敦博物馆藏敦煌写本《大云经疏》（见罗福苌《沙州文录补》）中"伏承神皇幼小时已被缁服"之语，则武曌必在入宫以前，已有一度正式或非正式为沙弥尼之事。所以知者，据《通鉴考异》十贞观十一年"武士彠女年十四入宫"条云：

> 旧《则天本纪》：崩时年八十二。《唐历》、焦璐《唐朝年代记》、《统记》、马总《唐年小录》、《圣运图》、《会要》皆云八十一。《唐录政要》：贞观十三年入宫。据武氏入宫年十四。今从吴兢《则天实录》为八十二。故置此年。

若依君实之考定，武曌既于贞观十一年年十四岁入宫，则贞观二十三年太宗崩后，出宫居感业寺为尼时，其年已二十六岁。以二十六岁之年，古人决不以为幼小。故幼小之语，显指武曌年十四岁未入宫以前而言。然则武曌幼时，即已一度正式或非正式为沙弥尼。其受母氏佛教信仰影响之深切，得此一事更可证明矣。后来僧徒即借武曌家庭传统之信仰，以恢复其自李唐开国以来所丧失之权势。而武曌复转借佛教经典之教义，以证明其政治上所享之特殊地位。二者之所以能彼此互相利用，实有长久之因缘，非一朝一夕偶然所可致者，此本篇所讨论问题之第一点也。

（丙）武曌与佛教符谶之关系

儒家经典不许妇人与闻国政。其显著之例如《尚书·牧誓》云：

牝鸡无晨。牝鸡之晨，惟家之索。

伪《孔传》云：

雌代雄鸣则家尽；妇夺夫政则国亡。

《诗·大雅·瞻卬》云：

如贾三倍，君子是识。妇无公事，休其蚕织。

《毛传》云：

妇人无与外政，虽王后犹以蚕织为事。

《郑笺》云：

贾物而有三倍之利者，小人所宜知也。君子反知之，非其宜也。今妇人休其蚕桑织纴之职，而与朝廷之事，其非宜亦犹是也。

观此即知武曌以女身而为帝王，开中国政治上未有之创局。如欲证明其特殊地位之合理，决不能于儒家经典求之。此武曌革唐为周，所以不得不假托佛教符谶之故也。考佛陀原始教义，本亦轻贱女身。如《大爱道比丘尼经》下所列举女人之八十四态，即是其例。后来演变，渐易初旨。末流至于大乘急进派之经典，其中乃有以女身受记为转轮圣王成佛之教义。此诚所谓非常异义可怪之论也。武曌颁行天下以为受命符谶之《大云经》，即属于此大乘急进派之经典。其原本实出自天竺，非支那所伪造也。

近岁敦煌石室发见《大云经疏》残卷。王国维氏为之跋尾，考证甚确（并见《沙州文录补》）。兹节录其文与本篇主旨有关者于后，并略附以诠释。凡王氏跋中所已详者，皆不重论。但佛典原文王跋未及备载，兹亦补录其有关者，以资参校，而便说明。

《大云经疏》王氏跋云：

> 卷中所引经曰及经记云云，均见后凉昙无谶所译《大方等无想经》。此经又有竺法念译本，名《大云无想经》。昙公译本中亦屡见"大云"字，故知此为《大云经疏》也。（寅恪案："竺法念"应作"竺佛念"，盖王氏偶尔笔误。至昙无谶所译，仅高丽藏本作《大方等无想经》，其余宋、元、明等藏及日本宫内省所藏诸本俱作《大方等大云经》也。）案《旧唐书·则天皇后本纪》，"载初元年，有沙门十人伪撰《大云经》，表上之，盛言神皇受命之事。制颁于天下，令诸州各置大云寺，总度僧千人"。又《薛怀义传》，"怀义与法明等造《大云经》，陈符命，言则天是弥勒下生，作阎浮提主，唐氏合微。故则天革命称周。其伪《大云经》颁于天下，寺各藏一本，令升高座讲说"。《新唐书·后妃传》所纪略同。宋次道《长安志》记《大云寺经》亦云："武太后初，光明寺沙门进《大云经》，经中有女主之符，因改为大云寺。"皆以此经为武后时伪造。然后凉译本之末，

固详说黑河女主之事，故赞宁《僧史》略谓"此经晋代已译，旧本便曰'女王'，于时岂有天后"云云，颇以《唐书》之说为非。志磐《佛祖统纪》从之，故于武后载初元年书"敕沙门法朗九人重译《大云经》"，不云伪造。今观此卷所引经文，皆与凉译无甚差池。岂符命之说皆在《疏》中，经文但稍加缘饰，不尽伪托欤？又此《疏》之成，盖与伪经同颁天下。故敦煌寺中尚藏此残卷。

寅恪案：武曌之颁行《大云经》于全国，与新莽之"遣五威将军王奇等十二人班符命四十二篇于天下"（见《汉书》九九中《王莽传》）正同一政治作用。盖革命开国之初，对于民众宣传及证明其新取得地位之合理也。今检昙无谶译《大方等大云经》四《大云初分如来涅槃健度》第三十六略云：

> 佛告净光天女言：汝于彼佛暂一闻《大涅槃经》。以是因缘，今得天身。值我出世，复闻深义。舍是天形，即以女身当王国土，得转轮王所统领处四分之一。（寅恪案：此武曌所以称金轮皇帝之故。）汝于尔时实为菩萨。为化众生，现受女身。

又同经六《大云初分增长健度》第三十七之余略云：

> 我涅槃已七百年后，是南天竺有一小国，名曰无明。彼国有河，名曰黑暗。南岸有城，名曰谷熟。其城有王，名曰等乘。其王夫人产育一女，名曰增长。其王未免忽然崩亡。尔时诸臣即奉此女以继王嗣。女既承正，威伏天下。阎浮提中所有国土悉来承奉，无拒违者。

寅恪案：观昙无谶译《大方等大云经》之原文，则知不独史籍如《旧唐书》等之伪造说为诬枉，即僧徒如志磐辈之重译说，亦非事实。今取敦煌残本，即当时颁行天下以为受命符谶之原本，与今佛藏传本参校，几全部符合。间有一二字句差池之处，而意义亦无不同。此古来书册传写所习见者，殊不能据此以为有歧异之二译本也。又因此可知薛怀义等当时即取旧译之本，附以新疏，巧为傅会。其于昙本原文，则全部袭用，绝无改易。既不伪造，亦非重译。然则王跃以为"经文但稍加缘饰，不尽伪托"，又云"此疏之成，盖与伪经同颁天下"，则尚有未谛也。盖武曌政治上特殊之地位，既不能于儒家经典中得一合理之证明，自不得不转求之于佛教经典。而此佛教经典若为新译或伪造，则必假托译主，或别撰经文。其事既不甚易作，其书更难取信于人。仍不如即取前代旧译之原本，曲为比附，较之伪造或重译者，犹为事半而功倍。由此观之，近世学者往往以新莽篡汉之故，辄谓古文诸经及《太史公书》等悉为刘歆所伪造或窜改者，其说殆不尽然。寅恪不敢观三代两汉之书，固不足以判决其是非。而其事亦轶出本篇范围之外，尤不必涉及。但武曌之颁行《大云经》与王莽之班符命四十二篇，其事正复相类，自可取与并论。至若李思顺解释《大云经》以为唐兴之符命一案，则又"刘秀当为天子"之类也（见《通典》一六九《刑典七·守正门》）。此类政治与符谶关系，前人治史，多不知其重要，故特辨之如此。佛教在李唐初期为道教所压抑之后，所以能至武周革命而恢复其杨隋时所享之地位者，其原因固甚复杂，而其经典教义可供女主符命附会之利用，要为一主因。兹移录《唐大诏令集》一一三所载武周天授二年三月《释教在道教之上制》以为证明。

朕先蒙金口之记，又承宝偈之文。历教表于当今，本愿标于曩劫。《大云》阐奥，明王国之祯符；《方寺》（寅恪案："寺"当作"等"，即指《大方等大云经》而言）发扬，显自在之丕业。驭一境而敦化，弘五戒以训人。爰开革命之阶,方启维新之命。宜协随时之义,以申自我之规。虽实际如如,理忘于先后;而翘心恳恳,思展于勤诚。自今以后,释教宜在道法之上,缁服处黄冠之前,庶得道有识以归依,极群生于回向。布告遐迩,知朕意焉。

观此制文,凡武曌在政治上新取得之地位,悉与佛典之教义为证明,则知佛教符谶与武周革命之关系,其深切有如是者。此本篇所讨论问题之第二点也。

(丁)结 论

自贞观十一年(西历六三七年)正月(或二月,见乙章),诏道士、女冠在僧尼之上(诏文见乙章),历五十四年至天授二年(西历六九一年)三月,周已革唐命,而有《释教在道法之上之制》(制文见丙章)。又历二十年唐室中兴之后,景云二年(西历七一一年),复敕僧道齐行并进(敕文见《唐大诏令集》一三)。约而论之,凡有三变。若通计自隋炀帝大业之世迄于唐睿宗景云之初,此一百年间佛教地位之升降与当时政治之变易实有关系。而与此百年间政治上三大怪杰即隋炀帝、唐太宗及武曌尤多所关涉。故综合前后政治之因果,依据中西文化之同异,类次旧文,间附臆说,成此短篇,以供研求国史中政治与宗教问题者之参证。

兹有间接与《大云经》有关之谢灵运《辨宗论》中华夷分别一点,略论述之如下。但只就此端范围推论,其余涉及佛教大、小乘教义之演变诸问题,则概从省略,以免枝蔓。严可均辑《全宋文》三二谢灵运《辨宗论》云:

华民易于见理，难于受教，故闭其累学，而开其一极。
夷人易于受教，难于见理，故闭其顿了，而开其渐悟。渐
悟虽可至，昧顿了之实，一极虽知寄，绝累学之冀。良由
华人悟理无渐，而诬道无学，夷人悟理有学，而诬道有渐。
是故权实虽同，其用各异。

寅恪案：灵运文中所讨论者，在华人主顿夷人主渐一事，专为道
生之《大涅槃经》而发。

慧皎《高僧传》七《义解四·竺道生传》略云：

又六卷《泥洹》先至京都，生剖析经理，洞入幽微，
乃说一阐提人皆得成佛。于时大本未传，孤明先发，独见
忤众，于是旧学以为邪说，讥愤滋甚，遂显大众摈而遣之。
后《涅槃》大本至于南京，果称阐提悉有佛性，与前所说
合若符契。

今据同书二《昙无谶传》略云：

（谶）往罽宾赍《大涅槃》前分十卷。顷之，复进到
姑臧，译写初分十卷。次译《大集》《大云》《悲华》《地持》
《优婆塞戒》《金光明》《海龙王》《菩萨戒本》等六十余万
言。谶以《涅槃经》本品数未足，还外国究寻。后于于阗
更得经本中分，复还姑臧译之。后又遣使于阗，寻得后分，
于是续译为三十三卷。

然则一阐提可以成佛之《大涅槃经》出于于阗，确有证明。
《玄奘大唐西域记》一二《瞿萨旦那国》：

王城东南五六里，有鹿射僧伽蓝，此国先王妃所立也。
昔者此国未知桑蚕，闻东国有之，命使以求。时东国君秘
而不赐，严敕关防，无令桑蚕种出也。瞿萨旦那王乃卑辞
下礼，求婚东国，国君有怀远之志，遂允其请。瞿萨旦那

王命使迎妇而诫曰："尔致辞东国君女，我国素无丝绵桑蚕之种，可以持来，自为裳服。"女闻其言，密求其种，以桑蚕之子置帽絮中。既至关防，主者遍索，唯王女帽不敢以检，遂入瞿萨旦那国，止鹿射伽蓝故地。方备仪礼，奉迎入宫，以桑蚕种留于此地，阳春告始，乃植其桑。蚕月既临，复事采养。初至也，尚以杂叶饲之，自时厥后，桑树连荫，王妃乃刻石为制，不令伤杀，蚕蛾飞尽，乃得治茧，敢有犯违，明神不祐，遂为先蚕建此伽蓝，数株枯桑，云是本种之树也。故今此国有蚕不杀，窃有取丝者，来年辄不宜蚕。

及《北史》九七《西域传·于阗国传》（参《魏书》一〇二《西域传》）云：

自高昌以西，诸国人等，深目高鼻，唯此一国，貌不甚胡，颇类华夏。

可见于阗之地，旧为华夏民族移居之土。《大涅槃经》既出于阗，又主张顿悟，灵运谓华人主顿悟，殊有根据，未可以想象之空论目之也。

《历代三宝记》一二"新合大集经"条略云：

于阗东南二千余里，有遮拘迦国，彼王纯信敬重大乘。彼土又称，此国东南二十余里，有山甚险，其内安置《大集》《华严》《方等》《宝积》《楞伽》《方广舍利》《弗陀罗尼》《华聚陀罗尼》《都萨罗藏》《摩诃般若》《八部般若》《大云经》等凡十二部，皆十万偈。

寅恪按：《历代三宝记》所引此文与澄观《大方广佛华严经随疏演义钞》一五所录文字略有出入，"遮拘迦"作"遮拘槃"，藏《大云经》等十二部作十一部。"槃"与"迦"表面似非同一对音，但王明清《挥麈后录》六云：

> 赵正夫〔挺之〕丞相元祐中与黄太史鲁直〔庭坚〕俱
> 在馆阁，鲁直以其鲁人，意常轻之。每庖吏来问食次，正
> 夫必曰："来日吃蒸饼。"一日聚饭行令，鲁直云："欲五
> 字从首至尾各一字，复合成一字。"正夫沉吟久之曰："禾
> 女委鬼魏。"鲁直应声曰："来力敕正整。"协正夫之音。
> 阖座大笑。

然则赵挺之读"饼"为"整"，乃其乡音，可见"迦"与
"槃"之对音互异，亦由当日地方之土音不同所致也。至于藏经
部数，应以十一部为是。夫《大云经》虽未明言出于于阗国，但
与于阗相邻近之遮拘迦国有关，确有明证。《大唐西域记》一二
"斫句迦国"条略云：

> 周千余里，编户殷盛。临带两河，颇以耕植蒲萄梨柰。
> 文字同瞿萨旦那国，言语有异。此国中大乘经典部数尤多，
> 佛法至处，莫斯为盛也。十万颂为部者凡有十数，自兹已降，
> 其流实广，从此而东，逾岭越谷，行八百余里，至瞿萨旦那国。

《册府元龟》九六○《外臣部·土风二》云：

> 〔于阗〕国人善铸铜器，其治曰西山城，有屋室市井，
> 果蓏菜蔬与中国等，尤信佛法。

可知遮拘迦国即《大唐西域记》中之斫句迦国。《历代三宝记》
所云"东南二千余里"当是讹写，与《西域记》等所载，此国位
置，绝不能有此辽远之里程也。此国崇尚大乘，文化虽较于阗为
低，但其人仍属于阗之影响，据言文字与于阗国同。可证此大乘
文化，实从于阗而来。寅恪昔年与钢君和泰比较各种文字之《金
刚经》，始知玄奘所译之本源出自于阗文。是以较其他译本为
繁。惜此稿本经已不见，故无从详加说明也。

综合言之,《大云经》虽不出于阗,但亦出自于阗相近之遮拘迦。据《北史》九七《西域传·于阗国传》略云:

> 土宜五谷并桑麻。城东有大水北流,号树枝水。城西十五里亦有大水名达利水,与树枝水会,俱北流。

达利河即土耳其语言之 Kara Kachi, Kara 为黑暗之义,与"土宜五谷并桑麻"等语,翙似皆可与《大云经》所言"有一小国,名曰无明。彼国有河,名曰黑暗。南岸有城,名曰熟谷"等文相印证。由是言之,武曌所据以女身得为帝王之教义亦间接出自于阗,与谢灵运《辨宗论》及遮拘迦之华夏移民实有间接关系也。复曌因中国儒教等经典最重男轻女,不许女身得为帝王,故不得已求之于华夏民族以外之经典,借资宣传。殊不知女身得为帝王之说,实源出华夏移民所主张,此俗所谓家有祖传之宝,苟为子孙所忘,而别从他人求乞。斯真为中外学说历史之一奇事也。今述《大云经》教义已毕,聊举此端,以供好事之博雅通人一笑云尔。

附 注

关于武曌与佛教符谶之问题,可参考矢吹庆辉博士著《三阶教之研究》及汤用彤先生所作同书之跋文(载《史学杂志》第二卷第五十六期合刊)。总而言之,《大周刊定众经目录》不著录新译《大云经》,尤足证薛怀义等无重译或伪撰此经之事也。

(原载一九三五年十二月《历史语言研究所集刊》第五本第二分)

《桃花源记》旁证

陶渊明《桃花源记》寓意之文，亦纪实之文也。其为寓意之文，则古今所共知，不待详论。其为纪实之文，则昔贤及近人虽颇有论者，而所言多误，故别拟新解，以成此篇。此就纪实立说，凡关于寓意者概不涉及，以明界限。

西晋末年戎狄盗贼并起，当时中原避难之人民，其能远离本土迁至他乡者，东北则托庇于慕容之政权，西北则归依于张轨之领域，东奔则侨寄于孙吴之故壤。不独前燕、前凉及东晋之建国中兴与此中原之流民有关，即后来南北朝之士族亦承其系统者也。史籍所载，本末甚明。以非本篇范围，可置不论。其不能远离本土迁至他乡者，则大抵纠合宗族乡党，屯聚堡坞，据险自守，以避戎狄寇盗之难。兹略举数例，借资说明。

《晋书》八八《孝友传·庾衮传》略云：

张泓等肆掠于阳翟，衮乃率其同族及庶姓保于禹山。是时百姓安宁，未知战守之事。衮曰："孔子云：'不教而战，是谓弃之。'"乃集诸群士而谋曰："二三君子相与处于险，将以安保亲尊，全妻孥也。古人有言：'千人聚，而不以一人为主，不散则乱矣。'将若之何？"众曰："善。今日之主，非君而谁！"于是峻险厄，杜蹊径，修壁坞，树藩障，考功庸，计丈尺，均劳逸，通有无，缮完器备，量力任能，物应其宜，使邑推其长，里推其贤，而身率之。及贼至，衮乃勒部曲，整行伍，皆持满而勿发。贼挑战，晏然不动，且辞焉。贼服其慎，而畏其整，是以皆退，如是者三。

晁公武《郡斋读书志》一四《兵家类》云：

庚衮《保聚图》一卷

右晋庚衮撰。《晋书·孝友传》载衮字叔褒。齐王冏之倡义也，张泓等掠阳翟，衮率众保禹山，泓不能犯。此书序云：大驾迁长安，时元康三年己酉，撰《保聚垒议》二十篇。按冏之起兵，惠帝永宁元年也，帝迁长安，永兴元年也，皆在元康后，且三年岁次实癸丑，今云己酉，皆误。

《晋书》一〇〇《苏峻传》云：

永嘉之乱，百姓流亡，所在屯聚。峻纠合得数千家，结垒于本县（掖县）。于时豪杰所在屯聚，而峻最强。遣长史徐玮宣檄诸屯，示以王化，又收枯骨而葬之。远近感其恩义，推峻为主。遂射猎于海边青山中。

又《晋书》六二《祖逖传》略云：

初，北中郎将刘演距于石勒也，流人坞主张平、樊雅等在谯，演署平为豫州刺史，雅为谯郡太守。又有董瞻、于武、谢浮等十余部，众各数百，皆统属平。而张平余众助雅攻逖。蓬陂坞主陈川自号宁朔将军、陈留太守。逖遣使求救于川，川遣将李头率众援之，逖遂克谯城。〔桓〕宣遂留，助逖讨诸屯坞未附者。河上堡固先有任子在胡者，皆听两属。时遣游军伪抄之，明其未附。诸坞主感戴，胡中有异谋，辄密以闻。前后克获，亦由此也。

又《艺文类聚》九二引《晋中兴书》云：

中原丧乱，乡人遂共推郗鉴为主，与千余家俱避于鲁国峄山，山有重险。

又《太平御览》三二〇引《晋中兴书》云：

> 中宗初镇江左，假郗鉴龙骧将军、兖州刺史。徐龛、
> 石勒左右交侵。鉴收合荒散，保固一山，随宜抗对。

又《太平御览》四二引《地理志》云：

> 峄山在邹县北，高秀独出，积石相临，殆无壤土。石
> 间多孔穴，洞达相通，往往有如数间居处，其俗谓之"峄
> 孔"。遭乱辄将居人入峄，外寇虽众，无所施害。永嘉中，
> 太尉郗鉴将乡曲逃此山，胡贼攻守，不能得。

又《晋书》六七《郗鉴传》云：

> 鉴得归乡里。于时所在饥荒，州中之士素有感其恩义者，
> 相与资赡。鉴复分所得，以恤宗族及乡曲孤老，赖而全济
> 者甚多。咸相谓曰："今天子播越，中原无伯，当归依仁德，
> 可以后亡。"遂共推鉴为主，举千余家俱避难于鲁之峄山。

寅恪案：《说文》一四云：

> 坞，小障也。一曰：庳城也。

桂氏《义证》四七列举例证颇众，兹不备引。据寅恪所知者
言，其较先见者为袁宏《后汉纪》六王霸之"筑坞候"（《后汉
书》五〇《王霸传》作"堆石布土"。袁、范二书互异，未知孰
是原文，待考。）及《后汉书》五四《马援传》之"起坞候"之
语。盖元伯在上谷、文渊在陇西时，俱东汉之初年也。所可注意
者，即地之以"坞"名者，其较早时期以在西北区域为多，如董
卓之"郿坞"是其最著之例。今伦敦博物馆藏敦煌写本斯坦因号
九二二"西凉建初十二年敦煌县户籍阴怀"条亦有"居赵羽坞"
之语，然则坞名之起或始于西北耶？抑由史料之存于今者西北独
多之故耶？此点与本篇主旨无关，可不详论。要之，西晋末世中

原人民之不能远徙者，亦借此类小障庳城以避难逃死而已。但当时所谓坞垒者甚多，如《祖逖传》所载，固亦有在平地者。至如郗鉴之避难于峄山，既曰"山有重险"，又曰"保固一山"，则必居山势险峻之区、人迹难通之地无疑，盖非此不足以阻胡马之陵轶、盗贼之寇抄也。凡聚众据险者，因欲久支岁月及给养能自足之故，必择险阻而又可以耕种及有水泉之地。其具备此二者之地必为山顶平原，及溪涧水源之地，此又自然之理也。

东晋末年戴祚字延之，从刘裕入关灭姚秦，著《西征记》二卷。（见《隋书》三三《经籍志·史部·地理类》，并参考《封氏闻见记》七"蜀无兔鸽"条、《唐语林》八及章宗源《〈隋书·经籍志〉考证》六等。）其书今不传。郦氏《水经注》中往往引之。中原坞垒之遗址于其文中尚可窥见一二。如《水经注》一五《洛水篇》云：

> 洛水又东，径檀山南。
>
> 其山四绝孤峙，山上有坞聚，俗谓之"檀山坞"。义熙中，刘公西入长安，舟师所届，次于洛阳。命参军戴延之与府舍人虞道元即舟溯流，穷览洛川，欲知水军可至之处。延之届此而返，竟不达其源也。

又《水经注》四《河水篇》云：

> 河水自潼关东北流，水侧有长坂，谓之"黄巷坂"。坂傍绝涧。陟此坂以升潼关，所谓"溯黄巷以济潼"矣。历北出东崤，通谓之"函谷关"也。
>
> 郭缘生《记》曰：汉末之乱，魏武征韩遂、马超，连兵此地。今际河之西，有曹公垒。道东原上，云李典营。义熙十三年，王师曾据此垒。《西征记》曰：沿路逶迤，入函谷道六里有旧城，城周百余步，北临大河，南对高山。

姚氏置关以守峡，宋武帝入长安，檀道济、王镇恶或据山
为营，或平地结垒，为大小七营，滨河带险。姚氏亦保据
山原陵阜之上，尚传故迹矣。河水又东北，玉涧水注之。
水南出玉溪，北流径皇天原西。《周固记》：开山东首上
平博，方可里余。三面壁立，高千许仞。汉世祭天于其上，
名之为"皇天原"。河水又东径阌乡城南。东与全鸠涧水合。
水出南山，北径皇天原东。

《述征记》曰：全节，地名也。其西名桃原，古之桃林，
周武王克殷休牛之地也。《西征赋》曰：咸征名于桃原者
也。《晋太康记》曰：桃林在阌乡南谷中。

又《元和郡县图志》六"虢州阌乡县"条云：

秦山，一名秦岭，在县南五十里。南入商州，西南入华
州。山高二千丈，周回三百余里。桃源，在县东北十里，古
之桃林，周武王放牛之地也。

又"陕州灵宝县"条云：

桃林塞，自县以西至潼关皆是也。

又《新唐书》三八《地理志》"陕州灵宝县"条云：

有桃源宫，武德元年置。

又《资治通鉴》一一八《晋纪》云：

义熙十三年二月，王镇恶进军渑池。引兵径前，抵潼关。
三月〔檀〕道济、〔沈〕林子至潼关。夏四月，太尉〔刘〕
裕至洛阳。（寅恪案：宋武伐秦之役，其军行年月《宋书》
《南史》等书记载既涉简略，又有脱误。故今悉依司马君
实所考定者立论。）

寅恪案：《陶渊明集》有《赠羊长史》（即松龄）诗。其序云：

左军羊长史，衔使秦川，作此与之。

则陶公之与征西将佐本有雅故。疑其间接或直接得知戴延之等从刘裕入关途中之所闻见。《桃花源记》之作即取材于此也。盖王镇恶、檀道济、沈林子等之前军于义熙十三年春二三月抵潼关。宋武以首夏至洛阳。其遣戴延之等溯洛水至檀山坞而返，当即在此时。山地高寒，节候较晚。《桃花源记》所谓"落英缤纷"者，本事之可能。又桃林、桃原等地既以桃为名，其地即无桃花，亦可牵附。况晋军前锋之抵崤函为春二三月，适值桃花开放之时，皇天原之下，玉涧水之傍，桃树成林，更情理之所可有者。至于《桃花源记》所谓"山有小口"者，固与郗鉴之"峄孔"相同；所谓"土地平旷"者，殆与皇天原之"平博方可里余"者亦有所合欤？刘裕遣戴延之等溯洛水至檀山坞而返事与《桃花源记》中武陵太守遣人寻桃花源终不得达者，约略相似，又不待言也。

今传世之《搜神后记》旧题陶潜撰。以其中杂有元嘉四年渊明卒后事，故皆认为伪托。然其书为随事杂记之体，非有固定之系统。中有后人增入之文，亦为极自然之事，但不能据此遽断全书为伪托。即使全书为伪托，要必出于六朝人之手，由钞辑昔人旧篇而成者，则可决言。寅恪于与渊明之家世信仰及其个人思想皆别有所见，疑其与《搜神后记》一书实有关联。以其轶出本篇范围，姑置不论。《搜神后记》卷一之第五条即《桃花源记》，而太守之名为刘歆，及无"刘子骥欣然规往"等语。其第六条纪刘骥之即子骥入衡山采药，见涧水南有二石囷，失道问径，仅得还家。或说囷中皆仙灵方药，骥之欲更寻索，不复知处事。此事唐修《晋书》九四《隐逸传》亦载之。盖出于何法盛《晋中兴书》（见《太平御览》四一九及四二五又五〇四所引）。何氏不知何所本，当与《搜神后记》同出一源，或即与渊明有关，殊未可知也。

据此推测，陶公之作《桃花源记》，殆取桃花源事与刘骏之二事牵连混合为一。桃花源虽本在北方之弘农或上洛，但以牵连混合刘骏之入衡山采药事之故，不得不移之于南方之武陵。遂使后世之论桃花源者皆纷纷堕入迷误之途，历千载而不之觉，亦太可怜矣！或更疑《搜神后记》中渔人黄道真其姓名之意义与宋武所遣溯洛之虞道元颇相对应。刘骏之隐于南郡之阳岐山，去武陵固不远，而隆安五年分南郡置武宁郡，武武字同，陵宁音近（来泥互混），文士寓言，故作狡狯，不嫌牵合混同，以资影射欤？然此类揣测皆不易质证，姑从阙疑可也。（参考《晋书》一五下《地理志》、九四《隐逸传》、九九《桓玄传》、《宋书》三七《州郡志》及《世说·栖逸篇》等。）又今本《搜神后记》中《桃花源记》，依寅恪之鄙见，实陶公草创未定之本。而渊明文集中之《桃花源记》，则其增修写定之本，二者俱出陶公之手。刘骏之为太元间闻人（见《世说新语·栖逸篇》及《任诞篇》），故系此事于太元时。或因是以陶公之《桃花源记》亦作于太元时者，则未免失之过泥也。

桃花源事又由刘裕遣戴延之等溯洛水至檀山坞与桃原、皇天原二事牵混为一而成。太守刘歆必无其人。岂即暗指刘裕而言耶？既不可考，亦不可凿实言之。所谓"避秦人之子孙"亦桃原或檀山之上"坞聚"中所居之人民而已。至其所避之秦则疑本指苻生、苻坚之苻秦而言，与始皇、胡亥之嬴秦绝无关涉。此殆传述此事之人或即渊明自身因讹成讹，修改所致，非此物语本来之真相也。盖苻氏割据关陕，垂四十载，其间虽有治平之时，而人民亦屡遭暴虐争战之难。如《晋书》——二《苻生载记》叙苻生政治残暴民不聊生事甚详。兹录其一例如下：

生下书（《通鉴》系此于晋穆帝永和十二年六月）曰：

"朕受皇天之命，承祖宗之业，君临万邦，子育百姓。嗣统以来，有何不善，而谤讟之音扇满天下？杀不过千，而谓刑虐。行者比肩，未足为稀。方当峻刑极罚，复如朕何？"时猛兽及狼大暴，昼则断道，夜则发屋，惟害人而不食六畜。自生立一年，兽杀七百余人，百姓苦之，皆聚而邑居，为害滋甚，遂废农桑，内外凶惧。群臣奏请禳灾。生曰："野兽饥则食人，饱当自止，终不能累年为患也。天岂不子爱群生，而年年降罚，正以百姓犯罪不已，将助朕专杀而施刑教故耳。但勿犯罪，何为怨天而尤人哉？"

又《晋书》一一三《苻坚载记上》叙苻坚盛时云：

关陇清宴，百姓丰乐。自长安至于诸州，皆夹路树槐柳。二十里一亭，四十里一驿。旅行者取给于途，工商贸贩于道。

而《晋书》一一四《苻坚载记下》叙符秦亡时云：

关中人皆流散，道路断绝，千里无烟。

由苻生之暴政或苻坚之亡国至宋武之入关，其间相距已逾六十年或三十年之久。故当时避乱之人虽"问今是何世"，然其"男女衣着悉如外人"。若"乃不知有汉，无论魏晋"者，则陶公寓意特加之笔，本篇可以不论者也。

又陶诗《拟古》第二首云：

辞家夙严驾，当往志无终。问君今何行，非商复非戎。闻有田子泰，节义为士雄。斯人久已死，乡里习其风。生有高世名，既没传无穷。不学狂驰子，直在百年中。

吴师道《礼部诗话》云：

〔田〕畴始从刘虞。虞为公孙瓒所害，誓言报仇，卒不能践，而从曹操讨乌桓，节义亦不足称。陶公亦是习闻世俗所尊慕尔。

寅恪案：《魏志》一一《田畴传》云：

> 遂入徐无山中，营深险平敞地而居，躬耕以养父母。
> 百姓归之，数年间至五千余家。

据此，田子泰之在徐无山，与郗鉴之保峰山固相同，而与檀山坞桃原之居民即桃花源之避秦人亦何以异？"商"者，指四皓入商山避秦事，"戎"者，指老子出关适西戎化胡事。然则商洛崤函本为渊明心目中真实桃源之所在。而田畴之亮节高义犹有过于桃源避秦之人。此所以寄意遣词遂不觉联类并及欤？吴氏所言之非固不待辨，而其他古今诂陶诗者于此亦皆未能得其真解也。

又苏东坡《和桃花源诗序》云：

> 世传桃源事多过其实。考渊明所记，止言先世避秦乱来此，则渔人所见似是其子孙，非秦人不死者也。又云"杀鸡作食"，岂有仙而杀者乎？旧说南阳有菊水，水甘而芳，民居三十余家，饮其水皆寿，或至百二三十岁。蜀青城山老人村多枸杞，根如龙蛇。饮其水，故寿。近岁道稍通，渐能致五味，而寿益衰。桃源盖此比也欤？使武陵太守得而至焉，则已化为争夺之场久矣！尝思天壤之间若此者甚众，不独桃源。

寅恪案：古今论桃花源者，以苏氏之言最有通识。洪兴祖释韩昌黎《桃源图》诗，谓渊明叙桃源初无神仙之说，尚在东坡之后。独惜子瞻于陶公此文中寓意与纪实二者仍牵混不明，犹为未达一间。至于近人撰著，或袭苏、洪之意，而取譬不切，或认桃源实在武陵，以致结论多误。故不揣鄙陋，别拟新解。要在分别寓意与纪实二者，使之不相混淆。然后钩索旧籍，取当日时事及年月地理之记载，逐一证实之。穿凿附会之讥固知难免，然于考史论文之业不无一助,或较古今论辨此记之诸家专向桃源地志中讨生活者聊胜一筹乎?

兹总括本篇论证之要点如下:

(甲)真实之桃花源在北方之弘农,或上洛,而不在南方之武陵。

(乙)真实之桃花源居人先世所避之秦乃苻秦,而非嬴秦。

(丙)《桃花源记》纪实之部分乃依据义熙十三年春夏间刘裕率师入关时戴延之等所闻见之材料而作成。

(丁)《桃花源记》寓意之部分乃牵连混合刘驎之入衡山采药故事,并点缀以"不知有汉,无论魏晋"等语所作成。

(戊)渊明《拟古》诗之第二首可与《桃花源记》互相印证发明。

补记一

《匡谬正俗》七"黄巷"条云:

> 郭缘生《述征记》曰:"皇天坞在阌乡东南。或云卫太子始奔,挥泪仰呼皇天,百姓怜之,因以名坞。"又戴延之《西征记》曰:"皇天固去九原十五里。"据此而言,黄天原本以坞、固得名,自有解释。

寅恪案:颜氏所引足以补证鄙说,故附录于此。

补记二

此文成后十年,得详读《居延汉简》之文,复取《后汉书·西羌传》参证,坞壁之来源与西北之关系益了然矣。

(原载一九三六年一月《清华学报》第十一卷第一期)

东晋南朝之吴语

近日友人多研究东晋南北朝音韵问题，甚可喜也。寅恪颇欲参加讨论，而苦于音韵之学绝无通解，不敢妄说。兹仅就读史所及，关涉东晋南朝之吴语者，择录数事，略附诠释，以供研究此问题者之参证。虽吴语、吴音二名词含义不尽相同，史籍所载又颇混用，不易辨析，但与东晋南朝古音之考证有关则一也。

《宋书》八一《顾琛传》（《南史》三五《顾琛传》同）云：

> 先是，宋世江东贵达者，会稽孔季恭，季恭子灵符，吴兴丘渊之及琛，吴音不变。

寅恪案：史言江东贵达者，唯此数人吴音不变，则其余士族，虽本吴人，亦不操吴音，断可知矣。

《南齐书》四一《张融传》（《南史》三二《张邵传》附融传同）略云：

> 张融，吴郡吴人也。出为封溪令。广越嶂峻，獠贼执融，将杀食之，融神色不动，方作洛生咏，贼异之而不害也。

寅恪案：《世说新语·雅量篇》略云：

> 桓公伏甲设馔，广延朝士，因此欲诛谢安、王坦之。谢之宽容，愈表于貌，望阶趋席，方作洛生咏，讽"浩浩洪流"，桓惮其旷远，乃趣解兵。

刘《注》引宋明帝《文章志》曰：

安能作洛下书生咏，而少有鼻疾，语音浊。后名流多学
其咏，弗能及，手掩鼻而吟焉（《晋书》七九《谢安传》同）。

据此，则江东士族不独操中原之音，且亦学洛下之咏。张融
本吴人，而临危难仍能作"洛生咏"，虽由于其心神镇定，异乎
常人，要必平日北音习熟，否则决难致此无疑也。

《颜氏家训·音辞篇》云：

易服而与之谈，南方士庶，数言可辩。隔垣而听其语，
北方朝野，终日难分。

寅恪案：南北所以有如此不同者，盖江左士族操北语，而庶人操
吴语；河北则社会阶级虽殊，而语音无别故也。

《南史》四五《王敬则传》略云：

王敬则，临淮射阳人也。侨居晋陵南沙县。母为女巫。
后与王俭俱即本号开府仪同三司。时徐孝嗣于崇礼门候俭，
因嘲之曰："今日可谓连璧。"俭曰："不意老子遂与韩非
同传。"人以告敬则，敬则欣然曰："我南沙县吏，微幸得
细铠左右，逮风云以至于此。遂与王卫军同日拜三公，王
敬则复何恨。"了无恨色，朝士以此多之。

《南齐书》二六《王敬则传》略云：

敬则名位虽达，不以富贵自遇，危拱傍遑，略不衿裾，
接士庶皆吴语，而殷勤周悉。世祖御座赋诗，敬则执纸曰：
"臣几落此奴度内。"世祖问："此何言？"敬则曰："臣若
知书，不过作尚书都令史耳，那得今日？"

寅恪案：敬则原籍临淮，后徙晋陵，其先世本来是否北人，姑不
必考。但其居晋陵既久，口操吴语，则不容疑。据敬则传，有二
事可注意者：东晋南朝官吏接士人则用北语，庶人则用吴语，是
士人皆北语阶级，而庶人皆吴语阶级，得以推知，此点可与《颜

氏家训·音辞篇》所言者参证，此其一也。敬则属于庶人阶级，故交接士庶概用吴语，故亦不能作诗。若张融者，虽为吴人，但属于士族阶级，故将死犹作北咏。至于王俭，则本为北人，又为士族，纵屡世侨居江左，谅亦能以吴语接待庶族，而其赋诗，不依吴音押韵，断然可知，此其二也。

《魏书》五九《刘昶传》（《北史》二九《刘昶传》同）略云：

> 诃詈童仆，音杂夷夏。

> 史臣曰：昶诸子尪疏，丧其家业。〔萧〕宝夤背恩忘义，枭獍其心。此亦戎夷影狡轻薄之常事也。

《南史》一四《晋熙王昶传》略云：

> 昶知事不捷，乃夜开门奔魏。在道慷慨为断句曰："白云满鄣来，黄尘半天起。关山四面绝，故乡几千里。"

寅恪案：刘昶、萧宝夤皆南朝宋、齐皇子，同为北人之后裔，而世居于江左，俱以家难奔北者。昶之"音杂夷夏"之"夷"，据魏收所作传论"戎夷影狡轻薄"之语，知是指江左而言，盖以夏目北魏为对文也。然则所谓"音杂夷夏"即是音杂吴北。魏收欲极意形容刘昶之鄙俚无文，而不知其童仆之中必有庶族吴人，昶之用吴语诃詈童仆，正是江东以吴语接庶族之通例。至其作诗押韵，自附风雅，谅必仍用北音，如道中所作断句用"起""里"二韵，与西晋北人如齐国左思之《吴都赋》及东晋北人如河东郭璞之《巫咸山赋》、《山海经图》"大泽赞""吉良赞"用韵正复相同（俱见于海晏先生《汉魏六朝韵谱》第二册第六八页下），可资参证，且仅二韵，故尤难据以论证昶之作诗用吴音押韵也。

《世说新语·排调篇》云：

> 刘真长始见王丞相，时盛暑之月，丞相以腹熨弹棋局

曰："何乃渳！"刘既出，人问："见王公云何？"刘曰："未
见他异，唯闻作吴语耳！"

寅恪案：琅邪王导本北人，沛国刘恢亦是北人，而又皆士族。然
则导何故用吴语接之？盖东晋之初，基业未固，导欲笼络江东之
人心，作吴语者，乃其开济政策之一端也，观《世说新语·政事
篇》所载：

> 王丞相拜扬州，宾客数百人，并加沾接，人人有说色。
> 唯有临海一客姓任及数胡人为未洽。公因便还到过任边云：
> "君出，临海便无复人。"任大喜说。因过胡人前弹指云：
> "兰阇！兰阇！"（寅恪疑"兰阇"与庾信之小字"兰成"
> 同是一语，参考陈思《小字录》引陆龟蒙《小名录》。）
> 群胡同笑，四坐并欢。

之条，则知导接胡人尚操胡语。临海任客当是吴人，虽其属于何
等社会阶级，不可考知，但值东晋创业之初，王导用事之际，即
使任是士流，当亦用吴语接待。然此不过一时之权略，自不可执
以为江左三百载之常规明矣。今传世有王导《麈尾铭》一篇，
载于《北堂书钞》一三四、《艺文类聚》六九、《太平御览》
七〇四等卷，以理子俟为韵，与西晋北人如齐国左思之《白发
赋》、谯国曹摅之《思友人》诗其用韵正同（俱见于海晏先生
《汉魏六朝韵谱》第二册第六十八页下），至其文之是否真出于
王导，及为导渡江以前或以后所作，皆不可考知，然足征导虽极
力提倡吴语，以身作则，但终未发见其作韵语时，以吴音押韵之
特征也。

据上引史籍之所记载，除民间谣谚之未经文人删改润色者以
外，凡东晋南朝之士大夫以及寒人之能作韵者，依其籍贯，纵属
吴人，而所作之韵语则通常不用吴音，盖东晋南朝吴人之属于士

族阶级语者，其在朝廷论议、社会交际之时尚且不操吴语，岂得于其摹拟古昔典雅丽则之韵语转用土音乎？至于吴之寒人既作典雅之韵语，亦必依仿胜流，同用北音，以冒充士族，则更宜力避吴音而不敢用。故今日东晋南朝士大夫以及寒人所遗传之诗文虽篇什颇众，却不能据以研究东晋南朝吴音与北音异同及韵部分合诸问题也。

或问曰：信如子言，东晋南朝诗文其用韵无吴、北籍贯之别，则何以同一时代，而诗文用韵间或不同？（见《清华学报》第一卷第三期王力先生《南北朝诗人用韵考》第七、八、九页）其中岂亦有因吴、北籍贯之异，而致参差不齐者耶？

应之曰：永嘉南渡之士族其北方原籍虽各有不同，然大抵操洛阳近傍之方言，似无疑义。故吴人之仿效北语，亦当同是洛阳近傍之方言，如"洛生咏"即其一证也。由此推论，东晋南朝疆域之内其士大夫无论属于北籍，抑属于吴籍，大抵操西晋末年洛阳近傍之方言，其生值同时，而用韵宽严互异者，既非吴音与北音之问题，亦非东晋南朝疆域内北方方言之问题，乃是作者个人审音之标准有宽有严，及关于当时流行之审音学说或从或违之问题也，故执此不足以难鄙说。

（原载一九三六年十二月《历史语言研究所集刊》第七本第一分）

李唐武周先世事迹杂考

一

寅恪前数年曾据《宋书》七七《柳元景传》及《新唐书》七〇上《宗室世系表》，推证李唐为李初古拔之后裔（刊载本《集刊》第三本第一分），自信或不致甚远于事实。然窃疑昔人应有论及之者，但以寅恪之孤陋寡闻，迄今尚未发见。夫昔人读史，其精审百倍于寅恪，纵为时代所限，不敢议及李唐先世问题，而《柳元景传》疑窦甚多，岂能一无所觉？若得知前贤偶然随笔，间接涉及此点者，亦可引以相助，为浅学臆说之旁证，不亦善乎？今岁偶缮卢文弨《读史札记》（刘世珩《檵盦丛刊》）"《南史·柳元景传》"条云：

> 《南史·柳元景传》殊不成文。如以为后人转写讹落，则可；若出延寿所删，此手何可作史？书北侵事，删削过多，节次全不明晓，书庞法起军"去弘农城五里"，便诎然而止。若得弘农可不书，则此"去弘农城五里"之语亦属孤赘。又云"魏城临河为固，恃险自守，季明、安都、方平各列阵于城东南以待之"云云，中间脱去魏洛州刺史张是提率众二万度崤来救一段，则所云待者，不知何指，岂以延寿而如此愦愦乎？

寅恪案：全部《南史》何以独柳元景一传"殊不成文"？何以柳元景全传独书北侵一事"删削过多，节次全不明晓"？李延寿作史必不如此愦愦，卢氏于此致疑，诚有特识。但若以为由于"后人转写讹落"，则后人转写之时，于全部《南史》何以独于柳元景一传，而于柳元景全传何以独于北侵一事，讹落若是之多且甚乎？是真事理之不可通，而别有其故，断可知矣。盖李氏作《南史》时，其《柳元景传》本据《宋书·柳元景传》。其书北侵事必与《宋书》相同，悉载李初古拔父子被擒杀之始末。（《宋书》七七《柳元景传》云："生擒李初古拔父子二人。"又云："共攻金门坞，屠之，杀戍主李买得，古拔子也。"《南史》三八《柳元景传》适将此节删去。）逮书成以后，奏闻之际，或行世之时，忽发觉李初古拔即当代皇室之祖先，故急遽抽削，以避忌讳，而事出仓卒，自不及重修，复无暇详改，遂留此罅穴疵病，如抱经先生所擿发者也。至于抽削《南史·柳元景传》者是否即延寿本身，抑出于其子孙或他人之手？其事既难确知，亦无关宏旨，姑不深考。仅著李初古拔父子事迹所以不见于南北史之故（《魏书》六一《薛安都传》记李拔即李初古拔事，而《南史》四〇《北史》三九《薛安都传》亦俱不载），并足以证鄙说虽甚创，而实不诬也。世有谓《新唐书·宗室世系表》中"复为宋将薛安都所陷"之语乃宋人臆增者，请以此质之。

二

《周书》四《明帝纪》（《北史》九《周本纪》同）云：

〔二年三月〕庚申诏曰：三十六国九十九姓自魏氏南徙，

皆称河南之民。今周室既都关中，宜改称京兆人。

《隋书》三三《经籍志·史部》"谱系类"序云：

> 后魏迁洛，有八氏十姓，咸出帝族。又有三十六族，则诸国之从魏者；九十二姓，世为部落大人者。并为河南洛阳人。其中国士人，则第其门阀。有四海大姓，郡姓，州姓，县姓。及周太祖入关，诸姓子孙有功者，并令为其宗长。仍撰谱录，纪其所承。又以关内诸州为其本望。

寅恪案：李唐之称西凉嫡裔，即所谓"为其宗长，仍撰谱录，纪其所承"。其由赵郡改称陇西，即所谓"以关内诸州为其本望"，鄙说于此似皆一一证实矣！考据之业，其旧文新说若是之符合无间者，或不多见，兹特标出，敬求疑难鄙说者教正。总之，寅恪之设此假说，意不仅在解决李唐氏族问题，凡北朝、隋、唐史事与此有关者，俱欲依之以为推证，以其所系者至广且巨，故时历数载，文成万言，有误必改，无证不从，庶几因此得以渐近事理之真相，倘更承博识通人之训诲，尤所欣幸也。

三

武曌为吾国历史之怪杰，其先世事迹实无可考，其母系则寅恪曾于《武曌与佛教》一文中略言之矣（载本《集刊》第五本第一三七至一四七页）。至其父武士彟，《旧唐书》五八、《新唐书》二〇六《外戚传》皆有其传，而其起家之始末皆不能详。仅载其"家富于财，颇好交结，高祖初行军于汾晋，休止其家，因蒙顾接"（此《旧传》之文，《新传》亦同）而已。

又《旧传》论曰：

武士彟首参起义，例封功臣，无戡难之劳，有因人之迹，载窥他传，过为褒词，虑当武后之朝，佞出敬宗之笔，凡涉虚美，削而不书。

据此，足证史臣当日作士彟传时虽知许敬宗所作之原本不可征信，但亦无他书可据，以资补充。即宋子京重修《唐书》，于《士彟传》悉同《旧书》，仅文词有删易，而事迹则无所增补。然则史迹久晦，殆真不可考矣。惟《太平广记》一三七《征应门》"武士彟"条，引太原事迹云：

唐武士彟，太原文水县人。微时与邑人许文宝以鬻材为事。常聚材木数万茎，一旦化为丛林森茂，因致大富。士彟与文宝读书林下，自称为厚材，文宝自称枯木，私言必当大贵。及高祖起义兵，以铠胄从入关，故乡人云："士彟以鬻材之故，果逢构夏之秋。"及士彟贵达，文宝依之，位终刺史（据谈恺本）。

又《分门古今类事》一五"士彟丛林"条（据《十万卷楼丛书》本）亦引太原事迹，语句与《太平广记》微有不同。如《广记》之"读书林下"，则作"会林下"，及《广记》之"自称为厚材，文宝自称枯木"，则作"自言枯木成林"，似较今本《广记》为明了易解也。考《新唐书》五八《艺文志·乙部史录》地理类载有李璋《太原事迹记》十四卷，当即《太平广记》及《分门古今类事》之所从出。其书所载枯木成林事固妄诞不足置信，然必出于当日地方乡土之传述，而士彟之初本以鬻材致富，因是交结权贵，则似非全无根据。《隋书》三《炀帝纪》（《北史》一二同）云：

〔大业元年〕三月丁未诏尚书令杨素、纳言杨达、将作大匠宇文恺营建东京。

又同书四三《观德王雄传》附弟达传（《北史》六八《杨绍传》附子达传同）云：

> 献皇后及高祖山陵制度，达并参豫焉。炀帝嗣位，转纳言，仍领营东都副监。

寅恪案：隋室文、炀二帝之世皆有巨大工程，而炀帝尤好兴土木，士彟值此时势，故能以鬻材致巨富。其为投机善贾之流，盖可知也。武曌之母即达之女（见拙著《武曌与佛教》所引史料）。士彟之娶曌母疑在唐武德时，但其所以与杨氏通婚，殆由达屡次参豫隋世营建工事，士彟以鬻材之故，特相习近，迨达死隋亡，而士彟变为新贵，遂娶其家女欤？此虽揣测之说，未得确证，然于武曌父系先世之事迹即士彟所以起家之由，实可借此残阙之史料窥见一二，以前人尚未有言及者，遂为申论之如此。

四

拙著《三论李唐氏族问题》一文其论李虎追封唐国公之时，谓在周初受魏禅之际（见本《集刊》第五本第一七七页）。盖据《册府元龟》一《帝王部·帝系门》所载：

> 〔太祖景皇帝虎〕封赵郡公，徙封陇西公，周受魏禅，录佐命功，居第一，追封唐国公。

之语。其实误会史文也。考《周书》五《武帝纪上》略云：

> 〔保定〕四年九月丁巳，封开府李昞为唐国公，若干凤为徐国公。

又同书一七《若干惠传》（《北史》六五《若干惠传》略同）略云：

> 子凤嗣。保定四年追录佐命之功，封凤徐国公。

又《通鉴》一六九《陈纪》略云:

> 〔天嘉〕五年九月丁巳追录佐命元功,封开府仪同三
> 司陇西公李昞为唐公,大驭中大夫长乐公若干凤为徐公。昞,
> 虎之子;凤,惠之子也。

据此,则李虎之追封唐国公实在保定四年,上距周初受魏禅之时,已八年矣。故拙著前文所推论者,皆应依此改计。特著于此,以正其误,兼识疏忽之过云尔。

（原载一九三六年十二月《历史语言研究所集刊》第六本第四分）

狐臭与胡臭

中古华夏民族曾杂有一部分之西胡血统，近世学人考证之者，颇亦翔实矣。寅恪则疑吾国中古医书中有所谓腋气之病，即狐臭者，其得名之由，或与此端有关。但平生于生理医药之学绝无通解，故不敢妄说。仅就吾国古来腋气之异称，及旧籍所载有腋气之人其家世种族两点，略举事例，聊供谈助而已。尚希读者勿因此误会以为有所考定，幸甚幸甚！

隋巢元方《诸病源候总论》五八《小儿杂病诸候六》"狐臭"条云：

> 人有血气不和，腋下有如野狐之气，谓之狐臭。而此气能染，易着于人。小儿多是乳养之人先有此病，染着小儿。

寅恪案：腋气今仍称狐臭，如报纸药品广告及世俗语言中犹常见之。其得名之由，依巢氏之言，以为"有如野狐之气"，义自可通。但今日国人尝游欧美者，咸知彼土之人当盛年时，大抵有腋气，必非血气不和。其与染着无涉，更不待言也。

唐孙真人思邈《千金要方》七四之九"胡臭漏腋第五"论曰：

> 有天生胡臭者，为人所染胡臭者。天生臭者难治，为人所染者易治。

寅恪案：南宋杨士瀛《仁斋直指》有腋下胡气之目，李时珍《本草纲目》——《金石类》"绿矾"条附方中亦引之。"胡臭"

之"胡"，自是胡人之"胡"，盖古代"胡""狐"二字虽可通用，但在《千金方》《仁斋直指》《本草纲目》编著之时，既不可认"胡"为"狐"之同音假借，而诸书俱作"胡"不作"狐"，亦不得谓以音近之故，传写致讹。然则腋气实有"狐臭"及"胡臭"不同之二名可知也。惟二名孰较原始与正确，颇不易决。考唐崔令钦《教坊记》云：

> 范汉女大娘子亦是竿木家，开元二十一年出内，有姿媚，而微愠羝。

文下原注云：

> 谓腋气也。

寅恪案：范汉女大娘子其先代之男女血统，无从得知，但竿木之伎本附属于唐代立部伎之杂戏及柘枝舞者，而此种伎舞乃中央亚细亚输入我国艺术之一。其伎舞之人，初本西胡族类，又多世擅其业者也。（详《旧唐书》二九《音乐志二》、史浩《鄮峰真隐漫录》四五《柘枝舞大曲附柘枝舞小考》等，兹不赘述。）据此，则范汉女大娘子之血统，殊有西胡人种混杂之可能。其"微愠羝"者，或亦先世西胡血统遗传所致耶？五代何光远《鉴诫录》四"斥乱常"条云：

> 宾贡李珣，字德润，本蜀中土生波斯也。少小苦心，屡称宾贡。所吟诗句往往动人。尹校书鹗者，锦城烟月之士，与李生长为善友，遽因戏遇嘲之，李生文章扫地而尽。诗曰：异域从来不乱常，李波斯强学文章。假饶折得东堂桂，胡臭薰来也不香。

北宋黄休复《茅亭客话》二"李四郎"条云：

> 李四郎名玹，字廷仪。其先波斯国人，随僖宗入蜀，授率府率。兄珣有诗名，预宾贡焉。玹举止温雅，颇有节行，

以鬻香药为业，善弈棋，好摄养，以金丹延驻为务。暮年
以炉鼎之费，家无余财，唯道书药囊而已。

寅恪案：何、黄两书皆谓珣出自波斯，且其兄玹又以鬻香药为
业。故珣为西胡血统，绝无可疑。至珣本身是否实有腋气，抑尹
鹗仅假"胡臭"之名以为讥笑，诚难确定。但《鉴诫录》之作
"胡臭"，足与《千金方》《仁斋直指》《本草纲目》等书互相
印证，而李珣本人则因此条记载之故，亦发生体有腋气之嫌疑
也。总之，范汉女大娘子虽本身实有腋气，而其血统则仅能作出
于西胡之推测。李珣虽血统确是西胡，而本身则仅有腋气之嫌
疑。证据之不充足如此，而欲依之以求结论，其不可能，自不待
言。但我国中古旧籍明载某人体有腋气，而其先世男女血统又可
考知者，恐不易多得。即以前述之二人而论，则不得谓腋气与西
胡无关。疑此腋气本由西胡种人得名，迨西胡人种与华夏民族血
统混淆既久之后，即在华人之中亦间有此臭者，倘仍以胡为名，
自宜有人疑为不合。因其复似野狐之气，遂改"胡"为"狐"
矣。若所推测者不谬，则"胡臭"一名较之"狐臭"，实为原
始，而且正确欤？

又孙思邈生于隋代，与巢元方为先后同时之人，故不可据巢
书作"狐臭"而孙书作"胡臭"，遽谓"狐臭"之称尚先于"胡
臭"也。世之考论我国中古时代西胡人种者，止以高鼻深目多须
为特征，未尝一及腋气，故略举事例，兼述所疑如此。

（原载一九三七年六月清华大学文学会编《语言与文学》）

论李怀光之叛

唐代朱泚之乱，李怀光以赴难之功臣，忽变为通贼之叛将，自来论者多归咎于卢杞阻怀光之入觐，遂启其疑怨，有以致之，是固然矣。而于神策军与朔方军粮赐之不均一事，则未甚注意，特为节录史传，草此短篇，以表出之。至唐代兵饷问题非兹篇范围及其主旨之所在，故置不论。

《旧唐书》一三三《李晟传》（《新唐书》一五四《李晟传》及《资治通鉴》二三〇"兴元元年二月"条同）云：

晟兵（寅恪案：即神策军）军于朔方军（寅恪案：即朔方节度使李怀光军）北，每晟与〔李〕怀光同至城下，怀光军辄虏驱牛马，百姓苦之。晟军无所犯。怀光军恶其独善，乃分所获与之，晟军不敢受。久之，怀光将谋沮晟军，计未有所出。时神策军以旧例给赐厚于诸军，怀光奏曰："贼寇未平，军中给赐，咸宜均一，今神策独厚，诸军皆以为言，臣无以止之，惟陛下裁处。"怀光计欲因是令晟自署侵削己军，以挠破之。德宗忧之，欲以诸军同神策，则财赋不给，无可奈何，乃遣翰林学士陆贽往怀光军宣谕，仍令怀光与晟参议所宜以闻。贽、晟俱会于怀光军，怀光言曰："军士禀赐不均，何以令战？"贽未有言，数顾晟，晟曰："公为元帅，弛张号令皆得专之，晟当将一军，唯公所指，以效死命，至于增损衣食，公当裁之！"怀光默然，无以难晟，又不欲侵刻神策军发于自己，乃止。

寅恪案：《新唐书》五〇《兵志》述贞元时事云：

> 时边兵衣饷多不赡，而戍卒屯防，药茗蔬酱之给最厚，诸将务为诡辞，请遥隶神策军，禀赐遂赢旧三倍，繇是塞上往往称"神策行营"，皆内统于中人矣！其军乃至十五万。

夫李晟所统之神策军者，当时中央政府直辖之禁军也，李怀光所统之朔方军者，别一系统之军队也，两者禀赐之额既相差若此，复同驻咸阳一隅之地，同战朱泚一党之人，而望别一系统之军队，其士卒不以是而不平，其将领不因之而变叛，岂不难哉！岂不难哉！观怀光军特取其所虏驱之牛马分与晟军者，盖可借是寓其"贼寇未平，军中给赐咸宜均一"之意，欲持此"不患寡而患不均"之主义，以启发神策军兵士之情志也，史言怀光军之纪律不及晟军，恶晟军独善，故分与所获，使之同恶，果如所言，则朔方军之心计甚为迂曲，与其军主"粗厉疏愎之性"（见《旧唐书》一二一《新唐书》二二四上《李怀光传》及《通鉴》二二九"建中四年十一月"条）尤不相似，颇疑史氏之说，于当日朔方军士共同之心理，尚有所未能通解也。

又胡三省论此事（《通鉴》二三〇"兴元元年二月条"胡《注》）云：

> 李晟之答怀光，气和而辞正，故能伐其谋。

则殊不知晟之得为正辞者，以怀光适兼拥元帅之虚号故耳。假使禀赐独厚之神策军其主将复真任元帅者，又将何辞以对耶？然则怀光之所以能激变军心，与之同叛者，必别有一涉及全军共同利害之事实，足以供其发动，不止其个人与卢杞之关系而已。故神策军与朔方军禀赐之不均要为此大事变之一主因,读史者不可尽信旧记之文,谓两军禀赐不均仅为怀光"谋沮晟军"所借口之细事而忽视之也。

(原载一九三七年七月《清华学报》第十二卷第三期)

刘复愚遗文中年月及其不祀祖问题

此篇分上下二章,上章之范围限于《文泉子集》中年月一端,妄附于文史考证之业,虽未敢谓悉能征实,或尚不大谬。至于下章,则仅因复愚累世皆不祀祖及籍贯纷歧之故,遂提出一问题,以供谈中古异族华化史者之参证。所言多出揣测,不过为一可能之解释而已,仍有待于专家之论定也。是故两章名义虽同系于复愚一人,而其实所讨论者乃各不相涉,今世折文史之狱者倘能分别去取,不以下章臆说之罪牵引连坐及于上章,则著者之大幸矣!特为声明于篇首。

上 章

兹取今传世之复愚遗文中(陈第《世善堂书目》编于明万历丙辰,其书下卷载有刘蜕诗一卷,《文泉子》十卷,然则复愚诗文据陈氏所藏,万历间尚存较完之本,其残佚盖犹在此后矣),参阅曾钊《面城楼文钞》二《刘蜕集跋》,其年月确可考定者逐篇讨论。其文句异同大抵依据通行本《文苑英华》、涵芬楼景嘉靖本《唐文粹》,而参以南京国学图书馆藏崇祯庚辰本、文津阁《四库全书》本、《别下斋》本、《全唐文》本,又杨守敬氏观海堂旧藏崇祯癸未闽中黄烨然刊本,今藏故宫博物院(见故宫博物院所藏《观海堂书目》四),据杨氏跋语,亦知源出天启吴本,与他《文泉子集》刊本相同,虽以故未得一校,谅无特异之处也。(凡此诸本之校勘钞寄等琐务,皆承何澄一、谢国桢、刘节诸先生及俞大纲表弟之厚助,谨附注于此,以表感谢之意。)

(一)《文泉子集·自序》

今通行本《四库全书总目》一五一《集部·别集类》四《文泉子集》一卷《提要》云:

> 是集前有《自序》曰:自褐衣以后,辛卯以来,辛丑以前,收其微词属意古今上下之间者,为内、外篇。复收其怨抑颂记婴于仁义者,杂为诸篇焉。物不可以终杂,故离为十卷。离则名之不绝,故授之以为文泉。

寅恪案:今通行本《四库提要》所引《文泉子集·自序》关于年月日数语,与上列诸本文句俱不相同,未知何所依据,初读之,不能解,颇以为疑。后检文溯阁、文津阁《四库提要》原文,则知两阁本《提要》所引《文泉子集·自序》与上列诸本所载者盖无甚出入,而与今通行本《四库提要》所引者则大不相同,故断定今通行本《四库提要》所引者乃钞写讹误,并非别有依据,可不成为问题矣。然此《自序》关于年月日之语,除去通行本《四库提要》所误引者外,实仍有甚不易解而成为问题者在焉。兹先节录《文苑英华》七〇七所载《文泉子集·自序》于下,然后加以讨论。

> 于西华主之降也,其三月辛卯夜未半,野水入庐,渍坏简策,既明日燎其书,有不可玩其辞者。噫,当初不敢自明其书十五年矣!今水之来寇余,命也已矣!故自褐衣

以来，辛卯以前，收其微词属意古今上下之间者，为外、内篇焉。复收其怨抑颂记婴于仁义者，杂为诸篇焉。物不可以终杂，故离为十卷。离则名之不绝，故授之以为文泉。自辛卯迄甲午，覆研于襄阳之野。

寅恪案：此文"于西华主之降也"一语，盖摹拟古人以事纪时之例也。高彦休《阙史》上"裴丞相古器"条略云：

丞相河东公（裴休）尚古好奇，掌纶诰日，有亲表调授宰守曲阜者，耕人垦田，得古铁器曰盘，有古篆九字带盘之腰。曲阜令不能辨。兖州有书生姓鲁，善八体书，曰：此大篆也，是九字曰"齐桓公会于葵丘岁铸"。邑宰大奇其说，乃辇致于河东公之门。公以为麟经时物，得以为古矣。公后以小宗伯掌文学柄，得士之后，设食会门生，器出于庭，则离立环观，迭词以赞，独刘舍人蜕以为非当时之物，乃近世矫作也。公不悦曰：果有说乎？紫薇曰：某幼专丘明之书，齐侯小白谥曰"桓公"，取威定霸，葵丘之会是第八盟，实在生前，不得以谥称之。裴公恍然始悟，立命击碎。

据此，复愚自言幼专丘明之书，则其为文当亦喜摹拟《左传》所载古人以事纪时之例，如"襄公九年"之

公送晋侯。晋侯以公宴于河上，问公年，季武子对曰："会于沙随之岁，寡君以生。"

及"襄公三十年"之

师旷曰："鲁叔仲惠伯会郤成子于承匡之岁也。"

诸例皆是也。然则所谓"西华主之降"，果为何事及在何时乎？考《旧唐书》一八上《武宗纪》略云：

会昌元年八月，回纥乌介可汗遣使告难，言本国为黠戛斯所攻，故可汗死，今部人推为可汗。缘本国破散，今

奉太和公主南投大国。十一月，太和公主遣使入朝，言乌介自称可汗，乞行策命，缘初至漠南，乞降使宣慰。从之。二年三月，遣使册回纥乌介可汗。

《通鉴》二四六《唐纪》云；

会昌元年十一月，〔太和〕公主遣使上表，言〔乌介〕可汗已立，求册命。

二年三月，遣将作少监苗缜册命乌介可汗，使徐行，驻于河东，俟可汗位定，然后进。既而可汗屡侵扰边境，缜竟不行。

《通鉴考异》二一"武宗会昌元年二月，回纥立乌希特勒（勤）为乌介可汗"条引《后唐献祖纪年录》曰：

王子乌希特勒（勤）者，葛萨之弟，胡特勒（勤）之叔，为黠戛斯所迫，帅众来归，至错子山，乃自立为可汗。〔会昌〕二年七月，册为乌介可汗。

寅恪案：乌介可汗之册立，自当依《旧唐书·武宗纪》及温公之考定，在会昌二年三月，而非七月。《后唐献祖纪年录》所载之不足据，不待详辨也。

唐廷正式受乌介可汗之降及遣使册命实为当时一大事，复愚自宜以此大事纪年，其所谓"西华主之降"即乌介可汗之降也。"西华"疑本作"西蕃"，蕃、华二字以形近致讹，据李德裕《会昌一品集》五《赐嗢没斯特勒（勤）等诏书》云：

彼蕃自忠义毗伽可汗以来代为亲邻。

又同集同卷《赐回纥嗢没斯诏》略云：

况回纥代雄朔漠，威服诸蕃，今已破伤，足堪悲愤。深虑从此之后为诸蕃所轻，与卿等为谋，须务远大，莫若自相率励，同奉可汗，兴复本蕃，再图强盛。卿等表请器甲，朕

君临万国，非止一蕃，祖宗旧章不敢逾越，国家未曾赐诸蕃
器甲，卿等亦合备知。

又同集七《停归义军敕书》云：

敕李思忠（即嗢没斯所赐之姓名）首率蕃兵，归诚向阙。

此皆回纥可以称蕃之证也。又据《会昌一品集》六《与纥扢
斯可汗书》云：

贞观四年，西北蕃君长诣阙顿颡，请上尊号为天可汗，
是后降玺书西北蕃君长皆称皇帝"天可汗"，临统四夷实
自兹始。（与此条同类及有关之史料及问题颇多，兹仅引此，
他不旁及。）

李冗《独异志》下云：

契苾何力西蕃酋种，太宗授右骁卫将军。

回纥者，西北蕃之一种，其称为"西蕃"亦犹李冗《独异
志》下之称铁勒种契苾何力为"西蕃"也。盖同为唐人习俗省称
之词耳，然则"华"为"蕃"之讹，而唐廷正式受西蕃主之降
遣使册命之时即会昌二年三月无疑矣。复次，假使"华"字非
"蕃"字之讹，则"西华"二字亦有其解释，如《芒洛冢墓遗文
四编》三《安师志》略云：

君讳师，字文则，河南洛阳人也。十六代祖西华国君
东汉永平中遣子仰入侍，求为属国，乃以仰为并州刺史，
因家洛阳焉。以显庆二年正月十日构疾，终于洛阳之嘉善
里第。夫人康氏，以龙朔三年八月廿一日终于洛阳之嘉善
里第。龙朔三年岁次癸亥九月辛亥朔廿日庚午制。

又《康达志》略云：

君讳达，自（字）文则，河南伊阙人也。

□以□

因家河□焉。

以总章二年六月廿□日构疾，终于河南思顺里之第。

《云笈七签》一一四载杜光庭《墉城集仙录·西王母传》略云：

西王母者，九灵太庙龟山金母也。乃西华之至妙，洞阴之极尊。先以东华至真之气，化而生木公焉。又以西华至妙之气，化而生金母焉。

据此，可知唐人习以"西华"为西北蕃胡之雅号，而与"东华"为对文。复愚盖用当时俗称回纥乌介可汗为"西华主"欤？此假说未敢确信，姑记于此，以俟详考。

据杜牧《樊川集》七《唐故太子少师奇章郡开国公赠太尉牛公（僧孺）墓志铭》略云：

明年（开成四年），检校司空、平章事、襄州节度使。会昌元年秋七月，汉水溢堤入郭，自汉阳王张柬之一百五十岁后，水为最大。李太尉德裕挟维州事，日修利不至，罢为太子少师。

《旧唐书》一八上《武宗纪》云：

会昌元年七月，襄、郓、江左大水。

又同书三七《五行志》云：

会昌元年七月，襄州汉水暴溢，坏州郭，均州亦然。

《新唐书》八《武宗纪》云：

会昌元年七月，壬辰汉水溢。

又同书三六《五行志》云;

会昌元年七月，江南大水，汉水坏襄、均等州民居甚众。

又同书一七四《牛僧孺传》云，

会昌元年，汉水溢坏城郭，坐不谨防，下迁太子少保，进少师。

《通鉴》二四六《唐纪》云：

> 会昌元年九月，以前山南东道节度使、同平章事牛僧孺
> 为太子太（当作"少"）师。先是汉水溢坏襄州民居，故李
> 德裕以为僧孺罪而废之。

依上引诸条观之，会昌元年七月壬辰襄州实有汉水暴涨之
事，复愚所谓"其三月辛卯夜未半野水入庐者"，若是指会昌
元年三月言，则元年三月壬申朔（以下长历推算悉依陈垣先生
《二十史朔闰表》，不复一一注明），虽得有辛卯日，而乌介可
汗于元年八月以后始请降及求册命，复愚岂能于元年三月即能作
"西蕃主之降"之预言？姑无论元年汉水之溢实在七月，与三月
之时间不合也。若是指会昌二年三月言，则二年三月丙申朔，不
能有辛卯日。然则果是何年何月何日耶？寅恪以为复愚之所谓
"其三月"者，非会昌某年之三月，而是正式受西蕃主之降及
遣使册命一大事之三月，遂在"西蕃主之降也"之语上特著一
"于"字，即从会昌二年三月此大事之后顺数第三个月，即会昌
二年六月是也。据长历，会昌二年六月甲子朔，是辛卯为此月之
二十八日，故"于西蕃主之降也其三月辛卯"一语可作会昌二年
六月二十八日解也。

又会昌元年七月壬辰汉水溢堤，入襄州郭，坏民居。检长历，
是年七月己巳朔，壬辰为七月二十四日，相当西历八四一年八
月十三日。而会昌二年六月辛卯即二十八日，相当西历八四二
年八月九日，前后两年襄州汉水涨溢之期其间距隔不过三数日，
盖以天时及地势言之，襄州郭外之汉水必于每岁约略相同之时
期有涨溢之事，新旧《唐书》帝纪及五行志屡记李唐一代夏秋
之时襄州汉水涨溢，可为例证。会昌元年与会昌二年襄州汉水
俱约于阳历八月初旬前后涨溢，而会昌元年溢堤入郭，其为灾

害更甚于他岁，故史籍特著其事。《文泉子集·自序》言"野水入庐"及"覆砚于襄阳之野"，则是复愚所居不在襄州城郭之内。会昌二年汉水之涨其高度不及其前一岁，故未入襄州郭内，史氏因略而不书，此又可以推知者也。

据此，可证《文泉子集·自序》作于会昌二年，又此文中尚有可以证明者，即"当初不能自明其书十五年矣"一语。据《文苑英华》六七一复愚《上礼部裴侍郎书》略云：

> 今者欲三十岁矣。呜呼！蜕也材不良，命甚奇，时来而功不成，事修而名不副，将三十年矣。

此书乃复愚上知贡举裴休者。据王定保《唐摭言》二"海述解送"条及"徐松登科记考"等，知复愚为大中四年（西历八五〇年）进士。故此书之作必在其前一年，即大中三年（西历八四九年），此年复愚年二十九岁，此为无可疑者。若据此逆推，则会昌二年（西历八四二年）复愚当为二十二岁。又据《文苑英华》六七一《与韦员外书》云：

> 蜕为人子二十二（原注：《集》作"六"）年，唯初七年持瓦石为俎豆戏。

此书"二十二"或"二十六"两者孰是，兹姑不论，但七年之七既无二读，可决其无误。《文泉子集·自序》谓"当初不能自明其书十五年矣"，则在此十五年之前必是《与韦员外书》所谓"持瓦石为俎豆戏"之时间，此时间既是七年，则十五年加七年共为二十二年，即二十二岁。故复愚作《文泉子集·自序》必在会昌二年，此又可证明无疑者也。（又《文苑英华》七九〇复愚《梓州兜率寺文冢铭》有"呜呼！十五年矣，实得一千七百八十纸"之语，亦可参证。）

（二）《与韦员外书》

《文苑英华》六七一《与韦员外书》云：

蜕为人子二十二（原注：《集》作"六"）年，唯初七年持瓦石为俎豆戏。

寅恪案：上已考定复愚《上礼部裴侍郎书》为大中三年，其年复愚年二十九岁，则其二十二岁乃会昌二年，是此书作于会昌二年也。至二十六乃二十二之误，前亦已说明矣。

（三）《献南海崔尚书书》

《文苑英华》六九三复愚《献南海崔尚书书》云：

呜呼！蜕之生于今二十四年。

据吴廷燮先生《唐方镇年表》"岭南崔龟从"条《考证》云：

封敖有前宣歙崔龟从授岭南制（原注云：在崔元式河东制后，卢商东川制前），加检校礼部尚书兼御史大夫，此会昌四年龟从镇岭南之证。

寅恪案：前据复愚《上礼部裴侍郎书》，知大中三年复愚年二十九岁，则其二十四岁时为会昌四年（西历八四四年）明矣。此可与吴氏之说互证也。

（四）《复崔尚书书》

《文苑英华》六七一复愚《复崔尚书书》虽无年月可寻，当略在《献南海崔尚书书》之后，亦同在会昌四年也。

（五）《古渔父四篇·篇后序》

《唐文粹》四四下《古渔父四篇·篇后序》云：

会昌甲子岁余于西塞岩下见版，洗而得渔父书七篇。

寅恪案：会昌甲子即会昌四年也。

（六）《梓州兜率寺文冢铭并序》

《文苑英华》七九○复愚《梓州兜率寺文冢铭序》云：

大唐大中之丁卯而戊辰之季秋。

寅恪案：大中丁卯即大中元年（西历八四七年），大中戊辰即大中二年（西历八四八年）也。

（七）《上礼部裴侍郎书》

《文苑英华》六七一复愚《上礼部裴侍郎书》略云：

今者欲三十岁矣。今年冬见乙（原注：《集》作"丁"）酉诏书，用阁下以古道正时文（原注：一作"闻"）。以平律校群士，怀才负艺者踊跃至公。蜕也不度，入春明门，请与八百之列，负阶待试。呜呼！蜕也材不良，命甚奇。时来而功不成，事修而名不副，将三十年矣。

寅恪案：此书乃上裴休者，前已考定，兹不复赘。此书作于大中三年（西历八四九年）之冬，此时复愚自谓将三十岁，即二十九岁也。

（八）《与京西幕府书》

《文苑英华》六七三复愚《与京西幕府书》云：

独蜕家居甚困，白身三十过于相如者。

寅恪案：依前所考，复愚年三十则应在大中四年。但复愚为是年进士，而此书言是白身，则当在是年尚未放榜以前所作。或者三十之语不过举成数而言，仍是大中三年年二十九时所作也。

（九）《论令狐滈不宜为拾遗疏》

《全唐文》七八九载复愚《论令狐滈不宜为拾遗疏》，当是从《册府元龟》五四七《谏诤部·直谏门》"刘蜕咸通四年为左拾遗"条转录。而曾钊《面城楼文钞》二天启吴本《刘蜕集跋》谓《全唐文》据韩本增入此疏，殊为失实，盖曾氏未见《四库全书》原本，以意揣测也。又《旧唐书》一七二《令狐楚传》所载复愚上此疏在咸通二年（西历八六一年），当是传写之误，今传世史籍除《册府元龟》外，其他如《旧唐书》一九上《懿宗纪》云：

> 〔咸通四年〕（西历八六三年）十一月，长安县尉、集贤校理令狐滈为左拾遗。制出，左拾遗刘蜕、起居郎张云上疏，论滈父绹秉权之日，广纳赂遗，受李琢贿，除安南，致生蛮寇，滈不宜居谏诤之列。时绹在淮南，上表论诉，乃贬云兴元少尹，蜕华阴令，滈改詹事司直。

及《通鉴》二五〇《唐纪》云：

> 〔咸通四年〕冬十月甲戌，以长安尉、集贤校理令狐滈为左拾遗。乙亥，左拾遗刘蜕上言："滈专家无子弟之法，布衣行公相之权。"起居郎张云言："滈父绹用李琢为安南，致南蛮至今为梗，由滈纳贿，陷父于恶。"十一月丁酉，云复上言："滈父绹执政之时，人号'白衣宰相'。"滈亦上表引避，乃改詹事府司直。

等纪事俱以此疏上于咸通四年，故《旧唐书·令狐楚传》"二"字必是"四"字之讹无疑也。兹以岑建功刊《〈旧唐书〉校勘记》偶未照及，而此事实为复愚一生大节所关，故备录史籍之文，为之校正。

（十）《谏游宴无节疏》

此疏上于咸通四年，见《通鉴》二五〇《唐纪》。

（十一）《论以阁门使吴德应为馆驿使疏》

此疏上于咸通四年，亦见《通鉴》二五〇《唐纪》。

（十二）《投知己书》

《文苑英华》六九三复愚《投知己书》（一作"与大理杨卿书"）云：

> 蜕生二十余年，已过当时之盛，栖迟困辱者，未遇当时之人。

寅恪案：复愚为大中四年进士，是年年三十岁，据以逆推，会昌元年，年二十一岁，此书之作虽不知在何年，但言二十余年，则必在会昌元年以后、大中四年以前也。以其无确定之年可考，故附载于此。

综合前所考证者，取其结论，列表于下：

长庆元年（西历八二一年），复愚生。

会昌二年（西历八四二年），二十二岁。《文泉子集·自序》《与韦员外书》。

会昌四年（西历八四四年），二十四岁。《古渔父四篇》《献南海崔尚书书》《复崔尚书书》。

大中二年（西历八四八年），二十八岁。《梓州兜率寺文冢铭》。

大中三年（西历八四九年），二十九岁。《上礼部裴侍郎书》《与京西幕府书》或作于此年。《投知己书》或《与大理杨卿书》作于此年及会昌元年以后。

大中四年（西历八五〇年），三十岁。《与京西幕府书》或作于此年。

咸通四年（西历八六三年），四十三岁。《论令狐滈不宜为左拾遗疏》《谏游宴无节疏》《论以阁门使吴德应为馆驿使疏》。

下　章

《北梦琐言》三"刘蜕舍人不祭先祖"条云：

> 唐刘舍人蜕，桐庐人。早以文学应进士举，其先德戒之曰："任汝进取，穷之与达，不望于汝。吾若没后，慎勿祭祀。"乃乘扁舟以渔钓自娱，竟不知其所适。（原注：不审是隐者，为复是渔师，莫晓其端倪也。）紫微历登华贯，出典商于，霜露之恩，于是乎止，临终亦戒其子如先考之命。蜀礼部尚书纂，即其息也。尝与同列言之。君子曰："名教之家，重于丧祭，刘氏先德，是何人斯？苟同隐逸之流，何伤菽水之礼？紫微以儒而进，爵比通侯，遵乃父之绪言，紊先王之旧制，以时（一作'报本'）之敬，能便废乎？大彭通人，抑有其说，时未喻也。"

寅恪案：刘蜕、刘纂父子皆以进士释褐，蜕仕至中书舍人，纂仕至礼部尚书。所谓"以儒而进"及"名教之家"也。而累世"无菽水之礼"，"阙报本之敬"，揆诸吾国社会习俗，已不可解。又蜕父"乘舟以渔钓自娱，竟不知其所适"，尤为可怪。据复愚《复崔尚书书》云：

> 况蜕近世无九品之官，可以借声势。

及《上礼部裴侍郎书》云：

> 四海无强大之亲。

则复愚家世姻戚皆非仕宦之族可知。若此两端已足令人致疑于复愚氏族所出实非华夏族类,而其籍贯问题则与此点亦有关系也。兹先考定其纷歧之籍贯,然后依次推证其所著籍之地俱有贾胡侨寓之踪迹,庶几复愚氏族之真相既得以明了,而谈唐代异族华化史者又增一新例矣。

《四库全书总目》一五一《集部·别集类·〈文泉子集〉提要》云:

> 王定保《唐摭言》载:刘纂者,商州刘蜕之子,亦善为文。则蜕当为商州人。又孙光宪《北梦琐言》载:刘蜕,桐庐人,官至中书舍人,有从其父命,死不祭祀一事,所叙爵里复不同。或疑为别一刘蜕,未之详也。

寅恪案:《唐摭言》之刘蜕与《北梦琐言》之刘蜕自是一人,《提要》疑为同名之二人,殊为不当。但其所引《唐摭言》之文与《太平广记》一八四《贡举类》七"刘纂"条同,其文云:

> 刘纂者,商州刘蜕之子也,亦善为文。(此据文友堂景明谈恺本。)

此文即见《唐摭言》九"恶掇科名"条,惟"商州"作"高州"。蒋光煦《斠补隅录》依雅雨堂本《唐摭言》参校诸善本,俱作"高州",不作"商州"。"高""商"二字形甚近似,孰为正是,未易判定。据《文苑英华》复愚《上礼部裴侍郎书》云:

> 家在九江(原注:《集》作"曲")之南,去长安近四千里。(寅恪案:"江""曲"二字亦不易定其是非,"九曲"殆指黄河而言乎?近温廷敬先生《广东通志列传》四《刘蜕传》以"九曲"乃指衡山湘水言,故定复愚为桂阳人,而以长沙为郡望。其论证虽颇新确,但寅恪检《水经注》三八《湘水篇》"渔者歌曰:'帆随湘转,望衡九面。'"

朱谋㙔《笺》谓"转面"二字叶韵，其说甚是。温氏读"面"为"曲"似乖歌韵之理，且与"望衡"二字意义亦自不贯。纵谓随湘流舟行，既能望见衡山之九面，则湘水亦得言"九曲"，义或可强通，然解释迂回，终疑有未洽也。至温氏以《北梦琐言》之"桐庐"乃"桂阳"之讹，谓"初讹'桂'为'桐'，后校者见地名无'桐阳'复臆改为'桐庐'，其踪迹犹可寻也"，则属于假想，可以不论。又《元和郡县图志》二九"连州西北至上都三千六百六十五里"，道州"西北至上都三千四百一十五里"。温书以连州至上都为三千四百一十五里，盖偶涉笔误，仅附校正于此。）

则复愚必非商州人，盖商州去长安不逾三百里（见《通典》一七五《州郡典》，他书俱略同），又不在九曲或九江之南也。据《北梦琐言》"出典商于"之语，是复愚曾任商州刺史之证。（贯休《禅月集》二有《上刘商州》诗，刘商州未知是蜕否？俟考。）然则"商"字若果非误写，则《唐摭言》所谓"商州"者乃为复愚之官职，而非其籍贯。《四库提要》盖有所误解也。至高州则虽在九曲或九江之南，但《通典》一八四《州郡典》、《旧唐书》四一《地理志》等俱载其去西京或京师六千六百六十二里，是其距离与复愚之所自言者不合。然则"商"之讹"高"其来已久矣。假使"高"字别有依据，非复误写，则岭外海隅本贾胡侨寄之地，复愚又曾至南海上书于崔龟从，是与本篇本章之所欲推证者适合，亦无待赘考。故今仍认"高"字为"商"字之讹，而高州非复愚系籍之地，不复加以讨论也。若就复愚《上礼部裴侍郎书》言，则其著籍之地非桐庐莫属，何以言之？据《通典》一八二《州郡典》"新定郡睦州"条云：

去京三千六百五十九里。

领县：桐庐。

《旧唐书》四〇《地理志》"睦州"条云：

在京师东南三千六百五十九里。

桐庐。

《元和郡县图志》二五《江南道》"睦州"条云：

西北至上都三千七百十五里。

桐庐县。

桐庐距长安之里数诸书虽微有出入，但均与《上礼部裴侍郎书》所谓"去长安近四千里"之语相合。且复愚自称长沙人（见《梓州兜率寺文冢铭序》），而长沙去长安仅二千五百十九里（此据《通典》一八三《州郡典》、《旧唐书》四〇《地理志》"潭州"条所载，若《元和郡县图志》二九"潭州"条所列西北至上都里数尚少于此），与四千里之数相差甚远，故云若就复愚《上礼部裴侍郎书》所自言，则其系籍之地非桐庐莫属（温廷敬先生"复愚为桂阳人"之新说虽亦可通，但以证据未充之故，仍不敢遽舍桐庐之旧说也。说见前注），孙光宪《北梦琐言》谓复愚为桐庐人，殊可信从也。

复愚《梓州兜率寺文冢铭序》云：

文冢者，长沙刘蜕复愚为文不忍弃其草，聚而封之也。

寅恪案：此复愚自称长沙人之明证，故方志载长沙有复愚故宅，如嘉庆《一统志》三五五《长沙府·古迹门》载：

刘蜕故宅（在长沙县城西北湘江边）。

之例是也。由是言之，复愚于《上礼部裴侍郎书》中等自言桐庐人，于《梓州兜率寺文冢铭序》中明白自称长沙人，此二者既是复愚所自言，必无舛误。唐人例称郡望，而此两者皆非刘氏显望，故知均是复愚侨寄之地，非其家世祖居之原籍也。杜甫《解闷十二首》之一云：

> 商胡离别下扬州，忆上西陵故驿楼。为问淮南米贵贱，
> 老夫乘兴欲东游。

范摅《云溪友议》上"夷君诮"条云：

> 登州贾者马行余，转海拟取昆山路，适桐庐时遇西风，
> 而吹到新罗国。（此条承何格恩先生举以见告者，附注于此，
> 以申谢意。）

据此，西陵为杭越运河之要点，桐庐则转海乘舟之步头，皆唐代商胡由海上经钱塘江出入内地之孔道，然则复愚之家侨寄于桐庐，而其父之"扁舟渔钓，莫知所适"，岂无故耶？

袁郊《甘泽谣》"韦驺"条略云：

> 韦驺者游岳阳，岳阳太守以亲知见辟。数月，谢病去。
> 弟骒舟行，溺于洞庭湖。驺乃于水滨恸哭，移舟湖神庙下，
> 欲焚其庙，曰："千金估胡，安稳获济，吾弟穷悴，乃罹此殃，
> 焉用尔庙为？"

寅恪案：藤田丰八教授《东西交涉史之研究·南海篇》一八四页引此条"估胡"之语，以证成其胡人往来通商之说。鄙意"估胡"二字于此或是唐人行文习用之词，不过仅表示富商大贾之意耳，未必涵有种族之义也。故唐代虽必有贾胡行舟洞庭之事，但不敢遽引此为据，以其解释不能确定无疑也。惟杜甫在潭州所作《清明二首》之一（此据涵芬楼景宋《分门集注杜工部诗集》本三《时序门》）云：

> 朝来新火起新烟，湖色春光净客船。绣羽衔花他自得，
> 红颜骑竹我无缘。胡童结束还难有，楚女腰肢亦可怜。不
> 见定王城旧处，长怀贾傅井依然。（下略）

寅恪案："胡童"二字所见诸善本皆不著异读（仅近日坊贾翻刊

杜诗钱《注》本作"夷童",盖钱《注》本原避清代疑忌,故以"胡"字作空阙,翻刊钱本者遂臆补"夷"字,非别有依据也),自无舛误,亦必非"湖童"之讹脱,盖"湖童"一名殊为不辞故也。据此,"胡童"之"胡"必作"胡人"之"胡"解无疑,不论杜公在潭州所见之胡童为真胡种,抑仅是汉儿之乔妆,以点缀饰物嬉娱者,要皆足证成潭州当日必有胡族杂居。若不然者,则其地居民未尝习见胡童之形貌,何能仿效其妆束以为游戏乎?故依杜公此诗,潭州当日之有胡商侨寓可以决言,然则复愚之自称长沙刘蜕,即其寄居潭州之证,又岂无故耶?

又近刊《广东通志·刘蜕传》以复愚实桂阳人,其自称长沙不过郡望而已(见前子注)。若其说果确,则据《元和郡县图志》二九"连州"条云:

> 秦为长沙郡之南境,汉置桂阳郡。
>
> 东至韶州陆路五百里。
>
> 西至贺州捷路二百七十里,取道州桂岭路三百六十里。
>
> 西南至封州六百三十里。
>
> 东北度岭至郴州三百九十里。
>
> 东至广州八百九十里。
>
> 阳山县。
>
> 本汉旧县,为南越置关之邑,故其关在县西北四十里茂汉口。
>
> 《史记》尉佗移檄阳山关曰:"盗兵且至,急绝道,聚兵自守!"今阳山北当骑山岭路,秦于此立阳山关,汉破南越以为县。

是桂阳亦近值岭路交通要点,岭外贾胡往来中州,其于桂阳有旅寄之所非不可能,特以"九曲"一语之解释尚有疑问,故未敢遽信，姑存其说于此，以供参证。至若复愚以荆州发解（见《唐摭言》二"海述解送"条，及《北梦琐言》四"破天荒解"条等），故方志有列之为江陵人者（如《舆地纪胜》之类），则其不当自不待赘辨也。

近年桑原骘藏教授《蒲寿庚事迹考》及藤田丰八教授《南汉刘氏祖先考》（见《东西交涉史之研究·南海篇》），皆引朱彧《萍洲可谈》二所载北宋"元祐间广州蕃坊刘姓人娶宗室女事"，以证伊斯兰教徒多姓刘者，其说诚是。但藤田氏以刘为伊斯兰教徒习用名字之音译，固不可信，而桑原氏以广州通商回教徒之刘氏实南汉之赐姓，今若以复愚之例观之，其说亦非是。鄙见刘与李俱汉、唐两朝之国姓，外国人之改华姓者，往往喜采用之，复愚及其他伊斯兰教徒之多以刘为姓者，殆以此故欤？关于复愚氏族疑非出自华夏一问题，尚可从其文章体制及论说主张诸方面推测，但以此类事证多不甚适切，故悉不置论。谨就其以刘为氏，而家世无九品之官，四海无强大之亲；父子俱以儒学进仕至中书舍人礼部尚书，而不祭祀先祖；及籍贯纷歧，而俱贾胡侨寄之地三端，推证之如此。

（原载一九三九年十月中央研究院《历史语言研究所集刊》第八本第一分）

《顺宗实录》与《续玄怪录》

通论吾国史料，大抵私家纂述易流于诬妄，而官修之书，其病又在多所讳饰。考史事之本末者，苟能于官书及私著等量齐观，详辨而慎取之，则庶几得其真相，而无诬讳之失矣。韩愈之《顺宗实录》者，朝廷史官撰进之国史也。李复言之《续玄怪录》者，江湖举子投献之行卷也。两书之品质绝不类似，然其所纪元和一代，宪宗与阉宦始终隐秘之关系，转可互相发明。特并举之，用作例证。韩书世所习读，故止略引其文。李书则其名称异同、著作年代及文句校释诸端，颇多疑滞之义，未易通解。但兹篇所引据之李书一节，为《太平广记》所未收入者，其字句无从比勘。故李书诸问题，于此俱可不必论及，以免支蔓。兹节录其文于下。

涵芬楼影南宋本《续幽（玄）怪录》一"辛公平上仙"条略云：

洪州高安县尉辛公平、吉州庐陵县尉成士廉，同居泗州下邳县。于元和末偕赴调集，行次阌乡。〔绿衣吏王臻〕曰："我乃阴吏之迎驾者，此行乃人世不测者也。幸君能一观！"（寅恪案："幸"字初视之，极可通。细审之，则疑是"辛"字之讹。盖所以别于下文之"成公"也。徐乃昌先生《随庵丛书续编》覆刻李书，附有《校勘札记》，

176

"幸"字未著异读。）成公曰："何独弃我？"曰："君命稍薄，故不可耳。非敢不均其分也。入〔长安〕城，〔成君〕当舍于开化坊西门北壁上第二板门王家。辛君初五更立灞西古槐下。"及期，辛步往灞西，臻引辛谒〔阴世遣迎天子上仙军马之〕大将军。居数日，〔大将军〕部管兵马戌时，〔辛随之〕齐进，入光范〔门〕及诸门。将军金甲仗钺来，立于〔宣政〕殿下，五十人从卒环殿露兵，若备非常者。殿上歌舞方欢，俄而三更四点，有一人多髯而长，其状可畏，忽不知其所来，执金匕首长尺余，拱于将军之前，延声曰："时到矣！"将军频眉揖之，唯而走。自西厢历阶而上，当御座后，跪以献上。既而左右纷纭，上头眩，音乐骤散，扶入西阁，久之未出。三更上御碧玉舆，肩舁下殿。〔将军〕遂步从而出。自内阁及诸门，吏莫不鸣咽群辞，或收血〔泪〕，捧舆不忍去者。过宣政殿，二百骑引，三百骑从如风如雷，飒然东去。出望仙门，将军乃敕臻送公平，遂勒马离队，不觉足已到一板门前。臻曰："此开化〔坊〕王家宅，成君所止也。"公平扣门一声，有人应者，果成君也。秘不敢泄。更数月方有攀髯之泣。（寅恪案："攀髯之泣"见《史记》二八《封禅书》。）

寅恪案：复言假道家"兵解"之词，以纪宪宗被弑之实，诚可谓"微而显，志而晦，婉而成章"者矣（此语见杜预《春秋左氏经传集解序》）。唐代自中叶以后，凡值新故君主替嬗之际，宫禁之中几例有剧变，而阉宦实为此剧变之主动者。外廷之士大夫，则是宫禁之中阉宦党派斗争时及决胜后可怜之附属物与牺牲品耳！有唐一代之政治史中，此点关系至巨，特宫禁事秘，外间本不易知，而阉人复深忌甚讳，不欲外廷有所得闻。宪宗为中兴之英主，其声望更不同于他君，故元和一代其君主与阉人始终之关系，后来之宦官尤欲隐秘之，以免其族类为士大夫众矢之的也。兹先节录《顺宗实录》及其他有关史料于下，然后综合论之，以证成鄙说。

《五百家注昌黎先生文外集·顺宗实录》关系宫禁中宦官党争者如：

《外集》六《实录一》（原注："起藩邸，尽贞元二十一年二月。"）云：

〔贞元二十一年正月，〕德宗大渐，上疾不能言。（寅恪案："上"指顺宗。下同。）〔王〕伍即入，以诏召〔王〕叔文坐翰林中，使决事。任以叔文意入言于宦者李忠言，称诏行下，外初无知者。

《外集》八《实录三》（原注："起四月，尽五月。"）云：

〔五月〕辛卯以王叔文为户部侍郎，职如故，赐紫。初，叔文欲依前带翰林学士，宦者俱文珍等恶其专权，削去翰林之职。

《外集》九《实录四》（原注："起六月，尽七月。"）略云：

王伾诈称疾自免。自叔文归第，伾日诣中人并杜佑，请起叔文为相，且总北军。知事不济，卧至夜，忽叫曰："伾中风矣！"明日遂舆归不出。

〔七月〕乙未诏军国政事宜权令皇太子某勾当。（寅恪案："某"字即宪宗之名"纯"。）

上自初即位则疾，患不能言，至四月益甚。天下事皆专断于叔文，而李忠言、王征为之内主，〔韦〕执谊行之于外。既知内外厌毒，虑见摧败，即谋兵权，欲以自固。而人情益疑惧，不测其所为。会其与执谊交恶，心腹内离，外有韦皋、裴垍（原注："当作均。"）、严绶等笺表，而中官刘光奇、俱文珍、薛盈珍、尚〔衍〕、解玉等皆先朝任使旧人，同心怨猜，屡以启上。上固已厌倦万机，恶叔文等，至是遂召翰林学士郑絪、卫次公、王涯等，撰制诰而发命焉。

《外集》一〇《实录五》（原注："起八月，尽至山陵。"）略云：

叔文既得志，与王伍、李忠言等专断外事。叔文入至翰林，而伾入至柿林院，见李忠言、牛昭容等，故各有所主。

等条，皆可为例证。

《旧唐书》一六〇《韩愈传》云：

时谓愈有史笔，及撰《顺宗实录》，繁简不当，叙事拙于取舍，颇为当代所非。穆宗、文宗尝诏史臣添改，时愈婿李汉、蒋系在显位，诸公难之，而韦处厚竟别撰《顺宗实录》三卷。

《五百家注昌黎先生文集》三八《进顺宗皇帝实录表状》云：

去八年十一月，臣在史职，监修李吉甫授臣以前史官韦处厚所撰先帝《实录》三卷，云未周悉，令臣重修。臣与修撰左拾遗沈传师、直馆京兆府咸阳县尉宇文籍等共加采访，并寻检诏敕，修成《顺宗皇帝实录》五卷。削去常事，著其系于政者，比之旧录，十益六七。忠良奸佞，莫不备书。苟关于时，无所不录。吉甫慎重其事，欲更研讨，比及身殁，尚未加功。臣于吉甫宅取得旧本，自冬及夏，刊正方毕。文字鄙陋，实惧尘玷。谨随表献上。

右臣去月二十九日进前件《实录》。今月四日，宰臣宣进止，其间有错误，令臣改毕，却进旧本者。臣当修撰之时，史官沈传师等采事得于传闻，诠次不精，致有差误。圣明所鉴，毫发无遗。恕臣不逮，重令刊正。今并添改讫，其奉天功烈，更加寻访，已据所闻，载于首卷，倘所论著，尚未周详，臣所未知，乞赐宣示，庶获编录，永传无穷。

《顺宗实录》一卷首附注略云：

樊〔泽之汝霖〕曰，《旧史》公传云（寅恪案：即《旧唐书》一六〇《韩愈传》。文见上引）：公《进实录表状》所云，乃监修李吉甫以韦处厚所撰未周悉，令臣重修，而《旧传》反谓所撰不当，处厚别撰三卷，误矣。《新史》〔一七六《韩愈传》〕又云："自韩愈为《顺宗实录》，议者哄然不息，卒窜定无全篇。"按〔《新唐书》一四二〕《路隋传》："文宗嗣位，隋以宰相监修国史。初，韩愈撰《顺宗实录》，书禁中事太切直，宦寺不喜，訾其非实。帝诏隋刊正，隋建言，卫尉卿周君巢〔等〕皆言改修非是。夫史册者，褒贬所在，匹夫善恶尚不可诬，况人君乎？议者至引隽不疑、第五伦为比，以蔽聪明。臣〔李〕宗闵、臣〔牛〕僧孺谓史官李汉、蒋系皆愈之婿，不可参撰，俾臣得下笔。臣谓不然。且愈所书，已非自出，元和以来，相循逮今，虽汉等以嫌，无害公议。请条示甚谬误者，付史官刊定。有诏摘贞元、永贞间数事为失实，余不复改。汉等亦不罢。"由是观之，则公于元和十年夏进此《实录》后，才一刊正。是文宗朝所特改者，贞元、永贞间数事耳。《旧史》以为韦处厚别撰者固非，而《新史》又谓卒窜定无全篇者，亦非也。司马温公《〔资治通鉴〕考异》〔一九"顺宗永贞元年二月李师古发兵屯曹州"条下〕云："景祐中，编次《崇文总目》，《顺宗皇帝实录》有七本，皆五卷。题云韩愈等撰。五本略，而二本详，编次者两存之。其中多异同。"然则是非取舍，后世安所折衷耶？终之，唯公之信而已。

此《新史》所以采摭无遗，且以公为知言也欤？

《韩文类谱》六洪庆善兴祖《韩子年谱》"元和十年乙未"条云：

> 《进顺宗实录状》云："去八年十一月，臣在史职，监修李吉甫授臣以前史官韦处厚所撰先帝《实录》三卷，令臣重修。吉甫慎重其事，欲更研讨。比及身殁，尚未加功。臣于吉甫宅取得旧本，自冬及夏，刊正方毕。"按吉甫九年十月卒，则进《实录》在此年夏也。《旧史》云："愈撰《实录》，繁简不当，叙事拙于取舍。"按：退之作史，详略各有意，削去常事，著其系于政者。其褒善贬恶之旨明甚。当时议者非之，卒审定无全篇，良可惜也。《史》又云："愈说禁中事颇切直，内官恶之，往往于上前言其不实。"此言是也。

寅恪案：樊、洪二氏之说颇为详尽。关于退之撰《顺宗实录》之公案，可据以判定矣。

《旧唐书》一八四《宦官传·俱文珍传》（《新唐书》二〇七《宦者传上·刘贞亮传》同）略云：

> 〔文珍〕乃与中官刘光琦、薛文珍、尚衍、解玉等谋，奏请立广陵王为皇太子，勾当军国大事。顺宗可之。及太子受内禅，尽逐〔王〕叔文之党。

刘禹锡《刘梦得外集》九《子刘子自传》云：

> 是时太上久寝疾（寅恪案："太上"指顺宗。），宰臣及用事者都不得召对，官掖事秘，而建桓立顺，功归贵臣。
> （寅恪案：此借东汉时事为比，详见《后汉书》列传六八《宦者传》孙程传、曹腾传等。）

《旧唐书》一五《宪宗纪下》略云：

> 〔元和十五年正月庚子，〕上崩于大明宫之中和殿。时以暴崩，皆言内官陈弘志弒逆。史氏讳而不书。

同书一八四《宦官传·王守澄传》（《新唐书》二〇八《宦者传·王守澄传》略同）云：

> 宪宗疾大渐，内官陈弘庆（志）等弑逆。宪宗英武，威德在人，内官秘之，不敢除讨，但云药发暴崩。

《资治通鉴》二四一《唐纪·宪宗纪》云：

> 〔元和十五年正月，〕庚子〔宪宗〕暴崩于中和殿。时人皆言内常侍陈弘志弑逆，其党类讳之，不敢讨贼，但云药发，外人莫能明也。

依据上引诸条综合观之，可知前言永贞内禅即新故君主替嬗之事变，实不过当日宫禁中阉人两党竞争之结局，其说诚不诬矣。夫顺、宪二宗帝王父子且为其牺牲品及傀儡子，何况朝臣若王伾、王叔文、韦执谊、刘禹锡、柳宗元之徒乎？韩退之与宦官俱文珍有连，此据《昌黎先生外集》三《送汴州监军俱文珍序》及王鸣盛《蛾（蚁）术编》五七"俱文珍"条，可以推证得知者，故《顺宗实录》中关涉宫禁诸条，既传自当日之阉宦，复经宪宗鉴定添改，则所纪者当能得其真相，但即因是转为阉人所恶。盖其党类于永贞之末，胁迫顺宗以拥立宪宗之本末，殊不欲外廷知之也。及宪宗又为内官所弑，阉人更隐讳其事，遂令一朝国史于此大变，若无若有，莫能详述。然则永贞内禅及宪宗被弑之二大事变，即元和一代，其君主与宦官始终之关系，实为穆宗以后阉党之深讳大忌，故凡记载之涉及者，务思芟夷改易，绝其迹象。李书此条实乃关于此事变幸存之史料，岂得以其为小说家言而忽视之耶？丁丑夏日偶读《续玄怪录》，因取与《顺宗实录》等量齐观，而论证之如此。

（原载一九四〇年一月《国立北京大学四十周年纪念论文集乙编》上册）

读《哀江南赋》

古今读《哀江南赋》者众矣，莫不为其所感，而所感之情则有浅深之异焉。其所感较深者，其所通解亦必较多。兰成作赋，用古典以述今事。古事今情，虽不同物，若于异中求同，同中见异，融会异同，混合古今，别造一同异俱冥、今古合流之幻觉，斯实文章之绝诣，而作者之能事也。自来解释《哀江南赋》者，虽于古典极多诠说，时事亦有所征引，然关于子山作赋之直接动机及篇中结语特所致意之点，止限于诠说古典，举其词语之所从出，而于当日之实事，即子山所用之"今典"，似犹有未能引证者。故兹篇仅就此二事论证，其他则不并及云。

上

解释词句，征引故实，必有时代限断。然时代划分，于古典甚易，于"今典"则难。盖所谓"今典"者，即作者当日之时事也。故须考知此事发生必在作此文之前，始可引之，以为解释。否则虽似相合，而实不可能。此一难也。此事发生虽在作文以前，又须推得作者有闻见之可能。否则其时即已有此事，而作者无从取之以入其文。此二难也。质言之，解释《哀江南赋》之

"今典"，先须考定此赋作成之年月。又须推得周、陈通好，使命往来，南朝之文章，北使之言语，子山实有闻见之可能，因取之入文，以发其哀感。请依次论之。

《周书》四一《庾信传》，《哀江南赋》序云：

中兴道销，穷于甲戌。

又云：

天道周星，物极不反。

赋云：

况复零落将尽，灵光岿然。日穷于纪，岁将复始。逼切危虑，端忧暮齿。践长乐之神皋，望宣平之贵里。

寅恪案：西魏之取江陵在梁元帝承圣三年甲戌，即西魏恭帝元年（五五四年）。岁星一周，为周武帝天和元年丙戌，即陈文帝天嘉七年（五六六年），是岁子山年五十三。（详倪璠《庾子山年谱》。倪氏虽有舛误遗漏之处，然与兹所论证无涉者均不置辨。）虽或可云暮齿，然是年王褒未卒（见《周书》四一《北史》八三《王褒传》）。子山入关与石泉齐名，苟子渊健在，必不宜有"灵光岿然"之语明矣。若岁星再周，则为周武帝宣政元年戊戌，即陈宣帝太建十年（五七八年）。是年子山已由洛州刺史征还长安，为司宗中大夫，年已六十五岁，即符暮齿之语。且其时王褒已逝，灵光独存。任职司宗，身在长安，亦与践望长乐宣平等句尤合。又据其"日穷于纪，岁将复始"之语，则《哀江南赋》作成之时，其在周武帝宣政元年十二月乎？（是时周武帝已崩。宣帝即位，尚未改元。）

此赋作成之年月既考定，则时事之在此断限以前，论其性质，苟为子山所得闻见者，固可征引以解释此赋也。

自陈毛喜进陈、周和好之策，南北使命屡通。其事之见载

于陈、周书及南北史诸纪传者甚众，不须备引。兹仅录《陈书》
二九《毛喜传》（《南史》六八《毛喜传》、《通鉴》一六八"陈
文帝天嘉元年"条略同）一条，以见陈、周通好之原起于下：

> 及江陵陷，喜及高宗俱迁关右。世祖即位，喜自周还，
> 进和好之策。朝廷乃遣周弘正等通聘。及高宗反国，喜于
> 郢州奉迎。又遣喜入关，以家属为请。周冢宰宇文护执喜
> 手曰："能结二国之好者，卿也。"仍迎柳皇后及后主还。
> 天嘉三年至京师。

陈、周既通好，流寓之士各许还国。子山本欲南归，而陈朝又以
子山为请。《周书》四一《庾信传》（《北史》八三《文苑传·庾
信传》同）云：

> 时陈氏与朝廷通好，南北流寓之士，各许还其旧国。
> 陈氏乃请王褒及信等十数人。高祖惟放王克、殷不害等，
> 信及褒并留而不遣。

《陈书》三二《孝行传·殷不害传》（《南史》七四《孝义传·殷
不害传》同）略云：

> 与王褒、庾信俱入长安。太建七年，自周还朝。

倪鲁玉注《北史·庾信传》据此云：

> 是陈氏请褒及信在太建七年，周武帝之建德四年也。

寅恪案：《周书》五《高祖纪上》（《北史》一○《周本纪下》、
《通鉴》一六八"陈文帝天嘉二年六月"条同）云：

> 〔保定元年〕六月乙酉，遣治御正殷不害等使于陈。

此殷不害与《陈书·孝行传》及《南史·孝义传》之殷不害当是
一人。考周武帝保定元年即陈文帝天嘉二年（五六一年），尚在
周武帝建德四年即陈宣帝太建七年（五七五年）之前十四年。
《周书》《北史》本纪等所载之年月，虽显与《陈书》《南史》

殷不害传不合，然殷不害之为周武帝所遣还，则无可疑也。

又王克事附见《南史》二三《王彧传》，不载其自周还陈始末及年月。惟《陈书》一九《沈炯传》（《南史》六九《沈炯传》略同）云：

> 少日，便与王克等并获东归。绍泰二年至都，除司农卿。

寅恪案：梁敬帝绍泰二年，即西魏恭帝三年（五五六年），下距周武帝建德四年，更早十九年，则非在周武帝之世明矣。史传之文先后参错，虽不易确定，然可借是推知二十年间陈、周通好，沈炯、王克、殷不害之徒，先后许归旧国。惟子山与子渊数辈为周朝历世君主所不遣放，亦不仅武帝一人欲羁留之也。今史文虽有差异，然于此可不置论。所应注意者，即此二十年间流寓关中之南士，屡有东归之事，而子山则屡失此机缘。不但其思归失望，哀怨因以益甚。其前后所以图归不成之经过，亦不觉形之言语，以著其愤慨。若非深悉其内容委曲者，《哀江南赋》哀怨之词尚有不能通解者矣。又子山图归旧国之心既切，则陈使之来，周使之返，苟蒙允许，必殷勤访询。南朝之消息，江左之文章，固可以因缘闻见也。《北史》八三《文苑传·王褒传》（《周书》四一《王褒传》略同）云：

> 初，褒与梁处士汝南周弘让相善。及让兄弘正自陈来聘，〔武〕帝许褒等通亲知音问，褒赠弘让诗并书焉。（《周书》兼载弘让复书。）

史所谓"褒等"自指子山之流。今《庾子山集》四，如《别周尚书弘正》《送别周尚书弘正》二首、《重别周尚书》二首等诗，俱可据以证知也。

复次，当时使者往来，其应对言辞皆有记录，以供返命后留呈参考。如后来赵宋时奉使辽金者所著行程语录之比。今《宋

书》四六《南史》三二《张畅传》、《魏书》五三《北史》三三
《李孝伯传》，所载畅与孝伯彭城问答之语，即依据此类语录撰
成者也。子山既在关中，位望通显，朝贵复多所交亲，此类使臣
语录，其关切己身者，自必直接或间接得以闻见。然则当日使臣
传布之江左篇章及其将命应对之语录，苟在《哀江南赋》作成以
前者，固可据之以为赋中词句之印证，实于事理无所不合也。

下

《陈书》一九《沈炯传》（《南史》六九《沈炯传》略同）
略云：

> 少日，便与王克等并获东归。绍泰二年至都，除司农卿。
> 文帝又重其才用，欲宠贵之。会王琳入寇大雷，留异拥据
> 东境。帝欲使炯因是立功，乃解中丞，加明威将军，遣还
> 乡里，收合徒众。以疾卒于吴中，时年五十九。

《陈书》三《世祖纪》（《南史》九《陈本纪上》、《陈书》
三五《南史》八〇《留异传》、《通鉴》一六七及一六八《陈
纪》略同）云：

> 〔陈武帝永定三年〕十一月乙卯，王琳寇大雷，诏遣
> 太尉侯瑱、司空侯安都、仪同徐度率众以御之
> 〔陈文帝天嘉二年十二月〕先是，缙州刺史留异应于
> 王琳等反。丙戌，诏司空侯安都率众讨之。

据此，沈初明卒年当在陈武帝永定三年，即周明帝武成元年
（五五九年）。初明以梁敬帝绍泰二年即西魏恭帝三年（五五六
年）由长安还建康。其南归仅四岁，即逝世也。检《艺文类聚》

二七及七九俱载有初明所制《归魂赋》。其序云："余自长安反，乃作《归魂赋》。"是知《归魂赋》作成之年必在绍泰二年（是年九月朔改元太平）梁尚未禅陈之时，即或稍后，亦不能逾永定三年之时限，则不待言也。（史言初明卒年五十九。据《归魂赋》云："嗟五十之逾年，忽流离于凶忒。"则其卒年似不止五十九也。兹以与此篇无关，故不考辨。）今观《归魂赋》，其体制结构固与《哀江南赋》相类，其内容次第亦少差异。至其词句如"而大盗之移国""斩蚩尤之旗""去莫敖之所缢""但望斗而观牛"等，则更符同矣。颇疑南北通使，江左文章本可以流传关右，何况初明失喜南归之作，尤为子山思归北客所亟欲一观者耶？子山殆因缘机会，得见初明此赋，其作《哀江南赋》之直接动机，实在于是。注《哀江南赋》者，以《楚辞·招魂》之"魂兮归来哀江南"一语，以释其命名之旨。虽能举其遣词之所本，尚未尽其用意之相关。是知古典矣，犹未知"今典"也。故读子山之《哀江南赋》者，不可不并读初明之《归魂赋》。深惜前人未尝论及，遂表而出之，以为读《哀江南赋》者进一解焉。

又《周书》《北史》庾信传并云：

> 信虽位望通显，常有乡关之思。乃作《哀江南赋》，以致其意云。

是其赋末结语尤为其意旨所在。"岂知霸陵夜猎，犹是故时将军；咸阳布衣，非独思归王子"二句，非仅用李将军、楚王子之古典也，亦用当时之"今典"焉。倪注释"将军"句云："谓己犹是故左卫将军也。"是诚能知"今典"矣。而释"王子"句，乃泛以梁国子孙之客长安者为说，是犹未达一间也。检《北史》七〇《杜杲传》（《周书》三九《杜杲传》略同）略云：

> 初，陈文帝弟安成王顼为质于梁，及江陵平，顼随例

迁长安。陈人请之，周文帝许而未遣。至是，〔武〕帝欲归之，命杲使焉。陈文帝大悦，即遣使报聘，并赂黔中数州地，仍请画界分疆，永敦邻好。以杲奉使称旨，进授都督，行小御伯，更往分界。陈于是归鲁山郡。〔武〕帝乃拜瑱柱国大将军，诏杲送之还国。陈文帝谓杲曰："家弟今蒙礼遣，实是周朝之惠。然不还鲁山，亦恐未能及此。"杲答曰："安成之在关中，乃咸阳一布衣耳。然是陈之介弟，其价岂止一城？"建德初，授司城中大夫，仍使于陈。〔陈〕宣帝谓杲曰："长湖公军人等虽筑馆处之，然恐不能无北风之恋。王褒、庾信之徒既羁旅关中，亦当有南枝之思耳。"杲揣陈宣意，欲以元定军将士易王褒等，乃答之曰："长湖总戎失律，临难苟免，既不死节，安用此为？且犹牛之一毛，何能损益？本朝之议，初未及此。"陈宣帝乃止。

寅恪案：《哀江南赋》致意之点，实在于此。杜杲使陈语录，必为子山直接或间接所知见。若取此当时之"今典"，以解释"王子"之句，则尤深切有味，哀感动人。并可见子山作赋非徒泛用古典约略比拟，必更有实事实语，可资印证者在，惜后人之不能尽知耳。然则《哀江南赋》岂易读哉！

（原载一九四一年昆明《清华学报》第十三卷第一期）

清谈与清谈误国

清谈一事，虽为空谈老庄之学，而实与当时政治社会有至密之关系，决非为清谈而清谈，故即谓之实谈亦无不可。

曹孟德以微贱出身，遽登高位，是以不重名教，惟好词章。至司马氏篡魏，而名教与自然之争以起。盖司马氏本来东汉世家，极崇名教，故佐司马氏而有天下者如王祥等，皆以孝称。晋律，亦纯为儒家思想，非若汉律之自有汉家家法也。至是，凡与司马氏合作者，必崇名教；其前朝遗民不与合作者，则竞谈自然，或阴谋颠覆。此二者虽因政治社会立场各异，有崇名教与尚自然之分，而清谈实含有政治作用，决非仅属口头及纸上之清谈，从可知矣。

竹林七贤，清谈之著者也。其名七贤，本《论语》"贤者避世""作者七人"之义，乃东汉以来，名士标榜事数之名，如三君、八厨、三及之类。后因僧徒"格义"之风，始比附中西，而成此名。所谓"竹林"，盖取义于内典之 Venu-vana，非其地真有此竹林，而七贤游谈其下也。《水经注》中所引竹林古迹，乃后人附会之说，不足信。

七贤中之嵇康，为一绝对之清谈人物。其与山涛绝交，即因涛为司马氏宗室与卒出山林而仕。其所以见杀，则由与魏宗室有婚姻之好，而又"非汤武薄周孔"，为崇名教之司马氏所不容也。

阮籍虽一行作吏，口不论人过，而仍几不免为何曾所欲杀者，即由不孝得罪名教故也。

凡此，皆名教自然之事，有以致之。至王戎、王衍，遂思调和此二者，而使名教与自然同一。故戎（或衍）问阮修（或瞻）："圣人贵名教，老庄明自然，其旨同异？"阮答以"将无同"，王即辟为掾，时人谓之"三语掾"。自是，名士多以清谈猎取高官，高官好以清谈附庸名士，而清谈误国者，遂比比皆是矣。故此时清谈，一以自然为体，名教为用，自然为本，名教为末。即散见诗文者，亦莫不歌咏自然与名教为同一也。

嵇绍，嵇康子。欲为仕，以询山涛。涛答以"天地四时，犹有消息，况于人乎！"意即谓"天可变节，人亦可变"。易言之，即自然可与名教同一也。其后裴希声撰《嵇侍中碑》云："忠孝，非名教之谓也，孝敬出于自然。"与谢灵运诗："事为名教用，道以神理超。"皆是此意。至经史家则惟袁宏《后汉纪》好言自然与名教同一；若范宁、杜预，则俱重春秋名分，故范宁尝谓"王何之罪，浮于桀纣"也。

降至东晋末，清谈之风稍戢。惟北朝河西，仍存西晋遗风。盖由其地较为安全，故西晋名士之未能南渡者，多乐往归焉。

陶渊明之好自然，则为不欲与刘宋合作。其思想之最后发展，可于《形影神》诗中见之：形曰养身，重自然也；影言立善，贵名教也；神则谓二者皆非，任化而已。其非自然亦非名教之旨，实可代表当日思想演变之结束，自后遂无复有此问题矣。虽渊明别有一新自然说，然仍可以之为主张自然说者也。

总之，清谈之与两晋，其始也，为在野之士，不与当道合作；继则为名士显宦之互为利用，以图名利兼收而误国。故清谈之始义，本为实谈；因其所谈，无不与当日政治社会有至密切之关系。其后虽与实际生活无关，仍为名士诗文中不可不涉及者，学者固不可以其名为清谈而忽之也。

一九四三年七月陈寅恪讲于坪石中大，张为纲记

笔记附言：

本篇系民国三十二年七月陈寅恪先生在坪石中大文科研究所所讲之两个专题之一。记者幸得参听末座，遂就兴之所至，为之略记一二。以非专于此道，又未经陈先生过目，故未尝敢以示人。然友好中知有斯稿者，每从而索阅，实不胜其烦。乃特为誊正，公诸世人，或亦治史者所乐读也。……

关于王戎或王衍问阮修或阮瞻此一问题，陈氏则谓："此个性之真实虽不可知，但通性之真实则可推定，治史者固不必斤斤于此也。"

三十七、九、二十、石牌

（原载一九四九年一月二十六日《星岛日报》）

五胡问题及其他

五胡，谓五外族。胡本匈奴（Huna）专名，去"na"著"Hu"，故音译曰胡，后始以之通称外族。五胡与十六国，本两观念，决不可并为一谈。盖十六国非尽胡人，而亦有汉人在内也。

近人缪凤林氏据苻坚与姚苌语"五胡次序，无汝羌名"，遂谓"五胡无羌"，非是。盖不知"五胡次序"乃图谶名，"汝"系单数人称代词，"羌"为姚苌之代称；意即谓"图谶中，并无汝姚苌名"也。王国维氏谓"匈奴人高鼻深目"，亦非。盖汉司马迁、班固作《史记》《汉书》时，必获见匈奴，乃竟无一语及此；而只言乌孙以西人高鼻多须，对匈奴非高鼻深目可知。更证以霍去病墓中掘出匈奴石像，仅两颧甚高，益信匈奴非高鼻深目矣。

近人吕思勉氏谓："羯，匈奴别种。"想缘"别部"一词而误。不知"别部"非谓别种，乃言别一部落也。

羯人石姓，系以居石国得名。又称柘羯，柘亦石也。近人吕思勉氏以石勒，上党羯室人，遂谓羯族之称因羯室而名，不知羯名早见于《史记·货殖传》；"室"，乃羯语"居住"之义，犹泥壤木简佉卢文中 Cinstan（即震旦）之 stan 也。明乎此，则知羯乃族称在先，而以作地名为后起，非羯因羯室而有此族称，乃羯室因羯族而始被此羯名也。

羯人与欧罗巴人为同种，其语言亦属印欧语族，尤以数词与拉丁文近，仅"万"字系自汉语借入，读若 Tman，此由汉语"万"，古本为复辅音，如"虿""迈"二字声母之别为"T""M"，即系由此分化而成。今藏文"亿"为 Hman（疑《星岛日报》所载 Hman 有误），"H"即"T"声变：俄语"万"则又自蒙古语 Tomen 间接输入者也。

或谓鲜卑人须发皆黄色者，想系指其别部丁零而言。因鲜卑语与蒙古语近，自不无同族关系。然其别部丁零，固有黄发者，则谓鲜卑为黄发儿，当即指其别部丁零而言无疑。

氐人汉化较高，能操汉语。羌人稍低，惟识羌言。故虽氐人时诋羌人，究其分别，非缘种族有异，而实文化不同耳。

至苻坚之所以必南征淝水，与魏孝文之必迁都洛阳，则皆由其时种族复杂，非借高深之汉化，无以收统治融洽之效；欲收统治融洽之效，非取得中原正统所在地，即无以厌服人心而奄有天下故也。

　　　　　　一九四三年七月陈寅恪讲于坪石中大，张为纲记

　　　　　　　　（原载一九四九年四月三日《星岛日报》）

《魏书·司马睿传》
"江东民族"条释证及推论

前　言

　　卢沟桥事变前，寅恪寓北平清华园，周一良君自南京鸡鸣寺往复通函，讨论南朝疆域内氏族问题。其后周君著一论文，题曰《南朝境内之各种人及政府对待之政策》，载于中央研究院《历史语言研究所集刊》第七本第四分者是也。此文寅恪初未见，数年之后流转至香港，始获读之，深为倾服。寅恪往岁读南北朝史，关于民族问题，偶有所见，辄识于书册之眉端，前后积至若干条，而道经越南，途中遗失，然旧所记者多为周文所已言，且周文之精审更胜于曩日之鄙见，故旧稿之失殊不足惜。惟忆有数事，大抵无关宏旨，或属可疑性质，殆为周君所不取，因而未载入其大著。旅中无聊，随笔录之，以用此篇，实用窃道家人弃我取之义，非敢谓是以补周文之阙遗也。忆当与周君往复商讨之时，犹能从容闲暇，析疑论学。此日回思，可谓太平盛世。今则巨浸稽天，莫知所届。周君又远适北美，书邮阻隔，商榷无从。搦管和墨，不禁涕泗之泫然也。

　　一千九百四十二年九月九日陈寅恪记于桂林良丰雁山别墅

（上）释　证

貉子

《魏书》九六《僭晋司马睿传》云：

> 中原冠带呼江东之人皆为"貉子"，若狐貉类云。巴、蜀、蛮、獠、谿、俚、楚、越，鸟声禽呼，言语不同；猴、蛇、鱼、鳖，嗜欲皆异。江山辽阔，将数千里，睿羁縻而已，未能制服其民。

寅恪案：《三国志·蜀志》六《关羽传》裴《注》引《典略》略云：

> 羽围樊，〔孙〕权遣使求助之。羽忿其淹迟，乃骂曰："貉子敢尔，如使樊城拔，吾不能灭汝邪？"

《世说新语·惑溺篇》云：

> 孙秀降晋，晋武帝厚存宠之，妻以姨妹蒯氏，室家甚笃。妻尝妒，乃骂秀为"貉子"。秀大不平，遂不复入。

此条刘《注》引《太原郭氏录》曰：

> 秀，字彦才，吴郡吴人。

寅恪案：《三国志·吴志》六《孙匡传》附载秀传，秀即孙权弟全之孙也。刘《注》又引《晋阳秋》曰：

> 蒯氏，襄阳人。祖良，吏部尚书。父钧，南阳太守。

然则孙秀是江东土著，蒯氏复出中原冠带之族，宜蒯之骂秀为"貉子"。魏伯起之说于此可证。至关羽为中原人（河东解），孙权为江东人（吴郡富春），亦与伯起所言之地域民族相符也。

又《晋书》五四《陆机传》略云：

> 初，宦人孟玖弟超并为〔成都王〕颖所嬖宠。超领万人为小都督。未战，纵兵大掠。机录其主者。超将铁骑百

余人，直入机麾下夺之，顾谓机曰："貉奴能作督不！"
寅恪案：陆机为江东士族，孟玖兄弟虽出自寒微，然是中原人，故超亦以"貉奴"之名詈机也。

巴

古史民族名称，其界说颇涉混淆，不易确定。今论巴族，依据杜君卿《通典》之解释，即是南蛮中廪君一种。杜氏用范蔚宗《后汉书》之文，而删除其神话一节，以为"是皆怪诞，以此不取"。其实蔚宗述巴郡南郡蛮事，其神话采自《世本》，亦与其述槃瓠种蛮事，其神话采自《风俗通》者相同。范氏文才之士，家世奉天师道，受其教义熏习，识解如此，不足深怪也。故兹移写《通典》删节范书之文，参会《晋书》《魏书》关于巴賨之记述，并附录杜氏所下论断之语于下，庶几解释魏氏巴族之定义，即不中亦不远矣。《通典》一八七《边防典三·南蛮类上》"廪君种"条（参考《水经注·夷水篇》引盛弘之《荆州记》）云：

> 廪君种不知何代，初，巴氏、樊氏、瞫氏、相氏、郑氏五姓皆出武落钟离山。（原注：在今夷陵郡巴山县。）其山有赤、黑二穴，巴氏之子生于赤穴，四姓之子皆生黑穴。未有君长，共立巴氏子务相，是为廪君。从夷水下至盐阳（原注：今夷陵郡巴山县清江水，一名夷水，一名盐水。其源出清江郡清江县西都亭山），廪君于是君乎夷城，四姓皆臣之。（寅恪案：此上为君卿节录《后汉书·南蛮传》之文。）巴梁间诸巴皆是也。（原注：即巴汉之地。按范晔后汉史云云，是皆怪诞，以此不取。）

寅恪案："巴梁间诸巴皆是也"一语，为《后汉书》原文所无，乃杜氏依其民族姓氏及地域之名考证所得之结论，宜可信从也。

又关于杜氏之结论，更可取《晋书》一二〇《李特载记》及《魏书》九六《賨李雄传》参证之。《晋书》"载记"之文同于《后汉书·南蛮传》"巴郡南郡蛮"条，并载廪君神话。魏晋之文亦同此条，而省去其神话。《晋书》一二〇《李特载记》略云：

> 李特，巴西宕渠人。其先廪君之苗裔也。其后种类遂繁。秦并天下，以为黔中郡。薄赋敛之，口岁出钱四十。巴人呼赋为賨，因谓之賨人焉。汉末，张鲁居汉中，以鬼道教百姓，賨人敬信巫觋，多往奉之。值天下大乱，自巴西之宕渠迁于汉中杨车坂，号为"杨车巴"。魏武帝克汉中，特祖将五百余家归之。魏武帝迁于略阳。北土复号之为巴氏。

《魏书》九六《賨李雄传》略云：

> 賨李雄，盖廪君之苗裔也。其先居于巴西宕渠。秦并天下，为黔中郡。薄赋其民，口出钱三十。巴人谓赋为賨，因为名焉。后徙枥阳。祖慕，魏东羌猎将。慕有五子：辅、特、庠、流、骧。晋惠时，关西扰乱，频岁大饥。特兄弟率流民数万家就谷汉中，遂入巴蜀。

寅恪案：《晋》《魏》二书之文，当俱源出《十六国春秋》。而崔书元本今已失传，不易详证。但崔鸿、魏收之书，俱北朝著述。其作者之环境及资料既同，书中巴族之定义自无差异。若复取与《通典》论断之语相参校，益信君卿所说为不谬也。

又《魏书》七九《董绍传》（参《北史》四六《董绍传》）略云：

> 董绍，新蔡鲖阳人也。萧宝夤反于长安也，绍上书求击之，云："臣当出瞎巴三千，生啖蜀子。"肃宗谓黄门徐纥曰："此巴真瞎也？"纥曰："此是绍之壮辞，云巴人劲勇，见敌无所畏惧，非实瞎也。"帝大笑。

及《宋书》九七《夷蛮传·豫州蛮传》（参《南史》七九《蛮传》"豫州蛮"条）略云：

> 豫州蛮，廪君后也。西阳有巴水、蕲水、希水、赤亭水、西归水，谓之"五水蛮"。所在并深岠，种落炽盛，历世为盗贼。北接淮、汝，南极江、汉，地方数千里。〔元嘉〕二十九年，新蔡蛮二千余人破大雷戍，略公私船舫，悉引入湖。

寅恪案：董绍既是新蔡人，又自称为"巴"，疑其族乃五水蛮中巴水蛮也。绍所谓"蜀子"者，殆指与宝夤相应援之薛凤贤、修义等而言（见《通鉴》一五一"梁武帝大通元年正平民薛凤贤反"条等），此即所谓"蜀薛"者也。见下文论蜀薛条。

蜀

"蜀"在古代本为一民族之名，见于《尚书·牧誓篇》。然其问题属于上古史之范围，非寅恪所敢置词。兹所论者即魏伯起既以蜀为江东，即南朝领域内一民族之名，而于北朝史籍中，亦得下列之旁证：

《魏书》二《太祖纪》云：

> 天兴元年夏四月，鄜城屠各董羌、杏城卢水郝奴、河东蜀薛榆、氐帅苻兴，各率其种内附。〔天兴〕二年八月，西河胡帅护诺干、丁零帅翟同、蜀帅韩耆，并相率内附。

同书三《太宗纪》云：

> 〔永兴〕三年夏四月戊寅，河东蜀民黄思、郭综等率营部七百余家内属。
>
> 〔永兴〕五年夏四月，河东民薛相率部内属。
>
> 〔泰常〕三年正月，河东胡、蜀五千余家相率内属。

寅恪案：综合上列诸条，得一结论，即蜀为一民族之名，与胡、氐、丁零等同。此可与魏伯起之言相印证也。又在文义上天兴元年条"蜀薛"下及永兴五年条"河东"下似俱有脱文，以不能得善本校勘，姑识所疑于此。

又《北史》三六《薛辩传》附聪传云：

〔河东汾阴人。〕又除羽林监。〔魏孝文〕帝曾与朝臣论海内姓地人物，戏谓聪曰："世人谓卿诸薛是蜀人，定是蜀人不？"聪对曰："臣远祖广德，世仕汉朝，时人呼为汉。臣九世祖永，随刘备入蜀，时人呼为蜀。臣今事陛下，是虏，非蜀也。"帝抚掌笑曰："卿幸可自明非蜀，何乃遂复苦朕？"聪因投戟而出。帝曰："薛监醉耳！"其见知如此。

《资治通鉴》一四〇"齐建武三年魏主雅重门族"条述蜀薛事，不取《北史》，而采元行冲《后魏国典》，其文云：

众议以薛氏为河东茂族。〔魏孝文〕帝曰："薛氏蜀也，岂可入郡姓？"直阁薛宗起执戟在殿下，出次对曰："臣之先人汉末仕蜀，二世复归河东，今六世相袭，非蜀人也。伏以陛下黄帝之胤，受封北土，岂可亦谓之胡邪？今不预郡姓，何以生为？"乃碎戟于地。帝徐曰："然则朕甲卿乙乎？"乃入郡姓。仍曰："卿非宗起，乃起宗也。"

寅恪案：蜀薛之自以为薛广德后裔，疑与拓跋魏之自称源出黄帝，同为可笑之附托，固不足深论。即为蜀汉薛永之子孙一事，恐亦有问题（参考《新唐书》七三下《宰相世系表》"薛氏"条）。总之，当时世人皆知二族之实为蜀，为鲜卑，而非华夏高门，则无可解免也。然拓跋之部遂生孝文帝，蜀薛之族亦产道衡，俱为北朝汉化之代表人物。圣人"有教无类"之言，岂不信哉！

复次，北朝史中尚有记载蜀民族之事，可与上列诸条参证者，兹并录于下：

《通鉴》一五一"梁武帝普通七年六月"条（参《魏书》二五《长孙道生传》附稚传、《北史》二二《长孙道生》附承叶传）云：

> 魏绛蜀陈双炽聚众反，自号"始建王"。魏以假镇西将军长孙稚为讨蜀都督。

胡《注》云：

> 蜀人徙居绛郡者，谓之"绛蜀"。

又《北史》四五《李苗传》（今《魏书》七一《李苗传》本阙，即取《北史》所补）云：

> 孝昌中，兼尚书左丞，为西北道行台，与大都督宗正珍孙讨汾、绛蜀贼，平之。

同书三八《裴延俊传》附庆孙传（参《魏书》六九《裴延俊传》附庆孙传）云：

> 于是贼复鸠集，北连〔刘〕蠡升，南通绛蜀，凶徒转盛。

同书五〇《费穆传》（参《魏书》四四《费穆传》）云：

> 孝昌中，以都督讨平二绛反蜀。（寅恪案："二绛"之义见下引《魏书·尔朱荣传》。）

同书六〇《李弼传》（参《周书》一五《李弼传》）云：

> 初为别将，从尔朱天光西讨，破赤水蜀。

同书同卷《侯莫陈崇传》（参《周书》一六《侯莫陈崇传》）云：

> 从〔贺拔〕岳入关，破赤水蜀。

《魏书》七四《尔朱荣传》云：

> 两绛狂蜀渐已稽颡。

蛮

　　"蛮"为南方非汉族之通称，今传世《魏书》一〇一《蛮》
等传卷末附宋人校语云：

　　　　魏收书《列传第八十九》亡，《史臣论》盖略《北史》。
是《传》《论》出于《北史》，固无疑义。及详绎《蛮传》之文，
复与《北史》不尽符同，殆采自高峻《小史》之类。若果如是，
则此卷《蛮传》亦源出魏收本书，似可据以推定伯起所谓江东
领域内之蛮族，究何所指也。今《魏书》一〇一《蛮传》略云：

　　　　蛮之种类，盖槃瓠之后，其来自久。习俗叛服，前史具之。
　　　　在江淮之间，依托险阻，部落滋蔓，布于数州。东连寿春，
　　　　西通上洛，北接汝颍，往往有焉。其于魏氏之时不甚为患，
　　　　至晋之末稍以繁昌，渐为寇暴矣。自刘、石乱后，诸蛮无
　　　　所忌惮，故其族类渐得北迁，陆浑以南，满于山谷。宛洛
　　　　萧条，略为丘墟矣。

据《后汉书》一一六《南蛮传》"巴郡南郡蛮廪君种"条（《后汉
书》一下《光武纪》、《通鉴》四四"建武二十三年"条同）略云：

　　　　建武二十三年，南郡潳山蛮雷迁等始反叛，寇掠百姓，
　　　　遣武威将军刘尚将万余人讨破之，徙其种人七千余口置江
　　　　夏界中，今沔中蛮是也。

又《通典》一八七《边防典·南蛮传上·序》略云：

　　　　东晋时，沔中蛮因刘、石乱后，渐徙于陆浑以南，遍
　　　　满山谷。

　　然则依杜氏之考释，今《魏书》及《北史》所言"北徙之
蛮"即沔中蛮之一族，实为东汉初从南郡迁来者，本廪君种，而
非长沙武陵之槃瓠种也。其长沙武陵槃瓠种之蛮在伯起意中既指
谿族（见"论谿族"条），而巴郡廪君种之蛮又是伯起所谓巴族

（见"论巴族"条），则伯起之所谓蛮，即与北朝最有关之一族，应舍范蔚宗书中南郡蛮廪君种者莫属，乃径指为槃瓠种，似颇疏误。但考之前史，民族之以"蛮"为通名者，其错杂迁徙，本难分别。若有混淆，亦不足深论。杜君卿于《通典·南蛮上》"板楯蛮"条自注中所下之断语最为通识，附录于此，以促起读者之注意，其言曰：

> 按《后汉史》，其在黔中五溪长沙间，则为槃瓠之后。其在硖中巴梁间，则为廪君之后。其后种落繁盛，侵扰州郡，或移徙交杂，亦不可得详别焉。

獠

《华阳国志》九《李寿志》云：

> 晋康帝建元二年（西历三四四年），蜀土无獠，至是始从山出。自巴至犍为、梓潼，布满山谷，大为民患。加以饥馑，境内萧条。

《晋书》一二一《李势载记》云：

> 改年嘉宁。初，蜀土无獠，至此，始从山而出，北至犍为、梓潼，布在山谷，十余万落，不可禁制，大为百姓之患。

《魏书》一〇一《獠传》已阙，今本为后人所补，其文既与《北史·獠传》悉符，则与伯起本书异同如何，未能决定。但诸史籍所纪獠事大抵相类，伯起元著当亦不至大相悬远也。今本《魏书》一〇一《獠传》（《周书》四九《獠传》略同，《北史》九五《獠传》同）略云：

> 獠者，盖南蛮之别种，自汉中达于邛笮川洞之间，所在皆有。（《通典》一八七《南蛮类》"獠"条元注云："此自汉中西南及越巂以东皆有之。"）建国中，李势在蜀，

诸獠始出巴西、渠川、广汉、阳安、资中，攻破郡县，为
益州大患。势内外受敌，所以亡也。自桓温破蜀之后，力
不能制。又蜀人东流，山险之地多空，獠遂挟山傍谷。与
夏人参居者颇输租赋，在深山者仍不为编户。

《南齐书》四一《张融传》（《南史》三二《张邵传》附融传
同）略云：

〔宋孝武〕帝曰：融殊贫，当序以佳禄。出为封溪令。
广越嶂岭，獠贼执融，将杀食之。（此条应入"论俚"条。）

《陈书》九《侯瑱传》（《南史》六六《侯瑱传》同）略云：

〔梁益州刺史鄱阳王〕范委以将帅之任。山谷夷獠不
宾附者，并遣瑱征之。

同书同卷《欧阳颁传》（《南史》六六《欧阳颁传》同）略云：

〔兰〕钦南征夷獠，擒陈文彻。（此条应入"论俚"条。）

据《张融传》及《欧阳颁传》，广越之地似亦有獠族，但
《南齐书》一四《州郡志》"广州"及"越州"条，又《陈书》
八《杜僧明传》（《南史》六六《杜僧明传》同）及《周文育
传》（《南史》六六《周文育传》同），所谓"俚獠"（见"论
俚"条所引）皆俚獠二字连缀，实是联词。为审慎之故，移置于
"论俚"条中，可参互观之也。至《隋书》二九《地理志》"扬
州"条之论俚，"荆州"条之论蛮，八二《南蛮传》之论俚及
獠，亦可供旁证，兹不复一一征引。

综合言之，凡史籍之止言"獠"或"夷獠"联文，而属于
梁、益地域者，盖獠之专名初义。伯起书之所谓獠，当即指此。
至属于广、越诸州范围，有所谓"獠"，或以"夷獠""俚獠"
等连缀为词者，当即伯起书之"俚"也。獠之一名后来颇普遍用
之，竟成轻贱南人之词，如武曌之斥褚遂良（《新唐书》一〇五

《褚遂良传》云："武氏从幄后呼曰：'何不扑杀此獠！'"《通鉴》一九九"永徽五年九月"条同），唐德宗之詈陆贽（《异闻集》"上清"条云："德宗至是大悟，因怒陆贽曰'老獠奴'云云。"），则不过因二人俱为南人（褚杭州钱塘人，陆苏州嘉兴人），遂加以獠名耳，实与种族问题无关也。

谿

伯起所谓"谿"，在他书则俱作"溪"，实即指《后汉书·南蛮传》之槃瓠种蛮而言也。据《后汉书》一一六《南蛮传》略云：

〔帝高辛氏之畜狗〕槃瓠得〔帝〕女，负而走入南山，经三年，生子一十二人，六男六女。槃瓠死后，因自相夫妻。语言侏离，今长沙武陵蛮是也。（寅恪案：此节实采自《风俗通》，又可参考《水经注·沅水篇》。）

同书同卷章怀《注》引干宝《晋纪》云：

武陵、长沙、庐江、郡夷，槃瓠之后也。杂处五溪之内。

此支蛮种所以号为溪者，与五溪地名至有关系。江左名人如陶侃及渊明亦出于溪族，最使人注意。兹特稍详论之于下。

《晋书》六六《陶侃传》略云：

陶侃，本鄱阳人也。吴平，徙家庐江之寻阳。侃早孤贫，为县吏。〔庐江太守张〕夔察侃为孝廉，至洛阳，数诣张华。华初以远人，不甚接遇。伏波将军孙秀以亡国支庶，府望不显，中华人士耻为掾属，以侃寒宦，召为舍人。时豫章国郎中令杨晫，侃州里也，为乡论所归。侃诣之，与同乘见中书侍郎顾荣。吏部郎温雅谓晫曰："奈何与小人共载？"尚书乐广欲会荆扬士人，武库令黄庆进侃于广。人或非之，或云：侃少时渔于雷泽，网得一织梭，以挂于壁。有顷雷雨，

自化为龙而去。侃有子十七人。以夏为世子。及送侃丧还
长沙，夏与〔弟〕斌及称各拥兵数千以相图。既而解散，
斌先往长沙，悉取国中器仗财物。夏至，杀斌。庾亮上疏曰：
斌虽丑恶，然骨肉至亲，亲运刀锯，以刑同体，应加放黜。
表未至都，而夏病卒。诏复以〔侃子〕瞻息弘袭侃爵。卒，
子绰之嗣。〔侃子〕旗性甚凶暴，卒，子定嗣。卒，子袭之嗣。
卒，子谦之嗣。〔侃子〕称，性虓勇不伦，与诸弟不协。
轻将二百人下见〔庾〕亮，亮大会吏佐，责称前后罪恶，
使人于阁外收之，弃市。亮上疏曰：称父亡，不居丧位。
荒耽于酒，昧利偷荣。故车骑将军刘弘曾孙安寓居江夏，
及将杨恭、赵韶，并以言色有忤，称放声当杀。安、恭惧，
自赴水而死。韶于狱自尽。将军郭开从称往长沙赴丧。称
疑开附其兄弟，乃反缚，悬头于帆樯，仰而弹之，鼓棹渡
江二十余里，观者数千，莫不震骇。不忠不孝，辄收称伏法。

寅恪案：吴士鉴《〈晋书〉斠注》亦引《异苑》陶侃钓鱼得梭化
龙事。《晋书》士行本传当即取之刘敬叔书也。《世说新语·贤
媛篇》载陶侃少时作鱼梁吏事。刘孝标《注》引《幽明录》复有
侃在寻阳取鱼事。然则侃本出于业渔之贱户，无怪当日胜流初俱
不以士类遇之也。又《世说新语·容止篇》"石头事故朝廷顷
覆"条记庾亮畏见陶侃，而温峤劝亮往之言曰：

溪狗我所悉，卿但见之，必无忧也。

夫太真目士行为溪人，或沿中州冠带轻诋吴人之旧习，非
别有确证，不能遽信为实。然据《后汉书·南蛮传》章怀《注》
引干宝《晋纪》，知庐江郡之地即士行乡里所在，原为溪族杂处
区域，而士行后裔一代逸民之《桃花源记》本属根据实事，加以
理想化之作（详见拙著《〈桃花源记〉旁证》，兹不赘论），所云：

　　武陵人捕鱼为业，缘溪行。

正是一篇溪族纪实文字。士行少时既以捕鱼为业，又出于溪族杂处之庐江郡，故于太真"溪狗"之诮终不免有重大之嫌疑。或谓士行自鄱阳徙居庐江之寻阳，则其种族当与干宝所言无关。然《晋书》士行传载其徙居在吴平之后，据《晋书》九七《匈奴传》郭钦疏请徙北方戎狄，以为"宜及平吴之威，谋臣猛将之略"。则晋之平吴，必有迁徙吴境内少数民族之举。郭氏遂欲仿效已行于南方之政策，更施之于北方耳。由此言之，士行之家，当是鄱阳郡内之少数民族。晋灭吴后，始被徙于庐江。令升所记，乃指吴平后溪族分处之实况。《晋书·陶侃传》特标"吴平"二字，殊非偶然。读史者不必以士行之家本出鄱阳，而谓其必非溪族也。又士行本身既为当日胜流以小人见斥，终用武功致位通显于扰攘之际，而其诸子之凶暴虓武，为世所骇恶。明非士族礼法之家，颇似善战之溪人（见下引殷阐之言及论吴兴沈氏条）。然则其气类复与溪族相近，似更为可疑也。

　　复次，《续搜神记》中载有《桃花源记》一篇，寅恪尝疑其为渊明之初稿本（见拙著《〈桃花源记〉旁证》），其文著录武陵捕鱼为业之溪人姓名为黄道真，黄氏乃溪洞显姓，周君引李绰《尚书故实》云：

　　有黄生者，擢进士第。人问与颇同房否？对曰："别洞。"

黄本溪洞豪姓，生故以此对。人虽哈之，亦赏其真实也。亦可供参考（见《历史语言研究所集刊》第七本第四分周一良《南朝境内之各种人及政府对待之政策》）。至道真之名，颇有天师道色彩（见《历史语言研究所集刊》第三本第四分拙著《天师道与滨海地域之关系》），而陶侃后裔亦多天师道之名，如绰之、袭之、谦之等。又袭之、谦之父子名中共有"之"字，如南齐溪人胡廉之、翼之、谐之三世祖孙父子之例，尤为特证（见下引《南史·胡谐之传》）。吴氏《〈晋书〉斠注》转疑其有误，盖未思晋代最著之天师道世家琅邪王氏羲之、献之父子亦同名"之"也。然则溪之一族似亦属天师道信徒，与巴賨为同教者。此点与渊明生值晋宋之际佛教最盛时代，大思想家如释惠远，大文学家如谢灵运，莫不归命释迦，倾心鹫岭，而五柳先生时代地域俱与之连接，转若绝无闻见者，或有所关涉。但其事既为推测之余论，又不属本文范围，兹姑置不言可也。

《通鉴》一一五"义熙六年"载"殷阐说何无忌之言"曰：

〔卢〕循所将之众，皆三吴旧贼。始兴溪子，拳捷善斗，未易轻也。

寅恪案：卢循、徐道覆之部众，乃孙恩领导下之天师道宗教军队。据《续搜神记》本《桃花源记》，在晋孝武帝太元时捕鱼溪人之名，已是天师道教名，则溪族夙为天师道信徒，宜其乐为其同教效死也。

《南史》四七《胡谐之传》略云：

胡谐之，豫章南昌人也。祖廉之，书侍御史。父翼之，州辟不就。谐之仕宋，为邵陵王左军谘议。齐武帝为江州，以谐之为别驾，委以事任。建元二年，为给事中、骁骑将军。上方欲奖以贵族盛姻，以谐之家人语傒音不正，乃遣宫内四五人往谐之家，教子女语。二年后，帝问曰："卿家人语音已正未？"谐之答曰："宫人少，臣家人多，非唯不能得正音，遂使宫人顿成傒语。"帝大笑，遍向朝臣说之。〔谐之〕就梁州刺史范柏年求佳马，〔柏年〕接使人薄，使人致恨，归谓谐之曰："柏年云：'胡谐是何傒狗，无厌之求。'"谐之切齿致忿。

寅恪案："傒音不正"可证伯起"语言不同"之说也。《通鉴》一三五"建元元年纪胡谐之求马"事采自《南史》本传，而误改"傒狗"为"何物狗"，已为周君指出。尚有一事为温公所不知而误增，周文复未之及者，即《通鉴》于《南史》元文使人伪作范柏年骂词中"胡谐"之下补足"之"字，实未了解天师道命名之义。凡天师教名中"之"者皆可省略。试取《晋书》与《真诰》参校，其例自见。此天师道名家如琅邪王氏所以容许父子名中共有"之"字，而不以为讳之故也。今观胡氏祖孙三世之名俱系"之"字，溪人之为天师道信徒于此可证。又"傒"即"溪"字，所以从人旁者，犹俚族之俚字，其初本只作"里"，后来始加人旁，见"论俚"条下所引《后汉书·南蛮传》章怀《注》。

《梁书》一○《杨公则传》略云：

> 和帝即位，授持节、都督湘州诸军事、湘州刺史。高祖命众军即日俱下，公则受命先驱，直造京邑。公则所领多湘溪人，性怯懦，城内轻之，以为易与。

寅恪案：今通行本《南史》五五《杨公则传》作"公则所领多是湘溪人，性怯懦"，与《梁书》之文几无不同，惟多一"是"字耳。大德本《南史》"溪人"二字互易，疑为误倒，不必从也。至《通鉴》一四四"中兴元年"乃作"公则所领皆湘州人，素号怯懦"。则由不解"溪"字之义而误改，其为不当，固无待辨。又溪人之勇怯问题，周文已论及之，兹以未能别具胜解，姑从阙疑可也。

俚

《后汉书》一下《光武纪》云：

> 是岁（建武十二年），九真徼外蛮夷张游率种人内属，封为归汉里君。

同书一一六《南蛮传》云：

> 建武十二年，九真徼外蛮里张游，率种人慕化内属，
> 封为归汉里君。

章怀《注》云：

> 里，蛮之别号，今呼为"俚人"。

同书同卷（参《后汉书》一下《光武帝纪》）又云：

> 〔建武〕十六年，交阯女子征侧反，于是九真、日南、
> 合浦蛮里皆应之。〔建武十九年〕夏四月，〔马〕援破交阯，
> 斩征侧等，余皆降散。进击九真贼都阳等，破降之。徙其
> 渠帅三百余口于零陵。

《宋书》五四《羊玄保传》附希传（《南史》三六《羊玄保传》
同）略云：

> 泰始三年，出为宁朔将军、广州刺史。希以沛郡刘思
> 道行晋康太守，领军伐俚。思道违节度，失利，希遣收之。
> 思道不受命，率所领攻州。希逾城走，思道获而杀之。时
> 龙骧将军陈伯绍率军伐俚还，击思道，定之。

同书九二《良吏传·徐豁传》略云：

> 元嘉初，为始兴太守。三年，遣大使巡行四方，并使
> 郡县各言损益，豁因此陈表三事，其一曰：〔郡〕既遏接蛮俚，
> 去就益易。其三曰：中宿县俚民课银，一子丁输南称半两。
> 寻此县自不出银，又俚民皆巢居鸟语，不闲货易之宜。每
> 至买银，为损已甚。又称两受入，易生奸巧。山俚愚怯，
> 不辨自申。

寅恪案：徐豁"俚民鸟语"之言，亦可证伯起"鸟声禽呼"之说也。

《南齐书》一四《州郡志》"广州"条略云：

> 虽民户不多，而俚獠猥杂。

同书同卷《州郡志》"越州"条略云：

> 元徽二年，以〔陈〕伯绍为刺史，始立州镇，穿山为城门，威服俚獠。

> 吴春俚郡。（原注：永明六年立，无属县。）

《梁书》三二《兰钦传》（《南史》六一《兰钦传》同）云：

> 经广州，因破俚帅陈文彻兄弟，并擒之。

《陈书》八《杜僧明传》（《南史》六六《杜僧明传》同）略云：

> 梁大同中，卢安兴为广州南江督护，僧明与兄天合及周文育并为安兴所启，请与俱行。频征俚獠有功。

同书同卷《周文育传》（《南史》六六《周文育传》同）略云：

> 卢安兴为南江督护，启文育同行。累征俚獠，所在有功。

同书一二《胡颖传》略云：

> 梁世仕至武陵国侍郎，东宫直前。出番禺，征讨俚洞。

同书同卷《沈恪传》略云：

> 〔梁新渝侯萧〕映迁广州，以恪兼府中兵参军，常领兵讨伐俚洞。

同书二一《萧允传》附引传（《南史》一八《萧思话传》附引传同）略云：

> 〔陈高宗〕时广州刺史马靖甚得岭表人心，而兵甲精练，每年深入俚洞，又数有战功。

综考上引史料，俚人之居处区域及其民族界说可借以推知矣。

楚

魏伯起之所谓楚，即指今江北淮、徐地域之人。在南朝史乘往往称为江西或淮南，亦与《太史公书·货殖传》所言西楚之一

211

部相当也。又北朝之人诋娸南朝，凡中原之人流徙南来者，俱以楚目之，故楚之一名乃成轻蔑之词，而为北朝呼南朝疆域内北人之通称矣。

《世说新语·豪爽篇》云：

> 王大将军年少时旧有田舍名，语音亦楚。

寅恪案：王敦为琅邪王览之孙，虽出显宦之家，而不能操当日洛阳都市语音，其故颇不易知。据《晋书》三三《王祥传》（祥即敦伯祖）有：

> 汉末遭乱，扶母携弟览避地庐江，隐居三十余年。

虽史载时间之长短有所未谛（见钱大昕《廿二史考异》二一《晋书·王祥传》条），然敦之家世与庐江即楚地有关，则为事实。或者即以此段因缘，其语音遂亦渐染楚化耶？此点不涉兹篇本旨，可不详论，聊识于此，以资旁证。至关于南朝语音问题，寅恪别有所论。（见《历史语言研究所集刊》第七本第一分《东晋南朝之吴语》及《岭南学报》第九卷第二期《从史实论〈切韵〉》。鄙见与周君之说微异，读者可参阅之，兹不备论。）

《魏书》九五《僭伪传》总序云：

> 纠合伧楚。

同书九七《岛夷桓玄传》云：

> 岛夷桓玄，本谯国龙亢楚也。

同书同卷《岛夷刘裕传》云：

> 岛夷刘裕，晋陵丹徒人也。其先不知所出，自云本彭城彭城人。或云本姓项，改为刘氏，然亦莫可寻也。故其与丛亭、安上诸刘了无宗次。裕家本寒微，恒以卖履为业。意气楚剌，仅识文字。

寅恪案：伯起于宋高祖不径称之为楚者，实以其家世所出至为卑贱，特备述其籍贯来历不明，所以极致其轻视之意。盖犹未肯以南朝疆域内之北人，即彼所谓楚者许之，而遽与桓、萧诸家并列也。

《魏书》九八《岛夷萧道成传》云：

> 岛夷萧道成，晋陵武进楚也。

同书同卷《岛夷萧衍传》云：

> 岛夷萧衍，亦晋陵武进楚也。

据此，可知伯起之所谓楚，即南朝疆域内北人之通称矣。

又楚为民族之名。其见于南北朝史乘者如下：

《宋书》八六《殷孝祖传》略云：

> 前废帝景和元年，以本号督兖州诸军事、兖州刺史。太宗初即位，四方反叛。孝祖忽至，众力不少，并伧楚壮士，人情于是大安。

寅恪案：《宋书》三五《地理志》云：

> 兖州，〔元嘉〕三十年六月复立，治瑕丘。（元注：二汉山阳有瑕丘县。）

是殷孝祖所将之兵众乃兖州之军队，故为伧楚壮士也。而《通鉴》一三一"泰始二年"记此事，胡《注》释"伧楚"二字之义云：

> 江南谓中原人为伧，荆州人为楚。

其释"伧"字义固确，而"楚"字义则非。盖未注意兖州地域关系所致。否则，孝祖部下何得有如许荆州人也。

《宋书》八三《黄回传》（《南史》四〇《黄回传》同）略云：

> 黄回，竟陵郡军人也。出身充郡府杂役。〔戴明宝〕启免回，以领随身队，统知宅及江西墅事。回拳捷果劲，勇力兼人，在江西与诸楚子相结，屡为劫盗。会太宗初即位，四方反叛。明宝启太宗使回募江西楚人，得快射手八百。

同书八七《殷琰传》略云：

> 义军主黄回募江西楚人千余。回所领并淮南楚子，天
> 下精兵。

《南齐书》四五《始安贞王遥光传》（《南史》四一《齐宗室·始
安王遥光传》略同）云：

> 遥光召亲人丹阳丞刘讽及诸伧楚，欲以讨刘暄为名。

同书四七《王融传》（《南史》二一《王弘传》附融传同）云：

> 招集江西伧楚数百人，并有干用。

同书五一《崔慧景传》云：

> 慧景子觉及崔恭祖领前锋，皆伧楚善战。

寅恪案：《通鉴》一四三"永元二年"纪崔慧景回兵袭建康事，
即用萧子显书《崔慧景传》元文，而改"伧楚"作"荒伧"，殊
可不必。温公殆未甚明了"楚"字之含义及界说也。

《梁书》二〇《陈伯之传》（《南史》六一《陈伯之传》
同）云：

> 陈伯之，济阴睢陵人也。幼有膂力。年十三四，好着
> 獭皮冠，带刺刀，候伺邻里稻熟，辄偷刈之。尝为田主所见，
> 呵之云："楚子莫动！"

同书四九《文学传·锺嵘传》（《南史》七二《文学传锺嵘传》
同）略云：

> 天监初，制度虽革，而日不暇给。嵘乃言曰："若侨
> 杂伧楚，应在绥附，正宜严断禄力，绝其妨正，直乞虚号
> 而已。"

《北齐书》三二《王琳传》（《南史》六四《王琳传》同）云：

> 琳乃缮舰，分遣招募，淮南伧楚，皆愿戮力。

依据上引史文，不独楚民族所居地域及其界说得以明了，而

其人之勇武善战,足胜兵将之任,亦可从之推定。此点与南朝政治民族之演变殊有关系,俟后论之。

越

伯起所谓越者,即陈承祚书之"山越"。凡《吴志》中山寇、山贼、山民及山帅等名词,亦俱指此民族及其酋长而言。其例证之见于《吴志》君臣文武诸传者,殆不胜枚举。兹止就孙权、陆逊、诸葛恪等传略论之,足知山越民族问题,为孙氏江东霸业所关之一大事。东晋南朝史乘,虽极罕见此民族之名,然其为潜伏混同于江左民族之中,仍为一有力之分子,则无疑也。关于山越事,《吴志·诸葛恪传》特详,故较多移写其文,以备参考。

《吴志》二《孙权传》略云:

〔建安〕五年,〔孙〕策薨,以事授权。是时唯有会稽、吴郡、丹杨、豫章、庐陵,然深险之地犹未尽从。

〔权〕分部诸将,镇抚山越,讨不从命。

寅恪案:讨抚山越,为孙氏创业定霸之唯一要事。凡孙氏命号诸将,如蒋钦为讨越中郎将(见《吴志》一○《蒋钦传》),董袭为威越校尉(见《吴志》一○《董袭传》),诸葛恪为抚越将军(见《吴志》一九《诸葛恪传》),皆可参证也。

《吴志》一三《陆逊传》略云:

时吴会稽、丹杨多有伏匿,逊陈便宜,乞与募焉。会稽山贼大帅潘临,旧为所在毒害,历年不禽。逊以手下召兵,讨治深险,所向皆服,部曲已有二千余人。鄱阳贼帅尤突作乱,复往讨之。〔孙〕权数访世务,逊建议曰:"方今英雄棋跱,豺狼窥望,克敌宁乱,非众不济。而山寇旧恶,依阻深地。夫腹心未平，难以图远，可大部伍，取其精锐。"权纳其策。会丹杨贼帅费栈受曹公印绶，扇动山越，为作内应。权遣逊讨栈，应时破散。遂部伍东三郡(寅恪案:《通鉴》六八"建安二十二年"纪此事条胡《注》云:"东三郡，丹阳、新都、会稽也。")，强者为兵，羸者补户，得精卒数万人。

同书一九《诸葛恪传》略云:

恪以丹杨山险，民多果劲，虽前发兵，徒得外县平民而已。其余深远，莫能禽尽，屡自求乞，为官出之，三年可得甲士四万。众议咸以丹杨地势险阻，与吴郡、会稽、新都、鄱阳四郡邻接，周旋数千里，山谷万重，其幽邃民人，未尝入城邑，对长吏，皆杖兵野逸，白首于林莽。逋亡宿恶，咸共逃窜。山出铜铁，自铸甲兵。俗好武习战，高尚气力。其升山赴险，抵突丛棘，若鱼之走渊，猿狖之腾木也。时观间隙，出为寇盗，每致兵征伐，寻其窟藏，其战则蜂至，败则鸟窜，自前世以来，不能羁也。皆以为难。恪父瑾闻之，亦以事终不逮，叹曰:"恪不大兴吾家，将大赤吾族也。"恪盛陈其必捷。〔孙〕权拜恪抚越将军，领丹杨太守。恪到府，乃移书四部(《通鉴》七三"青龙四年"纪此事条胡《注》云:"'四部'当作'四郡'，谓吴郡、会稽、新都、鄱阳，皆与丹阳邻接。山越依阻出没，故令各保其疆界也。或曰:东西南北四部都尉也。"寅恪案:胡氏前说似较胜。)属城长吏，令各保其疆界，明立部伍，其从化平民，悉令屯居。乃分内诸将，罗兵幽阻，但缮藩篱，不与交锋，候其谷稼将熟，辄纵兵芟刈，使无遗种。旧谷既尽，新田不收，平民屯居，略无所入，于是山民饥穷，渐出降首。恪乃复敕下曰:"山民去恶从化，皆当抚慰，徙出外县，不得嫌疑，有所执拘。"于是老幼相携而出，岁期，人数皆如本规。
恪自领万人，余分给诸将。权嘉其功，遣尚书仆射薛综劳军。
综先移恪等曰：山越恃阻，不宾历世。皇帝赫然，命将西
征。元恶既枭，种党归义。荡涤山薮，献戎十万。野无遗寇，
邑罔残奸。既埽凶慝，又充军用。蔾荼稂莠，化为善草。
魑魅魍魉，更成虎士。功轶古人，勋超前世。

寅恪案：陆逊、诸葛恪皆孙氏才杰之臣。史传赞美其绥抚收编山
越之功绩，诚不诬也。吾人依此类纪述，得知越之民族分布于丹
阳、吴郡、会稽、新都、鄱阳诸郡之地，且为善战之民族，可充
精兵之选者。此二事亦与南朝后期民族之演变颇有关系，俟于下
章论之，今暂不涉及。至东晋南朝史乘纪述山越者甚少（如《陈
书》三《世祖纪》亦言及山越，然此为稀见之例也），故兹亦从
略焉。

（下）推　论

赵翼《廿二史劄记》一二"江左世族无功臣"条，其中颇多
疏误。如以齐高帝遗诏自称素族，即是寒族，及目顾荣为寒人之
类。兹以其事非本篇范围，可置不辨。但赵书此条却暗示南朝政
治史及社会史中一大问题，惜赵氏未能阐发其义，即江左历朝皇
室及武装统治阶级转移演变之倾向是也。夫赵氏之所谓功乃指武
功而言，故其所谓功臣，易言之，大抵为南朝善战民族，或武装
阶级之健者。宋、齐、梁、陈四朝创业之君主，皆当时之功臣。
其与其他功臣之差别，仅在其为功臣中最高之首领，以功高不赏
之故，遂取其旧来所拥护之皇室而代之耳。是以谓"江左世族无

功臣"，与言南朝帝室止出于善战之社会阶级无异。此善战之阶级，在江左数百年间之变迁，与南朝境内他种民族之关系，治史之人固应致意研求者也。

江左诸朝之皇室中，始渡江建国之东晋司马氏及篡位而旋失之之楚桓氏。其为北人名族，事实显著，且以时代较前，姑置不论。若宋皇室刘氏，则《南史》一《宋本纪上》（《宋书》一《武帝纪上》略同）略云：

> 宋高祖武皇帝讳裕，彭城县人，姓刘氏。晋氏东迁，刘氏移居晋陵丹徒。

若齐皇室萧氏，则《南史》四《齐本纪上》（《南齐书》一《高帝纪上》略同）略云：

> 齐太祖高皇帝讳道成，姓萧氏。其先本居东海兰陵县。晋元康元年，惠帝分东海郡为兰陵，故复为兰陵郡人。中朝丧乱，皇高祖淮阴令整过江居晋陵武进县。寓居江左者，皆侨置本土。加以南名，更为南兰陵人也。

若梁皇室萧氏，则《南史》六《梁本纪上》（《梁书》一《武帝纪上》略同）略云：

> 梁高祖武皇帝讳衍，南兰陵人，姓萧氏，与齐同承淮阴令整。

若陈皇室陈氏，则《南史》九《陈本纪上》（《陈书》一《高祖纪上》略同）略云：

> 陈高祖武皇帝讳霸先，吴兴长城人，姓陈氏。其本甚微，永嘉中南迁。咸和中土断，故为长城人。

是皆与东晋皇室同时南渡之北人也。刘、陈二族，出自寒微，以武功特起。二萧氏之家世，虽较胜于宋、陈帝室，然本为将家（详见《南齐书》一《高祖纪上》所述皇考承之，及《南史》六《梁本纪上》所记皇考顺之事迹），亦非文化显族，自可以善战之社会阶级视之。然则南朝之政治史概括言之，乃北人中善战之武装寒族为君主领袖，而北人中不善战之文化高门为公卿辅佐。互相利用，以成此江左数百年北人统治之世局也。观于《宋书》一《武帝纪上》所云：

> 海盐令鲍陋遣子嗣之以吴兵一千，请为前驱。高祖曰："吴人不习战，若前驱失利，必败我军。"嗣之追奔，为贼所没。

又同书八一《顾觊之传》（《南史》三五《顾觊之传》同）所云：

> 尝于太祖坐论江左人物，言及顾荣，袁淑谓觊之曰："卿南人怯懦，岂办作贼？"

则在南朝前期北人善战、吴人不善战一点可以证明，而北人江左数百年统治之权所以能确立者，其主因亦在于此，又不待言也。

然江左侨寓之寒族北人，至南朝后期即梁代，亦成为不善战之民族。当时政府乃不能不重用新自北方南来之降人以为将帅。及侯景变起，梁室恃以抗御及平定此乱者，固为新来之北人，而江陵朝廷所倚之纾难救急之将领，亦竟舍囚系待决之逆羯降酋莫属。斯诚江左世局之一大变。无怪乎陈室之兴起，其所任大将多为南方土豪洞主，与东晋刘宋之时情势迥异。若非隋文灭陈，江左偏安之局于是告终，否则依当时大势所趋推之，陈室皇位终必为其武将首领所篡夺，江东大宝或不免轮转而入于南方土族之手耶？

考南朝史乘，侯景变前南人之任将帅以武功显名者，其最著则有吴兴沈氏一族，如田子、林子（见《宋书》一〇〇《自序》），庆之、攸之、文季（见《宋书》七七《沈庆之传》、七四《沈攸之传》、《南齐书》四四《沈文季传》及《南史》三七

《沈庆之传》附攸之、文季传），及王敬则（见《南齐书》二六
《南史》四五《王敬则传》）、陈显达（见《南齐书》二六《南
史》四五《陈显达传》）、陈庆之（见《梁书》三二《南史》
六一《陈庆之传》）诸人。通常言之，凡一原则不能无少数例
外，即如陈庆之者，史言其为义兴国山人，及梁武所谓"本非将
种，亦非豪族"者，南人中得此诚属例外者也。至于王敬则，虽
侨居晋陵南沙县，及接士庶以吴语。（见《南齐书王敬则传》。
寅恪别有《东晋南朝之吴语》一文论及此点，兹不涉及。）然其
家实自临淮射阳迁来（见《南史·王敬则传》），临淮地域之人
正魏伯起之所谓楚也。意者敬则或本是寒门北人而非南人耶？至
其接士庶悉以吴语者，由于出自卑下社会阶级之故。盖南朝疆域
内北语吴语乃士庶阶级之表征，非南北籍贯之分别。其说详见拙
著《东晋南朝之吴语》及《从史实论〈切韵〉》两文中，殊不足
据以断定其南人也。如陈显达之为南彭城人，疑本从彭城迁来，
亦犹齐梁皇室萧氏之为南兰陵人，其先本自江北之兰陵迁来者也
（见前引史文）。惟吴兴沈氏一族，则《宋书·自序》言之极
详。其为吴人，自无可疑。但其家历世名将，尤为善战之族类，
似与南朝吴人不习战之通则不合。

考《世说新语·雅量篇》"王僧弥谢车骑共王小奴许集"条
载王珉骂谢玄之词云：

汝故是吴兴溪中钓碣耳。

刘孝标《注》云：

玄叔父安曾为吴兴，玄少时从之游，故珉云然。

寅恪案："钓碣"之"碣"，今所得见善本俱无异读，但其义实
不可解，颇疑是"猲"字，即"狗"字之讹写（如《荀子》二
《荣辱篇》"乳猲不远游"及"有猲巇之勇者"之例）。正如温

峤目陶侃为溪狗之例（见前论"溪"条）。吴氏《晋书》斠注》及周君均引《太平御览》之文，以证谢玄喜渔钓之事，合以刘氏玄"曾居吴兴"之言，其说似亦可通。然必须吴兴本有溪人，乃可为王珉之语作满意之解释也。又溪人为天师道信徒及善战之民族（亦见前论"溪"条），而吴兴沈氏世奉天师道（见《宋书》一〇〇《自序》及《南史》三七《沈庆之传》附僧昭传。寅恪尝撰《天师道与滨海地域之关系》一文，其论吴兴沈氏条遗沈僧昭事，后已增入。特附识于此），并以将门见称于世（见《南齐书》《南史》沈文季传），则颇有源出于溪族之嫌疑。此吴兴沈氏虽累世贵显，复文采昭著（如沈约之例），而北来世族如褚渊，则以"门户裁之"，如王融，则以蛤蜊同类相讥（见《南史》二一《王弘传》附融传融答沈昭略之语）。所以终不能比数于吴中著姓如朱、张、顾、陆诸家之故欤？若此假定果确，则不独于南朝史事有所阐发，且于难通之《世说新语》中"钓碣"一语亦得一旁证矣。

《颜氏家训·慕贤篇》云：

> 侯景初入建业，台门虽闭，公私草扰，各不自全。太子左卫率羊侃坐东掖门，部分经略，一宿皆办，遂得百余日抗拒凶逆。于是城内四万许人，王公朝士，不下一百，便是恃侃一人安之，其相去如此！

《南史》六三《羊侃传》（《梁书》三九《羊侃传》略同）略云：

> 羊侃，泰山梁父人也。初为尚书郎，以力闻。魏帝常谓曰："郎官谓卿为虎，岂羊质虎皮乎？试作虎状！"侃因伏，以手扶殿，没指。魏帝壮之，赐以珠剑。侃以大通三年至建邺，累迁太子左卫率、侍中。车驾幸乐游苑，侃预宴。时少府奏：新造两刃矟成，长二丈四尺，围一尺三寸。〔梁武〕

帝因赐侃河南国紫騮,令试之。侃执稍上马,左右击刺,特尽其妙。观者登树,帝曰:"此树必为侍中折矣!"俄而果折,因号此稍为"折树稍"。北人降者,唯佩是衣冠余绪,帝宠之逾于他者。谓曰:"朕少时捉稍,形势似卿,今失其旧体,殊觉不奇。"侃少雄勇,膂力绝人,所用弓至二十石,马上用六石弓。尝于兖州尧庙蹋壁,直上至五寻,横行得七迹。泗桥有数石人,长八尺,大十围。侃执以相击,悉皆破碎。

寅恪案:羊侃之勇力如此,岂当日南人所能企及,无怪梁武帝特加宠任,不仅以其为衣冠余绪也。侯景之围建邺,全恃侃一人,以资抗御。迨侃一死,而台城不守矣。庾子山云:"大事去矣,人之云亡。"(《哀江南赋》语)岂不信哉!又梁武与侃言提稍事,可参考《颜氏家训·涉务篇》及《梁书》一四《任昉传》(《南史》五九《任昉传》同)。足证梁武本是将种,平生特长骑稍之技,江左同时辈流,迥非其比。固宜文武兼资,卒取齐室之帝位而代之也。

《颜氏家训·涉务篇》云:

梁世士大夫,皆尚褒衣博带,大冠高履。出则车舆,入则扶侍。郊郭之内,无乘马者。周弘正为宣城王所爱,给一果下马,常服御之,举朝以为放达。至乃尚书郎乘马,则纠劾之。及侯景之乱,肤脆骨柔,不堪行步,体羸气弱,不耐寒暑。坐死仓猝者,往往而然。建康令王复性既儒雅,未尝乘骑,见马嘶歕陆梁,莫不震慑,乃谓人曰:"正是虎,何故名为马乎?"其风俗至此!

《梁书》一四《任昉传》云:

高祖克京邑,霸府初开,以昉为骠骑记室参军。始高

> 祖与昉遇竟陵王西邸，从容谓昉曰："我登三府，当以卿
> 为记室。"昉亦戏高祖曰："我若登三事，当以卿为骑兵。"
> 谓高祖善骑也。

南朝不独倚新自北来之降人羊侃以抗御侯景，更赖新自北来
之降人王僧辩以破灭侯景。下引史文，足资证明。

《梁书》三九《王神念传》（《南史》六三《王神念传》
同）略云：

> 王神念，太原祁人也。仕魏起家州主簿，稍迁颍川太守，
> 遂据郡归款。魏军至，与家属渡江。神念少善骑射，既老不衰，
> 尝于高祖前手执二刀楯，左右交度，驰马往来，冠绝群伍。
> 时复有杨华者（本传附《杨华事略》云："杨华，武都仇
> 池人也。父大眼，为魏名将。华少有勇力，率其部曲来降。"
> 寅恪案：杨华本氏族，其勇力非当时南人所能及，固不待
> 言也），能作"惊军骑"，并一时妙捷，高祖深叹赏之。

同书四五《王僧辩传》（《南史》六三《王神念传》附僧辩传
同）略云：

> 王僧辩，右卫将军神念之子也。以天监中随父来奔。
> 世祖命僧辩即率巴陵诸军，沿流讨〔侯〕景。于是逆寇悉平，
> 京都克定。

梁室不独倚新自北来之降人以破灭侯景，即从事内争，若不
用侯景部下之北将，竟无其他可属任之人。当日南朝将才之缺
乏，于此可见，而永嘉渡江之寒族北人子孙，已与文化高门之士
大夫诸族同为"肤脆骨柔"。观下引史文，得一明证矣。

《梁书》五五《武陵王纪传》（《南史》五三《梁武陵王纪
传》同）略云：

> 纪次于西陵，舳舻翳川，旌甲曜日，军容甚盛。世祖

命护军将军陆法和于硖口夹岸筑二垒，镇江以断之。时陆纳未平，蜀军复逼，物情恇扰，世祖忧焉。法和告急，旬日相继。世祖乃拔任约于狱，以为晋安王司马，撤禁兵以配之。纪筑连城，攻绝铁镞。世祖复于狱拔谢答仁为步兵校尉，配众一旅，上赴法和。纪将侯叡率众缘山，将规进取，任约、谢答仁与战，破之。任约、谢答仁等因进攻侯叡，陷其三垒。于是两岸十余城遂俱降。获纪，杀之于硖口。

永嘉南渡之寒族北人既丧失其原来善战之能力，江东土族遂起而代其任。此南朝后期之将帅，其先世名字所以多不见于南朝前期政治及社会史之故也。《陈书》三五熊昙朗等传论（《南史》八〇侯景、熊昙朗等传伦后段同）云：

> 梁末之灾沴，群凶竞起，郡邑岩穴之长，村屯邬壁之豪，资剽掠以致强，恣陵侮而为大。

寅恪案：侯景之乱，不仅于南朝政治上为巨变，并在江东社会上，亦为一划分时期之大事。其故即在所谓岩穴村屯之豪长乃乘此役兴起，造成南朝民族及社会阶级之变动。盖此等豪酋皆非汉末魏晋宋齐梁以来之三吴士族，而是江左土人，即魏伯起所谓"巴蜀谿俚"诸族。是等族类在此以前除少数例外，大抵为被压迫之下层民族，不得预闻南朝之大政及居社会高等地位者也。

南朝当侯景乱兴，中央政权崩溃之际，岩穴村屯之豪酋乘机竞起，或把持军队，或割据地域，大抵不出两种方式：一为率兵入援建邺，因而坐拥大兵；一为啸聚徒众，乘州郡主将率兵勤王之会，以依法形式，或势力强迫，取代其位。此类之事甚多，不必悉举，兹略引史文数条，已足为例证也。

《陈书》八《侯安都传》（《南史》六六《侯安都传》同）略云：

侯安都，始兴曲江人也，世为郡著姓。善骑射，为邑里雄豪。梁始兴内史萧子范辟为主簿。侯景之乱，招集兵甲，至三千人。高祖入援京邑，安都引兵从高祖，攻蔡路养，破李迁仕，克平侯景，并力战有功。

同书九《侯瑱传》（《南史》六六《侯瑱传》同）略云：

侯瑱，巴西充国人也。世为西蜀酋豪。〔梁鄱阳王萧〕范迁镇合肥，瑱又随之。侯景围台城，范乃遣瑱辅其世子嗣入援京邑。京城陷，瑱与嗣退还合肥，仍随范徙镇滋城。俄而范及嗣皆卒，瑱领其众，据有豫章之地。

同书同卷《欧阳頠传》（《南史》六六《欧阳頠传》同）略云：

欧阳頠，长沙临湘人也，为郡豪族。以言行笃信著闻于岭表。梁左卫将军兰钦之少也，与頠相善，故頠常随钦征讨。钦征交州，复启頠同行。钦度岭，以疾终。頠除临贺内史。侯景构逆，〔衡州刺史韦〕粲自解还都征景，以頠监衡州。京城陷后，岭南互相吞并。梁元帝承制，以始兴郡为东衡州，以頠为刺史。萧勃死后，岭南扰乱。高祖授頠都督衡州诸军事、安南将军、衡州刺史。未至岭南，頠子纥已克定始兴。及頠至，岭南皆慑伏。仍进广州，尽有越地。改授都督广交〔等〕十九州诸军事、广州刺史。

纥累迁都督交广等十九州诸军事，在州十余年，威惠著于百越。太建元年，下诏征纥为左卫将军，遂举兵〔反〕。兵败，伏诛。家口籍没，子询以年幼免。

同书一一《黄法氍传》（《南史》六六《黄法氍传》同）略云：

黄法氍，巴山新建人也。少劲捷有胆力，步行日三百里，距跃三丈。颇便书疏，闲明簿领。出入郡中，为乡闾所惮。侯景之乱，于乡里合徒众。太守贺诩下江州，法氍监知郡事。

同书一三《徐世谱传》（《南史》六七《徐世谱传》同）略云：

> 徐世谱，巴东鱼复人也。世居荆州，为主帅，征伐蛮、蜓。
> 至世谱，尤敢勇，有膂力，善水战。梁元帝之为荆州刺史，
> 世谱将领乡人事焉。侯景之乱，因预征讨，累迁至员外散
> 骑常侍。侯景平后，以功除衡州刺史，资镇（《南史》"镇"
> 作"领"，是）河东太守。江陵陷没，世谱东下依侯瑱。
> 绍泰元年，征为侍中、左卫将军。永定二年，迁护军将军。

同书三五《熊昙朗传》（《南史》八〇《熊昙朗传》同）略云：

> 熊昙朗，豫章南昌人也。世为郡著姓。有膂力。侯景
> 之乱，稍聚少年，据丰城县为栅，桀黠劫盗多附之。梁元
> 帝以为巴山太守。荆州陷，昙朗兵力稍强，劫掠邻县，缚
> 卖居民。山谷之中，最为巨患。时巴山陈定亦拥兵立寨，
> 昙朗伪以女妻定子。又谓定曰："周迪、余孝顷并不愿此婚，
> 必须以强兵来迎。"定乃遣精甲三百，并土豪二十人往迎。
> 既至，昙朗执之，收其马杖，并论价责赎。绍泰二年，昙
> 朗以南川豪师，随例除游骑将军。

同书同卷《周迪传》（《南史》八〇《周迪传》同）略云：

> 周迪，临川南城人也。少居山谷，有膂力，能挽强弩，
> 以弋猎为事。侯景之乱，迪宗人周续起兵于临川。梁始兴
> 王萧毅，以郡让续。迪召募乡人从之，每战必勇冠众军。
> 续所部渠帅皆郡中豪族，稍骄横，续颇禁之。渠帅等并怨望，
> 乃相率杀续，推迪为主。迪乃据有临川之地，筑城于工塘。
> 梁元帝授迪高州刺史。

同书同卷《留异传》（《南史》八〇《留异传》同）略云：

> 留异，东阳长山人也。世为郡著姓。〔异〕为乡里雄豪，
> 多聚恶少，守宰皆患之。梁代为蟹浦戍主，历晋安、安固

二县令。侯景之乱，还乡里，召募士卒。东阳郡丞与异有
隙，引兵诛之，及其妻子。太守沈巡援台，让郡于异。异
使兄子超监知郡事，率兵随巡出都。及京城陷，异随临城
公萧大连，大连委以军事。会〔侯〕景将军宋子仙济浙江。
异奔还乡里，寻以其众降于子仙。侯景署异为东阳太守。
侯景平后，王僧辩使异慰劳东阳，仍纠合乡闾，保据岩阻。
其徒甚盛，州郡惮焉。元帝以为信安令。荆州陷，王僧辩
以异为东阳太守。世祖平定会稽，异虽转输粮馈，而拥擅
一郡，威福在己。绍泰二年以应接之功，除缙州刺史，领
东阳太守。

同书同卷《陈宝应传》(《南史》八〇《陈宝应传》同) 略云：

陈宝应，晋安侯官人也。世为闽中四姓。父羽，有材干，
为郡雄豪。宝应性反覆，多变诈。梁代晋安数反，累杀郡将，
羽初并扇惑，合成其事，后复为官军乡导破之。由是一郡
兵权皆自己出。侯景之乱，晋安太守、宾化侯萧云以郡让
羽。羽年老，但治郡事，令宝应典兵。是时东境饥馑，会
稽尤甚，死者十七八，平民男女并皆自卖，而晋安独丰沃。
宝应自海道寇临安、永嘉及会稽、余姚、诸暨，又载米粟
与之贸易，多致玉帛子女。其有能致舟乘者，亦并奔归之。
由是大致资产，士众强盛。侯景平，元帝因以羽为晋安太守。
高祖辅政，羽请归老，求传郡于宝应。高祖许之。高祖受禅，
授闽州刺史。世祖嗣位，仍命宗正录其本系，编为宗室。

据上引诸人之性质、才力及籍贯事迹推测，则侯安都以《宋
书·徐豁传》证之，颇有俚族之嫌疑。侯瑱本巴地酋豪，徐世谱
源出巴东，殆即所谓巴族。江陵陷后，世谱往依于瑱，或与同族
有关。黄法氍、熊昙朗、周迪诸人，若依《南史·胡谐之传》出

生地域之关系言，恐与"溪狗"同类。《续搜神记》本《桃花源记》载溪人之姓为黄，《尚书故实》复言黄为溪洞豪姓。黄法氍之姓，岂亦共源耶？留异、陈宝应，据地域论，当是越种，未可知也。独欧阳颜一族，史虽称为长沙临湘人，然与岭南殊有关系。周君疑其"少时尝居始兴"，甚有理据。盖《陈书》二一《萧允传》附引传及《南史》一八《萧思话传》附引传，俱有"始兴人欧阳颜"之语。岂长沙之欧阳一族，本自始兴迁来，其目颜为始兴人者，乃以原籍言之耶？

考刘悚《隋唐嘉话》载欧阳颜孙询形貌丑怪事（孟棨《本事诗》同），其文略云：

> 国初长孙太尉（无忌）见欧阳率更（询）姿形甚陋，嘲之曰："耸膊成山字，埋肩畏出头。谁言麟阁上，画此一猕猴。"

据此，询之形貌，当与猿猴相似。至若《太平广记》四四引《续江氏传》记询父纥梁末随兰钦南征，其妻为白猿窃去，有身后，复夺还，因而生询，故询为猿种云云。其语之不经，本无待辨。然《旧唐书》一八九《儒学传上·欧阳询传》（《新唐书》一九八《儒学传上·欧阳询传》同）略云：

> 欧阳询，谭州临湘人，陈大司空頠之孙也。父纥，陈广州刺史，以谋反诛。询当从坐，仅而获免。陈尚书令江总与纥有旧，收养之，教以书计。虽貌甚寝陋，而聪悟绝伦。高丽甚重其书，尝遣使求之。高祖叹曰："不意询之书名远播夷狄，彼观其迹，固谓其形魁梧邪？"

又同书八二《许敬宗传》（《新唐书》二二三《奸臣传·许敬宗传》同）略云：

> 〔贞观〕十年文德皇后崩，百官缞绖。率更令欧阳询

状貌丑异。众或指之，敬宗见而大笑，为御史所劾，左授洪州都督府司马。

则是询本形貌之丑怪，史乘固有明征。虽其遗传所自，源于父系，或母系，或父母二系，皆不可知。若取欧阳氏本出始兴一事参以《宋书》所载徐豁之言，或《通鉴》所载殷阐之语，殆是俚或溪之种欤？夫欧阳氏累世之文学艺术，实为神州文化之光辉，而究其种类渊源所出，乃不得不疑其为蛮族。然则圣人"有教无类"之言岂不信哉！寅恪尝于拙著《隋唐制度渊源略论稿》及《唐代政治史述论稿》中，详论北朝汉人与胡人之分别在文化，而不在种族。兹论南朝民族问题犹斯旨也，故取欧阳氏事以结此篇焉。

（原载一九四四年九月《历史语言研究所集刊》第十一本第一分）

读吴其昌撰《梁启超传》书后

任公先生殁将二十年，其弟子吴子馨君其昌始撰此传。其书未成，仅至戊戌政变，而子馨呕血死。伤哉！任公先生高文博学，近世所罕见。然论者每惜其与中国五十年腐恶之政治不能绝缘，以为先生之不幸。是说也，余窃疑之。尝读元明旧史，见刘藏春、姚逃虚皆以世外闲身而与人家国事。况先生少为儒家之学，本董生国身通一之旨，慕伊尹天民先觉之任，其不能与当时腐恶之政治绝缘，势不得不然。忆洪宪称帝之日，余适旅居旧都，其时颂美袁氏功德者，极丑怪之奇观。深感廉耻道尽，至为痛心。至如国体之为君主抑或民主，则尚为其次者。迨先生《异哉所谓国体问题者》一文出，摧陷廓清，如拨云雾而睹青天。然则先生不能与近世政治绝缘者，实有不获已之故。此则中国之不幸，非独先生之不幸也。又何病焉？

子馨此书，叙戊戌政变，多取材于先生自撰之《戊戌政变记》。此记先生作于情感愤激之时，所言不尽实录。子馨撰此传时，亦为一时之情感所动荡。故此传中关于戊戌政变之记述，犹有待于他日之考订增改者也。

夫戊戌政变已大书深刻于旧朝晚季之史乘，其一时之成败是非，天下后世自有公论，兹不必言。惟先生至长沙主讲时务学堂之始末，则关系先世之旧闻，不得不补叙于此，并明当时之言变法者盖有不同之二源，未可混一论之也。咸丰之世，先祖亦应进士举，居京师。亲见圆明园干霄之火，痛哭南归。其后治军治民，益知中国旧法之不可不变。后交湘阴郭筠仙侍郎嵩焘，极相倾服，许为孤忠闳识。先君亦从郭公论文论学。而郭公者亦颂美西法，当时士大夫目为汉奸国贼，群欲得杀之而甘心者也。至南海康先生治今文《公羊》之学，附会孔子改制以言变法。其与历验世务欲借镜西国以变神州旧法者，本自不同。故先祖、先君见义乌朱鼎甫先生一新《无邪堂答问》驳斥南海《公羊春秋》之说，深以为然。据是可知余家之主变法，其思想源流之所在矣。新会先生居长沙时，余随宦巡署，时方童稚，懵无知识。后游学归国，而先君晚岁多病，未敢以旧事为问。丁丑春，余偶游故宫博物院，见清德宗所阅旧书中，有《时务学堂章程》一册，上有烛烬及油污之迹，盖崇陵乙夜披览之余所遗留者也。归寓举以奉告先君，先君因言聘新会至长沙主讲时务学堂本末。先是嘉应黄公度丈遵宪，力荐南海先生于先祖，请聘其主讲时务学堂。先祖以此询之先君。先君对以曾见新会之文，其所论说似胜于其师，不如舍康而聘梁。先祖许之。因聘新会至长沙。新会主讲时务学堂不久，多患发热病，其所评学生文卷，辞意未甚偏激，不过有开议会等说而已。惟随来助教韩君之评语，颇涉民族革命之意。诸生家属中有与长沙王益吾祭酒先谦相与往还者。葵园先生见之，因得挟以诋訾新政。韩君因是解职。未几新会亦去长沙。此新会主讲时务学堂之本末。而其所以至长沙者，实由先君之特荐。其后先君坐"招引奸邪"镌职，亦有由也。

自戊戌政变后十余年，而中国始开国会，其纷乱妄谬，为天下指笑，新会所尝目睹，亦助当政者发令而解散之矣。自新会殁，又十余年，中日战起。九县三精，飙回雾塞，而所谓民主政治之论，复甚嚣尘上。余少喜临川新法之新，而老同涑水迂叟之迂。盖验以人心之厚薄，民生之荣悴，则知五十年来，如车轮之逆转，似有合于所谓退化论之说者。是以论学论治，迥异时流，而迫于事势，嗫不得发。因读此传，略书数语，付稚女美延藏之。美延当知乃翁此时悲往事，思来者，其忧伤苦痛，不仅如陆务观所云以元祐党家话贞元朝士之感已也。

乙酉孟夏青园病叟陈寅恪书

陶渊明之思想与清谈之关系

古今论陶渊明之文学者甚众，论其思想者较少。至于魏晋两朝清谈内容之演变与陶氏族类及家传之信仰两点以立论者，则浅陋寡闻如寅恪，尚未之见，故兹所论即据此二端以为说，或者可略补前人之所未备欤！

关于渊明血统之属于溪族及家世宗教信仰为天师道一点，涉及两晋南朝史事甚多，寅恪已别著论文专论之，题曰《〈魏书·司马睿传〉"江东民族"条释证及推论》，故于此点不欲重复考论，然此两点实亦密切联系，愿读此文者一并参阅之也。

兹请略言魏晋两朝清谈内容之演变：当魏末西晋时代即清谈之前期，其清谈乃当日政治上之实际问题，与其时士大夫之出处进退至有关系，盖借此以表示本人态度及辩护自身立场者。非若东晋一朝即清谈后期，清谈只为口中或纸上之玄言，已失去政治上之实际性质，仅作名士身份之装饰品者也。

记载魏晋清谈之书今存《世说新语》一种，其书所录诸名士，上起汉代，下迄东晋末刘宋初之谢灵运，即渊明同时之人而止。此时代之可注意者也。其书分别门类，以孔门四科即德行、言语、政事、文学，及识鉴、赏誉、品藻等为目，乃东汉名士品题人伦之遗意。此性质之可注意者也。大抵清谈之兴起，由于东汉末世党锢，诸名士遭政治暴力之摧压，一变其指实之人物品题而为抽象玄理之讨论，启自郭林宗，而成于阮嗣宗，皆避祸远嫌，消极不与其时政治当局合作者也。此义寅恪已于民国二十六年《清华学报》所著《〈逍遥游〉义探原》一文略发之，今可不必远溯其源及备论其事。但从曹魏之末、西晋之初所谓"竹林七贤"者述起，亦得说明清谈演变历程之概况也。

大概言之，所谓"竹林七贤"者，先有"七贤"，即取《论语》"作者七人"之事数，实与东汉末"三君""八厨""八及"等名同为标榜之义。迨西晋之末，僧徒比附内典外书之"格义"风气盛行，东晋初年乃取天竺"竹林"之名加于"七贤"之上，至东晋中叶以后，江左名士孙盛、袁宏、戴逵辈遂著之于书（《魏氏春秋》《竹林名士传》《竹林名士论》），而河北民间亦以其说附会地方名胜，如《水经注》九《清水篇》所载东晋末年人郭缘生撰著之《述征记》中嵇康故居有遗竹之类是也。"七贤"诸人虽为同时辈流，然其中略有区别。以嵇康、阮籍、山涛为领袖，向秀、刘伶次之，王戎、阮咸为附属。王戎从弟衍本不预"七贤"之数，但亦是气类相同之人，可以合并讨论者也。

《晋书》四九《阮籍传》附瞻传云：

> 见司徒王戎，戎问曰："圣人贵名教，老庄明自然，其旨同异？"瞻曰："将无同。"戎谘嗟良久，即命辟之。世人谓之"三语掾"。

《世说新语·文学类》亦载此事，乃作王衍与阮修问对之词，（余可参《艺文类聚》一九、《北堂书钞》六八、《卫玠别传》等）。其实问者之为王戎或王衍，答者之为阮瞻或阮修，皆不关重要，其重要者只是老庄自然与周孔名教相同之说一点，盖此为当时清谈主旨所在。故王公举以问阮掾，而深赏其与己意符合也。

夫老庄自然之旨固易通解，无取赘释，而所谓周孔名教之义则须略为诠证。按《老子》云：

朴散则为器，圣人用之则为官长。

又云：

始制有名。

王弼《注》云：

始制，谓朴散始为官长之时也。始制官长，不可不立名分以定尊卑，故始制有名也。

《庄子·天下篇》云：

春秋以道名分。

故“名教”者，依魏晋人解释，以名为教，即以官长君臣之义为教，亦即入世求仕者所宜奉行者也。其主张与崇尚自然即避世不仕者适相违反，此两者之不同，明白已甚。而所以成为问题者，在当时主张自然与名教互异之士大夫中，其崇尚名教一派之首领，如王祥、何曾、荀𫖮等三大孝，即佐司马氏欺人孤儿寡妇，而致位魏末晋初之三公者也（参《晋书》三三《王祥传》《何曾传》，三九《荀𫖮传》）。其眷怀魏室不趋赴典午者，皆标榜老庄之学，以自然为宗。“七贤”之义即从《论语》“作者七人”而来，则“避世”“避地”固其初旨也。然则当时诸人名教与自然主张之互异，即是自身政治立场之不同，乃实际问题，非止玄想而已。观嵇叔夜《与山巨源绝交书》，声明其不仕当世，即不与司马氏合作之宗旨，宜其为司马氏以其党于不孝之吕安，即坐以违反名教之大罪杀之也。“七贤”之中应推嵇康为第一人，即积极反抗司马氏者。康娶魏武曾孙女，本与曹氏有连（见《魏志》二〇《沛穆王林传》裴《注》引《嵇氏谱》）。与杜预之缔婚司马氏，遂忘父仇，改事新主（依焦循、沈钦韩之说），癖于圣人道名分之《左氏春秋》者，虽其人品绝不相同，而因姻戚之关系，以致影响其政治立场则一也。《魏志》二一《王粲传》裴《注》引嵇喜撰《嵇康传》云：

> 少有俊才，旷迈不群，高亮任性，不修名誉，宽简有大量。学不师授，博洽多闻，长而好老、庄之业。性好服食，常采御上药。善属文论，弹琴咏诗，自足于怀抱之中。以为神仙者，禀之自然，非积学所致。至于导养得理，以尽性命，若安期、彭祖之伦，可以善求而得也。著《养生篇》。知自厚者所以丧其所生，其求益者必失其性，超然独达，遂放世事，纵意于尘埃之表。撰录上古以来圣贤、隐逸、遁心、遗名者，集为传赞，自混沌至于管宁，凡百一十有九人，盖求之于宇宙之内，而发之乎千载之外者矣。故世人莫得而名焉。

裴《注》又引《魏氏春秋》略云：

> 康寓居河内之山阳县，与陈留阮籍、河内山涛、河南向秀、籍兄子咸、琅邪王戎、沛人刘伶相与友善，游于竹林，号为"七贤"。大将军尝欲辟康。康既有绝世之言，又从子不善，避之河东，或云避世。及山涛为选曹郎，举康自代，康答书拒绝，因自说不堪流俗，而非薄汤、武。大将军闻而怒焉。初，康与东平吕昭子巽及巽弟安亲善。会巽淫安妻徐氏，而诬安不孝，囚之。安引康为证，康义不负心，保明其事。安亦至烈，有济世志力。钟会劝大将军因此除之，遂杀安及康。

据此，可知嵇康在当时号为主张老庄之自然，即避世，及违反周礼之名教，即不孝不仕之人，故在当时人心中自然与名教二者不可合一，即义而非同无疑也。

夫主张自然最激烈之领袖嵇康，司马氏以"不孝不仕、违反名教"之罪杀之。（俞正燮《癸巳存稿·书〈文选·幽愤诗〉后》云："乍观之，一似司马氏以名教杀康也者，其实不然也。"寅恪案：司马氏实以当时所谓名教杀康者，理初于此犹未能完全了解。）其余诸主张自然之名士如向秀，据《世说新语·言语类》（参《晋书》四九《向秀传》）云：

> 嵇中散既被诛，向子期举郡计入洛，〔司马〕文王引进，问曰："闻君有箕山之志，何以在此？"对曰："巢许狷介之士，不足多慕。"王大谘嗟。

刘《注》引《向秀别传》略云：

> 〔秀〕少为同郡山涛所知，又与谯国嵇康、东平吕安友善，并有拔俗之韵，其进止无不同，而造事营生业亦不异。常与嵇康偶锻于洛邑，与吕安灌园于山阳，不虑家之有无，外物不足怫其心。弱冠著《儒道论》。后康被诛，秀遂失图，乃应岁举到京师，诣大将军司马文王。文王问曰："闻君有箕山之志，何能自屈？"秀曰："尝谓彼人不达尧意，本非所慕也。"一坐皆说。随次转至黄门侍郎、散骑常侍。

则完全改图失节，弃老庄之自然，遵周孔之名教矣。故自然与名教二者之不可合一，即不相同，在当日名士心中向子期前后言行之互异，乃一具体之例证也。

若阮籍则不似嵇康之积极反晋，而出之以消极之态度，虚与司马氏委蛇，遂得苟全性命。据《魏志》二一《王粲传》（参《晋书》四九《阮籍传》）云：

> 籍才藻艳逸，而倜傥放荡，行己寡欲，以庄周为模则。官至步兵校尉。

裴《注》引《魏氏春秋》略云：

籍旷达不羁，不拘礼俗。性至孝，居丧虽不率常检，而毁几至灭性。后为尚书郎、曹爽参军，以疾归田里。岁余，爽诛，太傅及大将军乃以为从事中郎。后朝论以其名高，欲显崇之，籍以世多故，禄仕而已。闻步兵校尉缺，厨多美酒，营人善酿酒，求为校尉，遂纵酒昏酣，遗落世事。籍口不论人过，而自然高迈，故为礼法之士何曾等深所仇疾。大将军司马文王常保持之，卒以寿终。

《世说新语·任诞类》云：

阮籍遭母丧，在晋文王坐，进酒肉，司隶何曾亦在坐，曰："明公方以孝治天下，而阮籍以重丧，显于公坐，饮酒食肉，宜流之海外，以正风教。"文王曰："嗣宗毁顿如此，君不能共忧之，何谓？且有疾而饮酒食肉，固丧礼也。"籍饮啖不辍，神色自若。

《魏志》一八《李通传》裴《注》引王隐《晋书》所载李秉《家诫》略云：

〔司马文王〕曰："天下之至慎，其惟阮嗣宗乎？吾每与之言，言及玄远，未曾评论时事，臧否人物，真可谓至慎矣。"

可知阮籍虽不及嵇康之始终不屈身司马氏，然所为不过"禄仕"而已，依旧保持其放荡不羁之行为，所以符合老庄自然之旨，故主张名教、身为司马氏佐命元勋如何曾之流欲杀之而后快。观于籍于曾之不能相容，是当时人心中自然与名教不同之又一例证也。夫自然之旨既在养生遂性，则嗣宗之苟全性命仍是自然而非名教。又其言必玄远，不评论时事、臧否人物，则不独用此免杀身之祸，并且将东汉末年党锢诸名士具体指斥政治表示天下是非之言论，一变而为完全抽象玄理之研究，遂开西晋以降清谈之风派。然则世之所谓清谈，实始于郭林宗，而成于阮嗣宗也。

至于刘伶，如《世说新语·任诞类》云：

> 刘伶恒纵酒放达，或脱衣裸形在屋中。

亦不过有托而逃，借此不与司马氏合作之表示，与阮籍之苟全性命同是老庄自然之旨。乐广以为"名教中自有乐地"，非笑此类行为（见《世说新语·德行类》"王平子、胡毋彦国诸人，皆以任放为达，或有裸体者"条及《晋书》四三《乐广传》），足证当时伯伦之放纵乃主张自然之说者，是又自然与名教不同之一例证也。

又若阮咸，则《晋书》四九《阮籍传》附咸传略云：

> 咸任达不拘，与叔父籍为竹林之游，当世礼法者讥其所为。居母丧，纵情越礼。素幸姑之婢，姑当归于夫家，初云留婢，既而自从去。时方有客，咸闻之，遽借客马追婢，既及，与婢累骑而还。（参《世说新语·任诞类》"阮仲容先幸姑家鲜卑婢"条。）

考《世说新语·任诞类》"阮仲容、步兵居道南"条刘《注》引《竹林七贤论》云：

> 诸阮前世皆儒学，善居室，惟咸一家尚道弃事，好酒而贫。

所谓"儒学"即遵行名教之意，所谓"尚道"即崇尚自然之意，不独证明阮咸之崇尚自然，亦可见自然与名教二者之不能合一也。

据上引诸史料，可知魏末名士其初本主张自然、高隐避世之人，至少对于司马氏之创业非积极赞助者。然其中如山涛者，据《世说新语·政事类》"山公以器重朝望"条刘《注》引虞预《晋书》（参《晋书》四三《山涛传》）云：

> 好庄老，与嵇康善。

则巨源本来亦与叔夜同为主张自然之说者。但其人元是司马氏之姻戚（巨源为司马懿妻张氏之中表亲，见《晋书》四三《山涛传》），故卒依附典午，佐成篡业。至王氏戎、衍兄弟，既为晋室开国元勋王祥之同族，戎父浑、衍父乂又皆司马氏之党与，其家世遗传、环境熏习固宜趋附新朝，致身通显也，凡此类因缘可谓之利诱，而嵇康之被杀可谓之威迫。魏末主张自然之名士经过利诱威迫之后，其佯狂放荡，违犯名教，以图免祸，如阮籍、阮咸、刘伶之徒，尚可自解及见谅于世人，盖犹不改其主张自然之初衷也。至若山、王辈，其早岁本崇尚自然，栖隐不仕，后忽变节，立人之朝，跻位宰执，其内惭与否虽非所知，而此等才智之士势必不能不利用一已有之旧说或发明一种新说，以辩护其宗旨反覆、出处变易之弱点。若由此说，则其人可兼尊显之达官与清高之名士于一身，而无所惭忌，既享朝端之富贵，仍存林下之风流。自古名利并收之实例，此其最著者也。故自然与名教相同之说所以成为清谈之核心者，原有其政治上实际适用之功用，而清谈之误国，正在庙堂执政负有最大责任之达官崇尚虚无，口谈玄远，不屑综理世务之故。否则林泉隐逸，清谈玄理，乃其分内应有之事，纵无益于国计民生，亦必不致使"神州陆沉，百年丘墟"也（见《世说新语·轻诋类》"桓公入洛"条及《晋书》九八《桓温传》）。

但阮掾自然与名教相同之说既深契王公之心，而自来无满意详悉之解释者是何故耶？考魏晋清谈以简要为尚，《世说新语·德行类》"王戎、和峤同时遭大丧"条刘《注》引《晋诸公赞》中"锺会荐王戎"之语云：

王戎简要。

又同书《赏誉类上》云：

　　王夷甫自叹：我与乐令谈，未尝不觉我言为烦。

刘《注》引《晋阳秋》（参《晋书》四三《乐广传》）云：

　　乐广善以约言厌人心，其所不知默如也。太尉王夷甫、
　　光禄大夫裴叔则能清言，常曰："与乐君言，觉其简至，
　　吾等皆烦。"

故"三语掾"之三语中，"将无"二语尚是助词，其实仅"同"
之一语，即名教、自然二者相"同"之最简要不烦之结论而已。
夫清谈之传于今日者，大抵为结论之类，而其所以然之故自不易
考知，后人因亦只具一模糊笼统之观念，不能确切指实。寅恪尝
遍检此时代文字之传于今者，然后知即在东晋，其实清谈已无政
治上之实际性，但凡号称"名士"者其出口下笔，无不涉及自然
与名教二者同异之问题。其主张为同为异虽不一致，然未有舍置
此事不论者。盖非讨论及此，无以见其为名士也。旧草《名教自
然同异考》，其文甚繁，兹不备引，惟取袁宏《后汉纪》一书之
论文关于名教自然相同之说，移写数节于下以见例。其实即《后
汉纪》其他诸论中亦多此类之语，可知在当时名士之著述，此类
言说乃不可须臾离之点缀品，由今观之，似可笑而实不可笑也。

　　《后汉纪》（兹所据者为涵芬楼本及四部丛刊本，讹夺极
多，略以意属读，未能详悉校补也）序略云：

　　夫史传之兴所以通古今而笃名教也。丘明之作广大悉
　　备。史迁剖判六家，建立十书，非徒记事而已，信足扶明义教，
　　网罗治体，然未尽之。班固源流周赡，近乎通人之作，然
　　因藉史迁，无所甄明。荀悦才智经纶，足为嘉史，所述当世，
　　大得治功已矣，然名教之本帝王高义韫而未叙。今因前代
　　遗事，略举义教所归，庶以弘敷王道，囗（？）前史之阙。

寅恪案：此袁宏自述著书之主旨，所谓开宗明义之第一语。盖史

籍以《春秋》及《左氏传》为规则，而《春秋》为道名分之书，作史者自应主张名教。然依东晋社会学术空气，既号为名士，则著作史籍，不独须贵名教，亦当兼明自然，即发挥名教与自然相同之义也。今彦伯以为"名教之本韫而未叙"，意指荀氏《汉纪》只言名教，未及自然，故"因前代遗事，略举义教所归"。凡此序中"义教"为名教之变文，全书之议论皆谓自然为名教之本，即"略举义教所归"，所以阐明名教实与自然不异，而"三语掾""将无同"之说得《后汉纪》一书为注脚，始能了解矣。

《后汉纪》二二"桓帝延嘉九年"述李膺、范滂等名士标榜之风气事，其论略云：

> 夫人生合天地之道，感于事动，性之用也，故动用万方，参差百品，莫不顺乎道，本乎性情者。是以为道者，清净无为，少思少欲，冲其心而守之；虽爵以万乘，养以天下，不荣也。为德者言而不华，默而有信，推诚而行之，不愧于鬼神，而况于天下乎？为仁者博施兼爱，崇善济物，得其志而中心倾之，欣然忘己，以为千载一时也。为义者洁轨迹，崇名教，遇其节而明之，虽杀身糜躯，犹未悔也。故因其所弘，则谓之风，节其所托，则谓之流，自风而观，则同异之趣可得而见，以流而寻，则好恶之心于是乎区别。是以古先哲王必节顺群风，而导物为流之途，而各使自尽其业，故能班叙万物之才，以成务经纶王略、直道而行者也。中古陵迟，斯道替矣。春秋之时，战国纵横。高祖之兴，逮乎元成明章之间，自兹以降，而肆直之风盛矣。

寅恪案：彦伯此节议论乃范蔚宗《后汉书·党锢传序》所从出。初观之，殊不明白其意旨所在。详绎之，则知彦伯之意古今世运治乱递变，依老子"失道而后德，失德而后仁，失仁而后义"

以为解释。"本乎性情"即出于自然之意。若"为义者崇名教，虽杀身糜躯，犹未悔也"，意谓为义者虽以崇名教之故，至于杀身，似与自然之旨不合，但探求其本，则名教实由自然递变而来，故名教与自然并非冲突，不过就本末先后言之耳。大抵袁氏之所谓本末，兼涵体用之义，观于下引一节，其义更显。今录此节者，以范蔚宗议论所从出，并附及之，或可供读范书者之参证欤？《后汉纪》二三"灵帝建宁二年"述李膺、范滂诛死事，其论略云：

> 夫称至治者，非贵其无乱，贵万物得所，而不失其情也。言善教者，非贵其无害也，贵性理不伤，性命咸遂也。古之圣人知其如此，故作为名教，平章天下，天下既宁，万物之生全也。保生遂性，久而安之，故名教之益万物之情大也。当其治隆，则资教以全生；及其不足，则立身以重教。然则教也者，存亡之所由也。夫道衰则教亏，幸免同乎苟生；教重则道存，灭身不为徒死，所以固名教也。污隆者，世时之盛衰也，所以世乱而治理不尽，世弊而教道不绝者，任教之人存也。夫称诚而动，以理为心，此情存乎名教者也，内不忘己以为身谋，此利名教者也。情于名教者少，故道深于千载；利名教者众，故道显于当年。盖浓薄之诚异，而远近之义殊也。统体而观，斯利名教者亦有所取也。

寅恪案：此节彦伯发挥自然与名教相同之旨较为明显，文中虽不标出"自然"二字，但"保生遂性"即主张自然之义，盖李、范为名教而杀身，似有妨自然，但名教元为圣人准则自然而设者，是自然为本，名教为末，二者实相为体用，故可谓之"同"也。

《后汉纪》二六"献帝初平二年"述蔡邕宗庙之议，其论略云：

　　夫君臣父子，名教之本也。然则名教之作何为者也？盖准天地之性，求之自然之理，拟议以制其名，因循以弘其教，辩物成器，以通天下之务者也。是以高下莫尚于天地，故贵贱拟斯以辩物；尊卑莫大于父子，故君臣象兹以成器。天地无穷之道，父子不易之体，以无穷之天地，不易之父子，故尊卑永固而不逾，名教大定而不乱，置之六合，充塞宇宙，自今及古，其名不去者也。未有违夫天地之性，而可以序定人伦矣，失乎自然之理，而可以彰明治体者也。末学肤浅，不达名教之本，牵于事用，以惑自然之性，见君臣同于父子，谓之兄弟，可以相传为体，谓友于齐于昭穆，违天地之本，灭自然之性，岂不哀哉！

寅恪案：此节言自然名教相同之义尤为明畅。盖天地父子自然也，尊卑君臣名教也，名教元是准则自然而设置者也。文中"末学肤浅，不达名教之本，牵于事用，以惑自然之性"等语，乃指斥主张自然与名教不同之说者，此彦伯自高声价之词，当时号称名士者所不可少之装饰门面语也。然则袁氏之意以自然为本或体，名教为末或用，而阮瑀对王公之问亦当如是解释，可以无疑矣。

　　东晋名士著作必关涉名教与自然相同问题，袁书多至三十卷，固应及此，即短章小诗如渊明同时名士谢灵运之《从游京口北固应诏诗》（《文选》二二），开始即云：

　　玉玺戒诚信，黄屋示崇高。事为名教用，道以神理超。

寅恪案：郭象注《庄子·逍遥游》云：

　　夫圣人虽在庙堂之上，然其心无异于山林之中，世岂识之哉！徒见其戴黄屋、佩玉玺，便谓足以缨绂其心矣。见其历山川、同民事，便谓足以憔悴其神矣，岂知至至者之不亏哉！

此注亦自然名教合一说，即当日之清谈也。

又依客儿之意，玉玺黄屋皆名教之"事用"也，其本体则为具有神理之道，即所谓自然也。此当日名士纸上之清谈，后读之者不能得其确解，空叹赏其丽词，岂非可笑之甚耶？

夫东晋中晚袁、谢之诗文仅为纸上清谈，读者虽不能解，尚无大关系。至于曹魏、西晋之际，此名教与自然相同一问题，实为当时士大夫出处大节所关，如山涛劝嵇康子绍出仕司马氏之语，为顾亭林所痛恨而深鄙者（《日知录》一三"正始"条）。顾氏据正谊之观点以立论，其苦心固极可钦敬，然于当日士大夫思想蜕变之隐微似犹未达一间，故兹略释巨源之语，以为读史论世之一助。

《世说新语·政事类》云：

> 嵇康被诛后，山公举康子绍为秘书丞。绍谐公出处，
公曰："为君思之久矣，天地四时犹有消息，而况人乎？"

寅恪案："天地四时"即所谓自然也。"犹有消息"者，即有阴晴寒暑之变易也。出仕司马氏，所以成其名教之分义，即当日何曾之流所谓名教也。自然既有变易，则人亦宜仿效其变易，改节易操，出仕父仇矣。斯实名教与自然相同之妙谛，而此老安身立命一生受用之秘诀也。呜呼！今《晋书》以《山涛传》、王戎及衍传先后相次，列于一卷（第四十三卷）。此三人者，均早与嵇、阮之徒同尚老庄自然之说，后则服遵名教，以预人家国事，致身通显。前史所载，虽贤不肖互殊，而获享自然与名教相同之大利，实无以异也。其传先后相次于一卷之中，谁谓不宜哉！

复次，《艺文类聚》四八载晋裴希声《侍中嵇侯碑文》，兹节录其中关于名教与自然相同说之数语于下，即知当时之人其心

中以为嵇绍之死节尽忠虽是名教美事，然伤生害性，似与自然之道违反，故不得不持一名教与自然相同说为之辩护，此固为当日思想潮流中必有之文字。若取与袁彦伯及顾亭林之言较其同异，尤可见古今思想及人物评价之变迁。至其文中所记年月或有讹误，然以时代思想论，其为晋人之作不容疑也。其文略云：

> 夫君亲之重，非名教之谓也。爱敬出于自然，而忠孝之道毕矣。朴散真离，背生殉利，礼法之兴，于斯为薄。悲夫！

> 铭曰：

> 在亲成孝，于敬成忠。

《世说新语》，记录魏晋清谈之书也。其书上及汉代者，不过追溯原起，以期完备之意。惟其下迄东晋之末刘宋之初迄于谢灵运，固由其书作者只能述至其所生时代之大名士而止，然在吾国中古思想史，则殊有重大意义。盖起自汉末之清谈适至此时代而消灭，是临川康王不自觉中却于此建立一划分时代之界石，及编完一部清谈之全集也。前已言清谈在东汉晚年曹魏季世及西晋初期皆与当日士大夫政治态度实际生活有密切关系，至东晋时代，则成口头虚语、纸上空文，仅为名士之装饰品而已。夫清谈既与实际生活无关，自难维持发展，而有渐次衰歇之势，何况东晋、刘宋之际，天竺佛教大乘玄义先后经道安、慧远之整理，鸠摩罗什师弟之介绍，开震旦思想史从来未有之胜境，实于纷乱之世界、烦闷之心情具指迷救苦之功用，宜乎当时士大夫对于此新学说惊服欢迎之不暇。回顾旧日之清谈，实为无味之鸡肋，已陈之刍狗，遂捐弃之而不惜也。

以上略述渊明之前魏晋以来清谈发展演变之历程既竟，兹方论渊明之思想。盖必如是，乃可认识其特殊之见解，与思想史上之地位也。凡研究渊明作品之人莫不首先遇一至难之问题，即何以绝不发见其受佛教影响是也。以渊明之与莲社诸贤，生既同时，居复相接，除有人事交际之记载而外，其他若莲社高贤传所记闻钟悟道等说皆不可信之物语也。陶集中诗文实未见赞同或反对能仁教义之单词只句，是果何故耶？

尝考两晋南北朝之士大夫，其家世奉奉天师道者，对于周孔世法，本无冲突之处，故无赞同或反对之问题。惟对于佛教则可分三派：一为保持家传之道法，而排斥佛教，其最显著之例为范缜（见《梁书》四八《南史》五七《儒林传·范缜传》，及拙著《天师道与滨海地域之关系》文中论范蔚宗条），其神灭之论震动一时。今观僧祐《弘明集》第八、第九两卷所载梁室君臣往复辨难之言说，足征子真守护家传信仰之笃至矣。二为弃舍其家世相传之天师道，而皈依佛法，如梁武帝是其最显著之例，道宣《广弘明集》四载其《舍事道法》文略云：

> 维天监三年四月，梁国皇帝兰陵萧衍稽首和南十方诸佛、十方尊法、十方圣僧。弟子经迟迷荒，耽事老子，历叶相承，染此邪法。习因善发，弃迷知返。今舍弃旧医，归凭正觉，不乐依。老子教，暂得生天，涉大乘心，离二乘念，正顾诸佛证明，菩萨摄受！弟子萧衍和南。

又《弘明集》一二所载护持佛法诸文之作者，如范泰，即蔚宗之父，与子真为同族，及琅邪王谧，皆出于天师道世家而归依佛教者，此例甚多，无待详举矣。三为持调停道、佛二家之态度，即不尽弃家世遗传之天师道，但亦兼采外来之释迦教义，如南齐之孔稚珪是其例也。孔氏本为笃信天师道之世家（见《南齐书》四八《孔稚珪传》、《南史》四九《孔珪传》，及拙著《天师道与滨海地域之关系》文中论范蔚宗条），《弘明集》一一载其《答萧司徒（竟陵王子良）》第一书略云：

> 民积世门业，依奉李老。民仰攀先轨，自绝秋尘，而宗心所向，犹未敢坠。至于大觉明教，般若正源，民生平所崇，初不违背。民斋敬归依，早自净信，所以未变衣钵，眷黄老者，实以门业有本，不忍一日顿弃，心世有源，不欲终朝悔遁。既以二道大同，本不敢惜心回向，实顾言称先业，直不忍弃门志耳。民之愚心，正执门范，情于释、老，非敢异同。始私追寻民门，昔尝明一同之义，经以此训张融，融乃著通源之论，其名少子。（寅恪案：《弘明集》六载张融《门论》略云：吾门世恭佛，舅氏奉道。汝可专遵于佛迹，无侮于道本。少子致书诸游生者。）

其第二书云：

> 民今心之所归，辄归明公之一向，道家戒善，故与佛家同耳。两同之处，民不苟舍道法。道之所异，辄婉辄入公大乘。

鄙意渊明当属于第一派，盖其平生保持陶氏世传之天师道信仰，虽服膺儒术，而不归命释迦也。凡两种不同之教徒往往不能相容，其有捐弃旧日之信仰而皈依他教者，必为对于其夙宗之教义无创辟胜解之人也。中国自来号称儒释道三教，其实儒家非真正之宗教，决不能与释道二家并论。故外服儒风之士可以内宗佛理，或潜修道行，其间并无所冲突。他时代姑不置论，就渊明所生之东晋南北朝诸士大夫而言，江右琅邪王氏及河北清河崔氏本皆天师道世家，亦为儒学世家，斯其显证。然此等天师道世家中多有出入佛教之人，惟皆为对于其家传信仰不能独具胜解者也。至若对于其家传之天师道之教义具有创辟胜解之人，如河北之清河崔浩者，当日之儒宗也，其人对于家传之教义不仅笃信，且思革新，故一方结合寇谦之，"除去三张伪法、钱税及男女合气之术"，一方利用拓拔焘毁灭佛教（详见《魏书》一一四《释老志》及同书二五《崔浩传》、《北史》二一《崔宏传》附浩传），尤为特著之例。渊明之为人虽与崔伯渊异，然其种姓出于世奉天师道之溪族（见拙著《〈魏书·司马睿传〉"江东民族"条释证及推论》），其关于道家自然之说别有进一步之创解（见下文），宜其于同时同地慧远诸佛教徒之学说竟若充耳不闻也。渊明著作文传于世者不多，就中最可窥见其宗旨者，莫如《形影神》赠答释诗，至《归去来辞》《桃花源记》《自祭文》等尚未能充分表示其思想，而此三首诗之所以难解亦由于是也。此三首诗实代表自曹魏末至东晋时士大夫政治思想人生观演变之历程及渊明己身创获之结论，即依据此结论以安身立命者也。前已言魏末晋初名士如嵇康、阮籍叔侄之流是自然而非名教者也，何曾之流是名教而非自然者也，山涛、王戎兄弟则老庄与周孔并尚，以自然名教为两是者也。其尚老庄是自然者，或避世，或禄仕，对于当时政权持反抗或消极不合作之态度；其崇尚周孔是名教者，则干世求进，对于当时政权持积极赞助之态度，故此二派之人往往互相非诋。其周孔老庄并崇、自然名教两是之徒，则前日退隐为高士，晚节急仕至达官，名利兼收，实最无耻之巧宦也。时移世易，又成来复之象，东晋之末叶，宛如曹魏之季年。渊明生值其时，既不尽同嵇康之自然，更有异何曾之名教，且不主名教自然相同之说如山、王辈之所为。盖其己身之创解乃一种新自然说，与嵇、阮之旧自然说殊异。惟其仍是自然，故消极不与新朝合作，虽"篇篇有酒"（昭明太子《陶渊明集序》语），而无沉湎任诞之行及服食求长生之志。夫渊明既有如是创辟之胜解，自可以安身立命，无须乞灵于西土远来之学说，而后世佛徒妄造物语，以为附会，抑何可笑之甚耶？

兹取《形影神》赠答释诗略释之于下：

形影神（并序）

贵贱贤愚，莫不营营以惜生，斯甚惑焉。故极陈形影之苦，言神辨自然以释之。好事君子，共取其心焉。

寅恪案："惜生"不独指旧日自然说者之服食求长生，亦兼谓名教说者孜孜为善，立名不朽，仍是重视无形之长生，故所以皆苦也。兹言"神辨自然"，可知神之主张即渊明之创解，亦自然说也。今以"新自然说"名之，以别于中散等之"旧自然说"焉。

形赠影

寅恪案：此首渊明非旧自然说之言也。

天地长不没，山川无改时。草木得常理，霜露荣悴之。

谓人最灵智，独复不如兹！适见在世中，奄去靡归期。奚觉无一人，亲识岂相思？但余平生物，举目情凄洏。

寅恪案：此节言人生不如大自然之长久也。

诗又云：

我无腾化术，必尔不复疑。愿君取吾言，得酒莫苟辞。

寅恪案：此诗结语谓主张旧自然说者求长生学神仙（主旧自然说者大都学神仙，至嵇叔夜以神仙非积学所致，乃一例外也）为不可能。但主旧自然说者如阮籍、刘伶诸人借沉湎于酒，以图苟全性命，或差可耳。此非旧自然说之言也。

影答形

寅恪案：托为是名教者非旧自然说之言也。

存生不可言，卫生每苦拙。诚愿游昆华，邈然兹道绝。

寅恪案：此数句承形赠影诗结语，谓长生不可期，神仙不可求也。

诗又云：

> 与子相遇来，未尝异悲悦。憩荫若暂乖，止日终不别。
>
> 此同既难常，黯尔俱时灭。

寅恪案：此节申言旧自然说之非也。

诗又云：

> 身没名亦尽，念之五情热。立善有遗爱，胡为不自竭？

寅恪案：此托为主张名教者之言，盖长生既不可得，则惟有立名即立善可以不朽，所以期精神上之长生，此正周孔名教之义，与道家自然之旨迥殊，何曾、乐广所以深恶及非笑阮籍、王澄、胡毋辅之辈也。

神释

寅恪案：此首之意谓形所代表之旧自然说与影所代表之名教说之两非，且互相冲突，不能合一，但己身别有发明之新自然说，实可以皈依，遂托于神之言，两破旧义，独申创解。所以结束二百年学术思想之主流，政治社会之变局，岂仅渊明一人安身立命之所在而已哉！

> 大钧无私力，万理自森著。人为三才中，岂不以我故。
>
> 与君虽异物，生而相依附。结托善恶同，安得不相语。

寅恪案：此节明神之所以特贵于形影，实渊明之所自托，宜其作如是言也。或疑渊明之专神至此，殆不免受佛教影响，然观此首结语"应尽便须尽，无复独多虑"之句，则渊明固亦与范缜同主神灭论者。缜本世奉天师道，而渊明于其家传之教义尤有所创获，此二人同主神灭之说，必非偶然也。

又子真所著《神灭论》云："若知陶甄禀于自然，森罗均于独化，忽焉自有，恍尔而无，来也不御，去也不追，乘乎天理，各安其性。"则与渊明《神释》诗所谓"纵浪大化中，不喜亦不惧。应尽便须尽，无复独多虑"，及《归去来辞》所谓"聊乘化以归尽，乐夫天命复奚疑"等语旨趣符合。惟渊明生世在子真之前，可谓"孤明先发"（慧皎《高僧传》赞美道生之语）耳。陶、范俱天师道世家，其思想冥会如此，故治魏晋南北朝思想史，而不究家世信仰问题，则其所言恐不免皮相。此点斯篇固不能详论，然即依陶、范旨趣符同一端以为例论而推之，亦可以思过半矣。

或疑陶公《乞食》诗"冥报以相贻"之句与释氏之说有关，不知老人结草之物语实在佛教入中国之前，且释氏冥报之义复由后世道家采入其教义，故渊明此语无论其为词汇问题，抑或宗教问题，若果涉宗教，则当是道教，未必为佛教也。

诗又云：

> 三皇大圣人，今复在何处？

寅恪案：此反诘影所谓"身没名亦尽，念之五情热。立善有遗爱，胡为不自竭"之语，乃非名教之说也。

诗又云：

> 彭祖寿永年，欲留不得住。老少同一死，贤愚无复数。

寅恪案：此非主旧自然说者长生求仙之论，兼非主名教说者立善不朽及遗爱之言也。

诗又云：

> 日醉或能忘，将非促龄具？

寅恪案：此驳形"得酒莫苟辞"之语，意谓主旧自然说者沉湎于酒，欲以全生，岂知其反伤生也。

诗又云：

> 立善常所欣，谁当为汝誉？

寅恪案：此驳影"立善有遗爱，胡为不自竭"之语，盖既无誉者，则将何所遗耶？此非名教之言也。

诗又云：

甚念伤吾生，正宜委运去。纵浪大化中，不喜亦不惧。

应尽便须尽，无复独多虑。

寅恪案：此诗结语意谓旧自然说与名教说之两非，而新自然说之要旨在委运任化。夫运化亦自然也，既随顺自然，与自然混同，则认己身亦自然之一部，而不须更别求腾化之术，如主旧自然说者之所为也。但此委运任化，混同自然之旨，自不可谓其非自然说，斯所以别称之为新自然说也。考陶公之新解仍从道教自然说演进而来，与后来道士受佛教禅宗影响所改革之教义不期冥合，是固为学术思想演进之所必致，而渊明则在千年以前已在其家传信仰中达到此阶段矣。古今论陶公者旨未尝及此，实有特为指出之必要也。

又《归去来辞》结语"聊乘化以归尽，乐夫天命复奚疑"，乃一篇主旨，亦即《神释》诗所谓"甚念伤吾生，正宜委运去。纵浪大化中，不喜亦不惧。应尽便须尽，无复独多虑"之意，二篇主旨可以互证。又《自祭文》中"乐天委分，以至百年"，亦即《神释》诗"正宜委运去"及"应尽便须尽"之义也。至文中"惟此百年，夫人爱之。惧彼无成，愒日惜时。存为世珍，没亦见思"，乃《影答形》诗"身没名亦尽，念之五情热。立善有遗爱，胡为不自竭"之意，盖主名教说者之言，其下即接以"嗟我独迈，曾是异兹。宠非己荣，涅岂吾淄？捽兀穷庐，酣饮赋诗。识运知命，畴能罔眷？余今斯化，可以无恨"。则言己所为异趣，乃在"识运知命"，即"乘化归尽，乐夫天命"之旨，实以名教说为非，可知渊明始终是天师教信徒，而道教为自然主义。渊明虽异于嵇、阮之旧自然说，但仍不离自然主义，殊无可疑也。

又《弘明集》五释慧远《沙门不敬王者论·出家二》云：

其为教也，达患累缘于有身，不存身以息患，知生生由于禀化，不顺化以求宗。

是则与渊明所得持任生委运、乘化乐天之宗旨完全相反，陶令绝对未受远公佛教之影响益可证明矣。

又远公此论之《在家一》中"是故因亲以教爱，使民知有自然之恩，因严以教敬，使民知有自然之重"。及《体极不兼应四》中"常以为道法之与名教，如来之与尧孔，发致虽殊，潜相影响，出处诚异，终期则同"等语，仍是东晋名士自然与名教相同之流行言论，不过远公以释迦易老庄耳。渊明宗旨实有异于此，斯又陶令思想与远公无关之一证也。

复次，《桃花源记》为描写当时坞壁之生活，而加以理想化者，非全无根据之文也。详见拙著《〈桃花源记〉旁证》及《〈魏书·司马睿传〉"江东民族"条释证及推论》，兹不备及。惟有一事特可注意者，即渊明理想中之社会无君臣官长尊卑名分之制度，王介甫《桃源行》"虽有父子无君臣"之句深得其旨，盖此文乃是自然而非名教之作品，借以表示其不与刘寄奴新政权合作之意也。

又《五柳先生传》为渊明自传之文。文字虽甚短，而述性嗜酒一节最长。嗜酒非仅实录，如见于诗中饮酒、止酒、述酒及其关涉酒之文字，乃远承阮、刘之遗风，实一种与当时政权不合作态度之表示，其是自然非名教之意显然可知，故渊明之主张自然，无论其为前人旧说或己身新解，俱与当日实际政治有关，不仅是抽象玄理无疑也。

取魏晋之际持自然说最著之嵇康及阮籍与渊明比较，则渊明之嗜酒禄仕，及与刘宋诸臣王弘、颜延之交际往来，得以考终牖下，固与嗣宗相似，然如《咏荆轲》诗之慷慨激昂及《读山海经》诗精卫刑天之句，情见乎词，则又颇近叔夜之元直矣。总之，渊明政治上之主张，沈约《宋书》渊明传所谓"自以曾祖晋世宰辅，耻复屈身异代，自〔宋〕高祖王业渐降，不复肯仕"，最为可信。与嵇康之为曹魏国姻，因而反抗司马氏者，正复相同。此嵇、陶符同之点实与所主张之自然说互为因果，盖研究当时士大夫之言行出处者，必以详知其家世之姻族联系及宗教信仰二事为先决条件，此为治史者之常识，无待赘论也。近日梁启超氏于其所撰《陶渊明之文艺及其品格》一文中谓"其实渊明只是看不过当日仕途混浊，不屑与那些热官为伍，倒不在乎刘裕的王业隆与不隆""若说所争在甚么姓司马的，未免把他看小了"，及"宋以后批评陶诗的人最恭维他耻事二姓，这种论调我们是最不赞成的"。斯则任公先生取己身之思想经历，以解释古人之志尚行动，故按诸渊明所生之时代，所出之家世，所遗传之旧教，所发明之新说，皆所难通，自不足据之以疑沈休文之实录也。

又渊明虽不似主旧自然说者之求长生学神仙，然其天师道之家传信仰终不能无所影响，其《读〈山海经〉》诗云："泛览《周王传》，流观《山海图》。"盖《穆天子传》《山海经》俱属道家秘籍，而为东晋初期人郭璞所注解，景纯不是道家方士，故笃好之如此，渊明于斯亦习气未除，不觉形之吟咏，不可视同偶尔兴怀，如《咏荆轲》《咏三良》《读史述》《扇上画赞》之类也。兹论渊明思想，因并附及之，以求教于读陶诗者。

今请以数语概括渊明之思想如下：

渊明之思想为承袭魏晋清谈演变之结果及依据其家世信仰道教之自然说而创改之新自然说。惟其为主自然说者，故非名教说，并以自然与名教不相同。但其非名教之意仅限于不与当时政治势力合作，而不似阮籍、刘伶辈之佯狂任诞。盖主新自然说者不须如主旧自然说之积极抵触名教也。又新自然说不似旧自然说之养此有形之生命，或别学神仙，惟求融合精神于运化之中，即与大自然为一体。因其如此，既无旧自然说形骸物质之滞累，自不致与周孔入世之名教说有所触碍。故渊明之为人实外儒而内道，舍释迦而宗天师者也。推其造诣所极，殆与千年后之道教采取禅宗学说以改进其教义者，颇有近似之处。然则就其旧义革新，"孤明先发"而论，实为吾国中古时代之大思想家，岂仅文学品节居古今之第一流，为世所共知者而已哉！

（一九四五年哈佛燕京学社在成都出版单行本）

读《东城老父传》

　　《太平广记》四八五《杂传记类·东城老父传》题"陈鸿撰"。然传文中作者自称其名凡四处。

　　一曰：

　　　　元和中，颍川陈鸿祖携友人出春明门。

　　二曰：

　　　　宿鸿祖于斋舍。

　　三曰：

　　　　鸿祖问开元之理乱。

　　四曰：

　　　　鸿祖默不敢应而去。

是此传作者之名为鸿祖，绝无疑义，而《广记》所以题陈鸿之故，殆由传写者习知《长恨歌传》撰人即太和时（《新唐书》五九《艺文志·子部·小说类》"元和"误作"贞元"）主客郎中字大亮之陈鸿姓名，遂致讹耳。《全唐文》六一二收陈鸿文共三篇，而《长恨歌传》馆臣以其言近猥琐妄诞，故不见录。其卷七二〇复别收陈鸿祖文，止一篇，即此传是也。近日学人有考证此传者，亦袭旧误，混陈鸿与陈鸿祖为一人。（寅恪案：陈鸿为贞元二十一年乙酉进士，见徐松《登科记考》一五。陈鸿《大统纪序》自言"贞元丁酉岁登太常第"。其"丁酉"乃"乙酉"之讹写，非"丁卯""丁丑"之误文也。徐氏考订甚精，兹不具述。）且云：

> 清修《全唐文》，录鸿文三篇，而此二篇（指此传及《长恨歌传》）不收。

盖偶尔失检，未足为病也。至鸿祖始末，《全唐文》小传仅言其为颍川人，亦即出于此传"元和中，颍川陈鸿祖携友人出春明门"之语，然则其他无考，从可知矣。兹于传文不欲多所论证，惟略诠译其中三事如下：

（一）传文云：

> 老人岁时伏腊得归休。行都市间，见有卖白衫白叠布。行邻比廛间，有人禳病，法用皂布一匹，持重价不克致，竟以幞头罗代之。近者老人扶杖出门，阅街衢中，东西南北视之，见白衫者不满百，岂天下之人皆执兵乎？

寅恪案：老人意谓昔时兵少，而今日兵多。盖平民衣白，而兵士衣皂故也。据《旧唐书》四五《舆服志》（参《旧唐书》一二《礼乐志》、《新唐书》二四《车服志》）云：

> 〔隋大业〕六年，复诏从驾涉远者，文武官等皆戎衣。贵贱异等，杂用五色。五品以上通着紫袍，六品以下兼用绯绿；胥吏以青，庶人以白，屠商以皂，士卒以黄。武德初，因隋旧制。

是唐初庶人衣白，士卒衣黄也。然《通典》一六九《刑典》"守正"条载"潘好礼纂徐有功事迹中丘神鼎案"有"黑袄子即是武夫之衣"等语，其下文"黑袄"亦作"皂袄"或"皂衣"，是武则天时士卒已衣皂矣。《唐会要》七二《军杂录》云：

> 广德二年三月，禁王公百吏家及百姓着皂衫及压耳帽子，异诸军官健也。

> 开成元年正月敕：坊市百姓，甚多着绯皂开后袄子，
> 假托军司。自今已后，宜令禁断。

斯又唐中叶后士卒衣皂之明证也。又《唐语林》七《补遗》云：

> 唐末士人之衣尚黑，故有紫绿，有黑紫。迫兵起，士
> 庶之衣具皂。此其谶也。

王谠此条所录属于唐末范围，虽与东城老父之时代先后不
同，然其以皂色为兵起之谶，固兵卒衣皂之一旁证也。

至唐玄宗末及宪宗初之兵额，则据《旧唐书》一四《宪宗
纪上》"元和二年十二月己卯史官李吉甫撰《元和国计簿》"条
（参《新唐书》五二《食货志》末，及《通鉴》二三七"元和二
年"末条）云：

> 比量天宝，供税之户则四分有一。天下兵戎，仰给县
> 官者八十三万余人。比量天宝，士马则三分加一，率以两
> 户资一兵。

又据《旧唐书》一七下《文宗纪》"开成二年正月庚寅，户部
侍郎判度支王彦威进所撰《供军图》，略序"（参《旧唐书》
一五七《新唐书》一六四《王彦威传》）曰：

> 至德、乾元之后，迄于贞元、元和之际，天下有观察者十，
> 节度二十有九，防御者四，经略者三。掎角之师，犬牙相制，
> 大都通邑，无不有兵。约计中外兵额至八十余万。长庆户
> 口凡三百三十五万，而兵额又约九十九万。通计三户资奉
> 一兵。

此李赵公、王靖公所举统计之数，可与老人之言参证者也。

（二）传文又云：

> 开元十二年，诏三省侍郎有缺，先求曾任刺史者。郎
> 官缺，先求曾任县令者。及老人见四十三省郎吏，有理刑

才名，大者出刺郡，小者镇县。自老人居大道旁，往往有
郡太守休马于此，皆惨然不乐朝廷沙汰使治郡。

寅恪案："三省"谓尚书、门下省及中书省也。此为唐代官制，
人所习知，无待释证。所可注意者，为"四十三省郎吏"一辞。
夫唐代之无四十三省，固不必论。考《玉台新咏》一《古乐府
诗》六首之一《日出东南隅行》一作《陌上桑》云：

> 三十侍中郎，四十专城居。

《古乐府诗》所云"专城"，即任地方长吏之义，亦即老人
所言"大者出刺郡"及"郡太守"之谓。此为唐人文中习惯用
语，如孙光宪《北梦琐言》九"李氏女"条引刘山甫《金溪闲
谈》略云：

> 唐广明中，黄巢犯阙，大驾幸蜀。有西班李将军女，
> 奔波随人，迤逦达兴元。骨肉分散，无所依托。适值凤翔
> 奏将军董司马者，乃诲其门阀，以身托之，得至于蜀。寻
> 访亲眷，知在行朝。始谓董生曰："人各有偶，难为偕老，
> 请自此辞。"董生惊愕，遂下其山矣。

此所谓"下山"，乃用《玉台新咏》一《古诗八首》之一，
"上山采蘼芜，下山逢故夫"之句。故"下山"谓"逢故夫"
也。唐人作品中，其例颇多，不暇详举。凡属此类，皆用人所共
知之诗句或成语，留取其前部分，而省略其后部分。唐人所谓歇
后诗体，颇疑实与此有关。检《新唐书》一八三《郑綮传》（参
《旧唐书》一七九《郑綮传》、《通鉴》二五九《唐纪》"昭宗
乾宁元年二月"条及《考异》，并《北梦琐言》七"郑綮相诗"
条及《唐诗纪事》"郑綮"条）云：

> 大顺后，王政微。綮每以诗谣托讽，中人有诵之天子
> 前者。昭宗意其有所蕴未尽，因有司上班簿，遂署其侧曰："可

礼部侍郎、同中书门下平章事。"綮本善诗，其语多俳谐，
故使落调，世共号"郑五歇后体"。至是，省史走其家上谒。
綮笑曰："诸君误矣。人皆不识字，宰相亦不及我。"史言
不妄。俄闻制诏下，叹曰："万一然，笑杀天下人。"既视事，
宗戚诣庆，搔首曰："歇后郑五作宰相，事可知矣。"

寅恪案：郑五作"歇后体"诗，"故使落调"（《旧唐书》作
"故落格调"）。胡三省注《通鉴》，释"歇后"之意云："歇
后者，叙所以为诗，而歇后语不发。"故梅涧之意，谓所歇落者
乃语辞，与《两唐书》称所歇落者为"格调"有异也。《全唐
诗》第二十二函载郑綮诗三首，皆为通常诗体。《谐谑类》二复
载綮诗两题，一出《旧唐书》，一出《北梦琐言》。虽是俳词，
然亦未能确切证明"落调"之说。今姑以意揣之，无论所歇落者
为格调，抑或语辞，但必是与上文高低相反，或密切联系。前者
乃《两唐书》格调之说，后者乃《通鉴》胡《注》语辞之释，学
者当两存之，以待详考。兹有可注意者，即此歇后诗体流行以
前，社会一般文字中，必有仅举语辞之上半，而待读者解悟其未
发之下半者。若此说不谬，《东城老父传》之"四十"、《北梦
琐言》之"下其山"，皆其例证也。然则"四十三省郎吏"一
词，实后来歇后体之先驱。蕴武因得利用当日文字固有之习惯以
托讽，而昭宗亦据以疑其有所蕴蓄未尽也。寅恪昔岁读郑传，未
能通解。今以暇日补证旧稿，遂附录子京之文并著鄙说于此，以
求通人之教正。一时臆度所及，殊不敢自信。惭老学之无成，忆
宿疑之犹在，残年废疾，益深烛武师丹之感矣。

（三）传文末结语云：

〔老人〕复言曰："上皇北臣穹庐，东臣鸡林，南臣滇池，
西臣昆夷。三岁一来会，朝觐之礼容，临照之恩泽，衣之锦絮，

饲之酒食，使展事而去。都中无留外国宾。今北胡与京师杂处，娶妻生子，长安中少年有胡心矣。吾子视首饰靴服之制，不与向同，得非物妖乎？"鸿祖默不敢应而去。

寅恪案：《新唐书》一七〇《王锷传》云：

> 德宗擢为鸿胪少卿。先是，天宝末，西域朝贡酋长及安西、北庭校吏岁集京师者数千人，陇右既陷，不得归，皆仰禀鸿胪礼宾，月四万缗，凡四十年，名田养子孙如编民。至是，锷悉籍名王以下无虑四千人，畜马二千，奏皆停给。宰相李泌尽以隶左右神策军，以酋长署牙将，岁省五十万缗。帝嘉其公，擢容管经略使。

《通鉴》二三二"贞元三年七月"条云：

> 初，河、陇既没于吐蕃，自天宝以来，安西、北庭奏事及西域使人在长安者，归路既绝，人马皆仰给于鸿胪礼宾。委府县供之，于度支受直。度支不时付直，长安市肆不胜其弊。李泌知胡客留长安久者或四十余年，皆有妻子，买田宅，举质取利，安居不欲归。命检括胡客有田宅者，停其给。凡得四千人，将停其给。胡客皆诣政府诉之，泌曰："此皆从来宰相之过，岂有外国朝贡使者留京师数十年不听归乎？今当假道于回纥，或自海道，各遣归国。有不愿归，当于鸿胪自陈，授以职位，给俸禄，为唐臣。人生当乘时展用，岂可终身客死邪？"于是胡客无一人愿归者。泌皆分隶神策两军，王子、使者为散兵马使或押牙，余皆为卒，禁旅益壮。鸿胪所给胡客才十余人，岁省度支钱五十万缗。市人皆喜。

寅恪案：《通鉴》此条取自李繁《邺侯家传》，与《新唐书·王锷传》所纪实为一事，共出一源。不过归美泌、锷，二书各有不同而已。

又《白氏长庆集》四《新乐府·西凉伎》前段云：

> 西凉伎，假面胡人假师子。刻木为头丝作尾，金镀眼睛银帖齿。奋迅毛衣摆双耳，如从流沙来万里。紫髯深目两胡儿，鼓舞跳梁前致辞。应似凉州未陷日，安西都护进来时。须臾云得新消息，安西路绝归不得。泣向师子涕双垂，凉州陷没知不知。师子回头向西望，哀吼一声观者悲。贞元边将爱此曲，醉坐笑看看不足。享宾犒士宴三军，师子胡儿长在目。

寅恪案：当日西北胡人路绝思归之悲苦，形于伎乐，盛行一时既如此，则西北胡人留滞不得归者，其为数之众可以推知也。故贞元、元和之时长安胡服之流行，必与胡人侨寓者之众多有关。若《白氏长庆集》四《新乐府·时世妆》所云"斜红不晕赭面状"及"元和妆梳君记取，髻椎面赭非华风"之赭面，则疑受吐蕃影响（参《旧唐书》一九六上《新唐书》二一六上《吐蕃传》、《唐会要》九七"吐蕃"条。敦煌写本《于阗国记》亦目吐蕃为赤面国，俱可证也），而与西域胡人无关也。至老人所谓"北胡"，名义虽指回纥言，实际则为西域胡人。盖回纥盛时中亚贾胡往往借其名义，以牟利于中国，如《旧唐书》一二七《张光晟传》（参《通鉴》二二六"建中元年八月"条）云：

> 大历末，迁单于都护、兼御史中丞、振武军使。代宗密谓之曰："北蕃纵横日久，当思所御之计。"光晟既受命，至镇，威令甚行。建中元年，回纥突董梅禄领众并杂种胡等自京师还国，舆载金帛，相属于道。光晟讶其装橐颇多，潜令驿吏以长锥刺之，则皆辇归所诱致京师妇人也。

《新唐书》二一七上《回鹘传》云：

> 始，回鹘至中国，常参以九姓胡，往往留京师，至千人，居赀殖产甚厚。

据《旧唐书·张光晟传》，代宗谓回纥为北蕃，北蕃即老人所谓北胡也。据《新唐书·回鹘传》，回鹘至中国，常参以九姓胡，殖产甚厚。其所谓九姓胡，即《唐会要》九九"康国"条（《新唐书》二二一下《西域传·康国传》即采用《会要》之文，而误会其意，至改匈奴为突厥，甚可笑。读者可比较两书观之，兹不备引）所云：

> 康国，本康居之苗裔也。其王本姓温氏。其人土著，役属于突厥。先居祁连之北昭武城，为匈奴所破。南依葱岭，遂有其地。支庶强盛，分王邻国，皆以昭武为姓氏，不忘本也。

及《新唐书》二二一下《西域传·康国传》所云"枝庶分王，曰安，曰曹，曰石，曰米，曰何，曰火寻，曰戊地，曰史，世谓九姓，皆氏昭武"之昭武九姓胡，其人本以善贾著称。既得依借回纥之荫护，侨居长安，殖产业而长子孙。故于长安风俗服装之渐染胡化，实大有关系也。又传文老人所言其他史事俱不甚难解，故仅取此三事略为释证之如此。

（原载一九四八年四月中央研究院《历史语言研究所集刊》第十本）

以杜诗证唐史所谓"杂种胡"之义

拙著《唐代政治史述论稿·上篇》论《旧唐书》二〇〇《安禄山传》（可参姚汝能《安禄山事迹》上"安禄山营州杂种胡也"之语）云：

> 安禄山，营州柳城杂种胡人也。

及同书同卷《史思明传》略云：

> 史思明，宁夷州突厥杂种胡人也。

证以《新唐书》二一七《回鹘传》（参《通鉴》二二六"建中元年八月甲午"条。但今通行本《通鉴》"突董"作"董突"）云：

> 始回纥至中国，常参以九姓胡，往往留京师，至千人，居资殖产甚厚。会酋长突董翳蜜施大小梅录等还国，装橐系道。

所言与《旧唐书》一二七《张光晟传》云"建中元年，回纥突董梅录领众并杂种胡等自京师还国，舆载金帛，相属于道"实同为一事。故"杂种胡"即中亚昭武九姓胡。唐人当日习称"九姓胡"为"杂种胡"。"杂种"之目非仅混杂之通义，实专指某一类种族而言也。凡杜工部诗中涉及安史之种族，除羯胡、柘羯等名已详于拙著前书者外，其有关杂种之字句，亦可与此互相发明。兹移录于下，或可为鄙说之一补证欤？

《杜工部集》二《留花门》云：

胡尘逾太行，杂种抵京室。

同书十《秦州见敕目三十韵》云：

杂种虽高垒，长驱甚建瓴。

同书一五《承闻河北诸道节度入朝欢喜口号绝句十二首》之二云：

社稷苍生计必安，蛮夷杂种错相干。

又同书十《收京三首》之三云：

杂虏横戈数，功臣甲第高。

　　此"杂虏"即"杂种"之互称也。总括言之，杜少陵与安、史为同时人，其以"杂种"目安、史，实当时称中亚九姓胡为杂种胡之明证。《旧唐书》多保存原始材料，不多改易词句。故在《旧唐书》为"杂种胡"，在《新唐书》则易为"九姓胡"。考宋子京改字之由，其意恐"杂种胡"一词颇涉通常混种之义，易启误会，遂别用"九姓胡"之名。史家遣辞明审，殊足令人钦服。然则唐史新旧两书，一则保存当时名称，一则补充其他解释。各有所长，未可偏废。观此一例，即可推知。后人往往轻议子京，亦由不明此义，因特为标出而论证之如此。

（原载岭南大学国文学会一九五〇年《南国》第二期）

崔浩与寇谦之

崔浩与寇谦之之关系，北朝史中一大公案也。治史者犹有待发之覆，兹就习见之材料设一假说，以求教于通识君子。

《魏书》一一四《释老志》略云：

> 世祖时，道士寇谦之，字辅真，南雍州刺史赞之弟，自云寇恂之十三世孙。早好仙道，有绝俗之心。少修张鲁之术。

寅恪案：寇谦之之家世，及其"少修张鲁之术"之故，请略加推测解释如下：

《北史》二七《寇赞传》（参《魏书》四二《寇赞传》）略云：

> 寇赞，字奉国，上谷人也，因难徙冯翊万年。父修之，字延期，苻坚东莱太守。赞弟谦，有道术，太武敬重之，故追赠修之安西将军、秦州刺史、冯翊公。赐命服，谥曰哀公。诏秦、雍二州为立碑墓。又赠修之母为冯翊夫人，及宗从追赠太守、县令、侯、子、男者十六人，其临职者七郡、五县。姚泓灭，秦、雍人来奔河南、荥阳、河内者，户至万数，拜赞南雍州刺史、轵县侯，于洛阳立雍州之郡县以抚之。由是流人襁负，自远而至，参倍于前。进赞爵河南公，加安南将军，领南蛮校尉，仍刺史。分洛、豫二州之侨郡以益之。

此传中可注意者有四事：

（一）此传载谦之之名少一"之"字，实非脱漏，盖六朝天师道信徒之以"之"字为名者颇多，"之"字在其名中，乃代表其宗教信仰之意，如佛教徒之以"昙"或"法"为名者相类。东汉及六朝人依《公羊春秋》讥二名之义，习用单名。故"之"字非特专之真名，可以不避讳，亦可省略。六朝礼法士族最重家讳，如琅邪王羲之、献之父子同以"之"为名，而不以为嫌犯，是其最显著之例证也。世人多不知此义，可不深责，但史学专门著述如钱大昕《廿二史考异》三九《北史·寇赞传》"赞弟谦有道术太武敬重之"条云：

> 即天师寇谦之也，《传》脱"之"字。

王鸣盛《十七史商榷》"萧氏世系"条云：

> 《南史·梁武帝纪》，梁与齐同承淮阴令整，整生皇高祖辖，辖生皇曾祖副子，副子生皇祖道赐，道赐生皇考顺之，于齐高帝为始族弟。案:《齐高纪》亦从淮阴令整叙起，整生俊,俊生乐子。尚与副子排行，乐子生承之，承之生道成。窃疑道赐与顺之似是倒误，当为"副子生顺之，顺之生道赐，道赐于齐高帝为始族弟"。如此方合。六朝人兄弟排行者多也。虽姚思廉《梁书》与《南史》同，然大可疑。

及吴士鉴《〈晋书〉斠注》六六《陶侃传》注云：

> 《御览》七○八《陶侃别传》曰，外国献氍毹，公举之曰："我还国当与牙共眠。"牙名佽之，字处静，是公庶孙，小而被知，以为后嗣。案：侃孙见于本传者，瞻之子弘，旗之子定，余无可考。未知佽之为何人之子，惟弘子名绰之，定子名袭之，佽之既为侃孙，不应与其侄辈同以"之"字命名，疑佽之或单名而误衍"之"字也。

则不得不加以纠正，盖兄弟排行固可同用"之"字，而父子祖孙，亦得以"之"为名，如《南齐书》三七《胡谐之传》（参《南史》四七《胡谐之传》）云：

> 胡谐之，豫章南昌人也。祖廉之，治书侍御史。父翼之，州辟不就。

及《南史》六二《朱异传》略云：

> 朱异，吴郡钱唐人也。祖昭之，叔父谦之，兄巽之，即异父也。

又《梁书》三八《朱异传》略云：

> 朱异，吴郡钱唐人也，父巽。

可知祖父孙可以同用"之"字为名，兄弟同辈，其名亦得皆用"之"字，但"之"字亦可省略。此等例证，见于六朝载籍者甚多，胡、朱二传不过随手录出，何钱、王、吴诸氏之不见及此耶？

（二）据《寇赞传》所载，姚泓灭后，魏侨置南雍州于洛阳，以赞为刺史，招抚秦、雍之流民，可知寇氏实为秦、雍大族豪家，否则赞决不能充任此职也。

（三）据《高僧传》一一《习禅类·宋伪魏平城释玄高传》云：

> 释玄高姓魏，本名灵育，冯翊万年人也。母寇氏，本信外道，始适魏氏，首孕一女，即高之长姊，生便信佛，乃为母祈愿，愿门无异见，得奉大法。母以伪秦弘始三年梦见梵僧散华满室，觉便怀胎。至四年二月八日生男，家内忽有异香及光明照壁，迄旦乃息。母以儿生瑞兆，因名"灵育"。

可知高公之外家寇氏，世奉天师道，高公后来与笃信佛教之魏太子晃即恭宗关系密切，为道教信徒寇谦之、崔浩等之对敌，《僧传》不载其与谦之之亲属关系，当非近属。由此推知平翊寇氏乃一大族，而又世奉天师道者，不仅谦之一房之信仰如是也。至高公之本名灵育，《僧传》载其诞生时之灵异，因以得名，其实"灵育"与"道育""灵宝"之类皆是天师道之教名，想高公出生时实受道教之名，后来改信佛教，遂加以附会缘饰之耳。

（四）寇氏之自称源出上谷，为东汉寇恂之后，其为依托，不待详辨，但《寇赞传》言其"因难徙冯翊万年"，所谓难者，究何所指，传文未详，据《元和姓纂》九"去声·五十候"条云：

> 寇，上谷昌平。恂，后汉执金吾雍奴侯，曾孙荣，荣孙孟，魏冯翊太守，徙家冯翊。

又《芒洛冢墓遗文三编·后魏寇臻墓志铭》云：

> 寇臻，字仙胜，春秋甫履从心，寝疾薨于路寝，上谷昌平人，汉相威侯之裔，侍中荣十世之胤。荣之子孙前魏因官遂寓冯翊，公皇魏秦州刺史冯翊哀公之孙，南雍州使君河南宣穆公之少子。

可知寇氏之徙冯翊，据《姓纂》及《寇臻志》，实在前魏即曹魏时，其所谓因官遂寓冯翊者，实不过托词而已。凡古今家族谱牒中所谓因难因官，多为假托，不足异也。考《三国志·魏志》一五《张既传》略云：

> 从征张鲁，鲁降。既说太祖拔汉中民数万户以实长安及三辅。

是曹操实有徙张鲁徒众于长安及三辅之事。颇疑寇氏一族原从汉中徙至冯翊，以其为豪宗大族，故有被徙之资格；以其为米贼余党，故其家世守天师道之信仰。然则寇谦之之所以早修张鲁之术，固非偶然也。至魏武之徙张鲁部众于长安及三辅，虽在建安之世，其时孟德之霸业已成，后之修家谱撰墓志者，遂以东汉末年之事混通牵引属之曹魏之时耳。

《释老志》又云：

〔寇谦之〕服食饵药，历年无效。幽诚上达，有仙人成公兴，不知何许人，至谦之从母家佣赁。谦之常觇其姨，见兴形貌甚强，力作不倦，请回赁兴代己使役。乃将还，令其开舍南辣田。谦之树下坐算，兴恳一发致勤（寅恪案：疑当作"垦发致勤"，盖"恳一"乃"垦"之讹写耳），时来看算。谦之谓曰："汝但力作，何为看此？"二三日后，复来看之，如此不已。后谦之算七曜，有所不了，惘然自失。兴谓谦之曰："先生何为不怪？"谦之曰："我学算累年，而近算《周髀》不合，以此自愧。且非汝所知，何劳问也。"兴曰："先生试随兴语布之。"俄然便决。谦之叹伏，不测兴之浅深，请师事之。兴固辞不肯，但求为谦之弟子。未几，谓谦之曰："先生有意学道，岂能与兴隐遁？"谦之欣然从之。兴乃令谦之洁斋三日，共入华山。令谦之居一石室，自出采药，还与谦之食药，不复饥。乃将谦之入嵩山。有三重石室，令谦之住第二重。历年，兴谓谦之曰："兴出后，当有人将药来，得但食之，莫为疑怪。"寻有人将药而至，皆是毒虫臭恶之物，谦之大惧出走。兴还问状，谦之具对，兴叹息曰："先生未便得仙，政可为帝王师耳。"兴事谦之七年，而谓之曰："兴不得久留，明日中应去。兴亡后，先生幸为沐浴，自当有人见迎。"兴乃入第三重石室而卒。谦之躬自沐浴。明日中，有叩石室者，谦之出视，见两童子，一持法服，一持钵及锡杖。谦之引入，至兴尸所，兴欻然而起，着衣持钵、执杖而去。

寅恪案：此节为吾国接受外来学说及技术之一重公案，自来论中西交通史及文化学术史者，似尚未有注意及之者，请略释证之如下：

　　钱大昕《廿二史考异》三〇《魏书·释老志》有"仙人成公兴不知何许人"条，已引《殷绍传》为释，兹再取绍传稍加申证，并参以其他传记足以相发明者为之旁证。但有一通则不可不先知者，即吾国道教虽其初原为本土之产物，而其后逐渐接受模袭外来输入之学说技术，变易演进，遂成为一庞大复杂之混合体，此治吾国宗教史者所习知者也。综观二千年来道教之发展史，每一次之改革，必受一种外来学说之激刺，而所受外来之学说，要以佛教为主。故吾人今日倘取全部《道藏》与《佛藏》比较探求，如以《真诰》与《四十二章经》比较之例，必当更有所发明也。寇谦之少修张鲁之术，即其家世所传之旧道教，而服食饵药历年无效，是其所传之旧医药生理学有待于新学之改进也。其学算累年，而算七曜《周髀》有所不合，是其旧传之天文算学亦有待于新学之改进也。即就《殷绍传》考之，可知成公兴与当时佛教徒有密切之关系也。《释老志》言其死后欻然而起，着法服执锡杖持钵而去，此即《绍传》所谓"游遁"也。至兴称谦之为先生而自为弟子（宋《眉山七史》本作"但求谦之为弟子"，文意不明，易滋误会），亦足证兴固非道士，而先生之称号，在当时乃道士之尊称，如佛教之称和尚者然，非仅为人师之称而与弟子为对文也。又《释老志》目兴为仙人者，恐亦如佛典中凡山林修道之术士概以仙人目之之比耳。

　　《魏书》九一《术艺传·殷绍传》略云：

　　　　殷绍，长乐人也。好阴阳术数，达《九章》、七曜。世祖时为算生博士，给事东宫西曹，以艺术为恭宗所知。太安四年夏，上《四序堪舆》，表曰：臣以姚氏之世，行学伊川，时遇游遁大儒成公兴，从求《九章》要术。兴字广明，自云胶东人也。兴时将臣南到阳翟九崖岩沙门释昙影间。兴即北还，臣独留住，依止影所，求请《九章》。影复将臣向长广东山见道人法穆。法穆时共影为臣开述《九章》数家杂要，披释章次意况大旨。又演隐审五藏六府心髓血脉，商功大算端部，变化玄象，土圭、《周髀》。练精锐思，蕴习四年，从穆所闻，粗皆仿佛。穆等仁矜，特垂忧闵，复以先师和公所注黄帝《四序经》文三十六卷，合有三百二十四章，专说天地阴阳之本，传授于臣。以甲寅之年，奉辞影等。自尔至今，四十五载。历观时俗堪舆八会，径世已久，传写谬误。又史迁、郝振、中吉大儒，亦各撰注，流行于世。配会大小，序述阴阳，依如本经，犹有所阙。臣前在东宫，以状奏闻，奉被景穆皇帝圣诏，敕臣撰录，集其要最。仰奉明旨，谨审先所见《四序经》文，抄撮要略，当世所须，吉凶举动，集成一卷。未及内呈，先帝晏驾。臣时狼狈，几至不测。停废以来，径由八载，〔今〕依先撰录奏，谨以上闻。其《四序堪舆》，遂大行于世。

寅恪案：殷绍以成公兴之一段因缘，与其与寇谦之关系，其时间空间二者俱相适合，自不待言。其最可注意者，即兴所介绍传授医学、算学之名师，皆为佛教徒一事是也。自来宗教之传播，多假医药、天算之学以为工具，与明末至近世西洋之传教师所为者正复相类，可为明证。吾国旧时医学，所受佛教之影响甚深，如耆域（或译"耆婆"）者，天竺之神医，其名字及医方与其他神异物语散见于佛教经典，如《奈女耆婆经》《温室经》等，及吾国医书如巢元方《病源候论》、王焘《外台秘要》之类，是一例证，但如《高僧传》一〇《神异门上·晋洛阳耆域传》略云：

耆域者，天竺人也。晋惠之末，至于洛阳。时衡阳太守南阳滕永文在洛，寄住满水寺，得病，两脚挛屈，不能起行。域往看之，因取净水一杯，杨柳一枝，便以杨枝拂水，举手向永文而咒，如此者三，因以手搦永文膝，令起，即起，行步如故。此寺中有思惟树数十株枯死。域问永文："此树死来几时？"永文曰："积年矣。"域即向树咒，如咒永文法，树寻荑发，扶疏荣茂。尚方署中有一人病痟将死，域以应器着病者腹上，白布通覆之，咒愿数千言，即有臭气薰彻一屋。病者曰："我活矣。"域令人举布，应器中有若迮淤泥者数升，臭不可近，病者遂活。洛阳兵乱，辞还天竺。既还西域，不知所终。

则天竺神话之人物，竟与其他佛教传法高僧来游中国者同列僧传，事虽可笑，其实此正可暗示六朝佛教徒输入天竺之医方明之一段因缘也。（鄙意"耆域"之名出于中央亚细亚之文，名"耆婆"则纯粹梵文也。）至道教徒之采用此外国输入之技术及学说，当不自六朝始，观吾国旧时医学之基本经典，如《内经》者，即托之于黄帝与天师问对之言可知。《汉书·艺文志·神仙类》著录《黄帝岐伯按摩》十卷，而班书又云：

大古有岐伯、俞拊，中世有扁鹊、秦和。

兹更略取六朝初期，即《耆域传》所依托之东西晋时代诸佛教徒与医学有关之资料列之于下，以供参证。

《世说新语》下《术解篇》"郗愔信道甚精勤"条云：

郗愔信道甚精勤，常患腹内恶，诸医不可疗。闻于法开有名，往迎之。既来，便脉云："君侯所患，正是精进太过所致耳。"合一剂汤与之，一服即大下，去数段许纸，如拳大。剖看，乃先所服符也。（刘《注》云：《晋书》曰：

"法开善医术。尝行,莫投主人,妻产而儿积日不堕,法
开曰:'此易治耳。'杀一肥羊,食十余胬而针之。须臾儿下,
羊脊裹儿出。其精妙如此。")

《高僧传》四《义解门·晋剡白山于法开传》略云:

于法开,不知何许人。事兰公为弟子。祖述耆婆,妙
通医法。或问:"法师高明刚简,何以医术经怀?"答曰:
"明六度以除四魔之病,调九候以疗风寒之疾,不亦可乎?"

又同书同卷《晋敦煌于道邃传》略云:

于道邃,敦煌人,年十六出家,事兰公为弟子。学业高明,
内外该览,善方药,美书札。

又《殷绍传》所载"沙门释昙影",今《高僧传》六《义
解门》有《晋长安释昙影传》,以时地考之,亦约略近似。至
所谓"先师和公",当亦指沙门而言,今《高僧传》五《义解门》
有《晋蒲坂释法和传》,不知是否即其人。以其名"和"言之,
则似与医学有关。盖天竺医术,以调和地水火风四大为务。倘
四大不和均,则疾病生,此鸠摩罗什临终时所以自言"四大不
愈"者也(见《高僧传》二《译经门·晋长安鸠摩罗什传》)。
中国古代,秦有名医曰和,岂和公之命名有所取义于华、梵医
家之说耶?

复次,天算之学于道教至为重要,其说俟后论之。寇谦之、
殷绍所受之《周髀》算术,乃当时初由佛教徒输入之新盖天说也。

据《晋书》一一《天文志上》云:

古言天者有三家,一曰盖天,二曰宣夜,三曰浑天。
汉灵帝时,蔡邕于朔方上书,言宣夜之学绝无师法。《周髀》
术数具存,考验天状,多所违失。惟浑天近得其情,今史
官候台所用铜仪则其法也。

及《北史》八九《艺术传·信都芳传》略云：

> 信都芳，河间人也。少明算术。安丰王延明聚浑天、敬器、地动、铜乌、漏刻、候风诸巧事，并令芳算之。〔芳〕又著《乐书》《遁甲经》《四术周髀宗》。其序曰：汉成帝时，学者问盖天，扬雄曰："盖哉，未几也。"问浑天，曰："落下闳为之，鲜于妄人度之，耿中丞象之。几乎，莫之息矣。"（见《法言重黎篇》）此言盖差而浑密也。盖器测影而造，用之日久，不同于祖，故云"未几"也。浑器量天而作，乾坤大象，隐见难变，故云"几乎"。是时，太史令尹咸穷研暑盖，易古周法，雄乃见之，以为难也。自昔周公定影王城，至汉朝，盖器一改焉。浑天覆观，以《灵宪》为文；盖天仰观，以《周髀》为法。覆仰虽殊，大归是一。古之人制者，所表天效玄象。芳以浑算精微，术机万首，故约本为之省要，凡述二篇，合六法，名《四术周髀宗》。

足知盖天之术不及浑天之精密也。但盖天有新旧二术，旧术在扬雄时其精密不及浑天，故子云有是论。《周髀》算法为盖天之术，今所传《周髀算经》，其非周公原书，自不待辨，而其下卷所列二十四气，启蛰在雨水之后，考《汉书》二一下《律历志》云：

> 中营室十四度，惊蛰（今日雨水，于夏为正月，商为二月，周为三月），终于奎四度。降娄，初奎五度，雨水（今日惊蛰）。

及《后汉书》一三《律历志下》云：

> 二十四气
>
> 冬至，小寒，大寒，立春，雨水，惊蛰。
>
> 论曰：《太初历》到章帝元和，旋复疏阔。征能术者课校诸历，定朔稽元，追汉三十五年庚辰之岁，追朔一日，乃与天合，以为《四分历》元。加六百五元一纪，上得庚申。

则今之《周髀算经》，其列雨水于启蛰之前，必出于东汉元和改用《四分历》之后，非扬氏当时旧盖天术之书固不待论，蔡氏朔方上书，言盖不及浑，则似蔡氏当日所见盖天之术仍是旧法。而今之《周髀算经》启蛰之名又不避汉讳，恐今之传本不止非东汉末年蔡氏所见之盖天算术，或更出于当涂典午之世，亦未可知也。（可参周密《齐东野语》一九"汉以前惊蛰为正月节"条，但公谨谓"及天（'天'当作'太'）初以后，更改气名，以雨水为正月中"，似未谛。）复据《隋书》一九《天文志上》云：

> 梁武帝于长春殿讲义，别拟天体，全同《周髀》之文，盖立新义，以排浑天之论而已。

梁武帝之说今虽不可尽见，但《开元占经》所引独可窥其大概，今其文（《开元占经》一《天地名体》"天地浑宗"条）云：

> 梁武帝云：四大海之外有金刚山，一名铁围山。金刚山北又有黑山，日月循山而转，周回四面，一昼一夜，围绕环匝。

是明为天竺之说，而武帝欲持此以排浑天，则其说必有以胜于浑天，抑又可知也。《隋志》既言其全同盖天，即是新盖天说，然则新盖天说乃天竺所输入者。寇谦之、殷绍从成公兴、昙影、法穆等受《周髀算术》，即从佛教受天竺输入之新盖天说，此谦之所以用其旧法累年算七曜《周髀》不合，而有待于佛教徒新输入之天竺天算之学以改进其家世之旧传者也。

至殷绍所谓"史迁、郝振、中吉大儒，亦各撰注，流行于世"者，司马氏父子世主天官，究天人之际，成一家之言。而文史星历近乎卜祝之间（《史记》一三〇《太史公自序》、《汉书》六二《司马迁传》及《文选》四一司马子长《报任少卿书》），《四序堪舆》之类，固不得为文史，然可谓之星历卜祝之书，故亦得依托于史迁也。郝振未详，"中吉"则疑是"于吉"之误写，吉之事迹见《三国志·吴志》一《孙策传》裴《注》引《江表传》、《搜神记》等，固亦道教中人也。

《魏书·释老志》又略云：

> 谦之守志嵩岳，精专不懈。以神瑞二年十月乙卯，忽遇大神，称"太上老君"，谓谦之曰："往辛亥年，嵩岳镇灵集仙宫主表天曹，称；'自天师张陵去世已来，地上旷诚，修善之人无所师授。嵩岳道士上谷寇谦之，立身直理，行合自然，才任轨范，首处师位。'吾故来观汝，授汝天师之位，赐汝《云中音诵新科之诫》二十卷，号曰并进。"言："吾此经诫，自天地开辟以来，不传于世，今运数应出。汝宣吾新科，清整道教，除去三张伪法、租米钱税及男女合气之术。大道清虚，岂有斯事？专以礼度为首，而加之以服食闭炼。"泰常八年十月戊戌，有牧土上师李谱文来临嵩岳，云："地上生民，末劫垂及，其中行教甚难。但令男女立坛宇，朝夕礼拜，若家有严君，功及上世。其中能修身炼药，学长生之术，即为真君种民。"药别授方，销炼金丹、云英、八石、玉浆之法，皆有决要。上师李君手笔有数篇，其余皆正真书曹赵道覆所书。古文鸟迹，篆隶杂体，辞义约辩，婉而成章，大自与世礼相准。始光初，奉其书而献之，世祖乃令谦之止于张曜之所，供其食物。朝野闻之，若存若亡，未全信也。

寇谦之采用佛教徒输入天算、医药之学，以改进其家世旧传之道教，已如上言，然谦之复袭取当时佛教徒输入之新律学以清除整理其时颇不理于人口之旧传天师道，此则较前者更为重要者也。欲明乎此，不可不先知六朝佛教徒治学之方法及当时社会学术之风尚，此方法即所谓"格义"者是也。格义之解释及其流派，寅恪昔已详论之（见拙著《支愍度学说考》），兹不多及，仅引《高僧传》数条以为例证如下：

《高僧传》四《义解门·晋高邑竺法雅传》略云：

> 竺法雅，河间人。少善外学，长通佛义，衣冠仕子咸附谘禀。时依雅门徒，并世典有功，未善佛理。雅乃与康法朗等，以经中事数拟配外书，为生解之例，谓之"格义"。及毗浮、昙相等亦辩格义，以训门徒。

同书六《义解门·晋庐山释慧远传》略云：

> 年二十四便就讲说。尝有客听讲，难实相义，往复移时，弥增疑昧，远乃引《庄子》义为连类，于是惑者晓然。是后安公特听慧远不废俗书。远内通佛理，外善群书，夫预学徒，莫不依拟。时远讲《丧服经》，雷次宗、宗炳等并执卷承旨，次宗后别著义疏，首称"雷氏"，宗炳因寄书嘲之曰："昔与足下共于释和尚间面受此义，今便题卷首称'雷氏'乎？"其化兼道俗，斯类非一。以晋义熙十二年八月初动散，至六日困笃，大德耆年皆稽颡请饮豉酒，不许。又请饮米汁，不许。又请以蜜和水为浆，乃命律师，令披卷寻文，得饮与不？卷未半而终。春秋八十三矣。

据此得知六朝格义之风盛行，中国儒家之礼，与天竺佛教之律连类拟配，视为当然。《僧传》所纪远公临终一节，与《戴记》所载曾子易箦之事复何以异？当日不独远公一人以为礼律殊无二致，即同时一般之儒士、佛徒亦俱作如是观也。两晋天师道信徒属于士大夫阶级者固不少，但其大多数仍是庶族平民，士族儒家之礼法自不可于当时天师教中求之，其淫秽浊乱最为反对道教者所借口，观佛教徒撰集之两《弘明集》中诸文可知也。寇谦之值江左孙恩、卢循政治运动失败以后，天师道之"非礼、无法"尤为当时士大夫所诟病，清整之功更不容已。谦之既从佛教徒采用其天算、医药之学，以改进其教矣，故不得不又从佛教徒模袭其输入之律藏以为清整之资，此自然之理也。谦之生于姚秦之世，当时佛教一切有部之《十诵律》方始输入，盛行于关中，不幸姚泓亡灭，兵乱之余，律师避乱南渡，其学遂不传北地，而远流江东。谦之当必于此时掇拾遗散，取其地僧徒不传之新学，以清整其世传之旧教，遂诡托神异，自称受命为此改革之新教主也。兹略移录当时有关佛教律学传授流布之史料如下：

《高僧传》二《译经门·晋寿春石涧寺卑摩罗叉传》略云：

> 先在龟兹弘阐律藏，四方学者竞往师之，鸠摩罗什时亦预焉。又欲使毗尼胜品复洽东国，冒险东渡，以伪秦弘始八年达自关中，什以师礼敬待。及罗什弃世，又乃出游关左，逗于寿春，止石涧寺。律徒云聚，盛阐毗尼。顷之南适江陵，于辛寺夏坐，开讲《十诵》。律藏大弘，又之力也。

同书一三《明律门·宋江陵释慧猷传》略云：

> 少出家止江陵辛寺。时有西国律师卑摩罗叉来适江陵，大弘律藏，猷从之受业，沉思积时，乃大明《十诵》，讲说相续，陕西律师莫不宗之。

同书同卷《明律门·宋吴闲居寺释僧业传》略云：

> 游长安，从什公受业，见新出《十诵》，遂专功此部。值关中多难，避地京师，吴国张邵请还姑苏，为造闲居寺。业训诱无辍，三吴学士辐凑肩联。业弟子慧先袭业风轨，亦数当讲说。

同书同卷《明律门·宋京师长乐寺释慧询传》略云：

> 经游长安，受学什公，尤善《十诵》僧祇。宋永初中

还止广陵，大开律席。元嘉中至京，止道场寺，寺僧慧观亦精于《十诵》，乃令更振他寺，于是移止长乐寺。

同书同卷《明律门·宋京师庄严寺释僧璩传》略云：

> 出家为僧业弟子，尤明《十诵》。宋孝武敕出京师为僧正，少帝准从受五戒，豫章王子尚崇为法友，袁粲、张敷并一遇倾盖。

同书同卷《明律门·彭城郡释道俨传》略云：

> 善于毗尼，精研四部，融会众家。又以律部东传，梵汉异音，文颇左右，恐后人谐访无所，乃会其旨归，名曰《决正四部毗尼论》。后游于彭城，弘通律藏。时栖玄寺又有释慧曜者，亦善《十诵》。

综合《释老志》中寇谦之与天神交接一节，及《高僧传》中《十诵律》传播之记载并观之，则"云中音诵新科之诫"之名，明是与佛教拟配之戒律，姑无论"诵"与《十诵律》之"诵"同字，而"科"及"诫"与"律"字意义不殊也。其新科"专以礼度为首"，则当时格义之学礼律互相拟配必然之结果也。"药别授方，皆有决要"，此与殷绍从佛教徒所受医药之术同出一源，此谦之必以新传之医药学改进其前时"服食饵药无效"之旧传又可知也。三张钱米租税伪法，已见《后汉书》《三国志》《隶释》等有关诸纪载，兹不详论。但男女合气之术，既出于谦之之口，则佛教徒所言者非全出于诬构，亦可知矣。兹略取两《弘明集》中有关涉于此者，以为参证。

《弘明集》八《辨惑论》"合气释罪三逆"条注云：

> 至甲子，诏冥醮录，男女媟合，尊卑无别。吴陆修静复勤勤行此。

又"畏鬼带符妖法之极一"条云：

> 至于使六甲神，而跪拜圊厕。（如郭景纯亦云："仙
> 流登圊度厄，竟不免灾。"）

又"解厨纂门不仁之极三"条注云：

> 又道姑、道男冠、女官、道父、道母、神君、种民，
> 此是合气之后赠物名也。

《广弘明集》九周甄鸾《笑道论》"道士合气三十五"云：

> 《真人内朝律》云："真人日礼男女，至朔望日，先
> 斋三日，入私房，诣师所，立功德，阴阳并进，日夜六时。"
> 此诸猥杂，不可闻说。

《释老志》载木土上师李谱文所谓"真君种民"，寅恪少时
读此，于"种民"之义苦不能解。后旁涉佛道二教之书，亦见有
种民之语，兹略移录于下：

《弘明集》八《辨惑论·序》云：

> 闽薮留种民之秽。（又"解厨纂门不仁之极三"条注
> 亦有种民之语，已见上引。）

《道藏·太平部》"外"字一《太平经钞》甲部卷之一略云：

> 昔之天地与今天地，有始有终，同无异矣。初善后恶，
> 中间兴衰，一成一败。阳九百六，六九乃周，周则大坏。
> 天地混齑，人物糜溃。惟积善者免之，长为种民。君圣师明，
> 教化不死，积炼成圣，故号种民。种民，圣贤长生之类也。

> 后圣帝君撰长生之方，宝经符图，三古妙法，垂谟立典，
> 施之种民。不能行者，非种民也。

> 凡大小甲申之至也，除凶民，度善人。善人为种民，
> 凶民为混齑。大道神人更遣真仙上士出经行化，委曲导之，
> 劝上励下。从者为种民，不从者沉没，沉没成混齑。

可知"种民"与"混齑"为对文，其以种为言者，盖含有种姓之

义，如鸠摩罗什所译《金刚经》中"善男子""善女人"之名，依梵文原语，"善"字下原有"家"字，秦译虽省去，而唐义净译本则依梵文全译之也。然则"种民"之义，实可兼赅道德之善恶及阶级之高下而言，吾国古代经典中"君子""小人"之解释亦与此不异。寇谦之本出秦、雍豪家大族，其所持义固应如是，而此点尤与崔浩之政治理想适相符合者也。

《魏书》一一四《释老志》又云：

> 崔浩独异其言，因师事之，受其法术，于是上疏，赞明其事曰："臣闻圣王受命，则有大应。而《河图》《洛书》，皆寄言于虫兽之文，未若今日人神接对，手笔粲然，辞旨深妙，自古无比。昔高祖虽复英圣，四皓犹或耻之，不为屈节。今清德隐仙，不召自至，斯诚陛下俸踪轩黄，应天之符也。岂可以世俗常谈，而忽上灵之命。臣窃惧之。"世祖欣然，乃使谒者奉玉帛牲牢祭嵩岳，迎致其余弟子在山中者。于是崇奉天师，显扬新法，宣布天下，道业大行。
>
> 浩事天师，礼拜甚谨。人或讥之，浩闻之曰："昔张释之为王生结袜，吾虽才非贤哲，今奉天师，足以不愧于古人矣。"

寅恪案：崔浩之家世背景及政治理想与寇谦之之新道教尤相符合，下文当详论之。别有可注意者，即浩上疏拓跋焘赞明其事，自言所以笃信不疑之故，乃在"人神接对，手笔粲然"。盖六朝书法之艺术与天师道有密切关系，寅恪昔已言之（见拙著《天师道与滨海地域之关系》，并参《清华学报》第十五卷第一期周一良先生《评〈敦煌秘籍留真〉》一文），兹不详及。惟取浩本身及其家世与书法有关之记载录之于下。

《魏书》二四《崔玄伯传》（参《北史》二一《崔宏传》）略云：

玄伯尤善草隶行押之书，为世摹楷。玄伯祖悦，与范
阳卢谌并以博艺著名。谌法锺繇，悦法卫瓘，而俱习索靖
之草，皆尽其妙。谌传子偃，偃传子邈，悦传子潜，潜传
玄伯，世不替业。故魏初重崔、卢之书。又玄伯之行押，
特尽精巧，而不见遗迹。子浩。

《魏书》三五《崔浩传》（参《北史》二一《崔宏传》）略云：

太祖以其工书，常置左右。浩既工书，人多托写《急就
章》。从少至老，初无惮劳，所书盖以百数。浩书体势及其
先人，而妙巧不如也。世宝其迹，多裁割缀连，以为模楷。

同书二四《崔玄伯传》附简传（参《北史》二一《崔宏传》附简
传）略云：

〔玄伯〕次子简，一名览。好学，少以善书知名。

据此，可知清河崔氏书法在北方，与琅邪王氏书法在江左，
俱居最高地位。上师李君手笔及赵道覆所书必皆精妙，否则崔浩
不能于上疏时特著明此事。颇疑寇谦之一门亦有能书之人，或别
丐能书者为之代笔，如拙著《天师道与滨海地域之关系》一文中
所论王羲之"写经换鹅"之故事，及周一良先生文中引《道藏》
正乙部《传受经戒仪注诀·书经法第四》所谓"或拙秉毫，许得
雇借"者是也。

复次，崔浩以为"人神接对，手笔粲然，自古无比"，则似
北朝当时此事尚未经见者，梁陶弘景编集《真诰》摹拟佛经，其
所取用之材料，要必非全出虚构，至少一部分乃其亲见之东晋时
代依托仙真者之手笔，自无可疑。由此推之，江左东晋时此种扶
乩之风亦已盛行，而北方道教徒犹未习此事，岂东晋之末宋武灭
姚秦，秦、雍、伊、洛之间天师教徒从此役北来之人士中同一信
仰者传授此术，寇谦之遂得摹窃之，借此以自矜异，而崔浩亦以

夙所未见，因而惊服欤？姑记此疑，以俟详考。

寇谦之事迹之可考者，已略论证如上。兹请论崔浩事迹之与谦之有关者。崔浩者，东汉以来儒家大族经西晋末年五胡乱华留居北方未能南渡者之代表也。当时中国北部之统治权虽在胡人之手，而其地之汉族实远较胡人为众多，不独汉人之文化高于胡人，经济力量亦远胜于胡人，故胡人之欲统治中国，必不得不借助于此种汉人之大族，而汉人大族亦欲借统治之胡人以实现其家世传统之政治理想，而巩固其社会地位。此北朝数百年间胡族与汉族互相利用之关键，虽成功失败其事非一，然北朝史中政治社会之大变动莫不与此点即胡人统治者与汉人大族之关系有关是也。东汉时代，其统治阶级除皇室外戚外，要不出阉宦及儒士两类之人，其士人大抵先从师受经传，游学全国文化中心首都洛阳之太学，然后应命征辟，历任中央地方郎吏牧守，以致卿相之高位。中晚以后，此类仕宦通显之士人逐渐归并于少数门族，如汝南袁氏四世三公之例，故东汉末年之高门必具备儒生与大族之二条件，如《世说新语·政事类》"山公以器重朝望条"刘《注》引虞预《晋书》曰：

> 〔涛〕宗人谓宣帝（司马懿）曰："涛当与景（司马师）、文（司马昭）共纲纪天下者也。"帝戏曰："卿小族，那得此快人邪？"

及《晋书》二〇《礼志》载晋武帝诏曰：

> 本诸生家，传礼来久。

可证也。据《晋书》一《宣帝纪》（参《三国志·魏志》一五《司马朗传》裴《注》引司马彪《序传》）略云：

> 〔征西将军〕钧生豫章太守量，量生颍川太守俊，俊生京兆尹防，帝即防之第二子也。

可知河内司马氏虽不及汝南袁氏、弘农杨氏之累代三公，但亦家世二千石，其为东汉中晚以后之儒家大族无疑也。东汉末年政紊世乱，此种家族往往怀抱一种政治理想，以救时弊，虽一时不必期诸实行，而终望其理想得以达到，如《三国志·魏志》一五《司马朗传》略云：

> 朗以为天下土崩之势，由秦灭五等之制，而郡国无蒐狩习战之备故也。今虽五等未可复行，可令州郡并置兵，外备四夷，内威不轨，于策为长。又以为宜复井田。往者以民各有累世之业，难中夺之，是以至今。今承大乱之后，民人分散，土业无主，皆为公田，宜及此时复之。议虽未施行，然州郡领兵，朗本意也。

司马朗为防之子，昱之兄，此种政治理想至司马氏握政权时，如《三国志·魏志》四《陈留王奂传》所载：

> 〔咸熙元年〕五月庚申，相国晋王（司马昭）奏复五等爵。

及晋武帝平吴混一区宇以后，减罢州郡兵，皆是司马氏实行其家传之政治理想，此复五等爵、罢州郡兵二事俱有关一代之兴亡。然其远因，当求诸数十年或百年前之家世社会背景，非一朝一夕偶然应付时变之措施，其所从来久矣。

汉祚将倾，以常情论，继之者似当为儒士阶级"四世三公"之汝南袁氏，而非宦寺阶级"坠阃遗丑"（见《三国志·魏志》六《袁绍传》裴《注》引《魏氏春秋》载陈琳檄文）之沛国曹氏。然而建安五年官渡之战，以兵略运粮之偶然关系，袁氏败而曹氏胜，遂定后来曹魏代汉之局。论史者往往以此战为绍、操二人或汉、魏两朝成败兴亡之关键，斯固然矣，而不知此战实亦决定东汉中晚以后掌握政权儒士与阉宦两大社会阶级之胜负升降也。东汉儒家大族之潜势力极大，虽一时暂屈服于法家寒族之曹魏政权，然百足之虫死而不僵，故必伺隙而动，以恢复其旧有之地位。河内司马氏虽即承曹叡之庸弱，渐握政权，至杀曹爽以后，父子兄弟相继秉政，不及二十年，遂成帝业。当司马氏作家门时，自亦有本出身寒族依附曹魏之人，投机加入司马氏之党，如贾充（见《三国志·魏志》一五《贾逵传》及《晋书》五〇《庾纯传》纯戏贾充言"有小市井事不了"及"世言充之先有市魁者"等文）、石苞（见《晋书》三三《石苞传》）及陈矫（见《三国志·魏志》二二《陈矫传》裴《注》引《魏氏春秋》及《晋书》三五《陈骞传》）等。但司马氏佐命功臣大都属于东汉之儒家大族，观司马氏将移魏鼎之际，其三公为王祥、何曾、荀颉（见《三国志·魏志》四《陈留王奂传》"咸熙元年三月丁丑以王祥为太尉"条，及同月"己卯进晋公爵为王"条），而此三人者，当时皆以孝行著称。（见《晋书》三三《王祥传》、同书同卷《何曾传》引"傅玄称曾及荀颉之孝语"，及同书三九《荀颉传》。）盖东汉儒家以孝治天下，非若魏武帝出自阉宦寒门，其理国用人以才能为先，而不仁不孝亦在拔擢之列者可比。（见《三国志·魏志》一《武帝纪》"建安十五年十九年令"及"二十二年"裴《注》引《魏书》所载令文。）东汉与曹魏，社会风气道德标准改易至是，诚古今之巨变。（参《日知录》一二"两汉风俗及正始"等条。）而所以致此者，固由于魏武一人之心术，而其所以敢冒举世之大不韪者，则又因其家世传统少时熏习有以成之也。又考《三国志·魏志》一〇《贾诩传》裴《注》引《荀勖别传》曰：

> 晋司徒阙，武帝问其人于勖，答曰："三公具瞻所归，不可用非其人。昔魏文帝用贾诩为三公，孙权笑之。"

盖孙吴在江东其统治阶级亦为大族，与典午之在中原者正复相似，而与曹魏之治殊异，宜孙权以此讥曹丕，此非仲谋、子桓二主用人之标准不同，实吴、魏两国统治阶级有大族寒门之互异故也。

司马氏之帝业，乃由当时之儒家大族拥戴而成，故西晋篡魏亦可谓之东汉儒家大族之复兴。典午开国之重要设施，如复五等之爵、罢州郡之兵，以及帝王躬行三年之丧礼等，皆与儒家有关，可为明证。其最可注意者，则为厘定刑律，增撰《周官》为《诸侯律》一篇（见《晋书》三〇《刑法志》）。两汉之时虽颇以经义折狱，又议论政事、解释经传，往往取儒家教义，与汉律之文比傅引申，但汉家法律，实本嬴秦之旧，虽有马、郑诸儒为之章句（见《晋书》三〇《刑法志》），并未尝以儒家经典为法律条文也。然则中国儒家政治理想之书如《周官》者，典午以前固已尊为圣经，而西晋以后复更成为国法矣。此亦古今之巨变。推原其故，实亦由司马氏出身于东汉儒家大族，有以致之也。

西晋之统治阶级，虽以儒家大族为其主体，然既杂有一小部分之寒族投机者于其中，则两种不同之集团混合，其优点难于模仿，而劣点极易传染，斯固古今通例也。如礼法为儒家大族之优点，奢侈为其劣点（如《晋书》三三《何曾传》所言）；节俭为法家寒族之优点（如《三国志·魏志》一二《崔琰传》裴《注》引《世语》曰："〔临淄侯〕植妻衣绣，太祖登台见之，以违制命还家赐死。"此可见魏武之崇法治尚节俭也），放荡为其劣点（如《三国志·魏志》一《武帝纪》言太祖"任侠放荡，不治行业"之类）。若西晋惠帝贾皇后南风者，法家寒族贾充之女也，与儒家大族司马家儿之惠帝衷相配偶，不但绝无礼法节俭之美德，且更为放荡奢侈之恶行，斯其明显之一例也。故西晋一朝之乱亡，乃综合儒家大族及法家寒族之劣点所造成者也。

自东汉末年至五胡乱华时代，中原之儒家大族与政治之关系，已略如上述。兹节录崔浩事迹与寇谦之有关者证释之如下：

《魏书》三五《崔浩传》（参《北史》二一《崔宏传》附子浩传）云：

> 崔浩，字伯渊，清河人也，白马公玄伯之长子。

寅恪案：《魏书》二四《崔玄伯传》（参《北史》二一《崔宏传》）云：

> 崔玄伯，清河东武城人也，名犯高祖庙讳，魏司空林六世孙也。祖悦，仕石虎，官至司徒左长史、关内侯。父潜，仕慕容晖，为黄门侍郎。

《三国志·魏志》二四《崔林传》裴《注》引《晋诸公赞》曰：

> 〔林子〕述弟随，晋尚书仆射。为人亮济。赵王伦篡位，随与其事。伦败，随亦废锢而卒。林孙玮，性率而疏，至太子右卫率也。

可知魏晋以来，虽经五胡之乱，清河崔氏在政治上仍居最高地位，为北朝第一盛门，如《北齐书》二三《崔㥄传》（参《北史》二四《崔逞传》附㥄传）所言：

> 崔㥄，清河东武城人也。每以籍地自矜，谓卢元明曰："天下盛门，唯我与尔，博崔、赵李何事者哉？"

足为例证，然《魏书》三五《崔浩传》（参《北史》二一《崔宏传》附子浩传）云：

> 始浩与冀州刺史颐、荥阳太守模等年皆相次，浩为长，次模，次颐。三人别祖，而模、颐为亲。浩恃其家世魏晋公卿，常侮模、颐。模谓人曰："桃简正可欺我，何合轻我家周儿也？"浩小名桃简，颐小名周儿。世祖颇闻之，故诛浩时，二家获免。

则有二事可注意，一为清河崔氏为北朝第一盛门，而崔浩一支又为清河崔氏门中最显之房，此点不待多论。二为崔氏心目中最理想之门房之新定义，此点兹不能详论，姑略言之。盖有自东汉末年之乱，首都洛阳之太学失其为全国文化学术中心之地位，虽西晋混一区宇，洛阳太学稍复旧观，然为时未久，影响不深。故东汉以后学术文化，其重心不在政治中心之首都，而分散于各地之名都大邑，是以地方之大族盛门乃为学术文化之所寄托。中原经五胡之乱，而学术文化尚能保持不坠者，固由地方大族之力，而汉族之学术文化变为地方化及家门化矣。故论学术，只有家学之可言，而学术文化与大族盛门常不可分离也。然此种变迁乃逐渐形成者，在六朝初期所谓高门，不必以高官为唯一之标准（如《魏书》四七《卢玄传》论所言），即寒士有才，亦可目为胜流（如《晋书》九三《外戚传·褚裒传》所载"裒祖䂮为县吏将受鞭事"之类），寒女有德，亦得偶配名族（如《世说新语·贤媛类》"王汝南少无婚"条刘《注》引《汝南别传》所言之类），非若六朝后期魏孝文之品目门第专以官爵之高下为标准也。（如《魏书》六〇《韩麒麟传》附子显宗传，同书六三《宋弁传》、同书一三《官氏志》等所言。）此两种新旧不同之观念及定义，自然因世局之推演而渐改变，在崔浩之时，社会风气似尚多留滞于前期之旧观念，而浩心目中或以具备高官及才学二条件者为其理想之第一等门第，岂即以具备此二条件自矜诩于模、颐耶？寇谦之既为秦、雍大族，其艺术复为浩所推服，故亦约略具备此二条件者，疑浩之特有取于谦之也。据《魏书》三五《崔浩传》（参《北史》二一《崔宏传》附子浩传）云：

> 浩从太宗幸西河、太原。登憩高陵之上，下临河流，傍览川域，慨然有感。遂与同寮论五等郡县之是非，考秦

始皇、汉武帝之违失。好古识治，时伏其言。天师寇谦之
每与浩言，闻其论古治乱之迹，常自夜达旦，竦意敛容，
无有懈倦。既而叹美之曰："斯言也惠，皆可底行，亦当
今之皋繇也。但世人贵远贱近，不能深察之耳。"因谓浩曰：
"吾行道隐居，不营世务，忽受神中之诀，当兼修儒教，
辅助泰平真君，继千载之绝统。而学不稽古，临事暗昧。
卿为吾撰列王者治典，并论其大要。"浩乃著书二十余篇，
上推太初，下尽秦汉变弊之迹，大旨先以复五等为本。

可见浩为旧儒家之领袖，谦之为新道教之教宗，互相利用，相
得益彰，故二人之契合，殊非偶然也。浩之原书今虽不传，其
大旨既以先复五等为本，则与司马朗之学说及司马昭、炎父子
所施行者实相符合，斯盖东汉儒家之共同理想。司马氏、崔氏
既同属于一社会阶级，故其政治之理想自不能违异也。谦之自
称受真仙之命，以为末劫垂及，唯有种民即种姓之民，易言之，
较高氏族之人民，得以度此末劫，此与东汉末年天下扰乱之际
儒家大族所感受之印象、所怀抱之理想正复相同，不必纯从佛
教学说摹袭而来也。

又据《魏书》四七《卢玄传》（参《北史》三〇《卢玄传》）云：

〔崔〕浩大欲齐整人伦，分明姓族。玄劝之曰："夫
创制立事，各有其时，乐为此者，讵几人也？宜其三思。"
浩当时虽无异言，竟不纳，浩败颇亦由此。

并参以《魏书》四八《高允传》（参《北史》三一《高允传》）云：

初，崔浩荐冀、定、相、幽、并五州之士数十人，各
起家郡守。恭宗谓浩曰："先召之人，亦州郡选也，在职已久，
勤劳未答。今可先补前召外任郡县，以新召者代为郎吏。
又守令宰民，宜使更事者。"浩固争而遣之。允闻之，谓

> 东宫博士管恬曰："崔公其不免乎！苟逞其非，而校胜于上，何以胜济？"

同书四六《李䜣传》（参《北史》二七《李䜣传》）略云：

> 李䜣，范阳人也。初，李灵为高宗博士、诏议，诏崔浩选中书学生器业优者为助教。浩举其弟子箱子与卢度世、李敷三人应之。给事高谠子佑、尚书段霸儿侄等以为浩阿其亲戚，言于恭宗。恭宗以浩为不平，闻之于世祖。世祖意在于䜣，曰："云何不取幽州刺史李崇老翁儿也？"浩对曰："前亦言䜣合选，但以其先行在外，故不取之。"世祖曰："可待䜣还，箱子等罢之。"䜣为世祖所识如此。遂除中书助教博士。

及同书三六《李顺传》（参《北史》三三《李顺传》）略云：

> 李顺，赵郡平棘人也。长子敷，真君二年，选入中书教学。以忠谨给事东宫。又为中散，与李䜣、卢遐、度世等并以聪敏内参机密，出入诏命。

则知崔浩实借鲜卑统治力以施行其高官与博学合一之贵族政治者，不幸其志未遂，而竟以此被祸也。至其被祸之由，则不得不略加辨释。考《宋书》七七《柳元景传》（参《南史》三八《柳元景传》，及《资治通鉴》一二六"宋文帝元嘉二十八年二月魏中书学生卢度世亡命"条《考异》）云：

> 元景从祖弟光世，先留乡里，索虏以为折冲将军、河北太守，封西陵男。光世姊夫伪司徒崔浩，虏之相也。元嘉二十七年，虏主拓跋焘南寇汝、颍，浩密有异图，光世要河北义士为浩应。浩谋泄被诛，河东大姓坐连谋夷灭者甚众。

及《北史》二一《崔宏传》附浩传云：

> 始宏因苻氏乱，欲避地江南，为张愿所获，本图不遂。

乃作诗以自伤，而不行于时，盖惧罪也。浩诛，中书侍郎高允受敕收浩家书，始见此诗，允知其意。允孙绰录于允集。

则似浩以具有民族意识因而被祸者。论者或更据《魏书》三五《崔浩传》（参阅《北史》二一《崔宏传》附浩传）所言：

> 会闻刘裕死，太宗欲取洛阳、虎牢、滑台。浩曰："陛下不以刘裕欻起，纳其使贡，裕亦敬事陛下。不幸今死，乘丧伐之，虽得之不令。今国家亦未能一举而定江南，宜遣人吊祭，存其孤弱。裕新死，党与未离，兵临其境，必相率拒战，功不可必。不如缓之，待其恶稔。如其强臣争权，变难必起，然后命将扬威，可不劳士卒，而收淮北之地。"

以证《宋书·柳元景传》而谓浩实心祖南朝者。鄙意以为此正浩之善于为鲜卑谋，非有夷夏之见存乎其间也。盖鲜卑当日武力虽强，而中国北部汉族及其他胡族之人数远超过于鲜卑，故境内未能统一，且西北方柔然及其他胡族部落势力强盛，甚为魏之边患，此浩所谓"未能一举而定江南"者也。若欲南侵，惟有分为数阶段，节级徐进，此浩所谓"命将扬威，收淮北之地"者也，观浩神瑞二年谏阻迁都于邺之议，以为：

> 东州之人，常谓国家居广漠之地，民畜无算，号称牛毛之众。今留守旧都，分家南徙，恐不满诸州之地。参居郡县，处榛林之间，不便水土，疾疫死伤，情见事露，则百姓意沮。四方闻之，有轻侮之意，屈丐、蠕蠕必提挈而来，云中、平城则有危殆之虑，阻隔恒代千里之险，虽欲救援，赴之甚难，如此则声实俱损矣（见《魏书》三五《崔浩传》）。

及"泰常元年议刘裕假道伐姚秦事"谓：

> 假令国家弃恒山以南，裕必不能发吴、越之兵，与官军争守河北也（见《魏书》三五《崔浩传》）。

可谓深悉当时南北两方情势，其为鲜卑谋者可谓至矣。浩之父宏对于鲜卑其心与浩有无异同，今不可知，但宏之欲南奔江左，在东晋之世，北朝士族心目中以门第高下品量河内司马氏与彭城刘氏之价值，颇相悬远，如魏收作《魏书》，其于东晋则尚题曰"僭晋司马睿"，而于刘宋则斥为"岛夷刘裕"，以为"与丛亭安上诸刘了无宗次"。此非伯起一人之偏见，盖亦数百年间中原士族共同之品题，何况清河崔氏自许为天下第一盛门，其必轻视"挺出寒微"（浩目宋武帝之语，见《魏书》《北史》浩传）之刘宋，而不屑诡言于鲜卑以存其宗社，其理甚明。柳光世之言不过虚张夷夏之见以自托于南朝，本不足据。司马君实纪浩之被祸，从《魏书》而不从《宋书》，其识卓矣。

然则浩之被祸果以何为主因乎？依《卢玄传》所言，浩之被祸，以"整齐人伦，分明姓族"，浩之贵族政治理想，其最不乐者，仅为李䜣等非高门之汉族，当时汉人中得鲜卑之宠信者，无逾于浩，此类寒族之汉人，其力必不能杀浩，自不待言。故杀浩者必为鲜卑部落酋长，可以无疑。据《魏书》三八《王慧龙传》（参《北史》三五《王慧龙传》）云：

> 初，崔浩弟恬闻慧龙王氏之子，以女妻之。浩既婚姻，及见慧龙，曰："信王家儿也。"王氏世齇鼻，江东谓之"齇王"。慧龙鼻大，浩曰："真贵种矣。"数向诸公称其美。司徒长孙嵩闻之，不悦，言于世祖，以其叹服南人，则有讪鄙国化之意。世祖怒，召浩责之。浩免冠陈谢，得释。

及同书二七《穆崇传》附亮传（参《北史》二〇《穆崇传》附亮传）略云：

> 高祖曰："世祖时，崔浩为冀州中正，长孙嵩为司州中正，可谓得人。"

是当时汉人士族之首领为浩，鲜卑部酋之首领为长孙嵩。浩既主张高官、博学二者合一之贵族政治，鲜卑有政治势力而无学术文化。浩之《国记》"备而不典"（见《魏书》三五《崔浩传》），盖鲜卑本无文化可言，其为不典，固亦宜然。浩与拓跋嗣论近世人物，谓太祖（拓跋珪）用漠北醇朴之人，南人中地，自与羲农齐烈（见《魏书》三五《崔浩传》）。其语直斥鲜卑之野僿，幸当日鲜卑汉化不深，否则亦如周延儒之以羲皇上人目崇祯帝（见《明史》三〇八《奸臣传·周延儒传》），而早死于刊布《国记》之前矣。总之，浩之于社会阶级意识，甚于其民族夷夏意识，故利用鲜卑鄙视刘宋，然卒因胡汉民族内部之仇怨致死，亦自料所不及，自食其恶果，悲夫！

《魏书》三五《崔浩传》（参《北史》二一《崔宏传》附崔浩传）云：

> 初，浩父疾笃，浩乃剪爪截发，夜在庭中仰祷斗极，为父请命，求以身代，叩头流血，岁余不息，家人罕有知者。及父终，居丧尽礼，时人称之。浩能为杂说，不长属文，而留心于制度、科律及经术之言。作家祭法，次序五宗，蒸尝之礼，丰俭之节，义理可观。性不好《老》《庄》之书，每读不过数十行，辄弃之，曰："此矫诬之说，不近人情，必非老子所作。老聃习礼，仲尼所师，岂设败法之书，以乱先王文教。袁生所谓家人筐箧中物，不可扬于王庭也。"

寅恪案：清河崔氏为天师道世家，已详拙著《天师道与滨海地域之关系》文中，兹不赘论。所可注意者，即浩之通经律、重礼法、不长属文，及不好《老》《庄》之书等，皆东汉儒家大族之家世传统也，与曹操父子之喜词赋、慕通达（见《后汉书》八四《杨震传》附赐传及《晋书》四七《傅玄传》等），为东汉宦官寒族之传统家学者迥异。寇谦之为秦、雍大族，其新教又专以礼度为首，是特深有合于浩之家学，而与孙秀、孙恩东西晋两大天师道政治运动之首领出身寒族，在浩心中专以门第衡量人物为标准者又无此冲突也。（琅邪孙氏之为寒族，详见拙著《天师道与滨海地域之关系》文中。）以通常宗教之义言之，只问信仰，不分阶级，如《三国志·魏志》二四《崔林传》裴《注》引《晋诸公赞》，知清河崔氏之崔随即浩本宗，亦参预孙秀、赵王伦之政治运动。据《魏书·崔浩传》（参《北史·崔宏传》附浩传）云：

> 浩母卢氏，谌孙也。

及《晋书》一〇〇《卢循传》略云：

> 卢循，司空从事中郎谌之曾孙也，娶孙恩妹。

是浩与循为中表兄弟。范阳卢氏与清河崔氏同为北方盛门，而与寒族之琅邪孙氏为婚，是只问信仰不论门第之明证。盖孙秀为时之教主，求教主于大族高门，乃不可常见之事。今寇谦之以大族而兼教主，故能除去三张之伪法，以礼度为首，此正是大族儒家之所应为者。想浩当日必自以为其信仰之遇合，超过于其家门之崔随及中表之卢循也。故论宗教信仰虽可不分社会阶级，但浩之政治理想乃以分明姓族为第一义者，其得遇寇谦之，借其仙真药物之术以取信于拓跋焘而利用之，更足坚定其非有最高之门第不能行最高之教义之信念，而不料其适以此被祸。谦之先浩而死，遂得免祸，亦云幸矣。

《魏书崔浩传》（参《北史崔宏传》附浩传）略云：

> 浩上《五寅元历》，表曰："臣禀性弱劣，力不及健妇人，更无余能，是以专心思书，忘寝与食，至乃梦共鬼争义，遂得周公、孔子之要术，始知古人有虚有实，妄语者多，真正者少。自秦始皇烧书之后，经典绝灭。汉高祖以来，

世人妄造历术者有十余家，皆不得天道之正，大误四千，小误甚多，不可言尽。臣愍其如此。今遭陛下太平之世，除伪从真，宜改误历，以从天道。是以臣前奏造历，今始成讫。谨以奏呈。唯恩省察，以臣历术宣示中书博士，然后施用。非但时人，天地鬼神知臣得正，可以益国家万世之名，过于三皇五帝矣。"

寅恪案：《魏书》四八《高允传》（参《北史》三一《高允传》）略云：

> 时浩集诸术士，考校汉元以来日月薄蚀、五星行度，并讥前史之失，别为《魏历》以示允。允曰："天文历数不可空论。夫善言远者必先验于近。且汉元年冬十月，五星聚于东井，此乃历术之浅。今讥汉史，而不觉此谬，恐后人讥今犹今之讥古。"浩曰："所谬云何？"允曰："案《星传》，金水二星常附日而行。冬十月，日在尾箕，昏没于申南，而东井方出于寅北。二星何因背日而行？是史官欲神其事，不复推之于理。"浩曰："欲为变者何所不可，君独不疑三星之聚，而怪二星之来？"允曰："此不可以空言争，宜更审之。"时坐者咸怪，唯东宫少傅游雅曰："高君长于历数，当不虚也。"后岁余，浩谓允曰："先所论者，本不注心，及更考究，果如君语，以前三月聚于东井，非十月也。"又谓雅曰："高允之术，阳元之射也。"众乃叹服。

可知浩虽精研天算，而其初尚有未合之处。寇谦之从成公兴受盖天《周髀》之术，为当时西域输入之新学，必胜于浩之家传之旧学，浩之深服谦之，固非偶然也。道家之说，以历元当用寅，否则天下大乱。如《后汉书》一二《律历志》中云：

> 灵帝熹平四年，五官郎中冯光、沛相上计掾陈晃言："历

元不正，故妖民叛寇，益州盗贼相续为〔害〕。历用甲寅为元，而用庚申。"

浩以"精于天人之会"，受知奖于拓跋嗣（见《魏书·崔浩传》），浩之用力数十年之久于制历正元者，正儒家及道家合一之焦点所在。盖历元正则阴阳和，阴阳和则年谷熟，人民安乐，天下太平矣。今《离骚》篇首以"摄提贞于孟陬"为言，固历元用寅之义也，篇末以"从彭咸之遗则"为结（王逸《章句》云："彭咸，殷大夫，谏其君不听，投水死。"），则《晋书》一〇〇《孙恩传》所谓：

> 其妇女有婴累不能去者，囊箧盛婴儿投于水，而告之曰："贺汝先登天堂，我寻后就汝。"

及

> 恩穷戚，乃赴海自沉，妖党及妓妾谓之"水仙"。

者也。由是推之，《离骚》当与道家有关，以非本文范围，故不傍及。

兹综合寇谦之、崔浩二人关系之史料观之，可证浩之思想行为纯自社会阶级之点出发，其所以特重谦之者，以寇氏本为大族，不同于琅邪孙氏。又谦之所清整之新道教中，种民礼度之义深合于儒家大族之传统学说故也。浩事拓跋珪、嗣、焘三世，竭智尽忠，而甚鄙非文化高门之刘宋，盖由社会阶级之意识超出胡汉民族之意识。然浩为一代儒宗，于五胡乱华之后，欲效法司马氏以图儒家大族之兴起，遂不顾春秋夷夏之大防，卒以此触怒鲜卑，身死族灭，为天下后世悲笑，其是非成败于此可不论，惟论释其与寇谦之之关系，以供读史者之参考。

（原载一九五〇年十二月《岭南学报》第十一卷第一期）

论唐高祖称臣于突厥事

　　吾民族武功之盛，莫过于汉唐。然汉高祖困于平城，唐高祖亦尝称臣于突厥，汉世非此篇所论，独唐高祖起兵太原时，实称臣于突厥，而太宗又为此事谋主，后来史臣颇讳饰之，以至其事之本末不明显于后世。夫唐高祖太宗迫于当时情势不得已而出此，仅逾十二三年，竟灭突厥而臣之，大耻已雪，奇功遂成，又何讳饰之必要乎？兹略取旧记之关于此事者，疏通证明之，考兴亡之陈迹，求学术之新知，特为拈出此一重公案，愿与当世好学深思读史之有心人共参究之也。

　　《旧唐书》六七《李靖传》（参《新唐书》二一五上《突厥传》、《贞观政要》二《任贤篇》、《大唐新语》七《容恕篇》）云：

　　　　太宗初闻靖破颉利，大悦，谓侍臣曰："朕闻'主忧臣辱，主辱臣死'。往者国家草创，太上皇（高祖）以百姓之故，称臣于突厥，朕未尝不痛心疾首，志灭匈奴，坐不安席，食不甘味，今者暂动偏师，无往不捷，单于款塞，耻其雪乎。"

　　寅恪案：太宗所谓国家草创，即指隋末高祖起兵太原之时，当此时，中国与突厥之关系为何如乎？试观《通典》一九七《边防典》"突厥"条上（参《新唐书》二一五上《突厥传》、《唐会要》九四"北突厥"条）云：

及隋末乱离，中国人归之者甚众，又更强盛，势凌中夏，迎萧皇后，置于定襄。薛举、窦建德、王世充、刘武周、梁师都、李轨、高开道之徒，虽僭尊号，俱北面称臣，东自契丹，西尽吐谷浑、高昌，诸国皆臣之，控弦百万，戎狄之盛，近代未有也。大唐起义太原，刘文静聘其国，引以为援。

则知隋末中国北方群雄几皆称臣于突厥，为其附庸。唐高祖起兵太原，亦为中国北方群雄之一，岂能于此独为例外？故突厥在当时实为东亚之霸主，史谓"戎狄之盛，近代未有"，诚非虚语。请更引史传以证释之。

《旧唐书》五五《刘武周传》（参《新唐书》八六《刘武周传》）略云：

突厥立武周为定杨可汗，遗以狼头纛。因僭称皇帝，建元为天兴。

《资治通鉴》一八三《隋纪七》略云：

恭帝义宁元年（即炀帝大业十三年），突厥立〔刘〕武周为定杨可汗，遗以狼头纛。武周即皇帝位，改元天兴。

《通鉴考异》云：

新、旧《唐书》武周皆无国号，惟《创业起居注》云："国号定杨。"

《通鉴》此条胡《注》云：

言将使之定杨州也。

《大唐创业起居注·上》云：

大业十三年二月己丑，马邑军人刘武周杀太守王仁恭，据其郡而自称天子，国号定杨。武周窃知炀帝于楼烦筑宫厌当时之意，故称天子，规而应之。

寅恪案：胡氏释定杨为定杨州，杨扬虽古通用，然杨为隋之国姓，似以定杨隋为释，较胡说之迂远为胜，至《创业起居注》以"国号定杨"为言者，盖突厥锡封刘武周为定杨可汗，温大雅于此颇有所讳，故以"国号定杨"为言，司马君实不解此意，而疑《两唐书》与《创业起居注》异，其实武周之所谓国号，即其所受突厥之封号也。

《新唐书》八七《梁师都传》（参《旧唐书》五六《梁师都传》）略云：

> 自为梁国，僭皇帝位，建元永隆，始毕可汗遗以狼头纛，号大度毗伽可汗解事天子。

寅恪案：突厥语"大度"为"事"，"毗伽"为"解"，突厥语"大度毗伽可汗"即汉语"解事天子"也。

《新唐书》九二《李子和传》云：

> 北事突厥，纳弟为质。始毕可汗册子和为平杨天子，不敢当，乃更署为屋利设。

《资治通鉴》一八三《隋纪七》略云：

> 恭帝义宁元年三月，始毕以刘武周为定杨天子，梁师都为解事天子，子和为平杨天子。子和固辞不敢当，乃更以为屋利设。

胡《注》云：

> 平杨，犹定杨也。

寅恪案：胡氏之意，平杨为平杨州，似不如以平杨隋为释较胜也。

《资治通鉴》一八八《唐纪四》略云：

> 武德三年七月骠骑大将军可朱浑定远告：并州总管李仲文与突厥通谋，欲俟洛阳兵交，引胡骑直入长安。甲戌，命皇太子镇蒲反以备之。四年二月，并州安抚使唐俭密奏：

真乡公李仲文与妖僧志觉有谋反语，又娶陶氏之女，以应桃李之谣，诣事可汗，甚得其意，可汗许立为南面可汗，及在并州，赃贿狼藉。上命裴寂、陈叔达、萧瑀杂鞫之。乙巳，仲文伏诛。

寅恪案：综合前引史料观之，则受突厥之可汗封号者，亦受其狼头纛，其有记受突厥封号，而未及狼头纛者，盖史臣略而不载耳。故突厥之狼头纛犹中国之印绶，乃爵位之标帜，受封号者，必亦受此物，所以表示其属于突厥之系统，服从称臣之义也。据《通典》一九七《边防典·突厥传上》（参《隋书》八四《突厥传》、《北史》九九《突厥传》等）略云：

旗纛之上，施金狼头；侍卫之士，谓之附离，夏言亦狼也。

盖本狼生，志不忘旧。

可知狼为突厥民族之图腾。隋末北方群雄，既受突厥之狼头纛，则突厥亦以属部视之矣，哀哉。纪载唐高祖、太宗起兵太原之事，温大雅《大唐创业起居注》一书，为最重要之史料，世所共知。其述当时与突厥之关系，最为微妙，深堪玩味，如改旗帜一事，辞费文繁，或者以为史家铺陈开国祥瑞之惯例，则不达温氏曲为唐讳之苦心。又称臣突厥之主谋，实为太宗，实可据其述兴国寺兵胁迫高祖服从突厥一事得以推知。兹不避繁冗之嫌，颇详录温氏之书与此二事有关者推论之如下：

裴寂等乃因太子、秦王等入启，请依伊尹放太甲、霍光废昌邑故事，废皇帝而立代王，兴义兵以檄郡县，改旗帜以示突厥，师出有名，以辑夷夏。于是遣使以众议驰报突厥，始毕依旨，即遣其柱国康鞘利、级失、热寒、特勤、达官等，送马千匹，来太原交市，仍许遣兵送帝往西京，多少惟命。

康鞘利将至，军司以兵起甲子之日，又符谶尚白，请建武王所执白旗，以示突厥。帝曰："诛纣之旗，牧野临时所仗，未入西郊，无容预执，宜兼以绛，杂半续之。"诸军稍幡皆放此，营壁城垒幡旗四合，赤白相映若花园。开皇初，太原童谣云："法律存，道德在，白旗天子出东海。"常亦云"白衣天子"，故隋主恒服白衣，每向江都，拟于东海。又有《桃李子歌》曰："桃李子，莫浪语，黄鹄绕山飞，宛转花园里。"案，李为国姓，桃当作陶，若言陶唐也，配李而言，故云桃花园，宛转属旌幡。汾晋老幼讴歌在耳，忽睹灵验，不胜欢跃。

寅恪案：唐高祖之起兵太原，即叛隋自立，别树一不同之旗帜以表示独立，其事本不足怪，但太宗等必欲改白旗以示突厥，则殊有可疑。据《大唐创业起居注》下载裴寂等所奏神人太原慧化尼歌谣诗谶有云：

童子木上悬白幡，胡兵纷纷满前后。

是胡兵即突厥兵，而其旗帜为白色之明证。此歌谣之意，谓李唐树突厥之白旗，而突厥兵从之，盖李唐初起兵时之旗为绛白相杂，不得止言白幡也。所可笑者，开皇初太原童谣本作"白衣天子出东海"，太宗等乃强改白衣为白旗，可谓巧于傅会者矣。夫歌谣符谶，自可临时因事伪造，但不如因袭旧有之作稍事改换，更易取信于人，如后来玄宗时佞臣之改作《得宝歌》，即是显著之例（见《旧唐书》一〇五《韦坚传》）。岂所谓效法祖宗，师其故智者耶？唐高祖之不肯竟改白旗，而用调停之法，兼以绛杂半续之者，盖欲表示一部分之独立，而不纯服从突厥之意。据《隋书》一《高祖纪》云：

〔开皇元年〕六月癸未，诏以初受天命，赤雀降祥，五德相生，赤为火色。其郊及社庙，依服冕之仪，而朝会之服，旗帜牺牲，尽令尚赤。

是隋色为绛赤，即是当时中夏国旗之色，而《资治通鉴》一八四《隋纪》义宁元年六月"杂用绛白，以示突厥"句下胡《注》云：

> 隋色尚赤，今用绛而杂之以白，示若不纯于隋。

胡氏知隋色尚赤，乃谓"示若不纯于隋"。夫唐高祖起兵叛立，其不纯于隋自不待言，但其初尚欲拥戴幼主，不即革隋命，则旗色纯用绛赤本亦不妨，其所以"用绛而杂之以白"者，实表示维持中夏之地位，而不纯臣服于突厥之意。胡氏之说，可谓适得其反者也。

总之，高祖起兵时，改易旗色，必与臣服于突厥有关。高祖所以迟疑不决，太宗等所以坚执固请，温氏所以详悉记述歌谣符谶累数百言者，其故正在于此。世之读史者，不可视为酿词而忽略之也。

《大唐创业起居注》上云：

> 帝引康鞘利等，礼见于晋阳官东门之侧舍，受始毕所送书信。帝伪貌恭，厚加馈贿。鞘利等大悦，退相谓曰："唐公见我蕃人，尚能屈意，见诸华夏，情何可论，敬人者人皆敬爱，天下敬爱，必为人主，我等见之人，不觉自敬。"

寅恪案：此温氏用委婉之笔叙述唐高祖受突厥封号称臣拜伏之事。"始毕所送书信"，即突厥敕封高祖为可汗之册书，"帝伪貌恭"，即称臣拜伏之义。唐高祖此时所受突厥封号究为何名，史家久已隐讳不传，但据上引李仲文事观之，则高祖与仲文俱为太原主将，突厥又同欲遣兵送之入长安，而仲文所受突厥之封号据称为"南面可汗"。由此推之，高祖所受封号亦当相与类似，可无疑也。

总而言之，太宗既明言高祖于太原起兵时曾称臣于突厥，则与称臣有关之狼头纛及可汗封号二事，必当于创业史料中得其经过迹象。惜旧记讳饰太甚，今只可以当时情势推论之耳。

高祖称臣于突厥，其事实由太宗主持于内，而刘文静执行于外，请略引史传，以证明之。

《大唐创业起居注》上略云：

> 始毕得书，大喜。其部达官等曰："天将以太原与唐公，必当平定天下，不如从之，以求宝物，但唐公欲迎隋主，共我和好。此语不好，我不能从。唐公自作天子，我则从行，觅大勋赏，不避时热。"当日即以此意作书报帝。帝开书叹息，久之曰："孤为人臣须尽节，本虑兵行已后，突厥南侵，屈节连和，以安居者。"不谓今日所报，更相要逼，乍可绝好藩夷，无有从其所劝，突厥之报帝书也，谓使人曰："唐公若从我语，即宜急报我，遣大达官往取进止。"官僚等以帝辞色懔然，莫敢咨谏。兴国寺兵知帝未从突厥所请，往往偶语曰："公若更不从突厥，我亦不能从公。"裴寂、刘文静等知此议，以状启闻。

寅恪案：突厥之欲高祖自为天子，即欲其受可汗封号，脱离杨隋而附属突厥之意，其事本不足怪，但兴国寺兵何以亦同突厥，以此要迫？考《大唐创业起居注》上云：

> 帝遣长孙顺德、赵文恪等，率兴国寺所集兵五百人，总取秦王部分。

即《册府元龟》七《帝王部·创业门》云：

> 〔唐〕高祖乃命太宗与晋阳令刘文静及门下客长孙顺德、刘弘基等各募兵，旬日之间，众且一万，文静顿于兴国寺，顺德顿于阿育王寺。

夫刘文静、长孙顺德（顺德为太宗长孙后之族叔，避辽东之役，逃匿于太原，见《旧唐书》五八及《新唐书》一〇五《长孙顺德传》等）等皆太宗之党，其兵又奉高祖之命归太宗统属，今居然与突厥通谋，迫胁高祖叛杨隋而臣突厥，可知太宗实为当时主谋称臣于突厥之人，无复疑问也。

太宗为称臣于突厥之主谋，执行此计划之主要人物则是刘文静，据《旧唐书》五七《刘文静传》略云：

> 隋末为晋阳令，炀帝令系于郡狱，太宗以文静可与谋议，入禁所视之。高祖开大将军府，以文静为军司马，文静劝改旗帜，以彰义举，又请连突厥，以益兵威，高祖并从之。因遣文静使于始毕可汗，始毕曰："唐公起事，今欲何为？"文静曰："愿与可汗兵马同入京师，人众土地入唐公，财帛金宝入突厥。"始毕大喜，即遣将康鞘利领骑二千随文静而至，〔武德二年〕裴寂又言曰："当今天下未定，外有勍敌，今若赦之，必贻后患。"高祖竟听其言，遂杀文静。

及《大唐创业起居注》上略云：

> 乃命司马刘文静报使，并取其兵。静辞，帝私诫之曰：胡兵相送，天所遣来，数百之外，无所用之。所防之者，恐武周引为边患，取其声势，以怀远人。公宜体之，不须多也。

则与突厥始毕可汗议订称臣之约者，实为刘文静，其人与太宗关系密切，观太宗往视文静于狱中一事，即可推知，文静即为李唐与突厥连系之人，及高祖入关后渐与突厥疏远，而文静乃被杀矣，裴寂谓"当今天下未定，外有勍敌"，"天下未定"指刘武周、王世充、窦建德等，"外有勍敌"指突厥，而《新唐书》八八《刘文静传》及《通鉴》一八六《唐纪》"武德二年杀刘文静"条俱省略"外有勍敌"之语，实由未解文静与突厥之关系所致也。李唐与突厥之连系人刘文静虽死，而太宗犹在，观高祖于遣刘文静使突厥时，以防刘武周为言，则唐与突厥关系亲密，武周自当受突厥之约束，不敢侵袭太原，若唐与突厥之关系疏远，则武周必倚突厥之助略取并州。据《旧唐书》一九四上《突厥传上》略云：

> 武德二年，始毕授马邑贼帅刘武周兵五百余骑，遣入句注，又追兵大集，欲侵太原。是月始毕卒，立其弟俟利弗设，是为处罗可汗。

可知突厥始毕可汗初与刘文静定约，立唐高祖为可汗，约束刘武周，不得侵袭太原。迨唐入关后，渐变前此之恭逊，故始毕又命武周夺取太原矣。

刘武周既得突厥之助，夺取太原，兵锋甚盛，将进逼关中，唐室不得不使刘文静外，其他唯一李唐与突厥之连系人即太宗出膺抗拒刘武周之命，此不仅以太宗之善于用兵，实亦由其与突厥有特别之关系也。观《旧唐书》一九四上《突厥传上》云：

> 太宗在藩，受诏讨刘武周，师次太原，处罗遣其弟步利设率二千骑与官军会。六月处罗至并州，总管李仲文出迎劳之。留三日，城中美妇人多为所掠。仲文不能制，俄而处罗卒。

则突厥昔之以兵助刘武周者，今反以兵助李世民，前后态度变异至此，其关键在太宗与突厥之特别关系，可推知也。

又据《旧唐书》二《太宗纪上》略云：

> 〔武德〕七年秋，突厥颉利、突利二可汗自原州入寇，侵扰关中。有说高祖云："只为府藏子女在京师，故突厥来，若烧却长安而不都，则胡寇自止。"高祖乃遣中书侍郎宇文士及行山南可居之地，即欲移都。萧瑀等皆以为非，然终不敢犯颜正谏。太宗独曰："幸乞听臣一申微效，取彼颉利。若一两年间不系其颈，徐建迁都之策，臣当不敢复言。"高祖怒，仍遣

太宗将三十余骑行划。还日，固奏必不可移都，高祖遂止。

及《新唐书》七九《隐太子传》云：

> 突厥入寇，帝议迁都，秦王苦谏止。建成见帝曰："秦王欲外御寇，沮迁都议，以久其兵，而谋篡夺。"帝寖不悦。

可见太宗在当时被目为挟突厥以自重之人，若非起兵太原之初，主谋称臣于突厥者，何得致此疑忌耶？斯亦太宗为当时主谋者之一旁证也。

又《旧唐书》一九四上《突厥传上》（参《册府元龟》九八一《外臣部·盟誓门》）略云：

> 〔武德〕七年八月，颉利、突利二可汗举国入寇，太宗乃亲率百骑驰诣房阵，告之曰："国家与可汗誓不相负，何为背约深入吾地？我秦王也，故来一决。可汗若自来，我当与可汗两人独战，若欲兵马总来，我唯百骑相御耳。"颉利弗之测，笑而不对。太宗又前，令骑告突利曰："尔往与我盟，急难相救，尔今将兵来，何无香火之情也？亦宜早出，一决胜负。"突利亦不对。太宗前，将渡沟水，颉利见太宗轻出，又闻香火之言，乃阴猜突利，因遣使曰："王不须渡，我无恶意，更欲共王自断当耳。"于是稍引却，各敛军而退。太宗因纵反间于突利，突利悦而归心焉，遂不欲战。其叔侄内离，颉利欲战不可，因遣突利及夹毕特勒（勤）阿史那思摩奉见请和，许之。突利因自托于太宗，愿结为兄弟。

寅恪案：太宗在当时不仅李唐一方面目之为与突厥最有关系之人，即突厥一方面亦认太宗与之有特别关系。然则太宗当日国际地位之重要，亦可想见矣。至太宗与突利结为兄弟，疑尚远在此时之前，据《旧唐书》一九四上《突厥传上》略云：

> 〔武德〕九年七月，颉利自率十万余骑进寇武功，颉

利遣其腹心执失思力入朝为觇，自张形势云："二可汗总兵百万，今已至矣。"太宗谓之曰："我与突厥，面自和亲，汝则背之，我实无愧。又义军入京之初，尔父子（指颉利、突利言，如昔人称汉疏广受父子之例，盖颉利、突利为叔父及从子也）并亲从我。"

然则所谓香火之盟，当即在唐兵入关之时也，《通鉴》一九一《唐纪七》武德七年胡《注》释香火之盟固是，但仍未尽，考《教坊记》（据《说郛》本）"坊中诸女"条云：

> 坊中诸女以气类相似，约为香火兄弟，每多至十四五人，少不下八九辈。有儿郎娉之者，辄被以妇人称呼，即所娉者兄见呼为新妇，弟见呼为嫂也。儿郎有任官僚者，官参与内人对同日，垂到内门，车马相逢，或搴车帘呼阿嫂若新妇者，同党未达，殊为怪异，问被呼者，笑而不答。儿郎既娉一女，其香火兄弟多相奔，云学突厥法。又云："我兄弟相怜爱，欲得尝其妇也。"主者知亦不妒，他香火即不通。

则太宗与突利结香火之盟，即用此突厥法也。故突厥可视太宗为其共一部落之人。是太宗虽为中国人，亦同时为突厥人矣！其与突厥之关系，密切至此，深可惊讶者也。

旧记中李唐起兵太原时称臣于突厥一事，可以推见者，略如上述，此事考史者所不得为之讳，亦自不必为之讳也。至后来唐室转弱为强，建功雪耻之本末，轶出本篇范围，故不涉及。呜呼！古今唯一之"天可汗"，岂意其初亦尝效刘武周辈之所为耶？初虽效之，终能反之，是固不世出人杰之所为也。又何足病哉！又何足病哉！

（原载一九五一年六月《岭南学报》第十一卷第二期）

书《唐才子传·康洽传》后

《唐才子传》四《康洽传》略云：

> 洽，酒泉人，黄须美丈夫也。盛时携琴剑来长安，谒当道，气度豪爽。工乐府诗篇，宫女梨园皆写于声律。玄宗亦知名，尝叹美之。

寅恪案：文房作此传，大抵从李端《赠康洽》诗取材（见《全唐诗》第十一函李端一），以洽之姓氏容貌生地年代及事迹观之，盖为西胡族类之深于汉化者。亦李谪仙一流人也。寅恪尝论太白诡称西凉李暠之后，其先人曾以罪于隋末流放西域，实则本为西胡人之寓居中国者也（见《李太白氏族之疑问》一文）。世人于鄙论或信或否，近有持太白实凉武昭王之裔，武则天翦除李唐宗室时其家乃迁谪西域之论者，此说寅恪不敢苟同，盖宪宗元和中范传正所撰《太白新墓碑》已明言：

> 自国朝已来，漏于属籍。

是太白之家虽自称西凉后裔，而本未尝著于属籍，按诸当时法制，实不得以唐之宗室目其家也。或有疑范氏此语为不可信者。鄙意范碑即使不可信，而论者之说亦必不可从。兹请以唐代规制及武后时情势两点证之如下：

一、《唐大诏令集》六四《大臣类·附属籍门·许凉武昭王孙绛郡姑臧等四房子孙隶入宗正属籍敕》（《全唐文》三一玄宗

310

一二作《命李彦允等入宗正籍诏》）云：

> 敕：古之宗盟，异姓为后。王者设教，莫遗其亲。殿中侍御史李彦允等奏称，与朕同承凉武昭王后，请甄叙者。源流实同，谱系犹著。虽子孙千亿，各散于一方，而本枝百代，何殊于近属，况有陈请，所宜敦叙。自今后，凉武昭王孙宝已下，绛郡、姑臧、敦煌、武阳等四房子孙（《唐会要》六五《宗正寺门》引此文作"四公子孙"），并宜隶入宗正，编诸属籍，以明尊本之道，用广亲亲之化。

又《新唐书》七〇上《宗室世系表》"南阳公房"条略云：

> 太祖景皇帝虎八子，长曰延伯，武德四年追封南阳伯，附属籍，贞观初罢之。与姑臧、绛郡、武陵公三房号"四公子房"。至开元二十三年复附属籍。

寅恪案："许李彦允等四房附属籍"之敕文，《唐大诏令集》及《全唐文》俱不载年月。但据《唐会要》六五《宗正寺门》，知此敕文乃玄宗天宝元年七月二十三日所下，而《唐大诏令集》传写脱去，《全唐文》编辑时馆臣亦遂因之耳。依此而言，即与唐皇室有直接血统关系之李虎子延伯后裔在贞观初至开元二十三年之间尚不得视为宗室，何论李唐所攀附之祖宗西凉李暠子孙耶？李唐皇室本出赵郡（见《北史》三一《李灵传》附显甫传及拙著《唐代政治史述论稿·上篇》），西凉后裔之得称唐宗室实自天宝时始。武则天为玄宗之祖母，其翦除李唐宗室时，太白先人若果为西凉后裔，在当时亦非唐代宗室，何故因此得罪而远流西域乎？至《唐大诏令集》作"四房子孙"，而《唐会要》作"四公子孙"，今以《新唐书·宗室世系表》参之，其原文疑本作"四公子房子孙"，俟考。

二、《旧唐书》七六《恒山王承乾传》（参《新唐书》八〇

《常山王承乾传》，及《旧唐书》九九《新唐书》一三一《李适
之传》）略云：

> 恒山王承乾，太宗长子也（文德皇后长孙氏所生）。
> 太宗即位，为皇太子。贞观十七年废为庶人。二子：象，厥。
> 象官至怀州别驾，厥至鄂州别驾。象子适之别有传。

又同书同卷《吴王恪传》（参《新唐书》八〇《郁林王恪传》）
略云：

> 吴王恪，太宗第三子也。恪母，隋炀帝女也。恪又有
> 文武才，太宗常称其类己。既名望素高，甚为物情所向。
> 长孙无忌既辅立高宗，深所忌嫉。永徽中，会房遗爱谋反，
> 遂因事诛恪，以绝众望。海内冤之。有子四人：仁、玮、琨、璄，
> 并流于岭表。〔后〕封仁为郁林县侯。〔仁〕后改名千里，
> 天授后，历唐庐许卫蒲五州刺史。时皇室诸王有德望者，
> 必见诛戮，惟千里褊躁无才，复数进献符瑞事，故则天朝
> 竟免祸。

寅恪案：武则天诛夷李唐宗室，盖就其能与己争皇位者，因蔚除
之，以绝人望之故耳。其不在此限者，则虽太宗诸子中，如承乾
之生为嫡长，正位储君，恪之为隋炀外孙，有文武才，为当时众
望所归，然俱以得罪废黜之故，其子孙遂得蒙宽免。千里之在武
后朝，得独免祸者，其主因实以无与武后竞争皇位之资格，不仅
以其才望低下、进献符瑞而已也。太白之先人纵使在武后时，得
号为李唐宗室，则亦是西凉后裔。于皇室为远支，又无名位之可
称述，必非武后之所忌恶，何嫌何疑，乃致得罪，远窜西域耶？

由是言之，太白之先人既不能于隋末得罪，谪迁西域（见拙
著《李太白氏族之疑问》一文中），又不能如论者所言在武后时
为唐代宗室，则其不能因是而被迫害可以断言。故谓其氏族所

出，与康洽不异，自非诬妄之说也。偶读《康洽传》，遂论及之，以补寅恪昔论太白氏族之文所未备，而求教于当世治文学史之君子。

（原载一九五一年六月《周叔弢先生六十生日纪念论文集》）

论隋末唐初所谓"山东豪杰"

隋末唐初之史乘屡见"山东豪杰"之语，此"山东豪杰"者乃一胡汉杂糅、善战斗、务农业而有组织之集团，常为当时政治上敌对两方争取之对象。兹略引史料，稍为证明，并设一假说，以推测其成立之由来，或可供研治吾国中古史者之参考欤？

今为证释便利计，姑分别为（一）窦建德、刘黑闼等，（二）翟让、徐世勣等，及（三）青、齐、徐、兖诸豪雄等三类，次第叙述之如下：

《新唐书》八五《窦建德传》云：

> 窦建德，贝州漳南人。世为农。自言汉景帝太后父安成侯充之苗裔。

同书八六《刘黑闼传》略云：

> 刘黑闼，贝州漳南人。与窦建德少相友。〔王世充〕以其武健，补马军总管。〔后窦〕建德用为将。建德有所经略，常委以斥候，阴入敌中，觇虚实，每乘隙奋奇兵，出不意，多所摧克，军中号为神勇。

《旧唐书》六〇《庐江王瑗传》略云：

> 时隐太子建成将有异图，外结于瑗。及建成诛死，瑗乃举兵反。〔王〕利涉曰："山东之地，先从窦建德，酋豪首领，皆是伪官，今并黜之，退居匹庶。此人思乱，若

旱苗之望雨。王宜发使复其旧职，各于所在遣募本兵，诸
州倘有不从，即委随便诛戮。此计若行，河北之地可呼吸
而定也。"

《资治通鉴》一九〇"唐高祖武德五年十二月壬申〔刘黑闼〕众
遂大溃"条《考异》引《太宗实录》云：

〔刘〕黑闼重反，高祖谓太宗曰："前破黑闼，欲令尽
杀其党，使空山东，不用吾言，致有今日。"及隐太子征闼，
平之，将遣唐俭往，使男子十五已上悉坑之，小弱及妇女
总驱入关，以实京邑。

《全唐文》七四四殷侔《窦建德碑》略云：

自建德亡，距今已久远，山东河北之人或尚谈其事，
且为之祀，知其名不可灭，而及人者存也。圣唐大和三年，
魏州书佐殷侔过其庙下，见父老群祭，骏奔有仪，"夏王"
之称犹绍于昔。

寅恪案：窦建德、刘黑闼等徒党为隋末唐初间最善战斗而有坚固
组织之集团，实是唐室之劲敌，高祖"欲令尽杀其党，使空山
东"，疑真有其事。司马君实不信《太宗实录》之记载，以为史
臣归美太宗之词。鄙见太宗盖别有用意，欲利用此集团，为其政
治上之工具，如后来与建成、元吉决斗时，遣张亮往洛阳招引
"山东豪杰"以为己助之例耳。观殷侔之碑文，知窦建德死后逾
二百年，其势力在旧地犹若此，与后来安禄山、史思明死后，其
势力终未衰歇，而成唐代藩镇之局者，似颇相类（详见拙著《唐
代政治史述论稿·上篇》），其必有民族特殊性存乎其间，可以
推知也。窦建德自言出于汉代外戚之窦氏，实则鲜卑纥豆陵氏之
所改（见《新唐书》七一下《宰相世系表》"窦氏"条），实是
胡种也。刘黑闼之刘氏为胡人所改汉姓之最普遍者，其"黑闼"

之名与北周创业者宇文黑獭之"黑獭"同是一胡语,然则刘黑闼不独出于胡种,其胡化之程度盖有过于窦建德者矣。其以武健见赏于王世充,任马军总管,又在窦建德军中常为斥候,以神勇著称,此正胡人专长之骑射技术,亦即此集团的战斗力所以特强之故,实与民族性有关,决非偶然也。至窦建德之"世为农",及张亮之"以农为业"(见后引《旧唐书》六九《张亮传》),与王利涉言欲令窦建德部下酋豪首领"各于所在遣募本兵",实有相互之关系,最为可注意之点,俟后论之,兹姑不涉及。

此集团中翟让、徐世勣一系统在唐初政治上最居重要地位,兹稍多移录有关史料,综合论之于下:

《旧唐书》五三《李密传》略云:

> 李密,本辽东襄平人。魏司徒弼曾孙。后周赐弼姓徒何氏。祖曜,周太保、魏国公。父宽,隋上柱国、蒲山公,皆知名当代。密说〔翟〕让曰:"明公以英杰之才,而统骁雄之旅,宜当廓清天下,诛翦群凶,岂可求食草间,常为小盗而已?"让曰:"仆起陇亩之间,望不至此。"柴孝和说密曰:"秦地阻山带河,西楚背之而亡,汉高都之而霸。如愚意者,令〔裴〕仁基守回洛,翟让守洛口,明公亲简精锐,西袭长安,百姓孰不郊迎?必当有征无战。既克京邑,业固兵强,方更长驱崤函,扫荡东洛,传檄指㧑,天下可定。但今英雄竞起,实恐他人我先,一朝失之,噬脐何及?"密曰:"君之所图,仆亦思之久矣,诚乃上策。但昏主尚存,从兵犹众,我之所部,并是山东人,既见未下洛阳,何肯相随西入?诸将出于群盗,留之各竞雄雌。若然者,殆将败矣。"

《新唐书》九三《李勣传》略云:

> 李勣,曹州离狐人。本姓徐氏,客卫南。家富,多僮仆,

积粟常数千钟。与其父盖皆喜施贷，所周给无亲疏之间。隋大业末，韦城翟让为盗，勣年十七，往从之。武德二年，〔李〕密归朝廷，其地东属海，南至江，西直汝，北抵魏郡，勣统之，未有所属。乃录郡县户口以启密，请自上之。诏授黎州总管，封莱国公。赐姓，附宗正属籍，徙封曹，封盖济阴王。从秦王伐东都，战有功。平〔窦〕建德，俘〔王〕世充，乃振旅还，秦王为上将，勣为下将，皆服金甲，乘戎辂，告捷于庙。又从破刘黑闼、徐圆朗。圆朗复反，诏勣为河南大总管，讨平之。帝（太宗）疾，谓太子（高宗）曰："尔于勣无恩，今以事出之，我死，宜即授以仆射，彼必致死力矣。"

《大唐新语》八《聪敏类》云：

> 贾嘉隐年七岁，以神童召见。时太尉长孙无忌、司空李勣于朝堂立语。李戏之曰："吾所倚者何树？"嘉隐对曰："松树。"李曰："此槐也，何忽言松？"嘉隐曰："以公配木则为松树。"无忌连问之曰："〔吾〕所倚者何树？"嘉隐曰："槐树。"无忌曰："汝不能复矫对耶？"嘉隐应声曰："何须矫对？但取其以鬼配木耳。"勣曰："此小儿作獠面，何得如此聪明？"嘉隐又应声曰："胡面尚为宰相，獠面何废聪明？"勣状貌胡也。

《旧唐书》六四《隐太子传》略云：

> 及刘黑闼重反，王珪、魏征谓建成曰："愿请讨之，且以立功，深自封植，因结山东英俊。"建成从其计。及〔太宗〕将行（往洛阳），建成、元吉相谋曰："秦王今往洛阳，既得土地甲兵，必为后患。留在京师制之，一匹夫耳。"密令数人上封事曰："秦王左右多是东人，闻往洛阳，非常欣跃，视其情状，自今一去，不作来意。"高祖于是遂停。

同书六九《张亮传》略云：

张亮，郑州荥阳人也。素寒贱，以农为业。大业末，李密略地荥、汴，亮仗策从之，署骠骑将军，隶于徐勣。后房玄龄、李勣荐之于太宗，引为秦府车骑将军，委以心膂。会建成、元吉将起难，太宗以洛州形胜之地，一朝有变，将出保之，遣亮之洛阳，统左右王保等千余人，阴引山东豪杰以俟变，多出金帛，恣其所用。元吉告亮欲图不轨，坐是属吏，亮卒无所言，事释，遣还洛阳。及建成死，授怀州总管，封长平郡公。

同书六八《尉迟敬德传》略云：

隐太子、巢敕王元吉将谋害太宗，密致书以招敬德，仍赠以金银器物一车。敬德辞，寻以启闻，太宗曰："送来但取，宁须虑也。且知彼阴计，足为良策。"

同书同卷《张公谨传》略云：

张公谨，魏州繁水人也。初为王世充洧州长史。武德元年，与王世充所署洧州刺史崔枢以州城归国。初未知名，李勣骤荐于太宗，乃引入幕府。〔武德九年〕六月四日，公谨与长孙无忌等九人伏于玄武门以俟变。及斩建成、元吉，其党来攻玄武门，兵锋甚盛。公谨有勇力，独闭关以拒之。以功累授左武侯将军，封定远郡公。

巴黎图书馆藏敦煌写本李义府撰《常何碑》略云：

公讳□，字□□，其先居河内温县，乃祖游陈留之境，因徙家焉，今为汴洲浚仪人也。〔公〕倾产周穷，捐生拯难，嘉宾狎至，侠侣争归。既而炎灵将谢，政道云衰，黑山竞结，白波潜骇，爰顾宗姻，深忧沦溺。乡中豪杰五百余人以公诚信早彰，誉望所集，互相纠率，请为盟主。李密拥兵敖庚，枕威河曲，广集英彦，用托爪牙，乃授公上柱国雷泽公。

寻而天历有归，圣图斯启，自参墟而凤举，指霸川而龙跃。公智叶陈、张，策逾荀、贾，料安危之势，审兴亡之迹，抗言于密，请归朝化。密竟奉谒丹墀，升荣紫禁，言瞻彼相，实赖于公，既表忠图爱膺厚秩，授清义府骠骑将军上柱国雷泽公。密奉诏绥抚山东，公又以本官随密，密至函城之境，有背德之心，公既知逆谋，乃流涕极谏，密惮公强正，遂不告而发，军败牛关之侧，命尽熊山之阳。公徇义莫从，献忠斯阻，欲因机以立效，聊枉尺以直寻，言造王充，冀倾瀍洛，为充所觉，奇计弗成，率充内营左右去逆归顺。高祖嘉其变通，尚其英烈，临轩引见，特申优奖，授车骑将军。徐员朗窃据沂、兖，称兵淮、泗，龟蒙积浸，蜂午挺妖，公与史万宝并力攻围，应期便陷。方殄余噍，奉命旋师，令从隐太子讨平河北。又与曹公李勣穷追员朗，贼平，留镇于洧州。〔武德〕七年，奉太宗令追入京，赐金刀子一枚，黄金卅挺，令于北门领健儿长上，仍以数十金刀子委公锡骁勇之夫，趋奉藩朝，参闻霸略，承解衣之厚遇，申绕帐之深诚。九年六月四日令总北门之寄。

《旧唐书》七一《魏征传》略云：

魏征，巨鹿曲城人也。父长贤，北齐屯留令。及〔李〕密败，征随密来降，至京师，久不见知，自请安辑山东，乃授秘书丞，驱传至黎阳。时徐世勣尚为李密拥众，征与世勣书。世勣得书，遂定计遣使归国。尝密荐中书侍郎杜正伦及吏部尚书侯君集有宰相之材。征卒后，正伦以罪黜，君集犯逆伏诛，太宗始疑征阿党。征又自录前后谏诤言辞往复，以示史官起居郎褚遂良，太宗知之，愈不悦。先许以衡山公主降其长子叔玉，于是手诏停婚，顾其家渐衰矣。

《新唐书》九七《魏征传》云：

> 〔太宗〕即位，拜谏议大夫，封巨鹿县男。当是时，河北州县素事隐、巢者不自安，往往曹伏思乱。征白太宗曰："不示至公，祸不可解。"帝曰："尔行安喻河北。"道遇太子千牛李志安、齐王护军李思行传送京师，征与其副谋曰："属有诏，宫府旧人普原之。今复执送志安等，谁不自疑者？吾属虽往，人不信。"即贷而后闻。使还，帝悦。

《北史》五六《魏长贤传》云：

> 魏长贤，收之族叔也。

《元和郡县图志》一六"河北道澶州临黄县"条云：

> 魏长贤墓在县北十五里。贞观七年，追赠定州刺史，即征父也。

同书一七"河北道恒州鼓城县"条云：

> 魏收墓在县北七里。后魏、北齐贵族诸魏皆此邑人也。所云巨鹿曲阳人者是也。

《新唐书》七二中《宰相世系表》"魏氏"条云：

> 馆陶魏氏。长贤北齐屯留令。征相太宗。

《全唐诗》第七函高适《三君咏（并序）》云：

> 开元中，适游于魏郡。郡北有故太师〔魏〕郑公旧馆。

《旧唐书》七〇《杜正伦传》云：

> 杜正伦，相州洹水人也。隋仁寿中，与兄正玄、正藏俱以秀才擢第。隋代举秀才止十余人，正伦一家有三秀才，甚为当时称美。

同书六九《侯君集传》略云：

> 侯君集，豳州三水人也。贞观四年，迁兵部尚书。明年（贞观十二年），拜吏部尚书。君集出自行伍，素无学术，

及被任遇，方始读书。典选举，定考课，出为将领，入参朝政，并有时誉。十七年，张亮以太子詹事出为洛州都督，君集激怒亮曰："何为见排？"亮曰："是公见排，更欲谁冤？"君集曰："我平一国还，触天子大嗔，何能仰排？"因攘袂曰："郁郁不可活，公能反乎？当与公反耳。"亮密以闻。承乾在东宫，恐有废立，又知君集怨望，遂与通谋。及承乾事发，君集被收，遂斩于四达之衢，籍没其家。

综观上引史料，可得而论者，约有四端：

（一）翟让、徐世勣之系统人物实以洛阳为其政治信仰之重心。观李密答柴孝和之言，知密所以力攻王世充，争取洛阳，卒以此败亡者，盖有不得已之苦衷也。唐太宗之实力在能取得洛阳，抚用此系统人物，而获其辅助之效也。当太宗与建成、元吉决斗于长安之时，秦王府中虽多山东豪杰，然洛阳为其根据地，更遣张亮、王保等往保之，广事招引，以增加其势力。既不虑长安秦府中"山东人"之离心（见上引《旧唐书·隐太子传》），又为在长安万一失败，可以作避乱及复兴之预备。斯太宗与李密虽同属关陇六镇集团，同利用此系统之人物以为其主力，然此二并世英杰所以成败互异者，即太宗能保有洛阳以为基地，而李密不能攻取东都，失去此辈豪杰政治信仰之故也。

（二）武德九年六月四日玄武门之事变，为太宗一生中最艰苦之奋斗。其对方之建成、元吉亦是智勇俱备之人，谋士斗将皆不减于秦府左右，其结果则太宗胜而建成、元吉败者，其关键实在太宗能利用守卫宫城要隘玄武门之山东豪杰，如常何辈。而常何者，《两唐书》无专传，其姓名唯附见于两书《马周传》及《旧唐书》三《太宗纪下》"贞观十八年十一月张亮以舟师攻高丽"事中。（《新唐书》七五上《宰相世系表》"常氏"条不载何之名。）其本末不详久矣。近世敦煌石室发见写本中有李义府撰《常何碑文》，义府奸佞而能文之人也，此文亦久佚，然为最佳之史料。寅恪昔年草《唐代政治史述稿》时，尝于上篇论述玄武门事变曾一及之，今稍详录其文，以资推究。据碑文，知何之家世及少时所为盖同于徐世勣，而其与世勣之关系复颇似张亮、张公谨，又尝从建成平定河北，故建成亦以旧部视之而不疑，岂意其"趋奉藩朝，参闻霸略"耶？观太宗既赐何以金挺，复以数十金刀子委以锡守卫玄武门骁勇之夫，则是用金宝买通玄武门守卫将士，此与建成、元吉之以金银器物赠与尉迟敬德者，抑何以异？此盖当时两方习用之策略也。职是之故，太宗能于武德九年六月四日预伏其徒党于玄武门，而守卫将士亦竟不之发觉。建成、元吉虽先有警告，而不以为意者，殆必以常何辈守卫玄武门之将士至少非太宗之党徒也。碑文所谓"九年六月四日令总北门之寄"，则此事变中何地位之重要及其功绩之伟大，据是可推知矣。张公谨与张亮俱用徐世勣之荐，而为太宗心膂，其属于世勣系统，固不待言。当此事变迫急之时，公谨能独闭宫门，以拒东宫、齐府死党之来攻，因得转危为安，其勇力可以想见，此亦山东豪杰集团特点之一也。张亮在此系统中地位甚高，或亦徐世勣之亚，故太宗委以保据洛阳，招引山东豪杰之重任。然其人"素寒贱，以农为业"，则与翟让所谓"仆起陇亩之间"（见上引《旧唐书·李密传》）正复相同。此辈乃农民武装集团，依此可以推知，其历史之背景及成立之由来俟后再详论。总之，太宗之戡定内难，其得此系统人物之助力，较任何其他诸役如战胜隋末群雄及摧灭当时外族者为更多也。

（三）徐世勣者，翟让死后，实代为此系统之领袖，李密不过以资望见推，而居最高之地位耳。密既降唐，其土地人众均为世勣所有，世勣于王世充、窦建德与唐高祖鼎峙竞争之际，盖有举足轻重之势，其绝郑夏而归李唐，亦隋唐间政权转移之大关键也。李唐破灭王、窦，凯旋告庙，太宗为上将，世勣为下将，盖当时中国武力集团最重要者，为关陇六镇及山东豪杰两系，而太宗与世勣二人即可视为其代表人也。世勣地位之重要实因其为山东豪杰领袖之故，太宗为身后之计，欲平衡关陇、山东两大武力集团之力量，以巩固其皇祚，是以委任长孙无忌及世勣辅佐柔懦之高宗，其用心可谓深远矣。后来高宗欲立武曌为后，当日山东出身之朝臣皆赞助其事，而关陇集团代表之长孙无忌及其附属系统之褚遂良等则竭力谏阻。高宗当日虽欲立武氏为后，以元舅大臣之故有所顾虑而不敢行，惟有取决于其他别一集团之代表人即世勣之一言，而世勣竟以武氏为山东人而赞成其事（见《册府元龟》三三六《宰辅部·依违门》）。论史者往往以此为世勣个人道德之污点，殊不知其社会集团之关系有以致之也。又《两唐书》以李靖、李勣同传，后世亦以"二李"并称，此就二公俱为唐代之名将而言耳。其实靖为韩擒虎之甥，属于关陇府兵集团，而世勣则是山东豪杰领袖，其社会背景迥然不同，故二人在政治上之地位亦互异，斯亦治唐史者所不可不注意及之者也。史复言世勣家多僮仆，积粟常数千钟，当是与翟让、张亮同从事农业，而豪富远过之者，即所谓大地主之流也，此点亦殊重要，俟后论之。

（四）古今论唐史者往往称道太宗、魏征君臣遭遇之盛事，而深惜其恩礼之不终，以为此仅个人间之关系，实不足说明当时政治社会之情况及太宗所以任用魏征之用心也。今试发其覆，以供读史者参考。

《旧唐书·魏征传》虽称征是巨鹿曲阳人，《北史》征父长贤传亦言其为魏收之族叔，就表面论，似征为山东之高门，此不过南北朝隋唐时代矜夸郡望之风习耳。然据《元和郡县图志》载魏收墓在恒州鼓城县，且言"后魏、北齐贵族诸魏皆此邑人也。所云巨鹿曲阳人者是也"。但同书载魏长贤墓在澶州临黄县，《新书·宰相世系表》以征为馆陶魏氏，高达夫诗又谓魏郡北有征旧馆，则是征父坟墓及己身所居皆与魏收葬地并不相近，《新表》之言甚得其实。依此推论，则征家不可视为后魏、北齐贵族诸魏之盛门可以无疑也。明乎此，则太宗所以任用征之故始可了解。太宗虽痛恶山东贵族（见《唐会要》三六《氏族门》及《新唐书》九五《高俭传》等），而特重用征者，正以其非山东盛门，而为山东武装农民集团即所谓山东豪杰之联络人耳。在太宗心目中，征既非山东贵族，又非山东武人，其责任仅在接洽山东豪杰监视山东贵族及关陇集团，以供分合操纵诸政治社会势力之妙用。苟征之行动逾越此种赋与之限度，则必启太宗之疑忌，自不待言也。史言征荐杜正伦为相，而正伦者出自山东之盛门，则征监视山东贵族之作用消失，转有连合山东社会文武两大势力之嫌疑。侯君集者，《两唐书》本传虽不详载其家世，只言其为武人，然《周书》二九、《北史》六六俱有君集祖植传，又《新唐书》七二中《宰相世系表》"侯氏"条亦载其祖植为周骠骑大将军、肥城节公，与《周书》《北史》相同。后来出土之《侯植墓志》称植曾赐姓贺屯氏（参陆增祥《八琼室金石补正》二三，及李宗莲《怀珉精舍金石跋尾》等），复与《周书》《北史》所载符合。是君集与太宗俱属六镇胡汉关陇集团，史言其才备将相自非偶然，征竟与之相通，则是总合当日东西文武三大社会势力，而己身为其枢纽，此为太宗所甚不能容忍者，幸其事发觉于征已死之后，否则必与张亮、侯君集同受诛戮，停婚仆碑（见《新唐书·魏征传》）犹是薄惩也。观征自请招抚山东，发一书而降徐世勣，先观建成讨平刘黑闼，因于其地深自封植，建成果从其策。及建成不幸失败，又自请于太宗，亲往河北安喻其徒党，能发之，复能收之，诚不世出之才士。故建成用之以笼络河北英俊，太宗亦用之以招抚山东豪杰，其个人本身之特点固不应抹杀，但如历来史家论征之事功，颇忽视社会集体之关系，则与当时史实不能通解，故略辨之如此。至若征自录前后谏诤言辞往复，以示史官褚遂良，太宗知之不悦者，盖太宗沽名，征又卖直，致斯结果，本无可怪，然其事仅关系个人，殊微末不足道矣。

隋末唐初之雄豪其起于青、齐、徐、兖之地者颇多矣，或为唐室功臣，或为李朝叛贼，政治上向背之关系虽异，若一究其种姓来源、民族特质，恐仍当视为同一大类，而小有区分也。兹略征史籍，论之于下：

《旧唐书》六八《秦叔宝传》略云：

> 秦叔宝，名琼，齐州历城人。从镇长春宫，拜马军总管。

同书同卷《段志玄传》略云：

> 段志玄，齐州临淄人也。

同书同卷《程知节传》略云：

> 程知节，本名咬金，济州东阿人也。授秦王府左三统军。破宋金刚，擒窦建德，降王世充，并领左一马军总管。

《新唐书》八六《刘黑闼传》附徐圆朗传略云：

> 徐圆朗者，兖州人。隋末为盗，据本郡，以兵徇琅邪以西，北至东平，尽有之。附李密，密败，归窦建德。山东平，授兖州总管、鲁郡公。会〔刘〕黑闼兵起，圆朗应之，自号鲁王，黑闼以为大行台元帅。河间人刘复礼说圆朗曰：

"彭城有刘世彻，才略不常，将军欲自用，恐败，不如迎世彻立之。"盛彦师以世彻若联叛，祸且不解，即谬说曰："公亡无日矣！独不见翟让用李密哉？"圆朗信之，世彻至，夺其兵，遣徇地，所至皆下，忌而杀之。会淮安王神通、李世勣合兵攻圆朗，总管任瑰遂围兖州。圆朗弃城夜亡，为野人所杀。

同书八七《辅公祏传》略云：

辅公祏，齐州临济人。隋季与乡人杜伏威为盗，转掠淮南。

同书同卷《李子通传》略云：

李子通，沂州丞人。隋大业末，长白山贼左才相自号"博山公"，子通依之。有徒万人，引众渡淮，为隋将来整所破，奔海陵。

同书九二《杜伏威传》略云：

杜伏威，齐州章丘人。隋大业九年，入长白山，依贼左君行，不得意，舍去，转剽淮南，攻宜安，屠之。与虎牙郎将公孙上哲战盐城，进破高邮，引兵渡淮，攻历阳，据之。江淮群盗争附。

隋末青、齐之健者颇以马军见称，此亦可注意之点，疑与民族迁徙问题有关，详下引《魏书·上党王天穆传》。兖州之徐圆朗、彭城之刘世彻所谓徐、兖之豪强也，其与窦建德、刘黑闼之关系至为密切，疑其与窦、刘之徒同一来源，"刘"即刘黑闼之"刘"，"徐"即徐世勣之"徐"也。此点俟后综合论之。更有可注意者，隋末之乱首发于长白山诸豪，自非偶然之事。隋末暴政全国人民同受其害，然上之压力其宽猛不必各地皆同一程度，而下之抵抗者亦有强悍柔懦及组织坚固与否之分别。隋末此区域非重兵镇压之地，而诸豪又为强悍而较有组织之集团，是以能首发大难，其不转向西北而直趋东南者，其以江、淮为财富之地，当时全国武力又方用于攻高丽，江、淮一隅阻遏力少，引诱力多之故欤？综合上引关于山东豪杰之史料，就其性强勇、工骑射、组织坚固、从事农业，及姓氏多有胡族关系，尤其出生地域之分配诸点观之，深疑此集团乃北魏镇戍屯兵营户之后裔也。六镇问题于吾国中古史至为重要，自沈垚以来，考证六镇问题之著述于镇名地望颇多精义，然似不免囿于时间空间之限制，犹未能总汇贯通，了解其先后因果之关系也。据《魏书》九《肃宗纪》云：

> 〔正光五年八月〕丙申，诏曰：赏贵宿劳，明主恒德，恩沾旧绩，哲后常范。太祖道武皇帝应期拨乱，大造区夏；世祖太武皇帝缵戎丕绪，光阐王业，躬率六师，扫清逋秽。诸州镇城人，本充牙爪，服勤征旅，契阔行间，备尝劳剧。逮显祖献文皇帝自北被南，淮海思乂，便差割强族，分卫方镇。高祖孝文皇帝远遵盘庚，将迁嵩洛，规遏北疆，荡辟南境，选良家酋胐，增戍朔垂，戎捍所寄，实惟斯等。先帝（世宗宣武皇帝）以其诚效既亮，方加酬锡，会宛郢驰烽，狗泗告警，军旗频动，兵连积岁，兹恩仍寝，用迄于今，怨叛之兴，颇由于此。朕叨承乾历，抚驭宇宙，调风布政，思广惠液，宜追述前恩，敷兹后施。诸州镇军贯，元非犯配者，悉免为民，镇改为州，依旧立称。此等世习干戈，率多劲勇，今既甄拔，应思报效。可三五简发，讨彼沙陇。当使人齐其力，奋击先驱，妖党狂丑，必可荡涤。冲锋斩级，自依恒赏。

知北魏边镇之本末有三事可注意：（一）北魏之边境镇戍有前后移动之不同。（二）因前后境外敌人强弱之互异，为适应情势缓急之故，而有南北移防之措施。（三）充任边镇之兵役者其重要成分为胡人，尤其是敕勒种族。此诏书所述为北魏六镇及其他边镇问题最佳史料，但似未经治吾国中古史者之深切注意，故兹更旁引其他有关材料分别证释之于下：

北魏太祖初率其部落，进入中原，其边境大约如《元和郡县图志》一四"云州"条所云：

> 后魏道武帝又于此建都，东至上谷军都关，西至河，南至中山隘门塞，北至五原。地方千里，以为甸服。

观《魏书》五八《杨播传》附椿传云：

> 除定州刺史。自太祖平中山，多置军府，以相威摄。凡有八军，军各配兵五千，食禄主帅军各四十六人。自中原稍定，八军之兵，渐割南戍，一军兵才千余，然主帅如故，费禄不少。椿表罢四军，减其帅百八十四人。州有宗子稻田，屯兵八百户，年常发夫三千，草三百车，修补畦堰。椿以屯兵惟输此田课，更无徭役，及至闲月，即应修治，不容复劳百姓。椿亦表罢，朝廷从之。

可知北魏当时于近边要地配置重兵，以资防卫，及国势渐强，边境推广而镇兵亦随之转移也。南北朝对峙，其国势强弱之分界线大约在北朝乘南朝内争之际而攻取青、齐之地一役，诏书所谓"显祖献文皇帝自北被南，淮海思乂"者是也。故"便差割强族，分卫方镇"。即《魏书》五〇《尉元传》所云：

> 〔太和〕十六年，元表曰："今计彼（徐州）戍兵，多是胡人。臣前镇徐州之日，胡人子都将呼延笼达因于负罪，便尔叛乱，鸠引胡类，一时扇动。赖威灵遐被，罪人斯戮。又团城子都将胡人王敕勤负衅南叛，每惧奸图，狡诱同党，愚诚所见，宜以彭城胡军换取南豫州徙民之兵，转戍彭城，

又以中州鲜卑增实兵数，于事为宜。"

其充任徐州防卫之胡兵，本由北方诸边镇移调而来者，盖北魏当时边境自北移南，而边镇之兵亦随之而迁徙也。至北魏孝文帝自平城迁都洛阳，其政治武力之重心既已南移，距南朝边境颇近，而离北边之镇戍甚远，遂又移调中原即北魏当时用以防卫南朝之戍兵，以守御朔垂也。此北魏边境屯戍之兵南北互相移调之事实，往往不为史家注意，如《北史》一六《太武五王传》广阳王深（本作"渊"，唐人避讳改）传（参《魏书》五八《杨播传》附昱传及津传）所云：

> 先是，别将李叔仁以〔破六韩〕拔陵来逼，请求迎援，深赴之，前后降附二十万人。深与行台元纂表求恒州北别立郡县，安置降户，随宜振赉，息其乱心。不从。诏遣黄门侍郎杨昱分散之于冀、定、瀛三州就食。深谓纂曰："此辈复为乞活矣。祸乱当由此作。"既而鲜于修礼叛于定州，杜洛周反于幽州，其余降户，犹在恒州，遂欲推深为主。深乃上书乞还京师，令左卫将军杨津代深为都督。

论者往往归咎于不从安置北镇降户于恒州北，而分散之于冀、定、瀛三州就食，以致酿成大乱。殊不知魏朝采取如此之决策者，非仅因冀、定、瀛等州土地饶沃可以供给降户就食，实亦有二原因：（一）在此以前魏朝边镇本有南北移防之故事；（二）徙降户于冀、定、瀛三州，正符合祖宗之旧制。观《魏书》四下《世祖纪下》云：

> 太平真君五年六月，北部民杀立义将军、衡阳公莫孤，率五千余落北走。追击于漠南，杀其渠帅，余徙冀、相、定三州为营户。

及同书七上《高祖纪上》云：

〔延兴元年〕冬十月丁亥，沃野、统万二镇敕勒叛。
诏太尉、陇西王源贺追击，至枹罕，灭之，斩首三万余级，
徙其遗迸于冀、定、相三州为营户。

〔延兴〕二年三月，连川敕勒谋叛，徙配青、徐、齐、
兖四州为营户。

同书同卷下《高祖纪下》云：

〔太和二十一年六月〕壬戌，诏冀、定、瀛、相、济
五州发卒二十万，将以南讨。

等条，知北魏祖宗本以冀、定、瀛、相、济、青、齐、徐、兖等
州安置北边降人，使充营户，魏朝此举未可以为重大之错误。又
观《魏书》七四《尔朱荣传》略云：

荣率众至肆州，刺史尉庆宾畏恶之，闭城不纳。荣怒，
攻拔之，乃署其从叔羽生为刺史，执庆宾于秀容。自是荣
兵威渐盛，朝廷亦不能罪责也。

若果安置此等降户于恒州北，则此最有战斗力之徒众必入
于尔朱荣之势力范围，与后来葛荣之众归于尔朱氏，复转入高
欢之手者正同一例，如《隋书》二四《食货志》所云"寻而六
镇扰乱，相率内徙，寓食于齐（此齐乃《魏书》一〇六上《地
形志上》武州领之齐郡）晋之郊，齐神武因之，以成大业"者，
可为明证也。

据前引《魏书·世祖纪》《高祖纪》之记载，知北魏常以高
车即敕勒或丁零族充任边镇营户，盖此族为诸胡中最善战者。观
《魏书》一〇三《高车传》略云：

高车，初号为狄历，北方以为敕勒，诸夏以为高车、丁零。
太祖时，分散诸部，唯高车以类粗犷，不任使役，故得别
为部落。

及同书八三《外戚传·贺讷传》略云：

> 讷从太祖平中原，其后离散诸部，分土定居，不听迁徙，其君长大人皆同编户。讷以元舅，甚见尊重，然无统领。以寿终于家。

等条可知也。又观《魏书》一一三《官氏志》略云：

> 从第四品上　高车羽林郎将
>
> 从第四品下　高车虎贲将军

同书一九上《汝阴王天赐传》略云：

> 简西部敕勒豪富兼丁者为殿中武士。

及同书四四《宇文福传》略云：

> 〔高祖〕敕福领高车羽林五百骑，出贼（指南朝军言）南面，遏绝归路。

则是北魏不独以高车族为边兵，且以之充禁旅矣。至青、齐诸豪之来源，或是邢杲党徒之后裔。

《魏书》一四《高凉王孤传》附上党王天穆传云：

> 初，杜洛周、鲜于修礼为寇，瀛、冀诸州人多避乱南向。幽州前北平府主簿河间邢杲，拥率部曲，屯据鄚城，以拒洛周、葛荣，垂将三载。及广阳王深（渊）等败后，杲南度，居青州北海界。灵太后诏流人所在皆置命属郡县，选豪右为守令，以抚镇之。时青州刺史元世俊表置新安郡，以杲为太守，未报。会台申汰简所授郡县，以杲从子子瑶资荫居前，乃授河间太守。杲深耻恨，于是遂反。所在流人先为土人凌忽，闻杲起逆，率来从之，旬朔之间，众逾十万。劫掠村坞，毒害民人，齐人号之为"酄榆贼"。

殊堪玩味，盖此辈岂亦北魏早期河北屯戍营户之后裔耶？常疑杨隋之祖先颇与之有关，以非此篇范围，姑不置论。

总之，冀、定、瀛、相、济、青、齐、徐、兖诸州皆隋末唐初间山东豪杰之出产地，其地实为北魏屯兵营户之所在。由此推测此集团之骁勇善战，中多胡人姓氏（翟让之"翟"亦是丁零姓），胡种形貌（如徐世勣之类），及从事农业，而组织力又强。（其由镇兵转为农民之历程涉及北朝兵制范围，此文所不能详，可参拙著《隋唐制度渊源略论稿·兵制章》。）求其所以然之故，苟非假定此集团为北魏镇兵之后裔，则殊难解释。兹略引史料，以为证释如此。然欤？否欤？愿求教于当世治国史之君子。

（原载一九五二年六月《岭南学报》第十二卷第一期）

书杜少陵《哀王孙》诗后

　　杜少陵《哀王孙》诗为世人所习诵，自来笺释之者众且详矣，何待今日不学无术、老而健忘者之饶舌耶？然于家塾教稚女诵此诗，至"朔方健儿好身手，昔何勇锐今何愚"之句，则瞠目结舌，不能下一语，而思别求一新解。考唐代安禄山叛变，玄宗幸蜀，肃宗即位灵武，而灵武者，朔方军节度使之治所也。肃宗遂专倚朔方军戡定大难，收复两京，唐室因得延续百五十年之祚而后亡。故朔方军为唐室中兴之关键。少陵平生于朔方军及其主帅郭子仪、李光弼诸公推崇赞美、形诸吟咏者不一而足，此固不烦举例者也。此诗为少陵在安氏将领统治长安时所作，岂有反詈朔方军士卒昔勇今愚之理？造意遣词狂悖至此，则与唐室附逆诸臣复何以异？释杜诗者，或以"朔方健儿"乃泛指安氏所统北方军队而言，则又不知"朔方"为军政区域固定之专名，不可用以泛指北方士卒。当天宝时，安禄山为平卢、范阳、河东三镇主帅，而与其结为兄弟之朔方节度使安思顺不睦，玄宗虽极宠任禄山，但亦兼用思顺，委以劲兵，盖所以防制禄山，维持均势，斯固英武之主用心所应尔。是复不可取与禄山宿构仇怨之朔方军一名，移指其所统三镇健儿。少陵作诗，绝不致昧于当日情势，文理不通，一至于此也。然则"朔方健儿"一词果何所指耶？鄙意实指同罗部落而言也。何以得知"朔方健儿"之名乃指同罗部落者？因同罗部落本属于朔方军，安禄山诱害其酋长阿布思，袭取其兵卒，而此种兵卒，后遂成为禄山所统军队之主力者也。兹略引有关史料，以释证之如下。

《新唐书》二一七下《回鹘传·同罗传》略云：

> 请内属，置龟林都督府。安禄山反，劫其兵用之，号"曳落河"者也。曳落河，犹言健儿云。

同书四三下《地理志》"关内道安北都护府龟林都督府"条注云：

> 贞观二年，以同罗部落置。

《安禄山事迹》上云：

> 〔天宝〕十一载三月，禄山引蕃奚步骑二十万直入契丹，以报去秋之役。朔方节度副使奉信王阿布思率同罗数万以会之，布思与禄山不协，遂拥众归漠北。（寅恪案：同书同卷"同罗阿布思等"句下原注云："阿布思者，九姓首领也。开元初，为默啜所破，请降附。天宝元年朝京师，玄宗甚礼焉。布思美容貌，多才略，代为蕃首。禄山恃宠，布思不为之下。禄山因请为将，共讨契丹。虑其见害，乃率其部以叛。后为回鹘所破，禄山诱其部落降之，自是禄山精兵无敌于天下。"）

《新唐书》二二五上《安禄山传》略云：

> 〔天宝〕十一载，率河东兵讨契丹。禄山不得志，乃悉兵讨契丹以报。帝闻，诏朔方节度使阿布思以师会。布思者，九姓首领也。开元初，为默啜所困，内属。帝宠之。禄山雅忌其才，欲袭取之，故表请自助。布思惧而叛，转入漠北。禄山不进，辄班师。会布思为回纥所掠，奔葛逻禄。禄山厚募其部落，降之。葛逻禄惧，执布思送北庭，献之京师。禄山已得布思众，则兵雄天下。

《安禄山事迹》上略云：

> 〔禄山〕养同罗及降奚、契丹曳落河（原注："蕃人健儿为曳落河。"）八千余人为假子，总〔平卢、范阳、河东〕三道以节制。

《旧唐书》一二一《仆固怀恩传》略云：

> 仆固怀恩，铁勒部落仆骨歌滥拔延之曾孙，语讹谓之仆固。贞观二十年，铁勒九姓大首领率其部落来降，分置瀚海、燕然、金微、幽陵等九都督府于夏州，别为蕃州以御边，授歌滥拔延为金微都督。怀恩世袭都督，历事〔朔方〕节度王忠嗣、安思顺，皆委之心腹。肃宗即位于灵武，怀恩从郭子仪赴行在所。时同罗部落自西京叛贼，北寇朔方，子仪与怀恩击之，遂破同罗千余骑于河上（参《通鉴》二一八"至德元载九月"条）。肃宗虽仗朔方之众，将假蕃兵以张形势，乃遣怀恩与敦煌王承案使于回纥，请兵结好。回纥可汗遂以女妻承案，兼请公主，遣首领随怀恩入朝。肃宗乃遣广平王为元帅，以子仪为副，而怀恩领回纥兵从之。

《新唐书》二二五上《安禄山传》略云：

> 广平王东讨，回纥叶护以兵从。〔张〕通儒等哀兵十万，阵长安中。贼皆奚，素畏回纥，既合，惊且嚣，大败。王师入长安。

据此，同罗、仆骨及回纥种类甚相近，其勇健善斗，为中国当时东方及北方诸外族所最畏惮者。此三种族所居住之地，或直隶于朔方军，或与朔方军政区相邻近，概可称为与朔方军关系密切之外族也。安禄山虽久蓄异谋，然不得同罗部落为其军队主力，恐亦未敢遽发大难。盖禄山当日所最畏忌者为朔方军。同罗部落乃朔方军武力之重要部分，既得袭取此部落以为己用，更可为所欲为矣。同罗部落之役属禄山，实非得已，故既至长安之后，不久即又叛归其旧巢。此后安氏屯守西京之武力已大减弱。肃宗即位灵武，又遣仆骨部落酋长仆固怀恩结援回纥，将引花门之部众以收两京，则安氏防守长安之精兵，仅余奚部落，而奚部落素畏回纥，必不能敌抗。然则西京之收复，可计日而待，李唐宗室之受困长安者，亦不久可以解除也。少陵当日在安氏势力统治之下，得此消息，密告李唐宗室之留陷长安者，所以深慰之，且谆戒其勿泄也。鄙意"昨夜东风吹血腥，东来橐驼满旧都"二句，与"朔方健儿好身手，昔何勇锐今何愚"二句，应是同咏一事，不可分为两截。盖同罗部落其初入长安时，必与骆驼队群偕来，故少陵牵连及之。同罗昔日本是朔方军劲旅，今则反覆变叛，自取败亡，诚可谓大愚者也。钱谦益治杜诗至精，而唯引《旧唐书·史思明传》所载：

> 禄山陷两京，常以骆驼运两京御府珍宝于范阳，不知纪极。

以释证"橐驼"之句，似犹未达一间也。此四句应与下文"窃闻天子已传位，圣德北服南单于。花门𩖂面请雪耻，慎勿出口他人狙"四句，一气连读，不可隔断。少陵之意盖谓同罗部落夙畏回纥，既已叛去，不复为安氏守长安矣。今唐兵又将引回纥部众以收西京，长安精锐守兵唯余甚畏回纥之奚部落，回纥一至，奚必奔溃也。综合八句，其文理连贯，逻辑明晰，非仅善于咏事，亦更善于说理也。少陵为中国第一诗人，其被困长安时所作之诗，如《哀江头》《哀王孙》诸篇，古今称其文词之美、忠义之忱，或取与王右丞"凝碧池头"之句连类为说。殊不知摩诘艺术禅学，固有过于少陵之处，然少陵推理之明，料事之确，则远非右丞所能几及。由此言之，古今治杜诗者虽众，而于少陵之为人，似犹知之未尽。不揣愚妄，因为略发其覆如此。
固知三家村训蒙之陋语，实不足供说诗治史博学通识君子之一
览也。

一九五三年四月

记唐代之李武韦杨婚姻集团

　　唐代之史可分为前后二期,而以玄宗时安史之乱为其分界线（详见拙著《唐代政治史述论稿·上篇》）。前期之最高统治集团表面上虽为李氏或武氏,然自高宗之初年至玄宗之末世,历百年有余,实际上之最高统治者递嬗轮转,分歧混合,固有先后成败之不同,若一详察其内容,则要可视为一牢固之复合团体,李、武为其核心,韦、杨助之黏合,宰制百年之世局,几占唐史前期最大半时间。其政治社会变迁得失莫不与此集团有重要关系,故本文略取有关史料,稍加探讨,或者于吾国中古史之研究亦有所助欤?

　　此李、武、韦、杨四大家族最高统治集团之组成实由于婚姻之关系,故不可不先略述南北朝、隋及唐初社会对于婚姻门族之观念。

　　《新唐书》一九九《儒学中·柳冲传》附柳芳论氏族略云:

　　　　〔晋〕过江则为"侨姓",王、谢、袁、萧为大;东南则为"吴姓",朱、张、顾、陆为大;山东则为"郡姓",王、崔、卢、李、郑为大;关中亦号"郡姓",韦、裴、柳、薛、杨、杜首之;代北则为"虏姓",元、长孙、宇文、于、陆、源、窦首之。山东之人质,故尚婚娅;江左之人文,故尚人物;关中之人雄,故尚冠冕;代北之人武,故尚贵戚。及其弊,

338

则尚婚娅者先外族，后本宗；尚人物者进庶孽，退嫡长；

尚冠冕者略伉俪，慕荣华；尚贵戚者徇势利，亡礼教。

据此，当时社会婚姻观念之不同，盖由地域区分及门族渊源之互异所致。李唐皇室本出于宇文泰之胡汉六镇关陇集团（详见拙著《唐代政治史述论稿·上篇》），实具关中、代北两系统之性质。观唐太宗制定《贞观氏族志》之意旨及唐初皇室婚姻缔构之实况即可证知。兹引史料，略加解释于下：

《唐会要》三六《氏族门》"显庆四年九月五日，诏改《〔贞观〕氏族志》为《姓〔氏〕录》"条云：

> 初，《贞观氏族志》称为详练，至是，许敬宗以其书不叙明皇后武氏本望，李义府又耻其家无名，乃奏改之。

《新唐书》九五《高俭传》略云：

> 〔高宗〕又诏后魏陇西李宝，太原王琼，荥阳郑温，范阳卢子迁（今本《唐会要》八三《嫁娶门》作"卢子选"，据《魏书》四三《北史》三〇《卢玄传》，玄子度世字子迁，然则今本《会要》"选"字误也。《通鉴》二〇〇"唐高宗显庆四年十月"条亦作"卢子迁"）、卢泽（《唐会要》八三《嫁娶门》"显庆四年十月"条均作"卢浑"）、卢辅，清河崔宗伯、崔元孙，前燕博陵崔懿，晋赵郡李楷，凡七姓十家，不得自为昏，纳币悉为归装，夫氏禁受陪门财。先是，后魏太和中，定四海望族，以宝等为冠，其后矜尚门地，故《氏族志》一切降之。王妃、主婿皆取当世勋贵名臣家，未尝尚山东旧族。后房玄龄、魏征、李勣复与昏，故望不减。然每姓第其房望，虽一姓中，高下县隔。李义府为子求昏不得，始奏禁焉。其后天下衰宗落谱，昭穆所不齿者，皆称禁昏家，益自贵，凡男女皆潜相聘娶，天子

不能禁，世以为敝云。

《旧唐书》七八《张行成传》云：

> 太宗尝言及山东、关中人，意有同异。行成正侍宴，跪而奏曰："臣闻天子以四海为家，不当以东西为限，若如是，则示人以隘狭。"太宗善其言。

《新唐书》八〇《太宗诸子传》云：

> 曹王明母本巢王（即元吉）妃，帝宠之，欲立为后，魏征谏曰："陛下不可以辰嬴自累。"乃止。

《册府元龟》八六六《总录部·贵盛门》略云：

> 杨恭仁为雒州都督，从侄女为巢刺王妃。

《新唐书》八〇《郁林王恪传》云：

> 其母隋炀帝女，地亲望高，中外所向。帝（太宗）初以晋王（高宗）为太子，又欲立恪，长孙无忌固争，帝曰："公岂以非己甥邪？且儿英果类我，若保护舅氏，未可知。"无忌曰："晋王仁厚，守文之良主，且举棋不定则败，况储位乎？"帝乃止。故无忌常恶之。永徽中，房遗爱谋反，因遂诛恪，以绝天下望。

寅恪案：太宗深恶山东士族，故施行压抑七姓十家之政策。《张行成传》所谓"山东人"乃指山东之士族阶级，非其他不属于高等门族之文人及一般庶民。至若山东武人，如隋末唐初间所谓"山东豪杰"者，则尤为太宗所特别笼络之集团，固不当于宴集朝臣时公然有所轩轾也。元吉之妃杨氏，杨隋宗室之女。郁林王恪以母为隋炀帝女之故，太宗竟欲使其承继皇位，则重视杨氏可知。盖太宗之婚姻观念不仅同于关中人之尚冠冕，兼具代北人之尚贵戚矣。若更由此推论，曹王明之母必不止以色见宠，当与郁林王恪母同出一源，否则无作皇后之资格。世之读史者颇怪陈、隋覆灭以后，其子孙犹能贵显于新朝，不以亡国之余而见废弃者，则未解隋、唐皇室同为关陇胡汉之集团，其婚姻观念自应同具代北之特性也。房玄龄、魏征、徐世勣三人其社会阶级虽不相同，然皆是山东人，故违反太宗之政策，而与山东士族为婚，此则地域分别与婚姻观念其关系密切如此，可以推见。而李唐皇室初期婚姻之观念及其婚姻缔构之实况必带有深重之地域色彩，即关中地方性，又可证明矣。

《高俭传》言"王妃、主婿皆取当世勋贵名臣家，未尝尚山东旧族"。今王妃氏族不易详考，但取高祖、太宗、高宗、中宗诸女之夫婿姓名观之，可以知唐皇室之婚姻观念实自武曌后而一变也。所谓变者，即自武后以山东寒族加入李唐皇室系统后，李唐皇室之婚姻关系经武氏之牵混组织，遂成为一牢固集团，宰制世局，达百余年之久。兹为简便计，仅择录高宗及中宗诸女夫婿姓名之有关者于后，亦可窥见其变迁之一斑也。

《唐会要》六《公主门》略云：

> 高宗女：镇国太平降薛绍，后降武攸暨。中宗女：新都降武延晖。定安降王同皎，后降韦濯，三降崔铣。长宁降杨慎交，后降苏彦伯。永寿降韦锊。永泰降武延基。安乐降武崇训，后降武延秀。成安降韦捷。

武曌之家族其渊源不易考知，但就《新唐书》七四上《宰相世系表》"武氏"条所载，其族人数不多，可推知其非山东之大族。又据伪托柳宗元著《龙城录》所记武后先世武居常事（"武居常有身后名"条），复可推知其非山东之高门，盖《龙城录》虽非子厚之作，其所记武氏事当亦源出唐代民间旧传也。至武曌父士彟之事迹实亦难确考，诚如《旧唐书》五八《武士彟传》论所云：

武士彠首参起义，例封功臣，无戡难之劳，有因人之迹，载窥他传，过为褒词，虑当武后之朝，佞出敬宗之笔，凡涉虚美，削而不书。

者也。据《太平广记》一三七《征应类》"武士彠"条所云：

唐武士彠，太原文水县人。微时，与邑人许文宝以鬻材为事，常聚材木数万茎，一旦化为丛林森茂，因致大富。士彠与文宝读书林下，自称为"厚材"，文宝自称"枯木"，私言必当大贵。及高祖起义兵，以铠胄从入关，故乡人云：士彠以鬻材之故，果逢构夏之秋。及士彠贵达，文宝依之，位终刺史（出《太原事迹》）。

则知士彠本一商贩寒人，以投机致富，其非高门，尤为明证。《广记》此条源出武氏乡里所传，其中神话部分固不可信，但士彠本来面目实是如此，要自不诬也。更就史传考之，益知武氏非山东士族。据《新唐书》二〇六《外戚传·武士彠传》（参《旧唐书》五八《武士彠传》及同书一八三《外戚传·武承嗣传》）略云：

武士彠字信，世殖资，喜交结。高祖尝领屯汾、晋，休其家，因被顾接。后留守太原，引为行军司铠参军。兵起，士彠不与谋也。以大将军府铠曹参军从平京师。自言尝梦帝骑而上天，帝笑曰："尔故王威党也，以能罢系刘弘基等，其意可录，且尝礼我，故酬汝以官。今胡迂妄媚我邪？"始，士彠娶相里氏，生子元庆、元爽。又娶杨氏，生三女。元女妻贺兰氏，早寡。季女妻郭氏，不显。士彠卒后，诸子事杨不尽礼，衔之。〔武〕后立，封杨代国夫人，进为荣国，后姊韩国夫人。韩国有女在宫中，帝（高宗）尤爱幸。后欲并杀之，即导帝幸其母所，〔后兄子〕惟良等上食，后置堇焉，贺兰食之，暴死。后归罪惟良等，诛之，讽有司改姓蝮氏，绝属籍。元爽缘坐死，家属投岭外。后取贺兰敏之为士彟后，赐氏武，袭封。敏之韶秀自喜，烝于荣国，挟所爱，姚横多过失。荣国卒，后出珍币，建佛庐徼福，敏之干匿自用。司卫少卿杨思俭女选为太子妃，告婚期矣，敏之闻其美，强私焉。杨丧未毕，褫衰粗，奏音乐。太平公主往来外家，宫人从者，敏之悉逼乱之。后叠数怒，至此暴其恶，流雷州，表复故姓，道中自经死。乃还元爽之子承嗣，奉士彟后，宗属悉原。

寅恪案：武氏一家所为如此，其非凤重闺门礼法之山东士族，不待详论。颇可笑者，武后以贺兰敏之为士彟后，与晋贾充之以外孙韩谧为后者（见《晋书》四〇《贾充传》）事极相类。贾氏之先尝为市魁（见《晋书》五〇《庾纯传》），而武士彟亦是投机之木材商，岂所谓渊源气类相似，其家庭所为复更相同耶？士彟一生事迹至不足道，唯有一点殊可注意，即娶杨氏女为继妻一事。

据《新唐书》一〇〇《杨执柔传》略云：

> 武后母，即恭仁叔父达之女。及临朝，武承嗣、攸宁相继用事。后曰："要欲我家及外氏常一人为宰相。"乃以执柔同中书门下三品。又以武后外家尊宠，凡尚主者三人，女为王妃五人。

《册府元龟》八五三《总录部·姻好门》云：

> 武士彟武德中简较右厢宿卫，既丧妻，高祖谓士彟曰："朕自为卿更择嘉偶。"随曰："有纳言杨达英才冠绝，奕叶亲贤，今有女，志行贤明，可以辅德。"遂令桂杨公主与杨家作婚，主降敕结亲，庶事官给。

然则武曌母乃隋观王雄之侄女（见《新唐书·宰相世系表》
"杨氏观王房"条），杨雄虽非隋皇室直系，但位望甚重。武士
彟在隋世乃一富商，必无与观王雄家联姻之资格。其娶杨氏在隋
亡以后，盖士彟以新朝贵显娶旧日宗室，借之增高其社会地位，
此当时风俗所使然，无足怪也。史言太宗闻武曌之美乃召入宫
（见《新唐书》四《则天顺圣武皇后纪》及《通鉴》一九五"贞
观十一年，武士彟女年十四入宫"条），鄙意则天之美固不待
论，然以太宗重视杨氏之心理推之，恐不得不与荣国夫人为杨雄
侄女有关也。武曌既非出自山东士族，其家又不属关陇集团，但
以母为隋杨宗室之故，遂亦可备宫闱下陈之选，至若径立为皇
后，则尚无此资格。当高宗废王皇后立武昭仪之时，朝臣赞否不
一，然详察两派之主张，则知此事非仅宫闱后妃之争，实为政治
上社会上关陇集团与山东集团决胜负之一大关键，今取有关史
料，略加诠释，亦足证明鄙说也。

《旧唐书》五一《后妃上·高宗废皇后王氏传》略云：

> 高宗废后王氏，并州祁人也。父仁祐，贞观中罗山令。
> 同安长公主即后之从祖母也，公主以后有美色，言于太宗，
> 遂纳为晋王妃。永徽初，立为皇后。母柳氏求巫祝厌胜，事发，
> 帝大怒，断柳氏不许入宫中，后舅中书令柳奭罢知政事，
> 并将废后，长孙无忌、褚遂良等固谏，乃止。俄又纳李义
> 府之策，永徽六年十月，废后及萧良娣皆为庶人。武后令
> 人杖庶人及萧氏各一百，截去手足，投于酒瓮中，数日而卒。
> 后则天频见王、萧二庶人披发沥血，如死时状，武后恶之，
> 祷以巫祝，又移居蓬莱宫，复见，故多在东都。

《新唐书》八一《燕王忠传》略云：

> 帝（高宗）始为太子而忠生。永徽初，拜雍州牧。王

皇后无子，后舅柳奭说后，以忠母〔后宫刘氏〕微，立之必亲己，后然之，请于帝，又奭与褚遂良、韩瑗、长孙无忌、于志宁等继请，遂立为皇太子。后废，武后子弘甫三岁，许敬宗希后旨，建言："国有正嫡，太子宜同汉刘强故事。"帝召见敬宗曰："立嫡若何？"对曰："东宫所出微，今知有正嫡，不自安。窃位而不自安，非社稷计。"于是降封梁王，〔后〕废为庶人，囚黔州承乾故宅。麟德初，宦者王伏胜得罪于武后，敬宗乃诬忠及上官仪与伏胜谋反，赐死。

寅恪案：王皇后本唐皇室旧姻，且其外家柳氏亦是关中郡姓，故为关陇集团所支持，欲借以更巩固其政治之势力也。燕王忠之为太子亦为关陇集团政治上之策略。高宗废黜王皇后并燕王忠之储位，而改立山东寒族之武氏及立其子为太子，此为关陇集团所万不能容忍者，长孙无忌等之力争实以关系重大之故，非止皇室之家事而已也。至褚遂良、许敬宗等忠奸不同，然俱属来自南朝之系统。此系统之人物不论其先世在晋过江前或后为何地域之人，但北朝平灭南朝以后，此等人乃属俘虏家臣性质，绝无独立资格，非若山东士族北齐亡后仍保有地方势力者可比。是以遂良可视为关陇集团之附属品，而敬宗则又以奸谄之故，倾向于出身山东地域之武氏也。明乎此，则详悉分析赞成与反对立武氏为后两方出身之籍贯，于当时政治、社会及地域集团之竞争，其关键所在更可以了然矣。

兹先移录反对方面之记载于下：

《册府元龟》三二七《宰辅部·谏诤门》（参《旧唐书》八〇《新唐书》一〇五《褚遂良传》）略云：

〔唐高宗永徽〕六年，高宗将废王皇后，帝退朝后，于别殿召太尉长孙无忌、司空李勣、左仆射于志宁及〔褚〕

遂良，勣称疾不至。无忌等将入，遂良曰："今者多议中宫事，遂良欲谏何如？"无忌曰："公但极言，无忌请继焉。"及入，高宗难发于言，再三顾谓无忌曰："莫大之罪无过绝嗣，皇后无子，今当废，立武士彟女如何？"遂良进曰："皇后是先帝为陛下所娶，伏奉先帝，无愆妇德。先帝不豫，亲执陛下手，以语臣曰：'我好儿好新妇今以付卿。'陛下亲承德音，言犹在耳，皇后自此未闻有愆失，恐不可废。"帝不悦而罢。翌日，又言之，遂良曰："陛下必欲易皇后，伏请妙择天下令族，何必要在武氏？且武昭仪经事先帝，众所共知，陛下岂可蔽天下耳目，伏愿再三思审。"帝大怒，命引出之。昭仪在帘中大言曰："何不扑杀之。"

《旧唐书》八〇《韩瑗传》略云：

韩瑗，雍州三原人也。〔永徽〕四年，与来济皆同中书门下三品。六年，迁侍中。时高宗欲废王皇后，瑗涕泣谏，帝不纳。尚书左仆射褚遂良以忤旨左授潭州都督，瑗复上疏理之，帝竟不纳。显庆二年，许敬宗、李义府希皇后之旨，诬奏瑗与褚遂良潜谋不轨，左授瑗振州刺史，四年，卒官。

同书同卷《来济传》略云：

来济，扬州江都人。永徽二年，拜中书侍郎。四年，同中书门下三品。六年，迁中书令、检校吏部尚书。时高宗欲立昭仪武氏为宸妃，济密表谏。武皇后既立，济等惧不自安，后乃抗表称济忠公，请加赏慰，而心实恶之。〔显庆〕二年，许敬宗等奏济与褚遂良朋党构扇，左授台州刺史。五年，徙庭州刺史。龙朔二年，突厥入寇，济总兵拒之，谓其众曰："吾尝挂刑网，蒙赦性命，当以身塞责。遂不释甲胄赴贼，没于阵。"

同书同卷《上官仪传》略云：

> 上官仪，本陕州陕人也。父弘，隋江都宫副监，因家于江都。龙朔二年，〔为〕西台侍郎、同东西台三品。麟德元年，宦者王伏胜与梁王忠抵罪，许敬宗乃构仪与忠通谋，遂下狱而死。

寅恪案：高宗将立武曌为皇后时，所与决策之四大臣中，长孙无忌、于志宁、褚遂良三人属于关陇集团，故为反对派；徐世勣一人则为山东地域之代表（见拙著《岭南学报》第十二卷第一期《论隋末唐初所谓"山东豪杰"》），故为赞成派。至韩瑗、来济、上官仪等之为反对派者，亦由属于关陇集团之故，一考诸人出身籍贯即可证明，不待详论也。

兹复移录赞成方面之记载于下：

《册府元龟》三三六《宰辅部依违门》云：

> 唐李勣为太尉，高宗欲废王皇后，立武昭仪，韩瑗、来济谏，皆不纳。勣密奏曰："此是陛下家事，何须问外人？"意乃定。

《旧唐书》七七《崔义玄传》略云：

> 崔义玄，贝州武城人也。高宗之立皇后武氏，义玄协赞其谋。

同书八二《许敬宗传》略云：

> 许敬宗，杭州新城人，隋礼部侍郎善心子也。高宗将废皇后王氏而立武昭仪，敬宗特赞成其计。

同书同卷《李义府传》略云：

> 李义府，瀛州饶阳人也，其祖为梓州射洪县丞，因家于永泰。高宗将立武昭仪为皇后，义府尝密申协赞。

寅恪案：崔、许、李等虽赞成立武曌为皇后，然其位望决非徐世勋之比，故武氏之得立，其主要原因实在世勋之赞助，其对高宗之言旧史以为"依违"，其实乃积极之赞成也。盖当时无人不知高宗之欲立武氏为后，但此事不能不取决于四大臣，世勋不施用否决权，而取弃权之方略，则与积极赞成何异？世勋在当时为军事力量之代表，高宗既得此助，自可不顾元舅无忌等关陇集团之反对，悍然行之。然则武曌之得立为皇后乃决定于世勋之一言，而世勋所以不附和关陇集团者，则以武氏与己身同属山东系统，自可不必反对也。

《旧唐书》六《则天皇后纪》云：

> 则天皇后武氏讳曌，并州文水人也。父士彟，隋大业末为鹰扬府队正，高祖行军于汾晋，每休止其家。义旗初起，从平京城。贞观中，累迁工部尚书、荆州都督，封应国公。初，则天年十四，时太宗闻其美容止，召入宫，立为才人。及太宗崩，遂为尼，居感业寺。大帝于寺见之，复召入宫，拜昭仪。时皇后王氏、良娣萧氏频与武昭仪争宠，互谗毁之，帝皆不纳，进号宸妃。永徽六年，废王皇后而立武宸妃为皇后，高宗称"天皇"，武后亦称"天后"。后素多智计，兼涉文史。帝自显庆已后，多苦风疾，百司表奏皆委天后详决。自此内辅国政数十年，威势与帝无异，当时称为"二圣"。

《通鉴》二〇〇"唐高宗永徽六年冬十月乙卯"条云：

> 百官上表请立中宫，乃下诏曰："武氏门著勋庸，地华缨黻，往以才行选入后庭。朕昔在储贰，特荷先慈，常得侍从，弗离朝夕，宫壸之内，恒自饬躬，嫔嫱之间，未曾近目，圣情鉴悉，每垂赏叹，遂以武氏赐朕，事同政君。可立为皇后。"

寅恪案：高宗此诏以武曌比于西汉"配元生成"之王政君，奸佞词臣之文笔固不可谓不妙，然欲盖弥彰，事极可笑，此文所不欲详及者也。此文所欲唤起读史者注意之一点，即此诏之发布在吾国中古史上为一转折点。盖西魏宇文泰所创立之系统至此而改易，宇文氏当日之狭隘局面已不适应唐代大帝国之情势，太宗以不世出之英杰，犹不免牵制于传统之范围，而有所拘忌，武曌则以关陇集团外之山东寒族，一旦攫取政权，久居洛阳，转移全国重心于山东；重进士词科之选举，拔取人材，遂破坏南北朝之贵族阶级；运输东南之财赋，以充实国防之力量诸端（可参拙著《唐代政治史述论稿》及《隋唐制度渊源略论稿》有关诸章），皆吾国社会经济史上重大之措施，而开启后数百年以至千年后之世局者也。然此诸端轶出本文范围，可置不论，但就世人所喜言之武曌男宠私德一事略论之，以祛迷惑而资谭助于下：

《李义山文集》四《纪宜都内人事》云：

> 武后纂既久，颇放纵，耽内习，不敬宗庙，四方日有叛逆，防豫不暇。宜都内人以唾壶进，思有以谏者。后坐帷下，倚檀机，与语。问四方事，宜都内人曰："大家知古女卑于男耶？"后曰："知。"内人曰："古有女娲，亦不正是天子，佐伏羲理九州耳。后世娘姥有越出房阁断天下事者，皆不得其正，多是辅昏主，不然，抱小儿。独大家革天姓，改去钗钏，袭服冠冕，符瑞日至，大臣不敢动，真天子也。（中略）大家始今日能屏去男妾，独立天下，则阳之刚元明烈可有矣。如是过万万世，男子益削，女子益专，妾之愿在此。"后虽不能尽用，然即日下令诛作明堂者（寅恪案：此指薛怀义）。

《旧唐书》七八《张行成传》附易之传云：

> 天后令选美少年为左右奉宸供奉。右补阙朱敬则谏曰："臣闻志不可满，乐不可极。嗜欲之情，愚智皆同，贤者

能节之，不使过度，则前圣格言也。陛下内宠，已有薛怀义、张易之、昌宗，固应足矣。近闻尚舍奉御柳谟自言子良宾洁白美须眉，左监门卫长史侯详云阳道壮伟，过于薛怀义，专欲自进，堪奉宸内供奉。无礼无仪，溢于朝听。臣愚职在谏诤，不敢不奏。"则天劳之曰："非卿直言，朕不知此。"赐彩百段。

据此，读史者须知武曌乃皇帝或女主，而非太后，既非太后，而是皇帝，则皇帝应具备之礼制，武曌亦当备有之，区区易之、昌宗、怀义等男宠，较之唐代之皇帝后宫人数犹为寡少也。否则朱敬则何以能昌言无忌讳，而武曌又何以公加赏慰，不自愧耻耶？世人又有疑武曌年事已高，何必畜此辈者，乃以史言为过甚。殊不知贺兰敏之亦且上烝其外祖母，亦即其祖母荣国夫人杨氏，计当时荣国之年龄必已五六十岁。荣国为武后之生母，以此例之，则武后所为何容置疑？且朱敬则疏中明言阳道壮伟是其确证，此事颇涉猥亵，不宜多及，然世之通达古今风俗变迁者，自可捐弃其拘墟之见也。

武后掌握政权，固不少重大过失，然在历史上实有进步之意义，盖北朝之局势由此而一变也。今以本文之限制，不能涉及其社会经济上之重大措施，止就武曌于政治方面最重要者，如混合李、武两家及维持其政治势力甚久之故两端论之如下：

《旧唐书》六《则天皇后纪》云：

〔圣历二年〕七月，上以春秋高，虑皇太子、相王与梁王武三思、定王武攸宁等不协，令立誓文于明堂。

《大唐新语》一《匡赞篇》略云：

〔吉〕顼曰："水土各一盆，有竞乎？"则天曰："无。"顼曰："和之为泥，有竞乎？"则天曰："无。"顼曰："分

泥为佛，为天尊，有竞乎？"则天曰："有。"项曰："臣
亦以为有。窃以皇族外戚各有区分，岂不两安全耶？今陛
下贵贱是非于其间，则居必竞之地。今皇太子万福，而三
思等久已封建，陛下何以和之？臣知两不安矣。"项与张
昌宗同供奉控鹤府，昌宗以贵宠惧不全，计于项。项曰：
"天下思唐德久矣，主上春秋高，武氏诸王殊非所属意，
公何不从容请复相王、庐陵，以慰生人之望？"昌宗乃乘
间屡言之。几一岁，则天意乃易，既知项之谋，乃召项问。
项对曰："庐陵、相王皆陛下子，高宗初顾托于陛下，当
有所注意。"乃迎中宗。其兴复唐室，项有力焉。睿宗登
极，下诏曰："曩时王命中圮，人谋未辑，首陈反正之议，
克创祈天之业，永怀忠烈，宁忘厥勋，可赠御史大夫。"

寅恪案：武曌以己身所生之李氏子孙与武氏近亲混合为一体，观
前所引《唐会要·公主门》所载，亦是一例，此吉顼所谓水土和
为泥者也。明乎此，则知神龙之复辟不能彻底，亦不必彻底，虽
以狄仁杰之忠义，止可采用温和手段，张柬之等亦止能诬指张易
之、昌宗为谋逆，挟持中宗以成事，而中宗后觉其有贪功迫母之
嫌，柬之等遂初为功臣后作罪人也。据《新唐书》一一五《狄仁
杰传》（参《旧唐书》八九《狄仁杰传》、《新唐书》一二〇
《张柬之传》）略云：

张易之尝从容问自安计，仁杰曰："惟劝迎庐陵王可
以免祸。"会后欲以武三思为太子，以问宰相，众莫敢对。
仁杰曰："臣观天人，未厌唐德。今欲继统，非庐陵王莫可。"
后怒，罢议。久之，召谓曰："朕数梦双陆不胜，何也？"
于是仁杰与王方庆俱在，二人同辞对曰："双陆不胜，无子也。
天其意者以儆陛下乎？且太子，天下本，本一摇，天下危

矣。文皇帝身蹈锋镝，勤劳而有天下，传之子孙。先帝寝疾，诏陛下监国。陛下掩神器而取之，十有余年，又欲以三思为后。且姑侄与母子孰亲？陛下立庐陵王，则千秋万岁后常享宗庙，三思立，庙不祔姑。"后感悟，即日遣徐彦伯迎庐陵王于房州。王至，后匿王帐中，召见仁杰，语庐陵事。仁杰敷请切至，涕下不能止。后乃使王出曰："还尔太子。"仁杰降拜顿首曰："太子归，未有知者，人言纷纷，何所信？"后然之，更令太子舍龙门，具礼迎还，中外大悦。初，吉顼、李昭德数请还太子，而后意不回，唯仁杰每以母子天性为言，后虽忮忍，不能无感，故卒复唐嗣。仁杰所荐进，若张柬之、桓彦范、敬晖、姚崇等，皆为中兴名臣。

《旧唐书》九一《桓彦范传》（《新唐书》一二〇《桓彦范传》同，并参《旧唐书》一八七上《新唐书》一九一《忠义传·王同皎传》）略云：

〔张〕柬之遽引彦范及〔敬〕晖并为左右羽林将军，委以禁兵，共图其事。时皇太子每于北门起居，彦范与晖因得谒见，密陈其计，太子从之。神龙元年正月，彦范与敬晖及左羽林将军李湛、李多祚，右羽林将军杨元琰，左威卫将军薛思行等，率左右羽林兵及千骑五百余人，讨〔张〕易之、昌宗于宫中，令李湛、李多祚就东宫迎皇太子。兵至玄武门，彦范等奉太子斩关而入。时则天在迎仙宫之集仙殿。斩易之、昌宗于廊下。明日，太子即位。

《旧唐书》一〇九《李多祚传》（《新唐书》一一〇《李多祚传》同）略云：

李多祚，代为靺鞨酋长。少以军功历位右羽林军大将军，前后掌禁兵，北门宿卫二十余年。神龙初，张柬之将诛张易之兄弟，引多祚筹其事，谓曰："将军在北门几年？"曰："三十年矣。"柬之曰："将军位极武臣，岂非大帝之恩乎？"曰："然。"又曰："既感大帝殊泽，能有报乎？大帝之子见在东官，逆竖张易之兄弟擅权，朝夕危逼。诚能报恩，正属今日。"多祚曰："苟缘王室，唯相公所使。"遂与柬之等定谋诛易之兄弟。

《旧唐书》一八六上《酷吏传·吉顼传》略云：

> 初，中宗未立为皇太子时，〔张〕易之、昌宗尝密问顼自安之策。顼云："公兄弟承恩既深，非有大功于天下，则不全矣。今天下士庶感思李家，庐陵既在房州，相王又在幽闭，主上春秋既高，须有付托。武氏诸王，殊非属意。明公若能从容请建立庐陵及相王，以副生人之望，岂止转祸为福，必长享茅土之重矣。"易之然其言，遂承间奏请。则天知顼首谋，召而问之。顼曰："庐陵王及相王，皆陛下之子，先帝顾托于陛下，当有主意，唯陛下裁之。"则天意乃定。顼既得罪，时无知者。睿宗即位，左右发明其事，乃下制赠左御史台大夫。

《通鉴》二一六"玄宗天宝九载十月"条（参《新唐书》一〇四《张行成传》附易之传）云：

> 杨钊，张易之之甥也，奏乞昭雪易之兄弟。庚辰，制引易之兄弟迎中宗于房陵之功，复其官爵，仍赐一子官。钊以图谶有金刀，请更名。上赐名国忠。

《通鉴》二〇八"唐中宗神龙元年五月以侍中敬晖为平阳王"条《考异》云：

> 《统纪》曰："太后善自粉饰，虽子孙在侧，不觉其衰老。及在上阳官，不复栉颒，形容羸悴。上入见，大惊。太后

> 泣曰：'我自房陵迎汝来，固以天下授汝矣，而五贼贪功，惊我至此。'上悲泣不自胜，伏地拜谢死罪。由是三思等得入其谋。"按：中宗顽鄙不仁，太后虽毁容涕泣，未必能感动移其志，其所以疏忌五王，自用韦后、三思之言耳。今不取。

寅恪案：中宗之复辟实由张易之之力，睿、玄两朝制诏可为明证，五王贪功之讥恐难自解，故武后一言而中宗顿悟，温公作史，转不置信，殊失是非之公，不可从也。至李多祚本为武人，出自外族，忠而无识，易于受欺，可为叹息。总之，在李、武集团混合已成之后，当时谋复唐室者舍用狄仁杰"解铃者即系铃者"之策略外，别无他途，而最有资格进言于武后之人亦舍张易之等外，更别无他辈，此当日事势所必致，然读史者多忽视之，故特为标出如此。

兹请续论武后政治势力所以久而不衰之故，盖混合李、武两家为一体，已令忠于李者亦甚难不忠于武矣。又拔取人才，使甚感激，为之效力，当日中国舍此辈才智之士外，别无其他可用之人，此辈才智之士得用于世，则感其知赏之殊遇，而武氏之政治势力亦因得以延长也。

《李相国论事集》六上"言须惜官"条（参《新唐书》一五二《李绛传》）云：

> 天后朝命官猥多，当时有"车载斗量"之语，及开元中，致朝廷赫赫有名望事绩者，多是天后所进之人。

《旧唐书》一三九《陆贽传》（参《陆宣公奏议》）略云：

> 贽论奏曰："往者则天太后践祚临朝，欲收人心，尤务拔擢，弘委任之意，开汲引之门，进用不疑，求访无倦，非但人得荐士，亦许自举其才。所荐必行，所举辄试，其

于选士之道，岂不伤于容易哉！而课责既严，进退皆速，不肖者旋黜，才能者骤升，是以当代谓知人之明，累朝赖多士之用。此乃近于求才贵广、考课贵精之效也。"

《新唐书》一二四《姚崇传》（参《旧唐书》九六《姚崇传》）略云：

> 张易之私有请于崇，崇不纳，易之谮于〔武〕后，降司仆卿，犹同凤阁鸾台三品。出为灵武道大总管。张柬之等谋诛二张（易之、昌宗），崇适自屯所还，遂参计议。以功封梁县侯。后迁上阳宫，中宗率百官起居，王公更相庆，崇独流涕。柬之等曰："今岂涕泣时邪？恐公祸由此始。"崇曰："比与讨逆，不足以语功。然事天后久，违旧主而泣，人臣终节也，由此获罪，甘心焉。"俄为亳州刺史。后五王被害，而崇独免。张说以素憾，讽赵彦昭劾崇。及当国，说惧，潜诣岐王〔范〕申款。崇它日朝，众趋出，崇曳踵为有疾状。帝（玄宗）召问之，对曰："臣损足。"曰："无甚痛乎？"曰："臣心有忧，痛不在足。"问以故，曰："岐王陛下爱弟，张说辅臣，而密乘车出入王家，恐为所误，故忧之。"于是出说相州。

据此，武氏之政治势力至玄宗朝而不稍衰歇，姚崇、张说虽为政敌，然皆武氏之党，不过有派别之分耳，李绛、陆贽之言殊可信也。

武曌所组织之统治集团内既有派别，则自中宗神龙初至玄宗先天末，其间唐代中央数次政变之情势可以了然。韦后、安乐公主等一派与太平公主、玄宗等一派相争，前派败而后派胜，此固武曌组织之大集团内派别之争也。即太平公主等与玄宗等之争，则此一派中又分为两派，自相竞争，而有胜败也。其分别虽多，要为此大集团内之竞争。至若重俊之举兵，乃以局外之孤军而与此大集团决斗，强弱悬殊，宜其失败也。

兹引有关史料于下：

《旧唐书》五一《后妃传上·中宗韦庶人传》（《新唐书》七六《后妃传上·韦皇后传》同，并参考《旧唐书》一八三《新唐书》二〇六《外戚传·韦温传》）略云：

> 时侍中敬晖谋去诸武，武三思患之，乃结上官氏以为援，因得幸于后，潜入宫中谋议。于是三思骄横用事，敬晖、王同皎相次夷灭，天下咸归咎于后。帝（中宗）遇毒暴崩，后惧，秘不发丧，定策立温王重茂为皇太子，召诸府兵五万人屯京城，分为左右营，然后发丧。少帝即位，尊后为皇太后，临朝摄政。韦温总知内外兵马，守援宫掖；驸马韦捷、韦濯分掌左右屯营；武延秀及温从子播、族弟璿、外甥高嵩共典左右羽林军及飞骑、万骑。播、璿欲先树威严，拜官日先鞭万骑数人，众皆怨，不为之用。临淄王（玄宗）率薛崇简、锺绍京、刘幽求领万骑入自玄武门，至左羽林军，斩将军韦璿、韦播及中郎将高嵩于寝帐，遂斩关而入，至太极殿。后惶骇遁入殿前飞骑营。为乱兵所杀。

同书八六《节愍太子重俊传》（《新唐书》八一《节愍太子重俊传》同）略云：

> 时武三思得幸中宫，深忌重俊。三思子崇训尚安乐公主，常教公主凌忽重俊，以其非韦氏所生，常呼之为"奴"。或劝公主请废重俊为王，自立为皇太女，重俊不胜忿恨。〔神龙〕三年七月，〔重俊〕率左羽林大将军李多祚等矫制发左右羽林兵及千骑三百余人，杀〔武〕三思及〔武〕崇训于其第。又令左金吾大将军成王千里分兵守宫城诸门，

自率兵趋肃章门，斩关而入，求韦庶人及安乐公主所在。韦庶人及安乐公主遽拥帝（中宗）驰赴玄武门楼，召左羽林将军刘景仁等，令率留军飞骑及百余人于楼下列守。俄而多祚等兵至，欲突玄武门楼，宿卫者拒之，不得进。帝据槛呼多祚等所将千骑，谓曰："汝等并是我爪牙，何故作逆？若能归顺，斩多祚等，与汝富贵。"于是千骑王欢喜等倒戈，斩多祚等于楼下，余党遂溃散。

《新唐书》八三《诸公主传》略云：

> 安乐公主，〔中宗〕最幼女。〔韦后所生，〕后尤爱之。下嫁武崇训。帝（中宗）复位，光艳动天下，侯王柄臣多出其门。请为皇太女，左仆射魏元忠谏不可。主曰："元忠，山东木强，乌足论国事？阿武子尚为天子，天子女有不可乎？"崇训死。主素与武延秀乱，即嫁之。临淄王（玄宗）诛〔韦〕庶人，主方览镜作眉，闻乱，走至右延明门，兵及，斩其首。

又略云：

> 太平公主，则天皇后所生。帝（高宗）择薛绍尚之。绍死，更嫁武承嗣，会承嗣小疾，罢婚，后杀武攸暨妻，以配主。韦后、上官昭容用事，自以谋出主下远甚，惮之。玄宗将诛韦氏，主与秘计，遣子崇简从。事定，将立相王，未有以发其端者。主乃入见〔温〕王曰："天下事归相王（睿宗），此非儿所坐。"乃掖王下，取乘舆服进睿宗。睿宗即位，主权由此震天下。玄宗以太子监国，使宋王〔宪〕、岐王〔范〕总禁兵。主忌权分，乘辇至光范门，召宰相，白废太子。时宰相七人，五出主门下。又左羽林大将军常元楷、知羽林军李慈皆私谒主。主内忌太子明，又宰相皆

其党，乃有逆谋。太子得其奸，前一日，率高力士叩虔化门，枭元楷、慈于北阙下，执〔宰相岑〕羲、〔萧〕至忠至朝堂，斩之。主闻变，亡入南山，三日乃出，赐死于第。

《旧唐书》八《玄宗纪上》（《新唐书》五《玄宗纪》，及《通鉴》二〇九"景云元年六月"条同）略云：

〔唐隆元年六月〕庚子夜，〔上〕率〔刘〕幽求等数十人自苑南入，总监锺绍京又率丁匠百余以从。分遣万骑往玄武门，杀羽林将军韦播、高嵩，持首而至，众欢叫大集。攻白兽、玄德等门，斩关而进，左万骑自左入，右万骑自右入，合于凌烟殿前。时太极殿前有宿卫梓宫万骑，闻噪声，皆披甲应之。韦庶人惶惑走入飞骑营，为乱兵所害。

同书一〇六《王毛仲传》（《新唐书》一二一《王毛仲传》同）云：

〔景龙〕四年六月，中宗遇弑，韦后称制，令韦播、高嵩为羽林将军，令押千骑营（寅恪案：《通鉴》"千"作"万"，是。盖中宗已改千骑为万骑矣，温公之精密有如是者），榜棰以取威。其营长葛福顺、陈玄礼等相与见玄宗诉冤。会玄宗已与刘幽求、麻嗣宗、薛崇简等谋举大计，相顾益欢，令幽求讽之，皆愿决死从命。及二十日夜，玄宗入苑中。乙夜，福顺等至，玄宗曰："与公等除大逆，安社稷，各取富贵，在于俄顷，何以取信？"福顺等请号而行，斯须斩韦播、韦璿、高嵩等头来，玄宗举火视之。又召锺绍京领总监丁匠刀锯百人至，因斩关而入，后及安乐公主等皆为乱兵所杀。

寅恪案：韦氏在此集团内竞争之失败，其主因自在韦后、安乐公主等之无能力所致，盖武曌拔取之人才皆不为之用故也。韦氏败后，当时此等人才及其他非武曌所拔取，而以趋附势利，成为武氏之党者，又分属于太平公主及玄宗两派，玄宗派如姚崇、宋璟等，较太平公主派如岑羲、萧至忠等才略为优，故玄宗胜而太平公主败。然此两派亦皆与武曌有直接或间接之关系者。其中有最可注意之人，即是高力士，此人潜身宫禁，实为武氏政治势力之维持者，盖与玄宗一生之政治生活发生密切关系，殆有过于专任之宰臣或镇将者，因文武大臣之任用止限于外朝及边境，且任用期间亦不及力士之长久也。

玄宗政权自来分为开元、天宝两时期，以先天时期甚短，且此时期玄宗尚未能完全行使其政权之故。开元时如姚崇、宋璟、张说、张九龄等先后任将相，此诸人皆为武曌所拔用，故亦皆是武氏之党，固不待论。即天宝时最有实权之宰相，先为李林甫，后为杨国忠，此二人之任用实与力士有直接或间接之关系，故亦不可谓不与武氏有关系也。此武氏政治势力自高宗初年至玄宗末年虽经神龙之复辟，而历久不衰之主因，力士在玄宗朝其地位重要亦可以推知矣。兹引旧史及其他有关材料，略论之于下：

《旧唐书》一八四《宦官传·高力士传》略云：

> 内官高延福收为假子，延福出自武三思家，力士遂往来三思第。则天召入禁中。

同书一〇六《李林甫传》略云：

> 武惠妃爱倾后宫，二子寿王、盛王以母爱特见宠异，太子瑛益疏薄。林甫多与中贵人善，乃因中官干惠妃云："愿保护寿王。"惠妃德之。初，侍中裴光庭妻武三思女，诡谲有才略，与林甫私。中官高力士本出三思家，及光庭卒，武氏衔哀，祈于力士，请林甫代其夫位，力士未敢言。玄宗使中书令萧嵩择相，嵩久之以右丞韩休对，玄宗然之，乃令草诏。力士遽漏于武氏，乃令林甫白休。休既入相，

甚德林甫，与嵩不和，乃荐林甫堪为宰相，惠妃阴助之，因拜黄门侍郎。〔开元二十三年〕为礼部尚书、同中书门下三品。

《唐会要》三《皇后门》（参《通鉴》二一三"开元十四年，上欲以武惠妃为皇后"条《考异》）略云：

〔玄宗贞顺〕皇后武氏，恒安王攸止女。攸止卒后，后尚幼，随例入宫。及王皇后废，赐号惠妃，宫中礼秩一同皇后。初，〔开元〕十四年四月，侍御史潘好礼闻上欲以惠妃为皇后，进疏谏曰："臣闻《礼记》曰：'父母之仇不可共戴天。'《公羊传》曰：'子不复父仇，不子也。'陛下岂得欲以武氏为国母，当何以见天下之人乎？不亦取笑于天下乎？又，惠妃再从叔三思、从父延秀等，并干乱朝纲，递窥神器，豺狼同穴，枭獍同林。至如恶木垂阴，志士不息，盗泉飞溢，正夫莫饮，良有旨哉。伏愿陛下慎择华族之女，必在礼义之家。且惠妃本是左右执巾栉者也，不当参立之。又见人间盛言，尚书左丞相张说自被停知政事之后，每谄附惠妃，诱荡上心，欲取立后之功，更图入相之计。且太子本非惠妃所生，惠妃复自有子，若惠妃一登宸极，则储位实恐不安。臣职参宪府，感激怀愤，陛下留神省察。"（苏冕驳曰：此表非潘好礼所作。且好礼先天元年为侍御史，开元十二年为温州刺史致仕。表是十四年献，而云"职参宪府"，若题年恐错，即武惠妃先天元年始年十四，王皇后有宠未衰，张说又未为右丞相，竟未知此表是谁献之。）

寅恪案：李林甫为天宝前期政治之中心人物，其所以能致是者，则由于高力士、武惠妃之助力，此亦玄宗用人行政深受武氏影响之明证，而武氏政治势力至是犹未衰歇，可以想见也。

复次，肃宗之得立为太子当亦与武氏之党有关。不过与当日武氏政治势力之中心未能发生特别关系，所以皇位继承权亦不甚稳固，后来灵武内禅之举恐亦非得已也。据《旧唐书》五二《后妃传下·玄宗元献皇后传》（参《次柳氏旧闻》中第一事）略云：

> 玄宗元献皇后杨氏，弘农华阴人。曾祖士达，天授中，以则天母族，追封士达为郑王。后景云元年八月，选入太子宫。时太平公主用事，尤忌东宫。宫中左右持两端，而潜附太平者必阴伺察，事虽纤芥，皆闻于上，太子心不自安。后时方娠，太子密谓张说曰："用事者不欲吾多息胤，恐祸及此妇人，其如之何？"密令说怀去胎药而入。太子于曲室躬自煮药，醺然似寐，梦神人覆鼎。既寤如梦，如是者三。太子异之，告说。说曰："天命也，无宜他虑。"既而太平诛，后果生肃宗。开元中，肃宗为忠王，后为妃，又生宁亲公主。张说以旧恩特承宠异，说亦奇忠王仪表，必知运历所钟，故宁亲公主降说子垍。开元十七年后薨。

可知肃宗母为武曌外家，张说复为武氏之党，此其所以终能立为太子。而又因其关系不及武惠妃诸子与武氏关系之深切，所以虽在储位，常危疑不安也。

天宝后期中央之政权在杨国忠之手，而国忠之进用全由于杨贵妃之专宠，此为不待考辨之事。今所欲论者，止贵妃何以入宫之问题而已。略录有关史料于下：

《新唐书》七六《后妃传上·杨贵妃传》（参《旧唐书》五一《后妃传上·玄宗杨贵妃传》）略云：

> 玄宗贵妃杨氏，隋梁郡通守汪四世孙。徙籍蒲州，遂为永乐人。始为寿王妃。开元二十四（寅恪案："四"应作"五"，详见拙著《元白诗笺证稿·长恨歌章》）年，武惠妃薨，

后廷无当帝意者。或言妃资质天挺，宜充掖庭，遂召内禁中，异之，即为自出妃意者，丐籍女官，号"太真"，更为寿王聘韦昭训女，而太真得幸，遂专房宴，宫中号"娘子"，仪体与皇后等。天宝初，进册贵妃。

《白氏长庆集》一二《长恨歌传》略云：

> 玄宗在位岁久，倦于旰食宵衣，政无小大始委于右丞相（李林甫），深居游宴，以声色自娱。先是，元献皇后、武淑妃（即武惠妃）皆有宠，相次即世，宫中虽良家子千数，无可悦目者，上心忽忽不乐。（中略）诏高力士潜搜外宫，得弘农杨玄琰女于寿邸。

《杨太真外传》上（参拙著《元白诗笺证稿·长恨歌章》）云：

> 开元二十二年十一月〔杨妃〕归于寿邸。二十八年十月玄宗幸温泉宫，使高力士取杨氏女于寿邸，度为女道士，号"太真"，住内太真宫。天宝四载七月，册左卫中郎将韦昭训女配寿邸。是月于凤凰园册太真宫女道士杨氏为贵妃。

据此，杨贵妃为武惠妃之代替人，所谓"娘子"者，即今世俗"太太"之称，盖以皇后视之。若贵妃死于安禄山乱前，玄宗必追赠为皇后，如武惠妃之例也。又贵妃之入宫，乃由高力士之搜拔，观前引后妃公主诸史料，知唐皇室之婚姻与此集团有密切关系，此集团为武曌所组成，高力士为武氏死党，其所搜拔自不出于此集团之外，可以无疑。据《新唐书》七一下《宰相世系表》"杨氏"条云：

> 太尉震，子奉，八世孙结，二子：珍，继，至顺，徙居河中永乐。

杨贵妃即出此房，此房虽非武曌外家近属，然就贵妃曾选为寿王妃一点观之，知其亦属于此大集团，不过为距核心较远之外围人物耳。世人往往以贵妃之色艺为当时大唐帝国数千万女性之冠，鄙意尚有疑问，但其为此集团中色艺无双之人，则可断言。盖力士搜拔之范围原有限制，而玄宗亦为武党所包围蒙蔽故也。

综括言之，此一集团武曌创组于大帝之初，杨玉环结束于明皇之末者也。唐代自高宗至玄宗为文治武功极盛之世，即此集团居最高统治地位之时，安禄山乱起，李唐中央政府已失统治全国之能力，而此集团之势力亦衰竭矣。故研究唐之盛世者不可不研究此集团，特为论述其组成及变迁之概略，以供治吾国中古史者之参考。

（原载《历史研究》一九五四年第一期）

论韩愈

古今论韩愈者众矣，誉之者固多，而讥之者亦不少。讥之者之言则昌黎所谓"蚍蜉撼大树，可笑不自量"者（《昌黎集》五《调张籍》诗），不待赘辩，即誉之者亦未中肯綮。今出新意，仿僧徒诠释佛经之体，分为六门，以证明昌黎在唐代文化史上之特殊地位。至昌黎之诗文为世所习诵，故略举一二，借以见例，无取详备也。

一曰：建立道统，证明传授之渊源。

华夏学术最重传授渊源，盖非此不足以征信于人，观两汉经学传授之记载，即可知也。南北朝之旧禅学已采用《阿育王经传》等书，伪作《付法藏因缘传》，已证明其学说之传授。至唐代之新禅宗，特标教外别传之旨，以自矜异，故尤不得不建立一新道统，证明其渊源之所从来，以压倒同时之旧学派。此点关系吾国之佛教史，人所共知，又其事不在本文范围，是以亦可不必涉及，唯就退之有关者略言之。

《昌黎集》——《原道》略云：

日："斯道也，何道也？"曰："斯吾所谓道也，非向所谓老与佛之道也。"尧以是传之舜，舜以是传之禹，禹以是传之汤，汤以是传之文、武、周公，文、武、周公传之孔子，孔子传之孟轲；轲之死，不得其传焉。

364

退之自述其道统传授渊源固由《孟子》卒章所启发，亦从新禅宗所自称者摹袭得来也。

《新唐书》一七六《韩愈传》略云：

> 愈生三岁而孤，随伯兄会贬官岭表。

《昌黎集》一《复志赋》略云：

> 当岁行之未复兮，从伯氏以南迁。凌大江之惊波兮，过洞庭之漫漫。至曲江而乃息兮，逾南纪之连山。嗟日月其几何兮，携孤嫠而北旋。值中原之有事兮，将就食于江之南。

同书二三《祭十二郎文》略云：

> 呜呼！吾少孤，及长，不省所怙，惟兄嫂是依。中年，兄殁南方，吾与汝俱幼，从嫂归葬河阳。既又与汝就食江南。零丁孤苦，未尝一日相离也。

李汉《昌黎先生集序》略云：

> 先生生于大历戊申，幼孤，随兄播迁韶岭。

寅恪案：退之从其兄会谪居韶州，虽年颇幼小，又历时不甚久，然其所居之处为新禅宗之发祥地，复值此新学说宣传极盛之时，以退之之幼年颖悟，断不能于此新禅宗学说浓厚之环境气氛中无所接受感发，然则退之道统之说表面上虽由《孟子》卒章之言所启发，实际上乃因禅宗教外别传之说所造成，禅学于退之之影响亦大矣哉！宋儒仅执退之后来与大颠之关系，以为破获赃据，欲夺取其道统者，似于退之一生经历与其学说之原委犹未达一间也。

二曰：直指人伦，扫除章句之繁琐。

唐太宗崇尚儒学，以统治华夏。然其所谓儒学，亦不过承继南北朝以来正义义疏繁琐之章句学耳。又高宗、武则天以后，偏重进士词科之选，"明经"一目仅为中材以下进取之途径。盖其所谓明经者，止限于记诵章句，绝无意义之发明，故明经之科在退之时代，已全失去政治社会上之地位矣（详见拙著《唐代政治史述论稿·上篇》）。南北朝后期及隋唐之僧徒亦渐染儒生之习，诠释内典，袭用儒家正义义疏之体裁，与天竺诂解佛经之方法殊异（见拙著《杨树达〈论语疏证〉序》），如禅学及禅宗最有关之三论宗大师吉藏、天台宗大师智颛等之著述与贾公彦、孔颖达诸儒之书其体制适相冥会。新禅宗特提出直指人心、见性成佛之旨，一扫僧徒繁琐章句之学，摧陷廓清，发聋振聩，固吾国佛教史上一大事也。退之生值其时，又居其地，睹儒家之积弊，效禅侣之先河，直指华夏之特性，扫除贾、孔之繁文，《原道》一篇中心旨意实在于此，故其言曰：

> 传曰："古之欲明明德于天下者，先治其国；欲治其国者，先齐其家；欲齐其家者，先修其身；欲修其身者，先正其心；欲正其心者，先诚其意。"然则古之所谓正心而诚意者，将以为也。今也欲治其心，而外天下国家，灭其天常，子焉而不父其父，臣焉而不君其君，民焉而不事其事。

同书五《寄卢仝》诗云：

> 《春秋》三传束高阁，独抱遗经究终始。

寅恪案：《原道》此节为吾国文化史中最有关系之文字，盖天竺佛教传入中国时，而吾国文化史已达甚高之程度，故必须改造，以蕲适合吾民族、政治、社会传统之特性，六朝僧徒"格义"之学（详见拙著《支愍度学说考》），即是此种努力之表现。儒家书中具有系统易被利用者，则为《小戴记》之《中庸》，梁武帝已作尝试矣（《隋书》三二《经籍志·经部》有梁武帝撰《中庸讲疏》一卷，又《私记制旨中庸义》五卷）。然《中庸》一篇虽可利用，以沟通儒、释心性抽象之差异，而于政治社会具体上华夏、天竺两种学说之冲突，尚不能求得一调和贯彻自成体系之论点。退之首先发见《小戴记》中《大学》一篇，阐明其说，抽象之心性与具体之政治社会组织可以融会无碍，即尽量谈心说性，兼能济世安民，虽相反而实相成，天竺为体，华夏为用，退之于此以奠定后来宋代新儒学之基础。退之固是不世出之人杰，若不受新禅宗之影响，恐亦不克臻此。又观退之《寄卢仝》诗，则知此种研究经学之方法亦由退之所称奖之同辈中人发其端，与前此经诗著述大意，而开启宋代新儒学家治经之途径者也。

三曰：排斥佛、老，匡救政俗之弊害。

《昌黎集》一一《原道》略云：

> 古之为民者四，今之为民者六；古之教者处其一，今之教者处其三。农之家一，而食粟之家六。工之家一，而用器之家六。贾之家一，而资焉之家六。奈之何民不穷且盗也？

> 是故君者，出令者也；臣者，行君之令而致之民者也。民者，出粟米麻丝，作器皿，通货财，以事其上者也。君不出令，则失其所以为君；臣不行君之令而致之民，则失其所以为臣。民不出粟米麻丝，作器皿，通货财，以事其上，则诛。

> 人其人，火其书，庐其居，明先王之道以道之，鳏寡孤独废疾者有养也。其亦庶乎其可也。

同书二《送灵师》诗略云：

> 佛法入中国，尔来六百年。齐民逃赋役，高士著幽禅。
> 官吏不之制，纷纷听其然。耕桑日失隶，朝署时遗贤。

同书一《谢自然》诗略云：

人生有常理，男女各有伦。寒衣及饥食，在纺绩耕耘。
下以保子孙，上以奉君亲。苟异于此道，皆为弃其身。噫
乎彼寒女，永托异物群。感伤遂成诗，昧者宜书绅。

寅恪案：上引退之诗文，其所持排斥佛教之论点，此前已有之，
实不足认为退之之创见，特退之所言更较精辟，胜于前人耳。
《原道》之文微有语病，不必以辞害意可也。《谢自然》诗乃斥道
教者，以其所持论点与斥佛教者同，故亦附录于此。今所宜注意
者，乃为退之所论实具有特别时代性，即当退之时佛教徒众多，
于国家财政及社会经济皆有甚大影响，观下引彭偃之言可知也。

《唐会要》四七《议释教上》（参《旧唐书》一二七《彭偃
传》）略云：

大历十三年四月，剑南东川观察使李叔明奏请澄汰佛、
道二教，下尚书省集议。都官员外郎彭偃献议曰："王者之政，
变人心为上，因人心次之，不变不因，循常守故者为下。
故非有独见之明，不能行非常之事。今陛下以维新之政，
为万代法，若不革旧风，令归正道者，非也。当今道士，
有名无实，时俗鲜重，乱政犹轻。惟有僧尼，颇为秽杂。
自西方之教被于中国，去圣日远，空门不行五浊，比邱但
行粗法。爰自后汉，至于陈隋，僧之教灭，其亦数四，或
至坑杀，殆无遗余，前代帝王岂恶僧道之善如此之深耶？
盖其乱人亦已甚矣。且佛之立教，清净无为，若以色见，
即是邪法。开示悟入，惟有一门，所以三乘之人，比之外道。
况今出家者皆是无识下劣之流，纵其戒行高洁，在于王者，
已无用矣。今叔明之心甚善，然臣恐其奸吏诋欺，而去者
未必非，留者不必是，无益于国，不能息奸。既不变人心，
亦不因人心，强制力持，难致远耳。臣闻天生蒸民，必将

有职，游行浮食，王制所禁。故有才者受爵禄，不肖者出租税，此古之常道也。今天下僧道不耕而食，不织而衣，广作危言险语，以惑愚者。一僧衣食，岁计约三万有余，五丁所出不能致此。举一僧以计天下，其费可知。陛下日旰忧勤，将去人害，此而不救，奚其为政？臣伏请僧道未满五十者，每年输绢四匹，尼及女道士未满五十者，输绢二匹。其杂色役与百姓同。有才智者令入仕，请还俗为平人者听。但令就役输课，为僧何伤？臣窃料其所出，不下今之租赋三分之一，然则陛下之国富矣，苍生之害除矣。其年过五十者，请皆免之。夫子曰：'五十而知天命。'列子曰：'不斑白，不知道。'人年五十岁，嗜欲已衰，纵不出家，心已近道，况戒律检其性情哉？臣以为此令既行，僧尼规避还俗者固已大半，其年老精修者必尽为人师，则道、释二教益重明矣。"上深嘉之。

寅恪案：彭偃为退之同时人，其所言如此，则退之之论自非剿袭前人空言，为无病之呻吟，实匡世正俗之良策。盖唐代人民担负国家直接税及劳役者为"课丁"，其得享有免除此种赋役之特权者为"不课丁"。"不课丁"为当日统治阶级及僧尼道士女冠等宗教徒，而宗教徒之中佛教徒最占多数，其有害国家财政、社会经济之处在诸宗教中尤为特著，退之排斥之亦最力，要非无因也。

至道教则唐皇室以姓李之故，道教徒因缘傅会。自唐初以降，即逐渐取得政治社会上之地位，至玄宗时而极盛，如以道士女冠隶属宗正寺（见《唐会要》六五"宗正寺崇玄署"条），尊崇老子以帝号，为之立庙，祀以祖宗之礼。除老子为《道德经》外，更名庄、文、列、庚桑诸子为《南华》《通玄》《冲虚》《洞灵》等经，设崇玄学，以课生徒，同于国子监。道士女冠有犯，准道格处分诸端（以上均见《唐会要》五〇《尊崇道教门》），皆是其例。尤可笑者，乃至提《汉书·古今人表》中之老子，自三等而升为一等（见《唐会要》五〇《尊崇道教门》），号老子妻为"先天太后"。作孔子像，侍老子之侧（以上二事见《唐会要》五〇《尊崇道教、杂记门》）。荒谬幼稚之举措，类此尚多，无取详述。退之排斥道教之论点除与其排斥佛教相同者外，尚有二端所应注意：一为老子乃唐皇室所攀认之祖宗，退之以臣民之资格痛斥力诋，不稍讳避，其胆识已自超其侪辈矣；二为道教乃退之稍前或同时之君主宰相所特提倡者，蠹政伤俗，实是当时切要问题。据《新唐书》一〇九《王屿传》（参《旧唐书》一三〇《王屿传》）略云：

> 玄宗在位久，推崇老子道，好神仙事，广修祠祭，靡神不祈。屿上言，请筑坛东郊祀青帝。天子入其言，擢太常博士、侍御史，为祠祭使。屿专以祠解中帝意，有所禳祓，大抵类巫觋。汉以来葬丧皆有瘗钱，后世里俗稍以纸寓钱为鬼事，至是屿乃用之。肃宗立，累迁太常卿，又以祠祷见宠。乾元三年，拜蒲、同、绛等州节度使，俄以中书侍郎同中书门下平章事。时大兵后，天下愿治，屿望轻，无它才，不为士议谐可，既骤得政，中外怅骇。乃奏置太一坛，劝帝身见九宫祠。帝由是专意，它议不能夺。帝尝不豫，太卜建言祟在山川。屿遣女巫乘传，分祷天下名山大川，巫皆盛服，中人护领，所至干托州县，赂遗狼藉。时有一巫美而蛊，以恶少年数十自随，尤俭狡不法，驰入黄州。刺史左震晨至馆请事，门镝不启。震怒，破镝入，取巫斩廷下，悉诛所从少年，籍其赃，得十余万，因遣还中人。

既以闻，屿不能诘，帝亦不加罪。明年，罢屿为刑部尚书，又出为淮南节度使，犹兼祠祭使。始，屿托鬼神致位将相，当时以左道进者纷纷出焉。

《旧唐书》一三〇《李泌传》略云：

> 泌颇有谠直之风，而谈神仙诡道，或云尝与赤松子、王乔、安期、羡门游处，故为代所轻，虽诡道求容，不为时君所重。德宗初即位，尤恶巫祝怪诞之士。初，肃宗重阴阳祠祝之说，用妖人王屿为宰相，或命巫媪乘驿行郡县以为厌胜。凡有所兴造功役，动牵禁忌。而黎幹用左道位至尹京，尝内集众工，编刺珠绣为御衣，既成而焚之，以为禳袄，且无虚月。德宗在东宫颇知其事，即位之后，罢集僧于内道场，除巫祝之祀。有司言宣政内廊坏，请修缮。而太卜云："孟冬为魁冈，不利穿筑，请卜他月。"帝曰："春秋之义，启塞从时，何魁冈之有？"卒命修之。又代宗山陵灵驾发引，上号送于承天门，见韫辌不当道，稍指午未间。问其故，有司对曰："陛下本命在午，故不敢当道。"上号泣曰："安有枉灵驾而谋身利？"卒命直午而行。及建中末，寇戎内梗，桑道茂有城奉天之说，上稍以时日禁忌为意，而雅闻泌长于鬼道，故自外征还，以至大用，时论不以为惬。

及《国史补》上"李泌任虚诞"条（参《太平广记》二八九《妖妄类》"李泌"条）云：

> 李相泌以虚诞自任。尝对客曰："令家人速洒扫，今夜洪崖先生来宿。"有人遗美酒一榼，会有客至，乃曰："麻姑送酒来，与君同倾。"倾之未毕，阍者云："某侍郎取榼子。"泌命倒还之，略无怍色。

则知退之当时君相沉迷于妖妄之宗教，民间受害，不言可知。退之之力诋道教，其隐痛或有更甚于诋佛教者，特未昌言之耳。后人昧于时代性，故不知退之言有物意有指，遂不加深察，等闲以崇正辟邪之空文视之，故特为标出如此。

四曰：呵诋释迦，申明夷夏之大防。

《昌黎集》三九《论佛骨表》略云：

> 臣某言，伏以佛者，夷狄之一法耳。自后汉时流入中国，上古未尝有也。假如其身至今尚在，奉其国命，来朝京师，陛下容而接之，不过宣政一见，礼宾一设，赐衣一袭，卫而出之于境，不令惑众也。

《全唐诗》一二函韩愈一〇《赠译经僧》诗云：

> 万里休言道路赊，有谁教汝度流沙。只今中国方多事，不用无端更乱华。

寅恪案：退之以谏迎佛骨得罪，当时后世莫不重其品节，此不待论者也。今所欲论者，即唐代古文运动一事实由安史之乱及藩镇割据之局所引起。安、史为西胡杂种，藩镇又是胡族或胡化之汉人（详见拙著《唐代政治史述论稿·上篇》），故当时特出之文士自觉或不自觉，其意识中无不具有远则周之四夷交侵，近则晋之五胡乱华之印象，"尊王攘夷"所以为古文运动中心之思想也。在退之稍先之古文家如萧颖士、李华、独孤及、梁肃等，与退之同辈之古文家如柳宗元、刘禹锡、元稹、白居易等，虽同有此种潜意识，然均不免认识未清晰，主张不彻底，是以不敢亦不能因释迦为夷狄之人，佛教为夷狄之法，抉其本根，力排痛斥，若退之之所言所行也。退之之所以得为唐代古文运动领袖者，其原因即在于是，此意已见拙著《元白诗笺证稿·新乐府章·法曲篇》末，兹不备论。

五曰：改进文体，广收宣传之效用。

关于退之之文，寅恪尝详论之矣（见拙著《元白诗笺证稿·长恨歌章》）。其大旨以为退之之古文乃用先秦、两汉之文体，改作唐代当时民间流行之小说，欲借之一扫腐化僵化不适用于人生之骈体文，作此尝试而能成功者，故名虽复古，实则通今，在当时为最便宣传，甚合实际之文体也。至于退之之诗，古今论者亦多矣，兹仅举一点，以供治吾国文学史者之参考。

陈师道《后山居士诗话》云：

> 退之以文为诗，子瞻以诗为词，如教坊雷大使（娘？）之舞，虽极天下之工，要非本色。今代词手唯秦七、黄九尔，唐诸人不迨也。

寅恪案：退之以文为诗，诚是确论，然此为退之文学上之成功，亦吾国文学史上有趣之公案也。

据《高僧传》二《译经中·鸠摩罗什传》略云：

> 初，沙门慧睿才识高明，常随什传写。什每为睿论西方辞体，商略同异，云："天竺国俗甚重文制，其宫商体韵以入弦为善。凡觐国王，必有赞德，见佛之仪以歌叹为贵，经中偈颂皆其式也。但改梵为秦，失其藻蔚，虽得大意，殊隔文体，有似嚼饭与人，非徒失味，乃令呕哕也。"什尝作颂《赠沙门法和》云："心山育明德，流薰万由延。哀鸾孤桐上，清音彻九天。"凡为十偈，辞喻皆尔。

盖佛经大抵兼备"长行"即散文及偈颂即诗歌两种体裁。而两体辞意又往往相符应。考"长行"之由来，多是改诗为文而成者，故"长行"乃以诗为文，而偈颂亦可视为以文为诗也。天竺偈颂音缀之多少，声调之高下，皆有一定规律，唯独不必叶韵。六朝初期四声尚未发明，与罗什共译佛经诸僧徒虽为当时才学绝伦之人，而改竺为华，以文为诗，实未能成功。惟仿偈颂音缀之有定数，勉强译为当时流行之五言诗，其他不遑顾及。故字数虽有一定，而平仄不调，音韵不叶，生吞活剥，似诗非诗，似文非文，读之作呕，此罗什所以叹恨也。如马鸣所撰《佛所行赞》，为梵文佛教文学中第一作品。寅恪昔年与钢和泰君共读此诗，取中文二译本及藏文译本比较研究，中译似尚逊于藏译，当时亦引为憾事，而无可如何者也。自东汉至退之以前，此种以文为诗之困难问题迄未有能解决者。退之虽不译经偈，但独运其天才，以文为诗，若持较华译佛偈，则退之之诗词皆声韵无不谐当，既有诗之优美，复具文之流畅，韵散同体，诗文合一，不仅空前，恐亦绝后，决非效颦之辈所能企及者矣。后来苏东坡、辛稼轩之词亦是以文为之，此则效法退之而能成功者也。

六曰：奖掖后进，期望学说之流传。

唐代古文家多为才学卓越之士，其作品如《唐文粹》所选者足为例证，退之一人独名高后世，远出余子之上者，必非偶然。据《旧唐书》一六〇《韩愈传》云：

> 大历、贞元之间，文字多尚古学，效杨雄、董仲舒之述作，而独孤及、梁肃最称渊奥，儒林推重。愈从其徒游，锐意钻仰，欲自振于一代。

及《新唐书》一七六《韩愈传》云：

> 愈成就后进士，往往知名。经愈指授，皆称"韩门弟子"。

则知退之在当时古文运动诸健者中，特具承先启后作一大运动领袖之气魄与人格，为其他文士所不能及。退之同辈胜流如元微之、白乐天，其著作传播之广，在当日尚过于退之。退之官又低于元，寿复短于白，而身殁之后，继续其文其学者不绝于世；元白之遗风虽或尚流传，不至断绝，若与退之相较，诚不可同年而语矣。退之所以得致此者，盖亦由其平生奖掖后进，开启来学，为其他诸古文运动家所不为，或偶为之而不甚专意者，故"韩门"遂因此而建立，"韩学"亦更缘此而流传也。世传隋末王通讲学河汾，卒开唐代贞观之治，此固未必可信，然退之发起光大唐代古文运动，卒开后来赵宋新儒学新古文之文化运动，史证明确，则不容置疑者也。

综括言之，唐代之史可分前后两期，前期结束南北朝相承之旧局面，后期开启赵宋以降之新局面，关于政治社会经济者如此，关于文化学术者亦莫不如此。退之者，唐代文化学术史上承先启后转旧为新关捩点之人物也。其地位价值若是重要，而千年以来论退之者似尚未能窥其蕴奥，故不揣愚昧，特发新意，取证史籍，草成此文，以求当世论文治史者之教正。

（原载《历史研究》一九五四年第二期）

书《世说新语·文学类》
"锺会撰《四本论》始毕"条后

《世说新语·文学类》云：

> 锺会撰《四本论》始毕，甚欲使嵇公一见，置怀中，既定，畏其难，怀不敢出，于户外遥掷，便回急走。

刘《注》云：

> 《魏志》曰：会论才性同异，传于世。"四本"者，言才性同、才性异、才性合、才性离也。尚书傅嘏论同，中书令李丰论异，侍郎锺会论合，屯骑校尉王广论离。文多不载。

寅恪昔年撰《论陶渊明之思想与清谈之关系》一文，其大旨以为六朝之清谈可分前后两期。后期之清谈仅限于口头及纸上，纯是抽象性质，故可视为言语文学之材料。至若前期之清谈，则为当时清谈者本人生活最有关之问题，纯为实际性质，即当日政治党系之表现。故前期之清谈材料乃考史论世者不可忽视之事实也。《世说》此条之刘《注》实为前期清谈重要资料，而昔年之文所未及释证者。今略论之，以补昔文所未备也。

东汉中晚之世，其统治阶级可分为两类人群。一为内廷之阉宦，一为外廷之士大夫。阉宦之出身大抵为非儒家之寒族，所谓"乞丐携养"之类。（《三国志·魏志》六《袁绍传》裴《注》引《魏氏春秋》载绍檄州郡文中斥曹嵩语。）其详未易考见，暂不置论。主要之士大夫，其出身则大抵为地方豪族，或间以小族，然绝大多数则为儒家之信徒也。职是之故，其为学也，则从师受经，或游学京师，受业于太学之博士。其为人也，则以孝友礼法见称于宗族乡里。然后州郡牧守京师公卿加以征辟，终致通显。故其学为儒家之学，其行自必合儒家之道德标准，即仁孝廉让等是。质言之，《小戴记·大学》一篇所谓修身齐家治国平天下一贯之学说，实东汉中晚世士大夫自命为其生活实际之表现。一观《后汉书·党锢传》及有关资料，即可为例证。然在西汉初中时代，《大学》所言尚不过为其时儒生之理想，而蕲求达到之境界也。（《小戴记》中《大学》一篇疑是西汉中世以前儒家所撰集。至《中庸》一篇，则秦时儒生之作品也。寅恪别有说，今不具论。）然则当东汉之季，其士大夫宗经义，而阉宦则尚文辞；士大夫贵仁孝，而阉宦则重智术。盖渊源已异，其衍变所致，自大不相同也。

魏为东汉内廷阉宦阶级之代表，晋则外廷士大夫阶级之代表。故魏、晋之兴亡递嬗，乃东汉晚年两统治阶级之竞争胜败问题。自来史家惟以曹魏、司马晋两姓之关系目之，殊未尽史事之真相也。本来汉末士大夫阶级之代表人袁绍，其凭借深厚，远过于阉宦阶级之代表人曹操，而官渡一战，曹氏胜，袁氏败。于是当时士大夫阶级乃不得不隐忍屈辱，暂与曹氏合作，但乘机恢复之念，未始或忘也。东汉末世与曹孟德合作诸士大夫，官渡战后五十年间（官渡之战在汉献帝建安五年，即公元二〇〇年。司马懿夺取曹爽政权在魏齐王芳正始十年，即公元二四九年）多已死亡，而司马仲达，其年少于孟德二十四岁，又后死三十一年（曹操生于后汉桓帝永寿元年，即公元一五五年，死于献帝建安二十五年，即公元二二〇年。司马懿生于后汉灵帝光和二年，即公元一七九年，死于魏齐王芳嘉平三年，即公元二五一年），乘曹氏子孙孱弱昏庸之际，以垂死之年，奋起一击。二子师、昭承其遗业，终于颠覆魏鼎，取而代之，尽复东汉时代士大夫阶级统治全盛之局。此固孟德当时所不及料，而仲达非仅如蒋济之流，老寿久存，遂得成功。实由其坚忍阴毒，有迥出汉末同时儒家迂缓无能之上者。如《晋书》一《宣帝纪》所云：

> 魏武察帝有雄豪志，闻有狼顾相，欲验之。乃召使前行，令反顾，面正向后，而身不动。帝于是勤于吏职，夜以忘寝，至于刍牧之间，悉皆临履，由是魏武意遂安。

可为例证也。

夫曹孟德者，旷世之枭杰也。其在汉末，欲取刘氏之皇位而代之，则必先摧破其劲敌士大夫阶级精神上之堡垒，即汉代传统之儒家思想，然后可以成功。读史者于曹孟德之使诈使贪，唯议其私人之过失，而不知此实有转移数百年世局之作用，非仅一时一事之关系也。今移录孟德求才三令，而略论释之于下。

《三国志·魏志》一《武帝纪》"建安十五年"云：

> 〔建安〕十五年春，下令曰：自古受命及中兴之君，曷尝不得贤人君子与之共治天下者乎？及其得贤也，曾不出闾巷，岂幸相遇哉？上之人不求之耳。今天下尚未定，此特求贤之急时也。孟公绰为赵、魏老则优，不可以为滕、薛大夫。若必廉士而后可用，则齐桓其何以霸世？今天下得无有被褐怀玉而钓于渭滨者乎？又得无盗嫂受金而未遇无知者乎？二三子其佐我明扬仄陋，唯才是举，吾得而用之。

> 〔建安十九年〕十二月乙未令曰：夫有行之士，未必能进取，进取之士，未必能有行也。陈平岂笃行，苏秦岂守信邪？而陈平定汉业，苏秦济弱燕。由此言之，士有偏短，

庸可废乎？有司明思此义，则士无遗滞，官无废业矣。

〔建安二十二年裴《注》引《魏书》曰：〕秋八月，令曰：昔伊挚、傅说出于贱人，管仲，桓公贼也，皆用之以兴。萧何、曹参，县吏也，韩信、陈平负污辱之名，有见笑之耻，卒能成就王业，声著千载。吴起贪将，杀妻自信，散金求官，母死不归。然在魏，秦人不敢东向；在楚，则三晋不敢南谋。今天下得无有至德之人放在民间，及果勇不顾，临敌力战；若文俗之吏，高才异质，或堪为将守；负污辱之名，见笑之行，或不仁不孝而有治国用兵之术。其各举所知，勿有所遗。

东汉外廷之主要士大夫，既多出身于儒家大族，如汝南袁氏及弘农杨氏之类，则其修身治家之道德方法亦将以之适用于治国平天下，而此等道德方法皆出自儒家之教义，所谓"禹贡治水""春秋决狱"，以及"通经致用""国身通一""求忠臣于孝子之门"者，莫不指是而言。凡士大夫一身之出处穷达，其所言所行均无敢出此范围，或违反此标准者也。此范围即家族乡里，此标准即仁孝廉让。以此等范围标准为本为体，推广至于治民治军，为末为用。总而言之，本末必兼备，体用必合一也。孟德三令，大旨以为有德者未必有才，有才者或负不仁不孝贪诈之污名，则是明白宣示士大夫自来所遵奉之金科玉律，已完全破产也。由此推之，则东汉士大夫儒家体用一致及周孔道德之堡垒无从坚守，而其所以安身立命者，亦全失其根据矣。故孟德三令，非仅一时求才之旨意，实标明其政策所在，而为一政治社会道德思想上之大变革。顾亭林论此，虽极骇叹（《日知录》一三"正始"条），然尚未尽孟德当时之隐秘。盖孟德出身阉宦家庭，而阉宦之人，在儒家经典教义中不能取有政治上之地位。若不对此不两立之教义，摧陷廓清之，则本身无以立足，更无从与士大夫阶级之袁氏等相竞争也。然则此三令者，可视为曹魏皇室大政方针之宣言。与之同者，即是曹党；与之异者，即是与曹氏为敌之党派，可以断言矣。

夫仁孝道德所谓性也，治国用兵之术所谓才也。当魏晋兴亡递嬗之际，曹氏、司马氏两党皆作殊死之斗争，不独见于其所行所为，亦见于其所言所著。《四本论》之文，今虽不存，但四人所立之同异合离之旨，则皆俱在。苟就论主之旨意，以考其人在当时政治上之行动，则孰是曹魏之党，孰是司马晋之党，无不一一明显。职是之故，寅恪昔文所论，清谈在其前期乃一政治上党派分野向背从违之宣言，而非空谈或纸上之文学，亦可以无疑矣。兹更略征旧籍，以证实之于下。

《三国志·魏志》二一《傅传》略云：

> 曹爽秉政，何晏为吏部尚书。嘏谓爽弟羲曰："何平叔外静而内铦巧，好利，不念务本。吾恐必先惑子兄弟，仁人将远，而朝政废矣。"晏等遂与嘏不平，因微事以免嘏官。起家拜荥阳太守，不行。太傅司马宣王请为从事中郎。曹爽诛，为河南尹，迁尚书。正元二年春，毌丘俭、文钦作乱。或以司马景王不宜自行，可遣太尉孚往，惟嘏及王肃劝之。景王遂行。以嘏守尚书仆射，俱东。俭、钦破败，嘏有谋焉。及景王薨，嘏与司马文王径还洛阳，文王遂以辅政。以功进封阳乡侯。

《三国志·魏志》二八《锺会传》略云：

> 毌丘俭作乱，大将军司马景王东征，会从，典知密事，卫将军司马文王为大军后继。景王薨于许昌，文王总统六军，会谋谟帷幄。时中诏敕尚书傅嘏，以东南新定，权留卫将

军屯许昌,为内外之援,令骏率诸军还。会与骏谋,使骏表上,辄与卫将军俱发,还到雒水南屯住。于是朝廷拜文王为大将军、辅政。会迁黄门侍郎,封东武亭侯,邑三百户。及〔诸葛〕诞反,车驾住项,文王至寿春,会复从行。寿春之破,会谋居多。亲待日隆,时人谓之子房。以中郎在大将军府管记室事,为腹心之任。

据此,傅、锺皆司马氏之死党,其持论与东汉士大夫理想相合,本极自然之理也。

《世说新语·贤媛类》"王公渊娶诸葛诞女"条刘《注》引《魏氏春秋》曰:

王广,字公渊,王凌子也。有风量才学,名重当世,与傅嘏等论才性同异,行于世。

《三国志·魏志》二八《王凌传》云:

〔凌子〕广有志尚学行。〔凌败并死,〕死时年四十余。

《三国志·魏志》九《夏侯尚传》略云:

中书令李丰虽宿为大将军司马景王〔师〕所亲待,然私心在〔夏侯〕玄。遂结皇后父光禄大夫张缉,谋欲以玄辅政。嘉平六年二月,当拜贵人,丰等欲因御临轩,诸门有陛兵,诛大将军。大将军微闻其谋,请丰相见。丰不知而往,即杀之。

据此,王、李乃司马氏之政敌。其持论与孟德求才三令之主旨符合,宜其忠于曹氏而死于司马氏之手也。

《世说》此条所记锺士季畏嵇叔夜见难掷与疾走一事,未必尽为实录。即令真有其事,亦非仅由嵇公之理窟词锋,使士季震慑避走,不敢面谈。恐亦因士季此时别有企图,尚不欲以面争过激,遂致绝交之故欤?今考嵇、锺两人,虽为政治上之死敌,而表面仍相往还，终因毌丘俭举兵，士季竟劝司马氏杀害叔夜。《世说》记此一段逸事，非仅可供谈助，而论古今世变者，读书至此，亦未尝不为之太息也。

抑更有可论者，嵇公于魏、晋嬗替之际，为反司马氏诸名士之首领，其所以忠于曹魏之故，自别有其他主因，而叔夜本人为曹孟德曾孙女婿（见《三国志·魏志》二○《沛穆王林传》裴《注》引《嵇氏谱》），要不为无关。清代吕留良之反建州，固具有民族之意义，然晚村之为明室仪宾后裔，或亦与叔夜有类似之感耶？因附论及之，以供治史论事之君子参证。

（原载《中山大学学报》一九五六年第三期）

述东晋王导之功业

王鸣盛《十七史商榷》五〇"《晋书·王导传》多溢美"条云：

> 《王导传》一篇凡六千余字，殊多溢美。要之，看似煌煌一代名臣，其实乃并无一事，徒有门阀显荣、子孙官秩而已。所谓翼戴中兴称"江左夷吾"者，吾不知其何在也。以惧妇为蔡谟所嘲，乃斥之云："吾少游洛中，何知有蔡克儿？"导之所以骄人者，不过以门阀耳。

寅恪案：王氏为清代史学名家，此书复为世所习知，而此条所言乖谬特甚，故本文考辨史实，证明茂弘实为民族之功臣。至若斥蔡谟一节，《晋书》殆采自《世说新语·轻诋类》"王丞相轻蔡公"条及刘《注》所引《妒记》，源出小说，事涉个人末节，无关本文宏旨，不足深论。又门阀一端乃当时政治社会经济文化有关之大问题，不在本文范围之内，是以亦不涉及。本文仅据当日情势，阐明王导在东晋初期之功业一点，或可供读史者之参考也。

东汉之末，三国鼎峙，司马氏灭蜀篡魏，然后平吴，中国统一。吴、蜀之人同为被征服者，而其对征服者司马氏之政权态度不同，观下引史料可知也。

《晋书》五二《华谭传》略云：

> 华谭，广陵人也。祖融，吴左将军、录尚书事。父谞，

吴黄门郎。太康中，刺史嵇绍举谭秀才。谭至洛阳，武帝策曰："吴、蜀恃险，今既荡平。蜀人服化，无携贰之心；而吴人越睢，屡作妖寇。岂蜀人敦朴，易可化诱；吴人轻锐，难安易动乎？今将欲绥静新附，何以为先？"对曰："蜀染化日久，风教遂成；吴始初附，未改其化，非为蜀人敦悫而吴人易动也。然殊俗远境，风土不同，吴阻长江，旧俗轻悍。所安之计，当先筹其人士，使云翔阊阖，进其贤才，待以异礼；明选牧伯，致以威风；轻其赋敛，将顺咸悦，可以永保无穷，长为人臣者也。"

同书六八《贺循传》略云：

贺循，会稽山阴人也。曾祖齐，仕吴为名将。祖景，灭贼校尉。父邵，中书令。著作郎陆机上疏荐循曰：伏见武康令贺循，前蒸阳令郭讷，皆出自新邦，朝无知己。今扬州无郎，而荆州、江南乃无一人为京城职者，诚非圣朝待四方之本心。至于才望资品，循可尚书郎，讷可太子洗马、舍人。

寅恪案：吴、蜀之人对洛阳统治政权态度不同，虽与被征服时间之长短有关，然非其主因，其主因在两国统治者之阶级性各殊所致。蜀汉与曹魏固是死敌，但曹操出身寒族，以法术为治。刘备虽自云汉之宗室，然渊源既远，不能纪其世数，与汉之光武迥异，实亦等于寒族。诸葛亮为诸葛丰之后，乃亦家世相传之法家。故两国施政之道正复相同。蜀亡以后，西晋政乱，洛阳政府失去统治权，然终能恢复独立者，非蜀汉旧境内之汉人，而是自汉中北徙，乘机南返之巴窦部落，盖蜀汉境内无强宗大族之汉人组织，地方反抗力薄弱，洛阳征服者易于统治，此晋武帝所谓"蜀人服化，无携贰之心"者是也。吴之情势则大不然，孙氏之建国，乃由江淮地域之强宗大族因汉末之扰乱，拥戴江东地域具有战斗力之豪族，即当时不以文化见称之次等士族孙氏，借其武力，以求保全而组织之政权。故其政治社会之势力全操于地方豪族之手。西晋灭吴以后，此种地方势力并未因之消灭，所以能反抗洛阳之统治，而与蜀亡后之情势不同也。观陆机荐贺循之疏及华谭对晋武帝之策，皆以笼络吴地之统治阶级为绥靖之妙用，此中关键不难窥知矣。后来洛阳政府亦稍采用此种绥靖政策，尚未收大效，而中州已乱，陈敏遂乘此机会据有江东，恢复孙吴故壤，此本极自然之趋势，不足为怪。所可怪者，陈敏何以不能如孙氏之创业垂统，历数十年之久，基业未定，遽尔败亡，为世所笑，斯又吾人所应研究之问题，而当日江东地域即孙吴故壤特殊情势之真相所在也。

《晋书》一〇〇《陈敏传》略云：

> 陈敏，庐江人也。少有干能，以郡廉吏补尚书仓部令史。惠帝幸长安，四方交争，敏遂有割据江东之志。会吴王常侍甘卓自洛至，教卓假称皇太弟命，拜敏为扬州刺史，并假江东首望顾荣等四十余人为将军、郡守，荣并伪从之。东海王军谘祭酒华谭闻敏自相署置，而顾荣等并江东首望，悉受敏官爵，乃遗荣等书曰：陈敏仓部令史，七第顽冗，六品下才，欲蹑桓王之高踪，蹈大皇之绝轨，远度诸贤，犹当未许也。诸君垂头，不能建翟义之谋，而顾生俯眉，已受羁绊之辱。何颜见中州之士邪？周玘、顾荣之徒常惧祸败，又得谭书，皆有惭色。玘、荣又说甘卓，卓遂背敏。敏单骑东奔，至江乘，为义兵所斩。

同书五二《华谭传》云：

> 顾荣先受〔陈〕敏官，而潜谋图之。谭不悟荣旨，露檄远近，极言其非，由此为荣所怨。

寅恪案：陈敏之失败，由于江东之豪宗大族不与合作之故，史传所载甚明，不待详论。西晋末年孙吴旧壤内文化世族如吴郡顾氏等武力豪宗如义兴周氏等，皆当日最强之地方势力，陈敏既不属于文化世家，又非武力豪族。故华谭一檄提醒顾、周诸人之阶级性，对症下药，所以奏效若斯之神速也。东汉末年孙氏一门约相当于义兴周氏之雄武，而政治社会地位则颇不及之，孙坚、策、权父子兄弟声望才智又远过于陈敏，此孙氏为江淮之豪家大族所推戴，得成霸业，而陈敏则为东吴之豪宗大族所离弃，终遭失败也。

《世说新语·言语类》云：

> 元帝始过江，谓顾骠骑曰："寄人国土，心常怀惭。"
> 荣跪对曰："臣闻王者以天下为家，是以耿毫无定处，九鼎迁洛邑，愿陛下勿以迁都为念。"

寅恪案：东晋元帝者，南来北人集团之领袖；吴郡顾荣者，江东士族之代表。元帝所谓"国土"者，即孙吴之国土；所谓"人"者，即顾荣代表江东士族之诸人。当日北人南来者之心理及江东士族对此种情势之态度，可于两人问答数语中窥知。顾荣之答语乃允许北人寄居江左，与之合作之默契。此两方协定既成，南人与北人勠力同心，共御外侮，而赤县神州免于全部陆沉，东晋南朝三百年之世局因是决定矣。

王导之功业即在勘破此重要关键，而执行笼络吴地士族之政策，观下引史料可知也。

《晋书》六五《王导传》云：

> 〔琅邪王睿〕徙镇建康，吴人不附，居月余，士庶莫有至者，导患之。会〔王〕敦来朝，导谓之曰："琅邪王仁德虽厚，而名论犹轻。兄威风已振，宜有以匡济者。"

会三月上巳，帝亲观禊，乘肩舆，具威仪，敦、导及诸名胜皆骑从。吴人纪瞻、顾荣，皆江南之望，窃觇之，见其如此，咸惊惧，乃相率拜于道左。导因进计曰："古之王者，莫不宾礼故老，存问风俗，虚己倾心，以招俊乂。况天下丧乱，九州分裂，大业草创，急于得人者乎？顾荣、贺循，此土之望，未若引之，以结人心。二子既至，则无不来矣。"帝乃使导躬造循、荣，二人皆应命而至，由是吴会风靡，百姓归心焉。自此之后，渐相崇奉，君臣之礼始定。

寅恪案：《资治通鉴》八六《晋纪》"怀帝永嘉元年九月戊申琅邪王睿至建业"条《考异》于此类有疑义，然司马君实不过怀疑此传文中数事有小失实处，而于王导执行笼络江东士族之大计，仍信用此传所载也。考司马氏之篡魏，乃东汉儒家大族势力之再起，晋之皇室及中州避乱南来之士大夫大抵为东汉末年之儒家大族拥戴司马氏集团之子孙，其与顾荣诸人虽属不同邦土，然就社会阶级言之，实为同一气类，此江东士族宁戴仇雠敌国之子孙以为君主，而羞与同属孙吴旧壤寒贱庶族之陈敏合作之故也。兹更引史料以证明王导之政策及其功业所在之关键如下：

《世说新语·政事类》云：

丞相（王导）末年略不复省事，正封篆诺之，自叹曰："人言我愦愦，后人当思此愦愦。"（刘《注》引徐广《历纪》曰：导阿衡三世，经纶夷险，政务宽恕，事从简易，故垂遗爱之誉也。）

同书同类又云：

丞相尝夏月至石头看庾公，庾公正料事。丞相云："暑，可小简之。"庾公曰："公之遗事，天下亦未以为允。"（刘《注》引《殷羡言行》曰：王公薨后，庾冰代相，网密刑峻。

羡时行遇收捕者于途，慨然叹曰："丙吉问牛喘，似不尔。"尝从容谓冰曰："卿辈自是网目不失，皆是小道小善耳，至如王公，故能行无理事。"谢安石每叹咏此唱。庾赤玉曾问羡："王公治何似，讵是所长？"羡曰："其余令绩不复称论。然三捉三治，三休三败。"）

同书《规箴类》云：

王丞相为扬州遣八部从事之职，顾和时为下传还，同时俱见，诸从事各奏二千石官长得失，至和独无言。王问顾曰："卿何所闻？"答曰："明公作辅，宁使网漏吞舟，何缘采听风闻，以为察察之政。"丞相咨嗟称佳，诸从事自视缺然也。（参《晋书》八三《顾和传》。）

寅恪案：东汉末年曹操、袁绍两人行政之方法不同，操刑网峻密，绍宽纵大族，观陈琳代绍罪操之檄及操平邺后之令可知也。司马氏本为儒家大族，与袁绍正同，故其夺取曹魏政权以后，其施政之道号称"平恕"，其实是宽纵大族，一反曹氏之所为，此则与蜀汉之治术有异，而与孙吴之政情相合者也。东晋初年既欲笼络孙吴之士族，故必仍循宽纵大族之旧政策，顾和所谓"网漏吞舟"，即指此而言。王导自言"后人当思此愦愦"，实有深意。江左之所以能立国历五朝之久，内安外攘者，即由于此。故若仅就斯点立论，导自可称为民族之大功臣，其子孙亦得与东晋南朝三百年之世局同其兴废。岂偶然哉！

《世说新语·方正类》云：

王丞相初在江左，欲结援吴人，请婚陆太尉。对曰：培塿无松柏，薰莸不同器。玩虽不才，义不为乱伦之始。

同书《排调类》云：

刘真长始见王丞相，时盛暑之月，丞相以腹熨弹棋局，

曰："何乃渹!"（刘《注》云："吴人以冷为渹。"）刘既出，
人问见王公云何？刘曰："未见他异，唯闻作吴语耳。"（刘
《注》引《语林》曰："真长云丞相何奇？止能作吴语及
细唾也。"）

同书《政事类》云：

> 王丞相拜扬州，宾客数百人，并加沾接，人人有说色。
> 唯有临海一客姓任（刘《注》引《语林》曰："任名颙，
> 时官在都，预三公坐。"）及数胡人为未洽，公因便还到
> 过任边云："君出，临海便无复人。"任大喜说，因过胡人前，
> 弹指云："兰阇! 兰阇!"群胡同笑，四坐并欢。

寅恪案：后来北魏孝文帝为诸弟聘汉人士族之女为妃，及禁止鲜
卑人用鲜卑语，施行汉化政策，借以巩固鲜卑统治地位，正与王
导以笼络吴人之故求婚陆氏，强作吴语者，正复暗合。所可注意
者，东晋初年江左吴人士族在社会婚姻上其对北人态度之骄傲，
与后来萧齐以降迥不侔矣。吴语者，当时统治阶级之北人及江左
吴人士族所同羞用之方言（详见拙著《从史实论〈切韵〉》），
王导乃不惜屈尊为之，故宜为北人名士所笑，而导之苦心可以推
见也。临海任姓自吴人，故导亦曲意与之周旋。至"弹指"及
"兰阇"，寅恪别有解释，以其不在本文范围，故不赘及，惟颇
疑庚信之小字兰成实此有关，姑附记此重有趣之公案，以待异日
之参究耳。

王导笼络吴人之例证既如上述，其他东晋初年施行之大政策
可以据此类推，不必列举。其最可注意不得不稍详加论述者，则
有广帝、王导对待义兴周氏一事，此事属于北人南来之路线及其
居住地域问题，实为江左三百年政治社会经济史之关键所在，职
是之故，多录史料并推论之于后：

《晋书》五八《周处传》附周玘传云：

> 玘宗族强盛，人情所归，帝疑惮之。于时中州人士佐佑王业，而玘自以为不得调，内怀怨望，复为刁协轻之，耻恚愈甚。时镇东将军祭酒东莱王恢亦为周颉所侮，乃与玘阴谋诛诸执政，推玘及戴若思与诸南士共奉帝，以经纬世事。先是，流人帅夏铁等寓于淮泗，恢阴书与铁，令起兵，已当与玘以三吴应之。建兴初，铁已聚众数百人，临淮太守蔡豹斩铁以闻。恢闻铁死，惧罪，奔于玘，玘杀之，埋于豕牢。帝闻而秘之，召玘为镇东司马。未到，复改授建武将军、南郡太守。玘既南行，至芜湖，又下令曰："玘奕世忠烈，义诚显著，孤所钦喜。今以为军谘祭酒，将军如故，进爵为公，禄秩、僚属一同开国之例。"玘忿于回易，又知其谋泄，遂忧愤发背而卒。将卒，谓子勰曰："杀我者诸伧子，能复之，乃吾子也。"吴人谓中州人曰"伧"，故云耳。

同书同卷《周勰传》云：

> 〔勰〕常缄父言。时中国亡官失守之士避乱来者，多居显位，驾御吴人，吴人颇怨。勰因之欲起兵，潜结吴兴郡功曹徐馥。馥家有部曲，勰使馥矫称叔父札命以合众，豪侠乐乱者翕然附之，以讨王导、刁协为名。孙皓族人弼亦起兵广德以应之。馥杀吴兴太守袁琇，有众数千，将奉札为主。时札以疾归家，闻而大惊，乃告乱于义兴太守孔侃。勰知札不同，不敢发兵。馥党惧，攻馥，杀之。孙弼众亦溃，宣城太守陶猷灭之。元帝以周氏奕世豪望，吴人所宗，故不穷治，抚之如旧。

同书同卷《周札传》略云：

札一门五侯，并居列位，吴士贵盛，莫与为比，王敦深忌之。后〔周〕筵丧母，送者千数，敦益惮焉。及敦疾，钱凤以周氏宗强，与沈充权势相侔，欲自托于充，谋灭周氏，使充得专威扬土，乃说敦曰："夫有国者患于强逼，自古衅难恒必由之。今江东之豪莫强周、沈，公万世之后，二族必不静矣。周强而多俊才，宜先为之所，后嗣可安，国家可保耳。"敦纳之。时有道士李脱者，妖术惑众。弟子李弘养徒潜山，云应谶当王。故敦使庐江太守李恒告札及其诸兄子与脱谋图不轨。时筵为敦谘议参军，即营中杀筵及脱、弘，又遣参军贺鸾就沈充尽掩杀札兄弟子，既而进军会稽袭札。札先不知，卒闻兵至，率麾下数百人出距之。兵散见杀。及敦死，札、筵故吏并诣阙讼周氏之冤，宜加赠谥。事下八坐，尚书卞壸议以札石头之役，开门延寇，遂使贼敦恣乱，札之责也。追赠意所未安。司徒王导议以宜与周顗、戴若思等同例。朝廷竟从导议，追赠札卫尉。

寅恪案：东晋初年孙吴旧统治阶级略可分为二类，一为文化士族如吴郡顾氏等是；一为武力强宗，如义兴周氏等是。前者易于笼络，后者则难驯服。而后者之中推义兴周氏为首，钱凤所谓"江东之豪莫强周、沈"者，诚为实录。盖此等强宗具有武力经济等地方之实力，最易与南来北人发生利害冲突。而元帝、王导委曲求全，以绥靖周氏，实由其势力特强之故，必非有所偏爱。不过畏其地方势力之强大而出此，断可知也。然江东之豪族亦不止义兴周氏，孙吴旧统治阶级亦多不满南来之北人，何以义兴周氏一门特别愤恨北人至于此极者？颇疑其所居住之地域与南来之北人接触，两不相下，利害冲突所致也。

北人南来避难约略可分为二路线，一至长江上游，一至长江下游。路线固有不同，而避难人群中其社会阶级亦各互异。其上层阶级为晋之皇室及洛阳之公卿士大夫。中层阶级亦为北方士族，但其政治社会文化地位不及聚集洛阳之士大夫集团，除少数人如徐澄之、臧琨等外（见《晋书》九一《儒林传·徐邈传》），大抵不以学术擅长，而用武勇擅战著称。下层阶级为长江以北地方低等士族及一般庶族，以地位卑下及实力薄弱，远不及前二者之故，遂不易南来避难，其人数亦因是较前二者为特少也。兹先就至长江下游之路线言之，下层阶级大抵分散杂居于吴人势力甚大之地域，既以人数寡少，不能成为强有力之集团。复因政治文化地位之低下，更不敢与当地吴人抗衡，遂不得不逐渐同化于土著之吴人，即与吴人通婚姻，口语为吴语，此等可以陈之皇室及王敬则家等为代表。（陈霸先先娶吴兴钱氏女，续娶吴兴章氏即钮氏女，见《南史》一二《陈武宣章皇后传》。王敬则接士庶皆吴语，见《南齐书》二六《王敬则传》。陈霸先之先世，不知其在西晋末年真为何地人，但避难南来，定居吴兴郡长城县。王敬则之籍贯，据《南史》四五《王敬则传》，本为临淮射阳，后侨居晋陵南沙县。然则同为自北而南避难过江之伧楚，俱是北来南人之下层社会阶级，故杂居吴人势力甚大之地域，遂同化于吴人也。）此等人之势力至南齐以后终渐兴起，其在东晋初年颇不重要，故本文姑置不论。

东西晋之间江淮以北次等士族避乱南来，相率渡过阻隔胡骑之长江天堑，以求保全，以人事地形便利之故，自必觅较接近长江南岸，又地广人稀之区域，以为安居殖产之所。此种人群在当时既非占有政治文化上之高等地位，自不能亦不必居住长江南岸新立之首都建康及其近旁。复以人数较当时避难南来之上、下两层社会阶级为多之故，又不便或不易插入江左文化士族所聚居之吴郡治所及其近旁，故不得不择一距新邦首都不甚远，而又在长江南岸较安全之京口、晋陵近旁一带，此为事势所必致者也。据《元和郡县图志》二五《江南道一》"润州丹阳县"条云：

> 新丰湖在县东北三十里，晋元帝大兴四年晋陵内使张闿所立。旧晋陵地广人稀，且少陂渠，田多恶秽。闿创湖，成溉灌之利。初以劳役免官，后追纪其功，超为大司农。

可知东晋初年京口、晋陵一带地广人稀，后来此区域之发展繁盛实有赖于此种避难南来者之力也。又据《元和郡县图志》二五《江南道一》"常州义兴县"条云：

> 晋惠帝时妖贼石冰寇乱扬土，县人周玘创义讨冰。割吴兴之阳羡并长城县之北乡为义兴郡，以表玘功。

及《宋书》三五《州郡志一》"南徐州刺史"条略云：

> 晋永嘉大乱，幽、冀、青、并、兖州及徐州之淮北流民，相率过淮，亦有过江在晋陵郡界者。晋成帝咸和四年，司空郗鉴又徙流民之在淮南者于晋陵诸县，其徙过江南及留在江北者，并立侨郡县以司牧之。故南徐州备有徐、兖、幽、冀、青、并、扬七州郡邑。户七万二千四百七十二，口四十二万六百四十。晋陵太守领户一万五千三百八十二，口八万一百一十三。义兴太守领户一万三千四百九十六，口八万九千五百二十五。

《世说新语·捷悟类》"郗司空在北府桓宣武恶其居兵权"条刘《注》引《南徐州记》曰：

> 徐州人多劲悍，号精兵，故桓温常曰："京口酒可饮，箕可用，兵可使。"

《晋书》八四《刘牢之传》略云：

刘牢之，彭城人也。曾祖羲，以善射事武帝，历北地、雁门太守。父建，有武干，为征虏将军。世以壮勇称。牢之面紫赤色，须目惊人，而沉毅多计画。太元初，谢玄北镇广陵，时苻坚方盛，玄多募劲勇，牢之与东海何谦、琅邪诸葛侃、乐安高衡、东平刘轨、西河田洛及晋陵孙无终等以骁猛应选。玄以牢之为参军，领精锐为前锋，百战百胜，号为"北府兵"，敌人畏之。

《宋书》一《武帝纪》略云：

高祖武皇帝讳裕，小名寄奴，彭城县绥舆里人。〔曾祖〕混始过江，居晋陵郡丹徒县之京口里。〔高祖〕乃与〔东海何〕无忌同船共还，建兴复之计。于是与弟道规、沛郡刘毅、平昌孟昶、任城魏咏之、高平檀凭之、琅邪诸葛长民、太原王元德、陇西辛扈兴、东莞童厚之，并同义谋。

《魏书》九八《岛夷萧道成传》略云：

岛夷萧道成，晋陵武进楚也。

又同书同卷《岛夷萧衍传》略云：

岛夷萧衍，亦晋陵武进楚也。

则知此种人群所住居之晋陵郡，其人口之数在当时为较繁庶者，但尚不及周氏住居之义兴郡，是周氏宗族之强大可以推见。此种北来流民为当时具有战斗力之集团，易言之，即江左北人之武力集团，后来击败苻坚及创建宋、齐、梁三朝之霸业皆此集团之子孙也。此种人群既为勇武之团体，而与豪宗大族之义兴周氏所居之地接近，人数武力颇足对抗，其利害冲突不能相下，又不能同化，势成仇敌，理所必然。此东晋初年义兴周氏所具之特殊性，而为元帝、王导笼络吴人政策中最重要之一点，抑可知矣。至南来北人之上层社会阶级本为住居洛阳及其近旁之士大夫集团，在当时政治上尤其在文化上有最高之地位，晋之司马氏皇室既舍旧日之首都洛阳，迁于江左之新都建业，则此与政治中心最有关系之集团自然随司马氏皇室，移居新政治中心之首都及其近旁之地。王导之流即此集团之人物，当时所谓"过江名士"者是也。但建业本为孙吴旧都，吴人之潜在势力甚大，又人口繁庶，其经济情势必非京口、晋陵一带地广人稀空虚区域可比。此集团固占当日新都政治上之高位，若复殖产兴利，与当地吴人作经济上之竞争，则必招致吴人之仇怨，违反当日笼络吴人之国策，此王导及其集团之人所不欲或不能为者也。然此等人原是东汉儒家大族之子孙，拥戴司马氏篡魏兴晋，即此集团之先世所为。其豪奢腐败促成洛阳政权之崩溃，逃命江左，"寄人国土"，喘息稍定，旧习难除，自不能不作"求田问舍"之计，以恢复其旧日物质及精神上之享乐。新都近旁既无空虚之地，京口、晋陵一带又为北来次等士族所占有，至若吴郡、义兴、吴兴等皆是吴人势力强盛之地，不可插入。故惟有渡过钱塘江，至吴人士族力量较弱之会稽郡，转而东进，为经济之发展。观下引此集团领袖王、谢诸家"求田问舍"之史料，可为例证也。

《晋书》八〇《王羲之传》略云：

〔王〕述后检察会稽郡，辩其刑政，主者疲于简对。羲之深耻之，遂称病去郡，于父母墓前自誓。羲之既去官，与东土人士尽山水之游。与吏部郎谢万书曰：顷东游还，修植桑果。并行田视地利，颐养闲暇。

《宋书》六七《谢灵运传》略云：

灵运因父祖之资，生业甚厚。奴僮既众，义故门生数百。凿山浚湖，功役无已。寻山陟岭，必造幽峻，岩障千重，莫不备尽。登蹑常著木履，上山则去前齿，下山去其后齿。

> 尝自始宁南山伐木开径，直至临海，从者数百人。临海太守王琇惊骇，谓为山贼，徐知是灵运，乃安。在会稽亦多徒众，惊动县邑。

寅恪案：世人以为王右军、谢康乐为吾国文学艺术史上特出之人物，其欣赏自然界美景之能力甚高，而浙东山水佳胜，故于此区域作"求田问舍"之计。此说固亦可通，但难解释阳羡、溪山之幽美甲于江左，而又在长江流域，王、谢诸名士何以舍近就远，东过浙江"求田问舍"，特留此幽美之溪山，以待后贤之游赏耶？鄙意阳羡、溪山虽美，然在"杀虎斩蛟"之义兴周氏势力范围以内（可参《晋书》五八《周处传》），王、谢诸名士之先世（参《晋书》七九《谢安传》）及本身断不敢亦不能与此吴地豪雄大族竞争。故唯有舍幽美之胜地，远至与王导座上群胡同类任姓客所居临海郡接近之区域，为养生适意之"乐园"耳。由此言之，北来上层社会阶级虽在建业首都作政治之活动，然其殖产兴利为经济之开发，则在会稽临海间之地域。故此一带区域亦是北来上层社会阶级所居住之地也。

上述南来北人至长江下游之路线及其居住之区域既竟，兹请再论南来北人至长江上游之路线，及其居住之区域如下：

《梁书》一〇《萧颖达传》略云：

> 兄颖胄，齐建武末行荆州事，颖达亦为西中郎外兵参军，俱在西府。东昏遣辅国将军刘山阳为巴西太守，道过荆州，密敕颖胄袭雍州。时高祖已为备矣。仍遣颖胄亲人王天虎以书疑之。山阳至，果不敢入城。颖胄计无所出，夜遣钱塘人朱景思呼西中郎城局参军席阐文、谘议参军柳忱闭斋定议。阐文曰："萧雍州蓄养士马，非复一日，江陵素畏襄阳人，人众又不敌，取之必不可制。"

寅恪案：此传最可注意之点为席阐文所谓"江陵素畏襄阳人"一语。此点不独涉及梁武帝之霸业，即前此之桓玄、刘毅、沈攸之，后此之梁元帝、萧祭诸人之兴亡成败皆与之有关也。若欲明了此中关键，必先考释居住襄阳及江陵之南来北人为当时何等社会阶级。此种南来北人亦可分为三等，与南来北人之迁居长江下游者之类别亦约略相似。兹为简便计，其下层阶级南来北人与吴人杂居者，关系不重要，可置不论，只论上、中两层南来北人之阶级如下：

《宋书》三七《州郡志三》"雍州刺史"条云：

> 雍州刺史，晋江左立。胡亡氏乱，雍、秦流民多南出樊、沔。晋孝武始于襄阳侨立雍州，并立侨郡县。宋文帝元嘉二十六年，割荆州之襄阳、南阳、新野、顺阳、随五郡为雍州，而侨郡县犹寄寓在诸郡界。孝武大明中，又分实土郡县以为侨郡县境。

《南齐书》一五《州郡志》"雍州"条略云：

> 雍州。
>
> 新野郡。

寅恪案：史言"胡亡氏乱，雍、秦流民多南出樊、沔"，此谓永嘉南渡后事。然西晋末年中州扰乱，北人莫不欲南来，以求保全，当时具有逃避能力者自然逐渐向南移动，南阳及新野之上层士族，其政治社会地位稍逊于洛阳胜流如王导等者，则不能或不必移居江左新邦首都建业，而迁至当日长江上游都会江陵南郡近旁一带，此不仅以江陵一地距胡族势力较远，自较安全；且因其为当日长江上游之政治中心，要为占有政治上地位之人群所乐居者也。又居住南阳及新野地域之次等士族同时南徙至襄阳一带。其后复值"胡亡氏乱"，雍、秦流民又南徙而至此区域。此两种人之性质适与长江下游居住京口、晋陵一带之北人相似，俱是有战斗力之武人集团，宜其为居住江陵近旁一带之文化士族所畏惧也。请更分析解释下引史料，以证明之：

《周书》四一《庾信传》，《哀江南赋》云：

> 我之掌庾承周，以世功而为族；经邦佐汉，用论道而当官。禀嵩、华之玉石，润河、洛之波澜。居负洛而重世，邑临河而晏安。逮永嘉之艰虞，始中原之乏主。民枕倚于墙壁，路交横于豺虎。值五马之南奔，逢三星之东聚。彼凌江而建国，此播迁于吾祖。分南阳而赐田，裂东岳而胙土。诛茅宋玉之宅，穿径临江之府。

《隋书》七八《艺术传·庾季才传》略云：

> 庾季才，新野人也。八世祖滔，随晋元帝过江，官至散骑常侍，封遂昌侯，因家于南郡江陵县。

《梁书》一九《宗夬传》略云：

> 宗夬，南阳涅阳人也，世居江陵。祖景，宋时征太子庶子，不就，有高名。父繁，西中郎谘议参军。夬少勤学，有局干。弱冠，举郢州秀才。齐司徒竟陵王集学士于西邸，并见图画，夬亦预焉。永明中，与魏和亲，敕夬与尚书殿中郎任昉同接魏使，皆时选也。

《南齐书》五四《刘虬传》（参《南史》五〇《刘虬传》）略云：

> 刘虬，南阳涅阳人也。旧族，徙居江陵。建元初，豫章王为荆州，教辟虬为别驾，与同郡宗测、新野庾易并遣书礼请。永明三年，刺史庐陵王子卿表虬及同郡宗测、宗尚之、庾易、刘昭五人，请加蒲车束帛之命。诏征为通直郎，不就。

《世说新语·栖逸类》（参《晋书》九四《隐逸传·刘驎之传》）略云：

南阳刘驎之高率善史传，隐于阳岐。荆州刺史桓冲征为长史。（刘《注》引邓粲《晋纪》曰："驎之，字子骥，南阳安众人。"）

又同书《任诞类》云：

桓车骑在荆州，张玄为侍中，使至江陵，路经阳岐村。（刘《注》云："村临江，去荆州二百里。"）俄见一人持半小笼生鱼，径来造船，云："有鱼欲寄作脍。"张乃维舟而纳之，问其姓字，称是刘遗民。（刘《注》引《中兴书》曰："刘驎之，一字遗民。"）

吴士鉴《〈晋书·刘驎之传〉斠注》引洪亮吉《东晋疆域志》曰：

石首有阳岐。

寅恪案：上述北人南来之上层士族，其先本居南阳一带，后徙江陵近旁地域，至江左政权之后期渐次著称。及梁元帝迁都江陵，为此集团最盛时代。然西魏灭梁，此种士族与北方南来居住建业之上层士族遭遇侯景之乱，幸得逃命至江陵者，同为俘虏，随征服者而北迁，于是北方上层士族南渡之局遂因此告一结束矣。

《宋书》八三《宗越传》云：

宗越，南阳叶人也。本河南人，晋乱，徙南阳宛县，又土断属叶。本为南阳次门，安北将军赵伦之镇襄阳。襄阳多杂姓，伦之使长史范颙之条次氏族，辨其高卑，颙之点越为役门，出身补郡吏。

《梁书》九《曹景宗传》略云：

曹景宗，新野人也。父欣之，为宋将，位至征虏将军、徐州刺史。景宗幼善骑射。

同书一〇《蔡道恭传》（《南史》五五《蔡道恭传》同）略云：

蔡道恭，南阳冠军人也。父郡，宋益州刺史。〔道恭〕

累有战功。

同书同卷《杨公则传》（《南史》五五《杨公则传》同）略云：

> 杨公则，天水西县人也。父仲怀，宋泰始初为豫州刺
> 史殷琰将，战死于横塘，公则殒毕，徒步负丧归乡里。（寅
> 恪案：《宋书》三七《州郡志》"雍州刺史"条下有"南天
> 水太守"及"西县令"。公则之乡里当即指此。）

同书一二《席阐文传》（《南史》五五《席阐文传》同）略云：

> 席阐文，安定临泾人也。齐初，为雍州刺史萧赤斧中
> 兵参军，由是与其子颖胄善。（寅恪案：《宋书》三七《州
> 郡志》"秦州刺史"条有"安定太守"。又云："晋孝武复立，
> 寄治襄阳。"阐文既为雍州刺史府参军，疑其家亦因晋孝
> 武时"胡亡氏乱"，南迁襄阳者也。）

同书一七《马仙琕传》（《南史》二六《袁湛传》附马仙琕传
同）略云：

> 马仙琕，扶风郿人也。父伯鸾，宋冠军司马。仙琕少
> 以果敢闻。（寅恪案：《宋书》三七《州郡志》"雍州刺史"
> 条下有"扶风太守郿县令"。）

同书一八《康绚传》（《南史》五五《康绚传》同）略云：

> 康绚，华山蓝田人也。其先出自康居。初，汉置都护，
> 尽臣西域，康居亦遣侍子待诏于河西，因留为黔首，其后即
> 以康为姓。晋时陇右乱，康氏迁于蓝田。绚曾祖因为符坚太
> 子詹事，生穆，穆为姚苌河南尹。宋永初中，穆举乡族三千
> 余家，入襄阳之岘南，宋为置华山郡蓝田县，寄居于襄阳，以
> 穆为秦、梁二州刺史，未拜，卒。绚世父元隆，父元抚，并为
> 流人所推，相继为华山太守。绚少俶傥有志气，齐文帝为雍
> 州刺史，所辟皆取名家，绚特以才力召为西曹书佐。永明三

年，除奉朝请。文帝在东宫，以旧恩引为直。后以母忧去职，服阕，除振威将军、华山太守。推诚抚循，荒余悦服。迁前军将军，复为华山太守。永元元年，义兵起，绚举郡以应。

寅恪案：上述诸人皆属长江上游南来北人之武力集团，本为北方中层社会阶级，即《宗越传》所谓"次门"者是，与长江下游居住京口、晋陵一带之南来北人为武力集团者正同。但其南迁之时代较晚，观杨公则、席阐文、康绚诸传，可知此等人其先世之南迁当在"胡亡氐乱"以后。故其战斗力之衰退，亦较诸居住长江下游京口、晋陵一带之武力集团为稍迟。梁武帝之兴起实赖此集团之武力，梁之季年此集团之武力已不足用，故梁武不得已而改用北来降将。至陈霸先，则又别用南方土著之豪族。此为江左三百年政治社会上之大变动，本文所不能详及者也。

　　总而言之，西晋末年北人被迫南徙孙吴旧壤，当时胡羯强盛，而江东之实力掌握于孙吴旧统治阶级之手，一般庶族势力微薄，观陈敏之败亡，可以为证。王导之笼络江东士族，统一内部，结合南人北人两种实力，以抵抗外侮，民族因得以独立，文化因得以续延，不谓民族之功臣，似非平情之论也。寅恪草此文时，距寓庐不远，适发见一晋墓（墓在广州河南敦和乡客村），其砖铭曰：

　　　　永嘉世，天下灾。但江南，皆康平。

　　　　永嘉世，九州空。余（馀）吴土，盛且丰。

　　　　永嘉世，九州荒。余（馀）广州，平且康。

　　呜呼！当永嘉之世，九州空荒，但仅存江南吴土尚得称康平丰盛者，是谁之力欤？

（原载《中山大学学报》一九五六年第一期）

论李栖筠自赵徙卫事

《白氏文集》六一《唐故虢州刺史赠礼部尚书崔公墓志铭并序》略云：

公讳玄亮，字晦叔。汉初始分为清河、博陵二祖，故其后称博陵人。公济源有田，洛下有宅，劝诲子弟，招邀宾朋，以山水琴酒自娱，有终焉之志。无何，又除虢州刺史。大和七年七月十一日遇疾薨于虢州廨舍。公之将终也，遗诚诸子，其书大略云："自天宝已还，山东士人皆改葬两京，利于便近。唯吾一族，至今不迁。我殁，宜归全于滏阳先茔，正首丘之义也。"夫人范阳卢氏先公而殁，以九年四月二十八日用大葬之礼，归窆于磁州昭义县磁邑乡北原。迁卢夫人而合祔焉，遵理命也。

铭曰：

滏水之阳，鼓山之下。吉日吉土，载封载树。乌乎！博陵崔君之墓。

寅恪案：大唐帝国自安史乱后，名虽统一，实则分为两部。其一部为安史将领及其后裔所谓藩镇者所统治，此种人乃胡族或胡化汉人。其他一部统治者，为汉族或托名汉族之异种，其中尤以高等文化之家族，即所谓山东士人者为代表。此等人群推戴李姓皇室，维护高祖、太宗以来传统之旧局面，崇尚周孔文教，用进士词科选拔士人，以为治术者。自与崇尚弓马、以战斗为职业之胡化藩镇区域迥然不同。河北旧壤为山东士人自东汉魏晋北朝以降之老巢，安史乱后已沦为胡化藩镇之区域，则山东士人之舍弃其祖宗之坟墓故地，而改葬于李唐中央政府所在之长安或洛阳，实为事理所必致，固无足怪也。

吾国中古士人，其祖坟住宅及田产皆有连带关系。观李吉甫，即后来代表山东士族之李党党魁李德裕之父所撰《元和郡县图志》，详载其祖先之坟墓住宅所在，是其例证。其书虽未述及李氏田产，而田产当亦在其中，此可以中古社会情势推度而知者。故其家非万不得已，决无舍弃其祖茔旧宅并与茔宅有关之田产而他徙之理。此又可不待详论者也。由是观之，崔玄亮虽如其他天宝后山东士人有田宅在济源、洛下，但仍欲归葬于滏阳先茔。此为当日例外之举动，所以乐天撰其墓志，特标出之，又于铭中不惮烦复，大书特书重申此点也。至于崔玄亮"自天宝已还，山东士人皆改葬两京"之言，乃指安史乱后，山东士人一般情形。此可以今日洛阳出土之唐代墓志证之。如李德裕一家其姬妾子妇诸墓志即是其例（见罗振玉《贞松老人遗稿·石交录》并拙著《李德裕贬死年月及归葬传说辨证》）。更考李德裕一家在未葬洛阳之前，实有先徙居卫州汲县之事。其徙居之时代复在天宝安史之乱以前，则其中必别有未发之覆。兹略取李氏一家徙居史料释论之。其他山东士族，亦可据以推知也。

《新唐书》一四六《李栖筠传》略云：

李栖筠世为赵人。始居汲共城山下。〔族子〕华固请举进士，俄擢高第。〔代宗〕引拜栖筠为〔御史〕大夫。比比欲召相，惮〔元〕载辄止。栖筠见帝猗违不断，亦内忧愤卒，年五十八。

寅恪案：李栖筠者，吉甫之父，德裕之祖也。《新书》此传当取材于权德舆之文。据《权载之文集》三三《唐故银青光禄大夫御史大夫赠司徒赞皇文献公李公文集序》略云：

> 初未弱冠，隐于汲郡共城山下，营道抗志，不苟合于时。
>
> 族子华，名知人，尝谓公曰："叔父上邻伊、周，旁合管、乐，声动律外，气横人间。"〔公〕感激西上，举秀才第一。病有司试赋取士，非化成之道，著《贡举议》。德舆先公与公天宝中修词射策，为同门生。

可知也。又据李德裕《会昌一品集》一八《请改封卫国公状》略云：

> 亡祖先臣曾居卫州汲县，解进士及第。倘蒙圣恩，改封卫国，遂臣私诚。

综合上引史料观之，有可注意者二事。一为李栖筠自赵迁卫之年代，二为李栖筠何以迁卫之后，始放弃其家世不求仕进之传统而应进士举。此二事实亦具有连带关系。兹姑依材料之性质，分别论之于下。

《金石萃编》九九《黄石公祠记》碑题：

> 布衣赵郡李卓撰。

碑阴有大历八年高阳齐嵩之题记。其文云：

> 所题赵郡李卓，即今台长栖筠。

《旧唐书》一一《代宗纪》略云：

> 〔大历六年八月〕丙午以苏州刺史浙江观察使李栖筠为御史大夫。
>
> 十一年〔三月〕辛亥御史大夫李栖筠卒。

然则栖筠年十八九岁时为开元二十四五年，适与权氏"未弱冠"之语符合。其时中国太平无事，号为唐代极盛之世。栖筠忽尔离弃乡邑祖宗历代旧居之地，而远隐于汲县之共城山，必有不得已之苦衷，自无可疑。此事当于李唐一代河北地域在安史乱前求其解释，亦即玄宗开元时代河北地域政治社会之大变动所造成之结果也。寅恪于拙著《唐代政治史述论稿·上篇》已详言之，兹仅移录最有关之材料一条于下，而略论释之，读者更取拙著其他有关部分参之可也。《旧唐书》一九四上《突厥传上》（《新唐书》二一五上《突厥传》同）云：

〔开元〕四年默啜又北讨九姓拔曳固，战于独乐河，拔曳固大败。默啜负胜轻归，而不设备，遇拔曳固迸卒颉质略于柳林中，突出击默啜，斩之。

同书同卷下《突厥传下》卷首云：

西突厥本与北突厥同祖。

寅恪案：吾国旧史所谓北突厥，即东突厥，自颉利可汗败灭后，未几又复兴。默啜可汗之世，为东突厥复兴后最盛时代。其大帝国东起中国之东北边境，西至中亚细亚，实包括东西突厥两大帝国之领域也。凡与吾国邻近游牧民族之行国，当其盛时，本部即本种，役属多数其他民族之部落，即别部。至其衰时，则昔日本部所役属之别部大抵分离独立，转而归附中国，或进居边境，渐入内地。于是中国乃大受影响。他不必论，即以唐代吐蕃为例。吐蕃始强盛于太宗贞观之时，而衰败于宣宗大中之世。大中之后，党项部落分别脱离吐蕃本部独立，散居吾国西北边境。如杨氏即戏剧小说中"杨家将"之"杨"，如折氏即说部中"佘太君"之"佘"，皆五代北宋初活动于西北边塞之部族也。至若西夏之拓拔氏则关系吾国史乘自北宋至元代者，至巨且繁，更无待论矣（见拙著《李德裕贬死年月及归葬传说辨证·附记丁》）。吐蕃之衰败时，其影响如是；突厥之衰败时，其影响亦然。盖自玄宗开元初，东突厥衰败后，其本部及别部诸胡族先后分别降附中国，而中国又用绥怀政策加以招抚。于是河北之地，至开元晚世，约二十年间，诸胡族入居者日益众多，喧宾夺主，数百载山东士族聚居之旧乡遂一变而为戎区。辛有见被发野祭于伊川，实非先兆，而成后果矣。夫河北士族大抵本是地方之豪强，以雄武为其势力之基础，文化不过其一方面之表现而已。今则忽遇塞外善于骑射之胡族，土壤相错杂，利害相冲突，卒以力量不能敌抗之故，惟有舍弃乡邑，出走他地之一途。当李栖筠年未弱冠之时，即玄宗开元之晚年，河北社会民族之情状如此，斯实吾国中古史之一大事，又不仅关系李栖筠一家也。

《旧唐书》一八上《武宗纪》"会昌四年十二月"条云：

〔李〕德裕曰："臣无名第，不合言进士之非。然臣祖（指李栖筠）天宝末（寅恪案：徐松《登科记考》七李栖筠为天宝七载进士。又权德舆言其父皋与栖筠'天宝中修词射策，为同门生'。故'天宝末'疑当作'天宝中'）以仕进无他伎（寅恪案：'伎'《新唐书》四四《选举志上》作'歧'。'歧''歧'通用字），勉强随计，一举登第。自后不于私家置《文选》，盖恶其祖尚浮华，不根艺实。"

寅恪案：李德裕所言其痛恶进士科之理由，盖承述其祖栖筠《贡举议》之说，自不待多论。但最可注意者，即谓其祖于天宝时"仕进无他伎"一语。考山东士族之兴起，其原因虽较远较繁，然其主因实由于东汉晚世董卓黄巾之变及西晋末年胡族之乱。当日政治文化中心之洛阳失其领导地位，而地方豪族遂起而代之。于是魏晋南北朝之门阀政治因以建立。虽隋唐统一中国，江左之贵族渐次消灭，然河北之地，其地方豪族仍保持旧时传统，在政治上固须让关陇胡汉混合集团列居首位，但在社会上依然是一不可轻视之特殊势力也。职此之故，河北士族不必以仕宦至公卿，始得称华贵，即乡居不仕，仍足为社会之高等人物。盖此等家族乃一大地主，终老乡居亦不损失其势力，自不必与人竞争胜负于京邑长安、洛阳也。考《国史补》中所载李德裕祖宗事迹云：

> 李栖者，燕代豪杰。常臂鹰携妓以猎，旁若无人。方伯为之前席，终不肯任（寅恪案："任"疑当作"仕"）。栖生栖筠，为御史大夫，磊落可观，然其器不及父。栖筠生吉甫，任相国八年，柔而多智。公惭卿，卿惭长，近之矣。吉甫生德裕，为相十年，正拜太尉，清直无党。

是栖筠之父栖终身不仕，而地方官吏敬惮之如此。斯亦山东士族本为地方豪强，不必以仕宦而保持其地位势力之例证也。又参以《新唐书》七二上《宰相世系表》"赵郡李氏西祖"条所载，栖筠父名栖，祖名肃然，皆无官爵。惟曾祖君逸下注"隋谒者台郎"，则知栖筠之祖肃然亦不仕进，其行事当与其子栖相似。两世如此，足征其家固不必以仕宦保持其社会地位也。至栖筠曾祖君逸仕为隋谒者台郎，姑无论自隋末年至唐之中叶，其时代已颇久远，即就为谒者台郎一事，亦有可得而论者。《隋书》二八《百官志下》略云：

> 炀帝即位，多所改革。增置谒者、司隶二台，并御史为三台。
>
> 谒者台又置散骑郎从五品二十人，承议郎（正六品）、通直郎（从六品）各三十人，宣德郎（正七品）、宣义郎（从七品）各四十人，征事郎（正八品）、将仕郎（从八品）、常从郎（正九品）、奉信郎（从九品）各五十人，是为正员，并得禄当品。又各有散员郎，无员无禄。寻改常从为登仕，奉信为散从。

寅恪案：隋炀失政，命官猥多。谒者台之散员郎，疑即李君逸之所任。此等职名亦如后世小说中之所谓"员外"者，正是乡居土豪之虚衔耳，固未必常时寄居京邑也。李氏累代既为地方土豪，安富尊荣，不必仕宦，故亦不必与其他自高宗、武则天以降由进士词科出身之人竞争于长安、洛阳之间，作殊死之战斗，如元和以后牛李党派之所为者也。李栖筠既不得已舍弃其累世之产业，徙居异地，失其经济来源，其生计所受影响之巨自无待言；又旅居异地，若无尊显之官职，则并其家前此之社会地位亦失坠之矣。夫李氏为豪纵之强宗，栖筠又是才智不群之人，自不能屈就其他凡庸仕进之途径，如明经科之类，因此不得不举进士科。举进士科，则与其他高宗、武则天后新兴之士大夫阶级利害冲突。此山东旧族之李党所以与新兴词科进士阶级之牛党不能并存共立之主因。然非河北士族由胡族之侵入，失其累世之根据地，亦不致此。斯则中古政治社会上之大事变，昔人似未尝注意，故因李栖筠自赵徙卫事，略发其覆如此，以待治国史考世变之君子论定焉。

（原载《中山大学学报》一九五六年第四期）

论唐代之蕃将与府兵

　　唐代武功自开国至玄宗为最盛时代。此时期之兵力可分为蕃将及府兵两类。其关于府兵者，寅恪已于拙著《隋唐制度渊源略论稿·兵制章》述其概要，然止限于府兵创设及初期与后期不同诸点，其他未遑多及。至于蕃将，则世之读史者仅知蕃将与唐代武功有密切重要关系，而不知其前期之蕃将与后期之蕃将亦大有分别在也。今请先论李唐开国之初至玄宗时代之蕃将，玄宗后之蕃将问题，则本文姑不涉及。次论李唐开国之初至玄宗时代之府兵，而专就太宗、武后、玄宗三人关于此两种武力组织之政策，略加论辨，或可供治唐史者之参考欤？

　　唐之开国，其兵力本兼府兵、蕃将两类，世人习见唐承西魏、北周、隋代之后，太宗之武功又照耀千古，遂误认太宗之用兵其主力所在实为府兵，此大谬不然者也。兹举一例，证成鄙说于下：

　　《贞观政要》二《纳谏篇》略云：

　　　　右仆射封德彝等，并欲中男十八已上，简点入军。敕三四出，〔魏〕征执奏，以为不可。德彝重奏："今见简点者云，次男内大有壮者。"太宗怒，乃出敕：中男以上，虽未十八，身形壮大，亦取。征又不从，不肯署敕。征曰："且比年国家卫士，不堪攻战。岂为其少？但为礼遇失所，

409

遂使人无斗心。"

《通鉴》一九二"武德九年十二月，上遣使点兵"条胡《注》云：

> 唐制，民年十六为中男，十八始成丁，二十一为丁，
> 充力役。

寅恪案：魏征所谓"国家卫士"即指府兵而言。盖府兵之制，更番宿卫，故称之为"卫士"也。由此可知武德之世，即李唐开国之时代，其府兵实"不堪攻战"也。然则此时期太宗频年用兵，内安外攘。高宗继之，武功之盛，照耀史乘。其所用之兵，主力部分必非"不堪攻战"之府兵。既非府兵，其主力果为何种兵耶？治史者习知唐代之蕃将关系重要，故《新唐书》特为蕃将立一专传。兹择其最有关者节录之，并略附《旧唐书·西戎传》有关之文如下：

《新唐书》一一〇《诸夷蕃将传》略云：

> 史大奈，本西突厥特勒（勤）也。与处罗可汗入隋，事炀帝，从伐辽。后分其部于楼烦。高祖兴太原，大奈提其众隶麾下。桑显和战饮马泉，诸军却。大奈以劲骑数百，背击显和，破之，军遂振。从平长安，赐姓史。从秦王平薛举、王世充、窦建德、刘黑闼。

> 阿史那社尔，突厥处罗可汗之次子。〔贞观〕十四年，以交河道行军总管平高昌，封毕国公。从征辽东，所部奋厉，皆有功。二十一年，以昆丘道行军大总管，与契苾何力、郭孝恪、杨弘礼、李海岸等五将军发铁勒十三部及突厥骑十万讨龟兹。执失思力，突厥酋长也。及讨辽东，诏思力屯金山道，领突厥捍薛延陀。复从江夏王道宗破延陀余众。与平吐谷浑。

> 契苾何力，铁勒哥论易勿施莫贺可汗之孙。〔贞观〕九年，

与李大亮、薛万彻、万均讨吐谷浑于赤水川。十四年，为葱山道副大总管，与讨高昌，平之。永徽中，西突厥阿史那贺鲁叛。诏何力为弓月道大总管，率左武卫大将军梁建方，统秦、成、岐、雍及燕然都护回纥兵八万讨之。

黑齿常之，百济西部人。仪凤三年，从李敬玄、刘审礼击吐蕃。调露中，吐蕃使赞婆等入寇，屯良非川。常之引精骑三千夜袭其军，即拜河源道经略大使。凡莅军七年，吐蕃慴畏，不敢盗边。垂拱中，突厥复犯塞，常之率兵追击，至两井。贼夜遁。久之，为燕然道大总管，与李多祚、王九言等击突厥骨咄禄、元珍于黄花堆，破之。

李谨行，靺鞨人。父突地稽，部酋长也。隋末，率其属千余内附，居营州。刘黑闼叛，突地稽身到定州，上书秦王，请节度。以战功封耆国公，徙部居昌平。高开道以突厥兵攻幽州，突地稽邀击，败之。贞观初，赐氏李。

《旧唐书》一九八《吐谷浑传》略云：

贞观九年，诏特进李靖为西海道行军大总管，并突厥、契苾之众以击之。

同书同卷《高昌传》略云：

〔贞观十四年〕太宗乃命吏部尚书侯君集为交河道大总管，率左屯卫大将军薛万均及突厥、契苾之众，步骑数万众以击之。

寅恪案：观上引史料，固知太宗以府兵"不堪攻战"，而以蕃将为其武力之主要部分矣。但详绎史文，则贞观四年破灭突厥颉利可汗之前，其蕃将如史大奈、突地稽等以外，亦未见太宗有何重用蕃将之事。然则贞观四年以前，太宗对内对外诸战争，究用何种兵力，以补救其"不堪攻战"之府兵耶？寅恪尝拟此问题之答案，即太宗未大用蕃将以前，其主要兵力实寄托于所谓"山东豪杰"集团。至"山东豪杰"与唐代初期之重要关系，寅恪已于拙著《论隋末唐初所谓"山东豪杰"》一文详言之，故不赘论，读者可取参阅也。

治唐史者习知唐之用蕃将矣。然似未能辨唐代初期即太宗、高宗之用蕃将，与后来玄宗之用蕃将有重要之区别。盖此两期为唐代武功最盛时代，而蕃将又多建战功。若笼统含混，视为同一，则于史事之真相及太宗、玄宗之用心，皆不能了知。请举一例以证明之。

《旧唐书》一〇六《李林甫传》云：

> 国家武德、贞观以来，蕃将如阿史那社尔、契苾何力，忠孝有才略，亦不专委大将之任，多以重臣领使以制之。开元中，张嘉贞、王晙、张说、萧嵩、杜暹皆以节度使入知政事。林甫固位，志欲杜出将入相之源。尝奏曰："文士为将，怯当矢石，不如用寒族、蕃人。蕃人善战有勇。寒族即无党援。"帝以为然，乃用〔安〕思顺代林甫领〔朔方节度〕使。自是高仙芝、哥舒翰皆专任大将。林甫利其不识文字，无入相由。然而禄山竟为乱阶，由专得大将之任故也。

据此，可知太宗所任之蕃将为部落酋长，而玄宗所任之蕃将乃寒族胡人。太宗起兵太原，与突厥酋长结"香火盟"，谊同骨肉。若自突厥方面观之，则太宗亦是与突厥同一部之酋长，所谓"特勤"之类也。此点寅恪于拙著《论唐高祖称臣于突厥事》一文中详证之，兹不赘论。太宗既任部落之酋长为将帅，则此部落之酋长必率领其部下之胡人，同为太宗效力。功业成后，则此酋长及其部落亦造成一种特殊势力，如唐代中世以后藩镇之比。至若东突厥败亡后而又复兴，至默啜遂并吞东西两突厥之领土，而建立一大帝国，为中国大患。历数十年，至玄宗初期，以失政内乱，遂自崩溃。此贞观以来任用胡族部落酋长为将领之覆辙，宜玄宗以之为殷鉴者也。职此之故，玄宗之重用安禄山，其主因实以其为杂种贱胡（详见拙著《唐代政治史述论稿·上篇》）。哥舒翰则其先世虽为突厥部落酋长，然至翰之身，已不统领部落，失其酋长之资格，不异于寒族之蕃人。是以玄宗亦视之与安禄山相等，而不虑其变叛，如前此复兴东突厥诸酋长之所为也。由是言之，太宗之用蕃将，乃用此蕃将及其所统之同一部落。玄宗之用蕃将，乃用此蕃将及其统领之诸种不同之部落也。太宗、玄宗任用蕃将之类别虽不同，而有任用蕃将之必要则相等。蕃将之所以被视为重要者，在其部落之组织及骑射之技术。兹请先言其骑射之技术如下：

《新唐书》五〇《兵志》略云：

唐之初起，得突厥马二千四，又得隋马三千于赤岸泽，徙之陇右，监牧之制始于此。初，用太仆少卿张万岁领群牧。自贞观至麟德四十年间，马七十万六千。方其时，天下以一缣易一马。万岁掌马久，恩信行于陇右。自万岁失职，马政颇废。永隆中，夏州牧马之死失者十八万四千九百九十。开元初，国马益耗。太常少卿姜海乃请以空名告身市马于六胡州，率三十匹雠一游击将军。命王毛仲领内外闲厩。毛仲既领闲厩，马稍稍复，始二十四万。至十三年，乃四十三万。其后突厥款塞，玄宗厚抚之，岁许朔方军西受降城为互市，以金帛市马，于河东、朔方、陇右牧之。既杂胡种，马乃益壮。议谓秦、汉以来，唐马最盛。〔天宝〕十三载，陇右群牧都使奏，马

三十二万五千七百。安禄山以内外闲厩都使兼知楼烦监，

阴选胜甲马归范阳，故其兵力倾天下。

寅恪案：骑马之技术本由胡人发明。其在军队中有侦察敌情及冲陷敌阵两种最大功用。实兼今日飞机、坦克二者之效力，不仅骑兵运动迅速灵便，远胜于部卒也。中国马种不如胡马优良。汉武帝之求良马，史乘记载甚详，后世论之者亦多，兹不赘述。即就上引史料观之，则唐代之武功亦与胡地出生之马及汉地杂有胡种之马有密切关系，自无待言。至弓矢之用，若不与骑马配合，则仅能防守，而不能进攻，只可处于被动之地位，而无以发挥主动进攻之效用。故言射而不言骑，则止得军事技术之一面。若骑射并论，自必师法胡人，改畜胡种之马，且任胡人血统之人主持牧政。此必然之理，必致之势。今所存唐代马政之史料虽众，要不出此范围也。

至军队组织，则胡人小单位部落中，其酋长即父兄任将领，其部众即子弟任兵卒。即本为血胤之结合，故情谊相通，利害与共。远较一般汉人以将领空名，而统率素不亲切之士卒者为优胜。此点以寅恪之浅陋，唯见宋吕颐浩所论，最得其要领（四库珍本《忠穆集》一上《边御十策》）。读者可于吕文详究之也。

玄宗所用蕃将为寒族胡人如安禄山等，与太宗所用蕃将为部落酋长如阿史那社尔等，两者既大不相同矣。或疑寒族胡人以非酋长之故，无与之相同血胤部卒可统率，其所领士兵亦将同于汉将所领者不异，则蕃将虽长于骑射之技，而部队却失去组织严整之效，何以玄宗必用蕃人为大将耶？应之曰：玄宗所用蕃将，其本身虽非酋长，无直接之部属，但其人则可统率其他诸不同胡族之部落。质言之，即是一诸不同胡族部落之最高统帅。盖玄宗时默啜帝国崩溃后，诸不同胡族之小部落纷杂散居于中国边境，或

渐入内地。安禄山以杂种胡人之故，善于抚绥诸胡种，且其武力实以同一血统之部落为单位，如并吞阿布思之同罗部落及畜义子为"曳落河"，即收养诸杂类勇壮之人，编成军队，而视为同一血统之部落。职此之故，其人数必非寡少。《通鉴》二一六"玄宗天宝十载"述安禄山收养"曳落河"八千余人事。司马君实于其所著《考异》中以养子必无八千之数，而疑姚汝能之说为不合，则殊未解胡人部落之制也。此种方法后来安史余党胡化汉人田承嗣辈亦遵依之，遂创启唐末五代之"衙兵"，或唐人小说红线故事中所谓"外宅男"者是也（详见姚汝能《安禄山事迹》上、《新唐书》二二五上《安禄山传》，及拙著《唐代政治史述论稿·上篇》）。上述安禄山及其余党所为皆足为例证。故玄宗之用蕃将，除用其骑射之技外，更兼取其部落组织严整之长。此点实与太宗用蕃将之心理未尝有别也。

太宗之时，府兵虽"不堪攻战"，但亦未致全部废弛之阶段。太宗一方面权用蕃将，以补府兵之缺点；一方面仍竭力增加及整顿府兵，以期恢复府兵盛时之原状。故太宗时之武功，固以蕃将部落为主力，然太宗贞观以后，至于玄宗之世，府兵于逐渐衰废之过程中，仍有杰出之人才，并收攻战之效用。观后引史传，可以证知也。惟唐代河北设置府兵问题为治唐史者所亟待解决者，近时颇有不同之论，兹略述鄙见于下：

《玉海》一三八《兵制门》"唐府兵"条引《唐会要》云：

> 关内置府二百六十一，精兵士二十六万，举关中之众以临四方。又置折冲府二百八十（此是贞观十年事），通计旧府六百三十三。河东道府额亚于关中。河北之地，人多壮勇，故不置府。其诸道亦置。

《玉海》一三八《兵制门》引《邺侯家传》云：

玄宗时，奚、契丹两蕃强盛，数寇河北诸州，不置府兵番上，以备两蕃。

寅恪案：《邺侯家传》无传世完本，惟可据《通鉴》及《玉海》诸书引述者，加以论释。虽其中颇多误失，如言唐玄宗时禁军已有六军之类，寅恪亦尝征引前人旧说及鄙意辨正之矣（见拙著《元白诗笺证稿·长恨歌章》）。但关于河北初不置折冲府事，则鄙意以为甚得当时情势之实，虽有时代差错，而无文字之讹误也。近日谷霁光君于其所著《唐折冲府考校补》（在《二十五史补编》）论《邺侯家传》纪此事文字有误，其言云：

上引一段事实，多不可通解。如"不置府兵，以备两蕃"一句，语意不相属，既谓之不置府兵，何云"番上"，更何云"备蕃"。此其一。两蕃入寇，与不置府兵文义亦自相违。此其二。末又指出兵府总数，不记年代，易于混乱。此其三。综观全传，不应致此。余疑"不"字乃"又"字之误。如将"不置府兵"易为"又置府兵"，则文义连属，于史实亦不背谬。

寅恪案：若上引史料中"不"字果为"又"字之误，则《新唐书》三九《地理志》"河北道幽州大都督府"条云：

有府十四，曰吕平、涿城、德闻、潞城、乐上、清化、洪源、良乡、开福、政和、停骖、柘河、良杜、咸宁。

是此等河北道之折冲府皆非玄宗以前所设置者。但据陆增祥《八琼室金石补正》四六"本愿寺僧庆善等造幢题名"（第五面下载"长安三年乞留检校令裴琳记在获鹿本愿寺"）云：

应天神龙皇帝（中宗）顺天翊圣皇后（韦后）幢主昭武校尉右屯卫前檀州密云府左果毅都尉上柱国孙义元。

《杨盈川集》六《后周明威将军梁公神道碑》云：

天授元年九月十六日加威武将军，守左玉钤卫翊善府折冲都尉。

罗振玉《唐折冲府考补》云：

河北道怀州翊善（劳补）。

《唐李经墓志》："授怀州翊善府别将。"（玉案：劳氏据杨炯撰《梁待宾神道碑》补此府，不知何属。据志，知属怀州。）

则知武则天、中宗之时河北道实已设置折冲府矣。唐高祖以刘黑闼重反之故，竟欲尽杀河北丁壮，以空其地（详见拙著《论隋末唐初所谓"山东豪杰"》）。盖河北之人以豪强著称，实为关陇集团之李唐皇室所最忌惮。故太宗虽增置兵府，而不于河北之地设置折冲府者，即因于此。此《玉海》引《唐会要》所谓"河北之地，人多壮勇，故不置府。其诸道亦置"者也。至武则天以山东寒族攫取政权之后，转移全国之重心于洛阳，即《旧唐书》六《则天皇后纪》所云"〔载初二年〕七月，徙关内雍、同等七州户数十万以实洛阳"者是也。盖武后以前，唐承西魏、北周、杨隋之遗业，以关陇为本位，聚全国之武力于此西北一隅之地，借之宰制全国，即《玉海》引《唐会要》所谓"举关中之众，以临四方"者。又据《唐会要》八四《移户门》云：

贞观元年朝廷议，户殷之处听徙宽乡。陕州刺史崔善为上表曰："畿内之地是为殷户，丁壮之民悉入军府。若听移转，便出关外。此则虚近实远，非经通之义。"其事遂止。

寅恪案：崔善为言"畿内之地是为殷户，丁壮之民悉入军府"，实深得唐初府兵设置分配之用意，故不容许移徙畿内之民户东出关外也。今武后徙雍、同等州之民户，以实洛阳，即是将全国武力之重心自关中而移于山东。河北之地即在山东区域之内。若非武后之世，决不能有此违反唐高祖太宗以来传统之政策。故今日所存之史料中，河北道兵府之设置，其时代在玄宗以前、武后以后，实与唐代当日之情势相符应也。国内情势既改，而东突厥复兴，国外情势又因之大变，此两大原因乃促成河北自武则天后始置兵府之真相。特《邺侯家传》以之下属玄宗之世，时代未免差错。至其文中"不"字是否"又"字之讹误，或字句有脱漏，恐须更待考证也。

太宗虽增加及整顿府兵，冀能一扫前此"不堪攻战"之弊，而可不必倚赖蕃将。然在其生存之日，盖未及收府兵之效用也。及太宗崩殂之后，府兵之效始渐表现。观下引史料，亦足证知武后至玄宗朝，其汉人名将实与府兵有关，即可推见太宗增加及整顿府兵之心力，亦非虚捐矣。到郭子仪父子皆与折冲府有关，而子仪复由武举出身。武举本由武曌创设（见《新唐书》五〇《兵志》）。此则武后用词科进士拔选文士之外，又别设置武举，拔选武人。其各方面搜罗人才之方策，可谓不遗余力。斯亦治史者所不容忽视之点也。

《旧唐书》一〇三《郭知运传》略云：

> 郭知运，瓜州常乐人。初为秦州三度府果毅。

同书同卷《张守珪传》略云：

> 张守珪，陕州河北人也。初以战功授平乐府别将，再转幽州良社府果毅。

《金石萃编》九二《郭氏家庙碑》云：

> 敬之府君（郭子仪父）始自涪州录事参军，转瓜州司仓，雍北府右果毅，加游击将军，申王府典军，金谷府折冲。

> 碑阴：男。昭武校尉守绛州万泉府折冲都尉上柱国璕，

子仪武举及第，左卫长上，改河南府城□府别将，又改同州兴德府右果毅，又改汝州鲁阳府折冲。

府兵之制虽渐废弛，有关史料颇亦不少，兹无详引之必要，止取下引史文观之，当能得其蜕变之概要也。

《旧唐书》九三《张仁愿传》云：

> 时突厥默啜尽众西击突骑施娑葛，仁愿请乘虚夺取汉（应作"漠"）南之地，于河北筑三受降城，首尾相应，以绝其南寇之路。仁愿表留年满镇兵以助其功。时咸阳兵二百余人逃归，仁愿尽擒之。

是中宗时府兵番上之制尚存旧规，可以推见。又据《唐大诏令集》七三《开元二十六年正月敕亲祀东郊德音》略云：

> 朕每念黎甿弊于征戍。所以别遣召募，以实边军。锡其厚赏，使令长住。今诸军所召，人数尚足。在于中夏，自能罢兵。自今已后，诸军兵健并宜停遣。其见镇兵，并一切放还。

则知玄宗开元中府兵番上之制已为长征召募之制所代替。至玄宗天宝中如《新唐书》五〇《兵志》所云：

> 〔天宝〕八载，折冲诸府至无兵可交，李林甫遂请停上下鱼书。其后徒有兵额、官吏，而戎器、驮马、锅幕、糗粮并废矣。

则知宇文泰、杨坚、李世民、武曌四主所创建增置迁移整顿之制度遂于此而告结束矣。

自是之后，唐平安史之乱，其主力为朔方军，而朔方军实一以胡人部落蕃将为其主要成分者。其后平淮、蔡，则赖李光颜之武力。李氏之军队亦为胡兵。至若庞勋之役及黄巢之大会战，无不与沙陀部落有绝大关系，此皆胡兵蕃将之问题。然此等均在玄宗以后，不在本文范围，故不一一具论。读者可取拙著《唐代政治史述论稿·下篇》参之也。

综括论之，以唐代之武功言，府兵虽至重要，然其重要性殊有时间限制，终不及蕃将一端，其关系至深且巨，与李唐一代三百年相终始者所可相比也。至若"河北之地，人多壮勇"，颇疑此集团实出自北魏冀、定、瀛、相诸州营户屯兵之系统，而此种人实亦北方塞外胡族之子孙（详见拙著《论隋末唐初所谓"山东豪杰"》），李唐出身关陇集团，故最忌惮此等人群。太宗因亦不于其所居之地设置兵府，武曌改移政权以后，情势大变，虽于河北置折冲府，然府兵之效用历时不久，至玄宗之世，遂全部废止矣。玄宗后半期以蕃将代府兵，为其武力之中坚，而安、史以蕃将之资格，根据河北之地，施行胡化政策（详见拙著《唐代政治史述论稿·上篇》），恢复军队部落制，即"外宅男"或义儿制。故唐代藩镇如薛嵩、田承嗣之徒，虽是汉人，实同蕃将。其军队不论是何种族，实亦同胡人部落也。延及五代，"衙兵"尚是此"外宅男"之遗留。读史者综观前后演变之迹象，自可了然矣。寅恪尝谓欧阳永叔深受北宋当时"濮议"之刺激，于其所著《五代史记》特标《义儿传》一目，以发其感愤。然所论者仅限于天性、人伦、情谊、礼法之范围，而未知五代"义儿"之制，如后唐"义儿军"之类，实源出于胡人部落之俗。盖与唐代之蕃将同一渊源者。若专就道德观点立言，而不涉及史事，似犹不免未达一间也。兹以此端非本文所宜辨证，故止略陈鄙见，附记于篇末，更俟他日详论之，以求教于当世通识君子。

（原载《中山大学学报》一九五七年第一期）

书《魏书·萧衍传》后

《魏书》九八《岛夷萧衍传》云：

　　衍每募人出战，素无号令，初或暂胜，后必奔背。〔侯〕景宣言曰："城中非无菜，但无酱耳。"以戏侮之。

寅恪案：梁武晚岁，用北来降人为将，实出于不得已。此端寅恪于《述东晋王导之功业》一文中附论及之（见《中山大学学报》（社会科学版）一九五六年第一期，并可参高教部油印拙著《两晋南北朝史参考资料》中《江东统治阶级之转移》章），可不详述。惟台城被围时，其守御之良将乃北来降人之羊侃。侃守城之事迹，并侃殁而城不能守之悲剧，详见《梁书》三九及《南史》六三《羊侃传》。史传备具，不须赘引。兹仅录侃同时人所言者于下，以供旁证。

颜之推《颜氏家训·慕贤篇》云：

　　侯景初入建业，台门虽闭，公私草扰，各不自全。太子左卫率羊侃坐东掖门，部分经略，一宿皆办，遂得百余日抗拒凶逆。于时城内四万许人，王公朝士不下一百，便是恃侃一人安之，其相去如此。

《周书》四一《庾信传》，《哀江南赋》云：

　　尚书多算（寅恪案：羊侃时为都官尚书），守备是长。云梯可拒，地道能防。有齐将之闭壁，无燕帅之卧墙。大

> 事去矣，人之云亡。

然则台城被围时，城中有兵卒无将帅之情况可以证知。故侃既死，而台城不能守矣。其成为问题者，即（一）侯景所言"酱""菜"之解释。（二）造作此戏侮之语者，究出自何人？"酱"与"将"同声，可不必论。"菜"即指"兵卒"之"卒"而言。但菜为去声，卒为入声，何以同读？必有待发之覆。检《南史》八〇《王伟传》（参《梁书》五六《侯景传》）云：

> 王伟，其先略阳人。父略，仕魏为许昌令，因居颍川。伟学通《周易》，雅高辞采，仕魏为行台郎。〔侯〕景叛后，高澄以书招之。伟为景报澄书，其文甚美。澄览书曰："谁所作也？"左右称伟之文。澄曰："才如此，何由不早使知邪？"伟既协景谋逆，其文檄并伟所制，及行篡逆，皆伟创谋也。

寅恪案：王伟虽称陈留人，其家世实出略阳。据《北齐书》三五《裴让之传》附弟谳之传（参《北史》三八《裴佗传》附子谳之传）云：

> 杨愔每称叹云："河东士族，京官不少，唯此家兄弟（寅恪案：谓裴让之、诹之、谳之兄弟也），全无乡音。"

及《北史》八一《儒林传上·李业兴传》略云：

> 李业兴，上党长子人也。祖虬，父玄纪，并以儒学举孝廉。业兴家世农夫，虽学殖，而旧音不改。梁武问其宗门多少？答曰："萨四十家。"使还，孙腾谓曰："何意为吴儿所笑？"对曰："业兴犹被笑，试遣公去，当着被骂。"

可知当日北方文儒之士，语言多杂方音，王伟家世既出自略阳，其语言当不免杂有乡土之音。陆法言《切韵序》云：

> 秦陇则去声为入。

略阳正是秦陇地域，王伟若用其家世乡土之音，则读"卒"为"菜"，固所当然也。［寅恪案：钱大昕《廿二史考异》二六《梁书·兰钦传》云："西魏祖宇文黑泰（并可参同书同卷《侯景传》'西求救于黑泰'条），本名黑獭，獭、泰声相近。"然则竹汀似犹未解当时"秦陇读入为去"之原则，而"声相近"三字含糊了之也。］况侯景本非清流，自不能作此雅谑，以戏侮梁武。伟为景之谋主，"城中非无菜，但无酱耳"之言，其为伟所造作，当无疑义。寅恪尝论《切韵》与史实之关系（见《岭南学报》第九卷第二期拙著《从史实论〈切韵〉》），师丹老而健忘，未及取证《魏书》此传。今为记之，并不避重录昔日文中所引裴、李两传之嫌，以资说明，借补旧稿之疏漏。近代学人有以秦之先世"柏翳"及"伯益"一端（见《史记》五），以证法言《序》者，亦颇精确。但似不如取伯起所记梁末之事，以证法言隋初之语者，具有时代性，更较适切也。鄙说如此，然欤？否欤？特举出之，以求教于当世审音治史之君子。

（原载《中山大学学报》一九五八年第一期）

李德裕贬死年月及归葬传说辨证

李卫公贬死年月及归葬传说二事，昔人已有论述。今所以复为此辨证者，意在指明《资治通鉴》纪事之有脱误，及清代学者检书之疏忽。故旧传史料之疑为伪造，及新出石刻之可资旁证者，皆讨论及之。至若党项兴起之事迹，及玉谿行役之诗句，虽亦有所解释，然非本篇主旨之所在也。兹以卫公贬死年月及归葬传说二事分为上下二章，依次讨论之。

（上）贬死年月

王鸣盛《十七史商榷》九一"李德裕贬死年月"条云：

会昌六年三月武宗崩。四月宣宗立。明年改元大中。故《旧书·李德裕传》："宣宗即位，罢相，出为东都留守。大中元年秋以太子少保分司东都，再贬潮州司马。明年冬又贬潮州司户。二年自洛阳水路经江淮赴潮州。其年冬至潮阳，又贬崖州司户。三年正月达珠崖郡。十二月卒。年六十三。"所谓"明年"者，大中二年也。其下文"二年"当作"三年"，"三年"当作"四年"，年"六十三"当作"六十四"，皆传写误也。《新书》本传"元年，贬潮

州司马"之下，删去"潮州司户"一节，即书"明年贬崖
州司户。明年卒。年六十三"云云。则似真以二年贬崖州，
三年卒，而《旧书》非传写之误矣。此因删之不当，又据
误本以成误者。《南部新书》卷戊云："以二年正月贬潮
州司马。其年十月再贬崖州司户。三年十二月卒于贬所。
年六十四。"所书贬官年月亦与《旧史》参错不合，而"年
六十四"却是。考《李卫公别集》第七卷《祭韦相执谊文》：
"维大中四年月日，赵郡李德裕谨以蔬醴之奠，敬祭故相
韦公之灵。公遘谗投荒，某亦窜迹南陬，从公旧丘"云云。
末句云"其心若水，其死若休。临风敬吊，愿与神游"，
盖德裕将终之语。执谊亦由宰相贬崖州司户，故云。然则
为大中四年甚明。为误此一年，故以年六十四为六十三。《旧
书》不过数目字误，《南部新书》乃传闻失实，而《新书》
则武断已甚。《容斋续笔》卷一载德裕手帖云："闰十一
月二十日，从表兄崖州司户参军同正李德裕状。"此正是
大中四年之闰十一月，发此书后至十二月而卒矣。洪迈亦
因史文而误以为"三年"。

又岑建功本《旧唐书校勘记》五八《〈李德裕传〉校勘记》（寅
恪案：据校勘目录，列传自卷一三三至二〇〇皆刘文淇校）引王
鸣盛说竟（王氏说已见前），并附识云：

> 按《通鉴》二四八纪德裕之贬崖州在大中三年，其卒
> 在四年，可证王说之确。

寅恪案：王说初视之似极精确，然考其根据约有二端：一为《旧
唐书》一七四《李德裕传》中"明年冬又贬潮州司户"之一节，
一为《李卫公别集》七《祭韦相执谊文》中"维大中四年月日"
之一语。其实二者皆有可疑。请依次分别论之于后：

王氏诋《新唐书》之删去"明年冬又贬潮州司户"一节为不当，为武断已甚。今欲判明王说之当否及《新书》之是非，即以《旧书》所载李德裕贬崖州司户之诏书证之，可以决定。考《旧唐书》一八下《宣宗纪》大中三年九月制略云：

> 守潮州司马员外置同正员李德裕，可崖州司户参军。
>
> 所在驰驿发遣，纵逢恩赦，不在量移之限！

据此，则李德裕在未贬崖州司户参军以前，仍是潮州司马。若如《旧唐书·李德裕传》所载，德裕在既贬潮州司马以后，未贬崖州司户参军以前，其间果尚有贬潮州司户一事者，则德裕贬崖州司户参军之诏书应称其官衔为潮州司户参军，而非潮州司马矣。今诏书既称其官衔为潮州司马，则其间无贬潮州司户参军之事，可以决言。《新唐书》一八〇《李德裕传》删去《旧传》中因上下文重复而传写衍误之"明年冬又贬潮州司户"一句，正足征其比勘精密，胜于旧史之文，复何武断之有？若王氏之臆改"二年"作"三年"，"三年"作"四年"，"六十三"作"六十四"，则诚可谓武断已甚耳。又《通鉴》二四八略云：

> 大中元年冬十二月戊午，贬太子少保分司李德裕为潮州司马。
>
> 大中二年秋九月甲子再贬潮州司马李德裕为崖州司户。

（《唐大诏令集》五八亦载此制）

据其所书德裕由潮州再贬崖州之官衔为"潮州司马"，与《旧唐书·宣宗纪》所载者适相符合，亦足证德裕无贬潮州司户之事也。又《旧唐书》一七四《李德裕传》云：

> 大中二年自洛阳水路经江淮赴潮州，其年冬至潮阳。

而《旧唐书·宣宗纪》及《李德裕传》均载德裕于大中元年秋由太子少保分司东都再贬潮州司马。据《旧唐书·宣宗纪》，德裕贬崖州司户诏书有"所在驰驿发遣"之语，其贬潮州司马之诏书，《两唐书》虽皆不载，但《唐大诏令集》五八尚存此制。其文亦有"仍仰所在驰驿发遣"之语。夫当宣宗初政，牛党诸人皆欲杀敌党党魁而甘心之时，德裕以万里严谴之罪人，转得从容濡滞，至于一岁有余之久，揆之情理，证以法例，皆无其事，可以断言。此《旧书·德裕传》显然讹误之处。而嘉定王氏及其他诸史家亦未致疑，如冯浩《玉谿生年谱》反据以为说，殊可异也。又《新唐书》一八〇《李德裕传》、《通鉴》、《南部新书》以及《旧唐书·李德裕传》俱系德裕贬崖州于大中二年。《唐大诏令集》五八载《李德裕崖州司户制》下亦注"大中二年九月"，独《旧唐书·宣宗纪》载其事于大中三年九月，此又《旧纪》之误，不待言也。

又考《旧唐书·宣宗纪》云：

> 大中三年十二月，追谥顺宗曰"至德弘道大圣大安孝皇帝"宪宗曰"昭文章武大圣至神孝皇帝"。（依《通鉴》及《唐大诏令集》七八增"弘道""至神"四字）
>
> 崖州司户参军李德裕卒。

同书一七四《李德裕传》云：

> 至〔大中〕三年正月，方达珠崖郡。十二月卒。时年六十三。

《新唐书》一八〇《李德裕传》云：

> 明年（大中三年）卒，年六十三。

《通鉴》二四八《唐纪》云：

> 大中三年闰十一月丁酉，宰相以克复河湟，请上尊号。上曰："宪宗常有志复河湟，以中原方用兵，未遂而崩。今乃克成先志耳。其议加顺、宪二庙尊谥，以昭功烈。"

甲戌，追上顺宗谥曰"至德弘道大圣大安孝皇帝"，

宪宗谥曰"昭文章武大圣至神孝皇帝"。仍改题神主。

己未，崖州司户李德裕卒。

《通鉴纪事本末》三五下"朋党之祸"条云：

〔宣宗大中〕三年闰冬十一月己未，崖州司户李德裕卒。

寅恪案：《通鉴》书己未崖州司户李德裕卒，于甲戌追上顺、宪二宗谥号之后。《通鉴目录》二四亦书"上辞尊号，加顺、宪谥"于李德裕卒之前。可知温公元本即已如此，并无误写。但甲戌追上顺、宪二宗谥号，既上承（大中三年）闰十一月丁酉宰相以克复河湟请上尊号之纪载，故"己未，崖州司户李德裕卒"一语，依文义次序，自应系于闰十一月。此《通鉴纪事本末》所以直书"〔宣宗大中〕三年闰冬十一月崖州司户李德裕卒"也。然检刘羲叟《长历》及陈垣氏《二十史朔闰表》，大中三年闰十一月辛巳朔，十二月庚戌朔，据《旧唐书·宣宗纪》追上顺、宪谥号在大中三年十二月，则《通鉴》所系追上顺、宪二宗谥号之上，脱去"十二月"三字。其甲戌乃十二月甲戌，即十二月二十五日也。十二月二十五日既为甲戌，则同月之内，己未之干支只能在甲戌之前，不能在甲戌之后。以十二月庚戌朔推之，则己未为十二月十日。此与《南部新书》卷戊之"李太尉以大中三年十二月十日卒于贬所"之语适合。是年闰十一月朔日既为辛巳，无论如何，其月内不能有己未之日。

故《通鉴》应将"己未，崖州司户李德裕卒"一语，移于甲戌追上顺、宪谥号之前，又应于甲戌之前，补书"十二月"三字，方合事实。若《通鉴纪事本末》之书"（宣宗大中）三年闰冬十一月己未，崖州司户李德裕卒"实依据《通鉴》元本脱误之记载，而不悟其月日之不可通。又冯浩《玉谿生诗详注》补采徐

德泓、陆鸣皋合解之说，以为"己未当入明年正月"，其为不可能，更不待辨也。

又王氏谓德裕手帖之闰十一月正是大中四年之闰十一月。洪迈亦因史文而误以为三年。寅恪检古今人所编长历，惟大中三年有闰十一月，大中四年并无闰月之可能。此正容斋之不误，而西庄之大误也。遍检《通鉴》及《通鉴目录》《纪事本末》等书，其纪李德裕之卒皆在大中三年，无一在大中四年者。刘氏所见宁有异本？盖与王氏之误以闰十一月属之大中四年者，同一检书疏忽所致。而此清代二学人一则以为洪说之误，一则以为王说之确。由今观之，不亦大可笑耶？

王氏所以持李德裕卒于大中四年之说，其最重要之根据实为德裕《祭韦执谊文》所记年月。考《李卫公别集》七《祭韦相执谊文》云：

> 维大中四年月日，赵郡李德裕谨以蔬醴之奠，敬祭于故相韦公仆射之灵。

寅恪案：《旧唐书》一四《宪宗纪》云：

> 永贞元年十一月（寅恪案："十一月"三字元本阙，今据《新唐书》七《宪宗纪》、六二《宰相表》及《通鉴》二三六补）壬申，贬正议大夫中书侍郎平章事韦执谊为崖州司马。（寅恪案：《旧唐书》一三五《新唐书》一六八《韦执谊传》俱作"崖州司户参军"。而与韩愈《顺宗实录》五、《两唐书》宪宗纪、《新唐书·宰相表》、《通鉴》及《太平广记》一五三引《感定录》等之作"崖州司马"者不同。《唐大诏令集》五七《贬降门上》载有《韦执谊贬崖州司马制》，故作"崖州司马"当不误。而《两唐书》执谊传之作"崖州司户参军"者，岂初贬司马，其后再贬司户参军耶？以《旧

唐书·李德裕传》误书德裕再贬潮州司户之例观之，疑《两唐书》执谊传之作"司户参军"者误也。）

据此，可知韦执谊一生所历最高之官阶为正议大夫中书侍郎。考《旧唐书》四二《职官志》略云：

> 从第二品。
>
> 尚书左右仆射。
>
> 正第四品上阶。
>
> 中书侍郎（旧正四品下阶。开元令加入上阶也）。
>
> 正议大夫（文散官也）。

据此，执谊最后所历官阶距仆射尚差二级。又据韩愈《顺宗实录》五云：

> 〔王〕叔文败后数月，乃贬执谊为崖州司马。后二年病死海上。

则是执谊死后之较短期间无追赠仆射之事可知也。大概死后追赠仆射可能之机会约共有三：一出自朝廷特恩昭雪。以常识言之，此节似不可能。盖自元和迄于大中，唐室继承诸帝悉为宪宗之子孙，无缘特翻永贞内禅之旧案，而追赠执谊以生前所未践历之官阶也。惟据范摅《云谿友议》中"赞皇勋"条（据涵芬楼影印铁琴铜剑楼本）云：

> 先是韦相公执谊得罪薨变于此（朱崖），今有韦公山。柳宗元员外与韦丞相有龆年之好，三致书与广州赵尚书宗儒相公，劝表雪韦公之罪，始诏归葬京兆，至今山名不革矣。赞皇感其远谪不还，为文祭曰："维大中年月日，赵郡李德裕谨以蔬醴之奠，敬祭于故相国韦公仆射之灵。"

寅恪案：范氏之言殊有可疑。据《柳河东集》三五载《上广州赵宗儒尚书陈情启》又《贺赵江陵宗儒辟符载启》、三六载《上江陵赵相公寄所著文启》，范氏所言自是指此三启，因《柳集》中别无其他相当之文字也。其中《上广州赵宗儒尚书陈情启》系上赵昌，而非上赵宗儒。盖元和元年赵昌以安南都护代徐申为岭南节度使，至四年昌移荆南节度使，又迁太子宾客，然后赵宗儒代其荆南之任。《旧唐书》一五一《新唐书》一七〇《赵昌传》及《旧唐书》一六七《新唐书》一五一《赵宗儒传》皆可证明宗儒始终未尝镇岭南。独昌先镇岭南，后徙荆南，昌对于宗儒之关系，实为荆南节度之前后任（详见沈氏《唐书合参方镇年表》九〇"荆南"条、九四"岭南"条及吴氏《唐方镇年表考证》下"荆南"条）。《柳集》遂以此淆混致误。今《柳集》三启俱存，无一字涉及韦执谊，此其最可疑者也。即使别有三书，不载今《柳集》中，然范氏仅言"始诏归葬"，而不言赠官。夫归葬与赠官截然为不同之二事，观下文所考李德裕之例即可知。德裕祭文何以称之为仆射？考《新唐书》五九《艺文志·子部·小说家类》载范摅《云谿友议》三卷，注云："咸通时，自称五云谿人。"则范氏乃咸通时人。其时韦执谊子绚正为义武军节度使（详见下文），执谊之得追赠仆射，当即在此时，而决不能早在大中之初岁，此其又可疑者也。再退一步言，即使韦执谊果于元和初年即得赠仆射之衔，而德裕祭文复非伪作者，则今传世《李卫公别集》中《祭韦相执谊文》，即王氏用以为德裕卒于大中四年说之根据者，实从《云谿友议》采辑而来。今范氏书为"维大中年月日"，而非"维大中四年月日"。其"四"字乃原本所无，后人误增入者。故王氏立说之最后根据既已觅得之后，不但不能助成其说，反足以丧失其自身立足之凭借，然此岂王氏当日之所能料及者哉！二为执谊之子孙，请削己身之官阶以回赠其父祖，然此非通常追赠之例。若果有是者，则史家应于执谊传末附载其事，如《旧唐书》一二三及《新唐书》一四九《刘晏传》均附载晏子执经为太常博士，请削己官，回赠其父之例是也。今《两唐书》执谊传末无其子孙削官追赠其父祖之语，可知本无其事，非史家记载有所阙略也。三为执谊之子孙显达以后，如遇朝廷大礼庆典普恩追赠之时，即可依己身官爵，追赠其父祖，此为通常追赠之例。执谊若死后果蒙追赠为仆射者，则此例为最可能。然亦须执谊之子孙至迟必须在大中四年以前已历贵仕，始有此可能之机会也。考《新唐书》七四上《宰相世系表》"韦氏龙门公房"条载：

执谊。相顺、宪。	曙。		
	曈。字宾之。郑州刺史。		
	昶。字文明。	布震。字熙化。	
	旭。字就之。		

《新唐书》五九《艺文志·子部·小说家类》载：

　　　　韦绚《刘公嘉话录》一卷（绚，字文明，执谊子也。咸通义武军节度使。刘公，禹锡也。）

　　　　（寅恪案：沈炳震《新旧唐书合参》本引此文"执谊"二字作"秘如"，未知何据。）

寅恪案：《新唐书·宰相世系表》所载执谊诸子虽无绚之名，但昶字文明，与《新唐书·艺文志》所载绚之字符合。且即以《嘉话录》言，亦可见其与刘禹锡交谊之深切。衡以韦、刘永贞同党之关系，《艺文志》所言虽未知何所依据，但绚为执谊之子，似可无疑。或者绚乃昶之改名耶？又考今传世《嘉话录》有绚自序一篇末题：

时大中十年二月朝散大夫江陵少尹上柱国京兆韦绚序。

考《旧唐书》四二《职官志》略云：

从第五品下阶。

朝散大夫（文散官）。

《新唐书》四九下《百官志》略云：

西都、东都、北都、凤翔、成都、河中、江陵、兴元、兴德府尹各一人，从三品。少尹二人，从四品下。

据此，可推定韦绚于大中十年二月以前，无追赠其父仆射官阶之可能。又据孙星衍、邢澍《寰宇访碑录》四"直隶曲阳"云：

北岳庙有咸通六年二月易定观察使韦绚题名。

寅恪案：《旧唐书》一四一《张孝忠传》略云：

后定州刺史杨政义以州降，孝忠遂有易定之地。时既诛〔李〕惟岳，分四州，各置观察使。〔王〕武俊得恒州，康日知得深、赵二州，孝忠得易州。以成德军额在恒州，孝忠既降政义，朝廷乃于定州置义武军，以孝忠检校兵部尚书，为义武军节度易、定、沧等州观察等使。沧州本隶成德军，既移隶义武，孝忠遣牙将程华往沧州，即令摄刺史事。及朱滔、王武俊称伪国，华与孝忠阻绝，不能相援。华婴城拒贼，一州获全。朝廷嘉之，乃拜华沧州刺史、御史中丞，充横海军使。仍改名曰华，令每岁以沧州税钱十二万贯供义武军。

《新唐书》六六《方镇表》略云：

建中三年置义武军。

贞元三年置横海军节度使，领沧、景二州，治沧州。

据此，则北岳庙咸通六年二月韦绚题名之官职为易定观察使，而《新唐书·艺文志》谓绚为咸通义武军节度使，殊信而有征。唐代节度使往往带检校尚书仆射之衔，则其追赠父祖以仆射之官，自有可能。然韦绚之任节度使，实在懿宗咸通中叶，上距宣宗大中四年，约有十五载之久。又据《刘公嘉话录·自序》，则韦绚于大中十年尚是江陵少尹之职，则大中四年李德裕在崖州时，尚不能称韦执谊为仆射也。至《宰相表》载执谊子曈为郑州刺史，未审是何年月。但据《新唐书》六五《方镇表》略云：

> 乾元元年，淮南西道节度徙治郑州。乾元二年，废淮南西道节度使，置郑陈节度使，治郑州。是年，复置淮南西道节度使，治寿州。上元二年，废郑陈节度，以郑、陈、亳、颖四州隶淮西。

然则郑州虽一度曾为淮西及郑陈二节度使之治所，其时间极短，皆在肃宗之世。自此以后，即非节度使治所。韦曈之任郑州刺史，以时代考之，自在肃宗之后。既在肃宗之后，则其郑州刺史无缘为节度使兼领之职。韦曈既非节度使而兼领郑州刺史，则执谊亦不致因其子之为郑州刺史，而得受仆射之常例追赠，更可知矣。总之，执谊虽有受其子孙依例追赠仆射之可能，但在宣宗大中四年以前，则疑无其事也。

《南部新书》己云：

> 李太尉之在崖州也。郡有北亭子，谓之望阙亭。公每登临，未尝不北睇悲咽。有诗曰："独上江亭望帝京，鸟飞犹是半年程。青山也恐人归去，百匝千遭绕郡城。"今传太尉崖州之诗，皆仇家所作，只此一首亲作也。（寅恪案：《云谿友议》中及《唐语林》七亦载此诗。）

《唐语林》七云：

> 〔李德裕〕南贬，有甘露寺僧允躬者，记其行事，空言无行实，盖仇怨假托为之。（寅恪案：唐大中时，日本

国求法僧圆珍《福州温州台州求得经律论疏记外书等目录》
载有允躬录《南中李太尉事》一卷。）

寅恪案：《李卫公别集》乃后人缀辑而成。其卷七所收《祭韦相
执谊文》，除《云谿友议》外，若《文苑英华》及《唐文粹》等
总集皆未选录，大约即采自范氏之书。此文疑如《南部新书》所
言，乃仇家伪作，故以仆射称韦执谊，致与大中四年以前之事实
不符也。夫王氏"李德裕卒于大中四年"之说，其最强有力之证
据，在此祭文。若此祭文为伪造，或虽非伪造，而其原本实无
"大中四年"之"四"字，则其说之难成立，自不待详辨矣。

至李德裕享年之数，亦有可得而论者。若取正史所载与其自
身引用材料或其他可信之材料，互相参校，莫不符会。野史小说
之所记，则往往自相冲突，或与其他可信之材料不合。今取诸书
违异之说，一一比勘，益足见王氏"李德裕享年六十四"之说之
不可信也。

《两唐书》李德裕传同纪德裕之卒年为大中三年，其享年之
数为六十三（见前所引）。

兹先以传文所载及德裕自著互勘，以见其符会与否。《旧唐
书》一七四《李德裕传》载其自作之《穷愁志》中其《论冥数》
略云：

　　　　及为中丞，闽中隐者叩门请见曰："公不早去，冬必作相，
祸将至矣！若亟请居外，则代公者受患。"是秋出镇吴门，
时年三十六岁。（寅恪案：今《李卫公外集》四、《太平广记》
八四及《全唐文》七一〇等引此文皆无"时年三十六"一句。
今日殊无理由可以疑《旧传》此句为增入者。或原本此句
为自注小字，其他诸本皆以传写略去耳。）

寅恪案：其《论冥数》颇有可疑之处，不知是否真为德裕所作。

但《旧唐书》德裕传之纪事则适与此论所言符合。如《旧唐书》一六《穆宗纪》云：

> 长庆二年九月癸卯，以御史中丞李德裕为润州刺史兼御史大夫、浙江西道都团练观察处置使。

据此，德裕自言于长庆二年岁次壬寅其年三十六岁。则上数至贞元三年岁次丁卯德裕始生，下数至大中三年岁次己巳为六十三岁。是传文与传所认为之德裕自著符会之一证。

又《旧唐书·李德裕传》云：

> 开成二年五月，授扬州大都督府长史、淮南节度副大使、知节度使事。五年正月，武宗即位。七月，召德裕于淮南。九月，授门下侍郎同平章事。初，德裕父吉甫年五十一出镇淮南，五十四自淮南复相。今德裕镇淮南，复入相，一如父之年，亦为异事。

寅恪案：《旧唐书》一四八《李吉甫传》（《新唐书》一四六《李吉甫传》同。又《新传》疑兼采王起所作《李赵公行状》，非如吴缜、赵翼所言据会昌重修《宪宗实录》也。俟考）云：

> 其年（元和三年）九月，拜检校兵部尚书兼中书侍郎平章事，充淮南节度使。〔元和〕五年冬，裴垍病免。明年（元和六年）正月，授吉甫金紫光禄大夫、中书侍郎平章事。元和九年冬，暴病卒，年五十七。

寅恪案：吉甫卒于元和九年，年五十七，则元和三年出镇淮南，其年为五十一。元和六年自淮南入相，其年为五十四。德裕卒于大中三年，年六十三。开成二年镇淮南，其年为五十一。开成五年自淮南入相，年五十四。凡此正史所纪，皆互相适合，无一参错者也。若观野史小说，则殊不然。兹移写数则于下，不待详辨，即可知其自相冲突，或与事实不合也。

《南部新书》戊云：

> 李太尉以大中二年正月三日贬潮州司马。当年十月十六日再贬崖州司户。大中三年十二月十日卒于贬所。年六十四。

寅恪案：钱希白既言其卒于大中三年，又言其享年六十四，则此二端自相冲突。盖据德裕自著之《论冥数》，长庆二年其年为三十六，则大中三年应为六十三，而非六十四也。

又《续前定录》略云：

> 太尉卫公为并州从事。到职未旬日，忽有王山人者诣门请谒，曰："某善按年也。"请虚正寝，备几案、纸笔、香水而已。因令垂帘静伺之。顷之，王生曰："可验矣！"纸上书八字甚大，且有楷注曰："位极人臣。寿六十四。"及会昌朝三行策，至一品，薨于海南，果符王生所按之年。

又《太平广记》一五六引《感定录》云：

> 李德裕自润州年五十四除扬州，五十八再入相，皆及吉甫之年。缙绅荣之。

又同书同卷同条引《补录记传》略云：

> 德裕为太子少傅分司东都时，尝闻一僧善知人祸福，因召之。僧曰："公灾未已，当南行万里。"德裕甚不乐。明日复召之。僧请结坛三日。又曰："公南行之期定矣。"德裕问："南行还乎？"曰："公食羊万口，有五百未满，必当还矣。"后旬余，灵武帅馈羊五百。大惊，召僧告其事，且欲还之。僧曰："还之无益，南行其不返乎。"俄相次贬降，至崖州掾。竟终于贬所，时年六十三。

寅恪案：《续前定录》及《补录记传》所言，皆属于小说家文学想象之范围，不可视同史学家考信征实之材料，与之斤斤辩论也。但据此可知关于德裕享年之数，当时社会即有六十三及六十四不同之二说。其所以致此歧说者，殆因德裕大中三年之年终卒于海外，其死闻达至京洛、普传社会之时，必已逾岁，而在大中四年矣。此野史小说遂因有较正史迟一岁之记载，而以为卒于大中四年或享年六十四之故欤？至《感定录》所言年岁与史实不合，其误甚明，不待赘言。钱大昕《疑年录》一书"李文饶六十三，生贞元三年丁卯，卒大中三年己巳"，其下注云：

> 《续前定录》《南部新书》俱云"六十四"，王西庄据《卫公别集》有大中四年《祭韦丞相执谊文》，断为四年，卒六十四。今据本传。

寅恪案：钱氏虽不显言王氏之非，然其所依据仍从唐史本传。较之刘孟瞻之误检《通鉴》之纪年，复误信王西庄于大中四年之误置闰月者，其学识相去悬远，信为清代史学家第一人也。

（下）归葬传说

关于李德裕归葬之传说，《通鉴考异》所引关系此事之史料颇众，复论之已详。然鄙见与之颇有异同，兹节录涑水原文之要点于下。《通鉴考异》二三《唐纪》一五"懿宗咸通元年九月刘邺请赠李德裕官"条略云：

> 裴旦《李太尉南行录》载咸通二年九月二十六日右拾遗内供奉刘邺表，略云："子烨贬立山尉，去年获遇陛下惟新之命，覃作解之恩，移授郴县尉，今已没于贬所。"又曰："血属已尽，生涯悉空。"又曰："枯骨未归于茔域，一男又陨于江湘。"又曰："其李德裕请特赐赠官。"敕依奏。

《实录注》引《东观奏记》云："令狐相绹梦德裕曰：'某已谢明时，幸相公哀之，许归葬故里。'绹具为其子滈言之。滈曰：'李卫公犯众怒。又崔相铉、魏相暮皆敌人也，见持政，必将上前异同，未可言之也。'后数日又梦。既寤，谓滈曰：'向见卫公，精爽尚可畏。吾不言，必掇祸。明日入中书，且为同列言之。'既而于帝前论奏，许其子蒙州立山尉烨护丧归葬。"又是时柳仲郢镇东蜀，设奠于荆南，命从事李商隐为文曰："恭承新渥，言还旧止。"（张尔田氏《玉谿生年谱会笺》四大中九年末引此文，疑"止"或是"丘"之误。）又曰："身留蜀郡，路隔伊川。"邺奏乃云："枯骨未归茔域。"烨，懿宗初才徙郴县尉，未详，或者后人伪作之，非邺本奏也。《实录注》又云："白敏中为中书令时，与右庶子段全纬书云：'故卫公太尉，亲交雨散于西园，子弟蓬飘于南土。尝蒙一顾，继履三台。保持获尽于天年，论请爱加于宠赠。'全纬尝为德裕西川从事，故敏中语及云。"按此，似繇敏中开发，而数本追复赠官多连邺奏。德裕素有恩于敏中，敏中前作相，既远贬之，至此又掠其美，鄙哉。按刘邺表云："去年获遇陛下惟新之命，覃作解之恩。"则上此表在咸通元年，非二年也。《旧传》："邺为翰林学士承旨，以李德裕贬死朱崖，大中朝令狐绹当权，累有赦宥，不蒙恩例。懿宗即位，绹在方镇，属郊天大赦，邺奏论之。"《李太尉南行录》，邺此时未为翰林学士，因上此表，敕批"便令内养宣唤入翰林充学士，余依奏"。《金华子杂编》曰："宣宗尝私行经延资库，见广厦连绵，钱帛山积。问左右曰：'谁为此库？'侍臣对曰：'宰相李德裕执政日，以天下每岁备用之余尽实此。自是以来，边庭有急，支备无乏

者，兹实有赖。'上曰：'今何在？'曰：'顷以坐吴湘狱贬
于崖州。'上曰：'如有此功于国，微罪岂合深谴？'"由是
刘公邺得以进表，乞追雪之。上一览表，遂许其加赠、归葬
焉。按，宣宗素恶德裕，故始即位即逐之。岂有不知其在
崖州而云"岂合深谴"？又刘邺追雪在懿宗时，此说殊为浅
陋，今不取。

近岁洛阳出土墓志与德裕有关者，寅恪先后获见共有五石。
兹节录其要语于后：

李濬撰《故郴县尉赵郡李君墓志铭》云：

维大中十四年，岁次庚辰，夏六月庚辰朔廿六日乙巳，
故郴县尉赵郡李君享年三十有五，以疾终于县之官舍。明年
夏四月，孤子庄士以使来告，请志于濬。君讳烨，字季常，
赵郡赞皇人也。曾祖讳栖筠，皇任御史大夫京畿观察使，谥
文献公。祖讳吉甫，皇任中书侍郎平章事，谥曰忠公。烈考
讳德裕，皇任特进太子少保卫国公，赠尚书左仆射。君，卫
公第五子也。会昌中，卫公自淮海入相，君已及弱冠，而
谨畏自律，虽亲党门客罕相面焉。属姻族间有以利禄托为致
荐，将以重赂之。答曰："吾为丞相子，非敢语事之私也。
而又严奉导训，未尝顷刻敢怠。子之所言，非我能及。"繇
是知者益器重之。始自浙西廉帅□公商辟从事，授校书郎。
俄转伊阙尉，河南士曹。及卫公平回纥，夷上党。上宠以殊
功，册拜太尉，特诏授君集贤殿校理。未几，汴帅仆射卢公
钧辟奏上僚，兼锡章绶。昆弟二人朱衣牙简侍公之前，士林
荣之。大中初，公三被谴逐，君亦谪尉蒙山十有余载。旋丁
大艰，号哭北向，请归护伊洛。会先帝与丞相论兵食制置西
边事，时有以公前在相位事奏，上颇然之，因下诏许归葬。

君躬护显考及昆弟亡姊凡六丧，洎仆驭辈有死于海上者，皆舁其枢，悉还亲属之家。今皇帝嗣位之岁，御丹凤四赦，诏移郴县尉。自春离桂林，道中得瘴病。以咸通三年正月廿八日卜葬于河南县金谷乡张村先茔。夫人荥阳郑氏，前君七年殁于蒙州。长子庄士，次子庄彦，女曰悬黎。

李烨撰《大唐赵郡李烨亡妻荥阳郑氏墓志》云：

> 夫人讳珍，字玄之，荥阳之荥泽人也。以开成庚申岁八月望归于予家。洎于大中乙亥岁五月晦，盖五百五十二旬也。烨家罹时网，播迁岭外。予钟鞠凶，闻讣贬所，夫人号恸将绝，哀感中外。予衣服外除，再抵荒外。予长兄故尚书比部郎钟念少子日衰，顾其靡识，危慑之际，令予子之。夫人鞠育勤到，至爱由衷，恩过所出。〔夫人〕大中九年乙亥岁五月廿九日丙子，遘疾终于蒙州之旅舍，享年廿九。以予方婴谴谪，子始孩提，无人护丧，权殡于蒙州紫极宫南。期予恩贷，自营葬事。岁月弥远，归日难期。粤以大中十三年岁次己卯十二月十五日，祔葬于河南府洛阳县金谷乡先兆，礼也。有子二人，曰庄士，曰庄彦。

寅恪案：《唐会要》五九"延资库使"条云：

> 会昌五年九月，敕置备边库，收纳度支户部盐铁三司钱物。至大中三年十月，敕改延资库，初以度支郎中判。至四年八月，敕以宰相判，右仆射平章事白敏中、崔铉相继判。其钱三司率送。初年，户部每年二十万贯匹，度支盐铁每年三十万贯匹。次年，以军用足，三分减其一。诸道进奉助军钱物，则收纳焉。（参考《新唐书》五二《食货志》）

《新唐书》一四九《刘晏传》附《孙瀑传》云：

> 瀑字仁泽。举进士，累官度支郎中。会昌初，擢给事中。

以材为宰相李德裕所知。时回鹘衰，朝廷经略河湟，建遣濛按边，调兵械粮饷，为宣慰灵夏以北党项使，始议造木牛运。宣宗立，德裕得罪，濛贬朗州刺史。

《通鉴》二四八略云：

武宗会昌五年秋九月，李德裕请置备边库，以度支郎中判之。冬十月，韦弘质上疏言："宰相权重，不应更领三司钱谷。"德裕奏称："制置职业，人主之柄。弘质受人教导，非所宜言。"十二月，弘质坐贬官。

朝廷虽为党项置使，党项侵盗不已，攻陷邠宁盐州界城堡，屯叱利寨。宰相请遣使宣慰。上决意讨之。

六年二月庚辰，以夏州节度使米暨为东北道招讨党项使。

宣宗大中三年冬十月，改备边库为延资库。西川节度使杜悰奏取维州。

《通鉴》二四九略云：

宣宗大中四年秋八月，以白敏中判延资库。九月，党项为边患，发诸道兵讨之，连年无功，戍馈不已。右补阙孔温裕上疏切谏，上怒，贬柳州司马。冬十二月，以凤翔节度使李业、河东节度使李拭并兼招讨党项使。

五年春正月，上颇知党项之反，由边帅利其羊马，数欺夺之，或妄诛杀，党项不胜愤怨，故反。乃以右谏议大夫李福为夏绥节度使。自是继选儒臣以代边帅之贪暴者，党项由是遂安。上以南山平夏党项久未平，颇厌用兵。崔铉建议，宜遣大臣镇抚。三月，以白敏中为司空同平章事，充招讨党项行营都统制置等使，南北两路供军使，兼邠宁节度使。四月，敏中军于宁州，壬子，定远城使史元破党项九千余帐于三交谷，敏中奏党项平。辛未，诏：平夏党项已就安帖。南山党项，闻出山者迫于饥寒，犹行钞掠。平夏不容，穷无所归。宜委李福存谕。秋八月，白敏中奏南山党项亦请降。时用兵岁久，国用颇乏，诏并赦南山党项，使之安业。冬十月，制以党项既平，罢白敏中都统，但以司空平章事充邠宁节度使。（党项事仅节录《新唐书·刘濛传》及《通鉴》之文，其余史籍有关之记载概从省略。）

寅恪案：唐宣宗之以白敏中平党项，适如清高宗以傅恒平金川，皆自欺欺人之举。宣宗宜因此有感于德裕之边功及置备边库之筹策。《李烨墓志》所谓"先帝与丞相论兵食制置西边事，时有以公前在相位事奏，上颇然之，因下诏许归葬"，实指此事无疑。然则《金华子杂编》之说虽有传述过甚之处，要为宣宗所以特许德裕归葬之主因，则可决言。温公以常识判其不足取，而不知千载之后冢墓遗文忽出人间，遂翻此一重公案也。此点关系唐末五代及宋辽金元之世局颇巨。盖吐蕃衰乱之后，党项乘之代兴。宣宗之初年虽因机会恢复河湟，一洗肃、代以来失地之大耻，然不能以武力平定西陲党项之叛乱，终出于粉饰敷衍苟安一时之下策。吾人于此不独可以窥见当日宣宗所感触之深，至于竟许素所甚恶之李德裕归葬，并可以推知后来北宋西夏相持并立之局势，彼时即已启其端。故华夏与党项两民族之盛衰，实非一朝一夕之故，其所从来者久矣。又烨志既有"君躬护显考及昆弟亡姊凡六丧，洎仆驭辈有死于海上者，悉还亲属之家"之语，而烨妻郑氏志复有"予衣服外除，再抵荒外"及"以予方婴谴谪，子始孩提，无人护丧，权殡于蒙州紫极宫南。期予恩贷，自营葬事。岁月弥远，归日难期。粤以大中十三年岁次己卯十二月十五日，祔葬于河南府洛阳县金谷乡先兆"之文，据以综合推之，则德裕之归葬出于特许，故烨可离蒙州贬所，护枢归洛阳营葬。并可乘此时机，同辇数丧，归自海外。计其葬迄复还蒙州之时，当已免除丧服矣。至若郑氏则死于烨由洛返蒙之后，非有恩贷，不能躬护其枢北归。俟至四年之久，犹无归望，故遣送其枢，还祔先茔也。烨志中阙字当是"卢"字。以《旧唐书》一七下《文宗纪》"开成二年五月辛未，以苏州刺史卢商为浙西观察使"（以代李德裕）。《新唐书》一八二及《旧唐书》一七六《卢商传》又皆有观察浙西之纪事，故可据补也。又《两唐书》德裕传书烨贬官皆作象州立山尉，《东观奏记》中作蒙州立山尉。

《唐语林》七"李卫公历三朝"条作"象州武仙尉"。据《旧唐书》四一《新唐书》四三上《地理志》、《通典》一八四《州郡典》、《元和郡县图志》三七等，立山属蒙州，不属象州。武仙则属象州。今证以墓志，知独裴庭裕书不误，而王说书则后人以意改之者也。又烨志载吉甫谥为忠公。今志仅云"忠公"，与《旧唐书》德裕传"父赵国忠公"之语同。钱氏《廿二史考异》一七下有论吉甫谥语，可以参证。又烨志盛称烨当父为相时避嫌守正之事，殆李潘特举此以刺令狐滈者（见《旧唐书》一七二《新唐书》一六六《令狐楚传》）。若果为实录，则季常信不陨其家风矣！凡此数端，除宣宗特许归葬一事之外，皆无关宏旨，可不讨论。惟一事尚须详辨者，即德裕之枢果于何年北返是也。

关于柳仲郢任东川节度之年月，近人吴廷燮氏《唐方镇年表考证》下"东川柳仲郢"条及张尔田氏《玉谿生年谱会笺》四"大中五年七月柳仲郢为东川节度"条所考者，皆较沈氏《唐书合参·方镇表》及冯氏《玉谿生年谱》为精确，可依以为说。即大中五年仲郢已镇东川，而商隐亦辟为幕僚也。又次年夏杜悰由西川移镇淮南，吴张二氏亦有考证，均详上述同书同卷中，兹不备引。夫德裕卒于大中三年十二月。烨之除丧当在大中六年二月（大中四年闰十一月）。烨于其妻郑氏志自言"予衣服外除，再抵荒外"，则其归葬与除服二者相距之时间必不得甚长，即不得在大中六年以后，此德裕归葬时间最迟之限度也。柳仲郢之镇东川，据最近之考证，既确知为大中五年，《李义山文集》四《樊南乙集序》："七月尚书河东公守蜀东川，奏为记室。"及《李商隐诗集》上又有《悼伤后赴东蜀辟》《至散关遇雪五绝》，则商隐到东川幕时已是大中五年冬季，其为仲郢代作祭文又当更在其后。易言之，即不能在大中六年以前矣。此德裕归葬时间最早之限度也。据此最迟最早二时间之限度，则德裕之归葬必在大中六年。此取前后岁月推排比勘所得之结论，即不中，亦必不远者也。又据《全唐文》七七六李商隐文《为河东公（柳仲郢）复相国京兆公（杜悰）》，第一启略云：

> 伏承决取峡路，东指广陵。今遣节度判官李商隐侍御往渝州及界首已来，备具饩牵，指挥馆递。

又第二启云：

> 伏承凤诏已颁，鹢首期敆。日临端午，路止半千。

则是商隐实有大中六年夏间奉柳仲郢命往渝州迎候杜悰之一事。仲郢于荆南设奠路祭德裕归枢，令商隐为祭文。今其文不传，无从知其详。然其事之在大中六年，上文已证明无疑义矣。若《玉谿生年谱会笺》四以德裕归葬事附载大中九年之末，即张氏亦疑不能决。盖其成书之时李烨及其妻郑氏墓志尚未出土，固不足为病也。寅恪颇疑仲郢于大中六年夏间遣商隐于渝州迎送杜悰，并同时因水程之便利，即遣商隐径由渝州往江陵，致祭德裕之归榇，实不止令其代作祭文也。但此假设非有确据，不过依时日地理及人事之关系，推测其可能而已。姑备一说于此，以俟治玉谿生文学者之教正。寅恪平生读义山诗苦不能解，自不敢与古今为《锦瑟》《无题》作"郑笺"之颛家上下其议论也。尝见冯氏《玉谿生年谱》于大中二年创为义山巴蜀游踪之说，实则别无典据。其言云：

> 夫说诗之法，实则征其踪迹，虚则领其神情。

又云：

> 此段巴蜀之迹，水陆之程，章句朗然。余所得已费苦心，不能更苛责矣！

又冯氏《玉谿生诗详注》三《荆门西下（七律）》，浩曰：

> 此章移易数过，而究难定也。

又《风（五律）》，浩曰：

> 凡自东而西入蜀者，过荆门，至下牢，乃入西陵峡，经黄牛山。五六正与下章之"滩激黄牛"相贯，其为水程上巴峡审矣。乃结云"归舟"者又不可合，盖江波风信，行役常遭，其间细踪何由追核，只可就本诗玩味耳。

张氏《玉谿生年谱会笺》三"大中二年"条略云：

> 冯氏不知归洛在巴游之后，及解至《荆门西下》"天外归舟"句，而其说穷矣，余故不得不辨也。又案巴蜀之游，冯氏定为是年，说最精确。惟是巴蜀游踪，水陆仆仆，似乎心注成都，而留滞荆州。如《荆门西下》《岳阳楼》诸篇，则又似心注湘潭，是果属望何人欤？余详味诗隐，参互证之，则断其必为李回、杜悰也。李回方左迁湖南，义山穷途无依，固不能不望其援手也。《补编·为湖南座主陇西公贺马相公登庸启》事在五月，必义山于荆州与回相遇，为之代作。故"荆云回望夏云时"也。而《无题》一章，尤为此段行踪之关键。起曰"万里风波一叶舟，忆归初罢更夷

犹"，言桂州府罢，尚有所待也。曰"碧江地没原相引"，言李回本同党，虽由西川左迁，未尝不可援引也。曰"黄鹤沙边亦少留"，言己与李回相遇荆州，为之少留也。中联引益德、阿童二典，虽无可征实，然以"益德报主"比卫公之乃心武宗，以王濬受厄王浑，功高得谤，比李回因党祸而贬官，不负卫公之知，词意均极明显。结则言李回既不能携赴湖南，进既不可，归又不能。人生如此，徒使我怀古思乡，安能忍而与之终古乎？此所以留滞荆门之后又有巴蜀之游也。巴蜀之游，当是希望杜悰，而实未至成都，中道而回。冯谱于是年巴蜀之游，钩稽已费苦心。惟于一朝党局，未能参透。甚矣，读书不可不细也！

寅恪案：冯氏"巴蜀游踪"之说，固无依据，张氏"义山于大中二年五月遇李回于荆州"之说，亦非有佐证。冯氏解诗至《荆门西下》"天外归舟"，其说信穷矣。但张氏解《无题》"益德冤魂终报主"之句，谓指卫公。指卫公则诚是矣。然不悟此诗若果如张说，作于大中二年之夏，则距大中元年十二月卫公南贬潮州，不过数月之久，其时文饶尚健在，即使无生还之望，亦岂忍遽目之为"冤魂"耶？故张说匪独与诗人敦厚之旨不合，按其文理又不可通也。鄙见凡注家所臆创之大中二年巴蜀游踪，实无其事。其所指为大中二年往返巴蜀所作之诗，大抵大中六年夏间奉柳仲郢命迎送杜悰，并承命乘便至江陵路祭李德裕归柩之所作，或其他居东川幕中时代之著述。若依此解，则不仅无冯说《荆门西下》及"天外归舟"等地理上之滞碍，亦可免张氏"遇李回于荆州"说之不能标举证据，且不致有李德裕贬后止五月，即被呼为"冤魂"之惨也。兹试依此解，略释"万里风波一叶舟"无题，以证成此假设。又以此诗为此行关键，其中殊有易滋误会之语，不得不稍申述其意趣。总而言之，笺证李诗，非兹篇主旨。既有疏误，于德裕归葬传说之考定，亦无大变易也。《无题》云：

> 万里风波一叶舟，忆归初罢更夷犹。

此诗为商隐于江陵为李烨所赋。烨以舟载父及亲属诸枢北归，"初罢"者非"罢桂府"之"初罢"。考烨贬蒙州立山尉，于大中六年以前奉诏特许归葬，其时尚未除父丧也。其奉诏北归葬亲，既在父丧服未除中，必罢立山尉职。其过江陵时距罢立山尉职不久，故谓之"初罢"。盖宣宗当日止许烨北归葬父，事讫仍须返立山尉贬职。此据烨自撰其妻《郑氏墓志》推得之结论。烨虽急欲归洛阳，然于荆南却有逗留，故得邀之中途，因以设奠，此所谓"忆归初罢更夷犹"也。由此言之，江陵为商隐与烨会遇之交点。商隐之由西而东，抵于江陵，杜诗之"即从巴峡穿巫峡"也。烨之由南而北，发自江陵，杜诗之"便下襄阳向洛阳"也。以年月为经，以路线为纬，此无题之诗案于是始能判决矣。

> 碧江地没元相引，黄鹤沙边亦少留。

此二句不能得其确解。大约烨自湖南至荆南，其途中少有滞留，自所不免，恐亦欲于沿途所过之地方官吏及亲故中有所请乞耶？卢商曾为烨府主，然于大中三年已罢去。大中六年夏间之为岳鄂观察使者，当在韦损与崔瑶之间，其人既不可详考（参阅沈氏《新旧唐书合参》九三《方镇年表》及吴氏《唐书方镇年表考证》下），其事亦不必凿言矣。

> 益德冤魂终报主，阿童高义镇横秋。

若谓此诗作于大中六年夏间德裕归葬时，且在宣宗有感于"西边兵食制置事"特许其归葬之后，则与张氏之解此诗，谓作于大中二年时，去德裕贬潮州仅数月者，更于文理可通。德裕本为太尉，故商隐作《旧将军（七律）》追感其人亦有"李将军是旧将军"之句。生前既以武功邀奇遇，死后复因边事蒙特恩，又曾任西川节度使，建维州之勋，其以益德为比，亦庶几适切矣。不必更求实典，恐亦未必果有实典，而今人不知也。至"阿童高义"句自指仲郢而言，若合二句并读之，即是东川节度柳仲郢遣使祭崖州司户参军李德裕之归枢也。较之以阿童比李回之因德裕党左迁为高义者，立说似更简便；两说相较，何去何从？读者自知抉择也。

> 人生岂得长无谓，怀古思乡共白头。

此二句极佳，不待详说。若仍欲加以解释，即诵《哀江南赋》"班超生而望返，温序死而思归"之句，以供参证可也。

若据此解释，则乾隆以来解释义山诗者相承所谓"大中二年巴蜀游踪"之说，果可成立乎？愿一承教于说诗解人颐之君子也。

又《旧唐书》一六六《白居易传》附从弟敏中传（《新唐书》一一九略同）略云：

> 武宗皇帝素闻居易之名，及即位，欲征用之。宰相李德裕言居易衰病不任朝谒，因言从弟敏中辞艺类居易。即日知制诰，召入翰林，充学士，迁中书舍人。累至兵部侍郎学士承旨。会昌末，同平章事。宣宗即位，李德裕再贬岭南，敏中居四辅之首，雷同毁誉，无一言伸理，物论罪之。

寅恪案：德裕之获许归葬，据李济所作烨墓志，实由"先帝（宣宗）与丞相论兵食制置西边事"，自是可信之实录。夫当日敏中既判延资库，又为招讨党项行营都统制置使，则烨志所言之"丞相"，自非敏中莫属。故疑德裕之归葬，敏中实与有力焉。

然则其后与段全纬书所言亦不致全掠他人之美，此则稍可为敏中辩解者也。

又懿宗即位，即以敏中代令狐绹为相，恩礼极隆。虽伤腰卧疾，迄不令去。至五表辞位，始以为中书令。（其事详见《两唐书》白居易传附从弟敏中传，及《旧唐书》一九《新唐书》九《懿宗纪》等。）《通鉴》二五〇纪此事略云：

> 咸通元年九月辛亥，以〔白〕敏中为司徒、中书令。

其后即接书刘邺请追赠李德裕官事，实顾及《唐实录》注"白敏中为中书令与右庶子段全纬书"云云中"白敏中为中书令"一语，以敏中为中书令必在邺奏请之前，于事理方合也。此点虽不甚关宏旨，亦可见温公排比时日，推勘先后，其用心精密如是。故表而出之，以告读《通鉴》者。

又裴庭裕《东观奏记》卷中纪德裕见梦于令狐绹事，《新唐书》德裕传采之，而略去崔铉、魏謩之名。详绎裴氏所述，须假定令狐、崔、魏三人同在中书，然后始有可能，今姑不详考。即就《新唐书》六三《宰相表下》核之，此三人同在相位之时期为大中三年四月乙酉至大中九年七月丙辰之间。今既考定德裕归葬在大中六年，则宣宗之诏许必在其前一二年，是就时间论，尚无冲突。但德裕之是否见梦于绹，及其归葬之是否由绹所请，则无从判明。至《南部新书》庚亦载此事，而增"懿皇允纳，卒获归葬"之句，此与孙光宪《北梦琐言》一"刘三复记三生事"条末所载"其子邺敕赐及第，登廊庙，上表雪德裕，以朱崖神榇归葬洛中"等语正同，是皆以德裕归葬在懿宗即位以后。盖与《通鉴考异》所引裴坦《南行录》载刘邺咸通二年九月二十六日表中"枯骨未归于茔域"之语，俱为后人伪传伪作之史料。今以《李烨墓志》证之，益明白无疑。《考异》谓"烨懿宗初才徙郴县尉。未详"。今据烨志及郑氏志，知烨虽获归葬德裕于洛阳，葬迄仍返蒙州贬所。至懿宗即位，始得援恩例，内徙郴县。德裕之归葬与烨之内徙及德裕之追赠元本自各为一事，不相关涉。昔人之疑，今日可以释然也。

又烨志言"今皇帝（懿宗）嗣位之岁（大中十四年），御丹凤肆赦，诏移郴县尉。自（大中十四年）春离桂林，道中得瘴病"及"大中十四年夏六月廿六日以疾终于〔郴〕县之官舍"，其所谓"御丹凤肆赦"，自指《新唐书》九《懿宗纪》及《通鉴》二四九"大中十三年冬十月辛卯大赦天下"之事，其赦文即载《全唐文》八五，特附识于此，以备读本文者之检查。又德裕家属墓志近岁出土者，寅恪所见有五石。其子烨及烨妻郑氏志前已引证外，尚有德裕撰《滑州瑶台观女真徐氏墓志》。志为分书，不著书者姓名，当即德裕所自书，文词及书法俱佳。今《李文饶集》中亦佚此志文，弥足珍贵。兹节录其文于下：

> 徐氏，润州丹徒县人。名盼，字正定。疾亟入道，改名天福。大和己酉岁十一月己亥，终于滑州官舍，享年廿三。长庆壬寅岁，余自御史出镇金陵，徐氏年十六，以才惠归我。长育二子，勤劳八年。惟尔有绝代之姿，掩于群萃；有因心之孝，合于礼经。其处众也，若芙蓉之出蘋萍，随和之映珉砾；其立操也，若昌花之秀深泽，菊英之耀岁寒。仪静体闲，神清意远。固不与时芳并艳，俗态争妍。余自宦达，常忧不永。由是树橰旧国，为终焉之计。粤以其年十二月二十日葬于洛阳之邙山，盖近我也。庶其子识尔之墓，以展孝思。一子多闻，早夭。次子烨。

寅恪案：徐氏即烨之生母。后来德裕之裔，皆出自徐氏也。徐氏既葬近德裕，近岁德裕家属墓志先后出土颇众，而德裕及其祖父埋幽之石未闻于世。见存诸方志中名人冢墓一门，亦不著栖筠、吉甫及德裕三世之墓。谅以制度较崇大，物藏较丰实，故亦较其家属卑小之冢墓，先被发掘耶？呜呼，可哀也已！《乐府杂录》"望江南"条云：

> 始自朱崖李太尉镇浙西日，为亡妓谢秋娘所撰。本名谢秋娘，后改此名。亦曰《梦江南》。

据《新唐书》德裕传谓"〔德裕〕后房无声色娱"，李石（？）《续博物志》乃谓"〔卫公〕采聘名姝，至百数不止"。甚矣小说之多歧说也。惟段安节所记或亦有本。盖"秋娘"本唐代妇人习见之名。杜仲阳即杜秋娘，而又为润州人，德裕复与之有一段交涉，几至起大狱者。（详见《两唐书》德裕传、《南部新书》戊及杜牧《杜秋娘诗》等。）徐氏为润州人，且德裕镇浙西时所纳之妾。及其亡后，其自撰之志文赞为"绝代之姿"。然则其制曲以寄哀思，当亦情之所可有。岂以徐盼之故，讹以传讹，致有斯说欤？此虽艺林之故实，然与本篇辨证之主旨无关，姑从阙疑可也。

又有李尚夷撰《唐故赵郡李氏女墓志》云：

> 小娘子曾祖讳吉甫，门下侍郎同中书门下平章事，赠太师。祖讳德修，楚州刺史兼御史中丞，赠礼部尚书。考讳从质，度支两池榷盐使兼御史中丞。中丞不婚，小娘子生身于清河张氏。以咸通十二年十二月二日遘疾于洛阳履信里第，享年卅有四。以其年十二月十九日归葬于北邙西金谷乡张村里，祔大茔，礼也。

寅恪案：《旧唐书》一六五《柳公绰传》附子仲郢传（《新唐书》一六三同）云：

> 大中朝，李氏无禄仕者。仲郢领盐铁时，取德裕兄子

从质为推官，知苏州院事，令以禄利赡南宅。令狐绹为宰
相，颇不悦。仲郢与绹书云："李太尉受责既久，其家已空，
遂绝蒸尝，诚增痛恻。"绹深感叹，寻与从质正员官。

寅恪案：《新唐书》七二上《宰相世系表》赵郡李氏西祖房不载
从质之名。《两唐书》柳仲郢传仅言"德裕兄子"，未详其亲属
远近，此亦石刻可补史文之阙佚者也。又传文所谓"南宅"，当
指德裕子孙，如烨等家属之在南者。至从质不婚，其养女亦不
嫁，其故不能详。《会昌一品集》一八《请改封卫国公状》（参
考《新唐书》德裕传）云：

> 臣今日蒙恩进封赵国公，承命哀惶，不任感涕。臣亡
> 父先臣宪宗宠封赵国。先臣与嫡孙宽中小名三赵，意在传
> 嫡嗣，不及支庶。臣前年恩例进封，合是赵郡，臣以宽中
> 之故，改就中山。

《新唐书·宰相世系表》不著德修子孙。今据此状，可知从质虽
为德修之子，但非长嫡，故可不婚耶？又德修事迹略见《新唐
书》一四六《李栖筠传》附吉甫传末及七二上《宰相世系表》，
皆未载其赠礼部尚书事。惟《东观奏记》上纪德修事迹较详。其
文略云：

> 加赠故楚州刺史尚书工部侍郎李德修礼部尚书。时吉
> 甫少子德裕任荆南节度使检校司徒平章事。上（宣宗）即
> 位普恩，德裕当追赠祖父，乞回赠其兄，故有是命。

据《通鉴》二四八略云：

> 会昌六年夏四月壬申，以门下侍郎同平章政事李德裕
> 同平章事，充荆南节度使。九月，以荆南节度使李德裕为
> 东都留守，解平章事。（参阅《旧唐书》一八下《宣宗纪》）

则德修之得赠礼部尚书，当在此数月间，尚及德裕未贬潮州之

前。否则李氏败后，无从邀此恩命矣。又出土李庄撰《唐故赵郡李氏女墓志》略云：

> 赵郡李氏女悬黎生得十三年，以咸通十二年七月十五日卒于安邑里第。曾祖讳吉甫，祖讳德裕，考讳烨，妣荥阳郑氏。未四岁，遇先府君忧，炼师陈氏实生余与尔。卜咸通十二年十一月廿四日归于榆林大茔吉墓。

寅恪案：据李烨及其妻郑氏志，烨卒于大中十四年六月廿六日，郑氏卒于大中九年五月廿九日。烨之卒而悬黎未四岁，则知悬黎之生在郑氏卒后矣。其生母陈氏志文称为"炼师"者，如烨生母徐氏之称为"女真"，盖皆入道之号，此为唐代之通俗也。长安安邑坊为吉甫、德裕第宅所在，吉甫且以安邑相公为称（见《新唐书》一四六《李吉甫传》）。今据此志，知咸通之末，李氏犹保有此宅。殆亦视同平泉之石，不敢以与人耶？又此志题云：

> 兄度支巡官将士郎试秘书省校书郎庄撰。

据烨志，烨二子，长庄士，次庄彦，一女悬黎。烨妻郑氏志亦载二子庄士、庄彦之名。此志撰人不知其为庄士抑庄彦也。据《唐书·宰相世系表》"烨生殷衡、延古。殷衡右补阙。延古司勋员外郎"，然则庄士、庄彦即殷衡、延古。《旧唐书》二〇下《哀帝纪》"天祐二年六月戊申"条及德裕传、《新唐书》德裕传、《通鉴》二六五"天祐二年六月时士大夫避乱多不入朝"条及《南部新书》乙等皆载延古事，而《旧五代史》六〇有李敬义即延古专传，所纪尤详，盖与司空图同为忠义之士也。传云：

> 李敬义，本名延古，太尉卫公德裕之孙。初（或"幼"之误）随父炜（"烨"之误）贬连州，遇赦得还。

寅恪案：薛史字误不必论。惟据《旧唐书》德裕传云：

烨咸通初量移郴州郴县尉。卒于桂阳。子延古。

《通典》一八三《州郡典》云：

> 桂阳郡。郴州。今理郴县。
>
> 连山郡。连州。今理桂阳县。

李烨志言烨"卒于县之官舍"，即郴县之官舍。《旧唐书》言烨"卒于桂阳"，此"桂阳"指桂阳郡，非桂阳县。盖烨任桂阳郡即郴州之郴县尉，非连山郡即连州之桂阳县尉也。薛史以郡为县，故有斯误也。

又《新唐书》德裕传云：

> 烨子延古，乾符中为集贤校理。

而《南部新书》乙云：

> 咸通九年正月，始以李赞皇孙延佑起家为集贤校理。

寅恪案："延佑"当是"延古"之误。"咸通九年"与"乾符中"二者相距十年上下，未知孰是。据悬黎志题衔言之，其时为咸通十二年。其兄庄已为秘书省校书郎。若《新唐书》不误，则乾符中以集贤校理起家之延古必非此题志之"庄"也。《新唐书·宰相世系表》列殷衡之名于延古之前，依其次序，似殷衡为兄，延古为弟。然则作悬黎志之"庄"，乃"庄士"之省，亦即后来之殷衡耶？或者咸通九年以集贤校理起家者为殷衡，而钱氏误为延佑即延古耶？殊疑不能明也。

《五代史》六五《南汉世家》略云：

> 〔刘〕隐复好贤士，是时天下已乱，中朝士人以岭外最远，可以避地，多游焉。刘濬、李衡（"殷衡"省称"衡"，避宋讳）之徒，隐皆招礼之。濬，崇望之子，以避乱往。衡，德裕之孙，唐右补阙，以奉使往。皆辟置幕府，待以宾客。

吴任臣《十国春秋》五八《南汉烈宗世家》云：

开平二年冬十月辛酉，梁命膳部郎中赵光裔、右补阙李殷衡充官告使，诏王为清海、静海等军节度使，安南都护。王留光裔、殷衡不遣。

又同书六二《李殷衡传》略云：

李殷衡世为赵郡人，唐相德裕孙也。仕梁太祖，为右补阙。开平二年，充岭南官告副使。至则烈宗留之幕府，署节度判官，不时遣还。乾亨初，官礼部侍郎同平章事。居无何，终于其职。先是故唐宰相刘瞻者，殷衡姊婿也。有子赞，幼孤，而性不慧。殷衡教之读书，每督以棰楚。登进士第，梁时充崇政院学士，犹久念殷衡不忘。

寅恪案：《新唐书》一八一《刘瞻传》云：

刘瞻，字几之。其先出彭城，后徙桂阳。

据此瞻家本居桂阳，其与李氏婚姻，或与李烨任郴县尉一事不无关系。又韩偓《玉山樵人集》有《和孙肇（七律）》二篇。其题为：

奉和峡州孙舍人肇荆南重围中寄诸朝士二篇。时李常侍洵、严谏议龟、李起居殷衡、李郎中冉皆有继和。余久有是债，今至湖南，方暇牵课。

今《全唐诗》《文》皆不载殷衡之著作。据冬郎诗题，可知殷衡亦文学之士，不坠其家风者也。李烨二子殷衡、延古虽分处南北，然皆能自树立，传于后世。故不避叙述繁琐之讥，并附载其本末，以供考赞皇子孙亲属者之参证焉。

综合此篇上下二章考辨之结论如下：

（一）李德裕大中三年十二月十日卒于崖州。

（二）其枢于大中六年夏由其子烨护送北归，葬于洛阳。

《直斋书录解题》一六载耿秉直所辑《李卫公备全集》，元附《年谱》一卷，今已佚不传。他时若有补作《年谱》者，愿以兹篇献之，倘亦有所取材欤？非敢望也。

一九三五年三月三十一日

（原载一九三五年《历史语言研究所集刊》第五本第二分）

附　记

（甲）此文付印后，俞大纲表弟以李德裕妾刘氏墓志见示，以其可证明寅恪之所假定，特附录于后，借供参考。《唐茅山燕洞宫大洞炼师彭城刘氏墓志铭并序》云：

炼师道名致柔，临淮郡人也，不知其氏族所兴。和顺在中，光英发外，婉嬺有度，柔明好仁。中年于茅山燕洞宫传上清法箓。悦诗书之义理，造次不渝；宝老氏之慈俭，珍华不御。言行无玷，淑慎其身，四十一年于兹矣。余三册正司，五秉旄钺，荣戟在户，辂车及门，出入宠光，无不尽见，艰难危苦，亦已备尝。幼女乘龙，一男应宿，人世之美，无所缺焉。脩短之间，奚足为恨。属久婴沉痼，弥旷六年，以余南迁，不忍言别，绵历万里，寒暑再期，舆峤拖舟，涉海居陋，无名医上药可以尽年，无香稻嘉蔬可以充膳。毒暑昼烁，瘴气夜侵，才及三时，遂至危亟。以己巳岁八月廿一日终于海南旅舍，享年六十有二。呜呼哀哉。有子三人，有女二人，聪敏早成，零落过半。中子前尚书比部郎浑，独侍板舆，常居我后。自母委顿，夙夜

457

焦劳，衣不解带，言发流涕。其执丧也，加于人一等，可以知慈训孝思之所至也。幼子烨、钜，同感顾复之恩，难申欲报之德，朝夕孺慕，余心所哀。以某年某月某日，返葬于洛阳榆林，近二男一女之墓。余性直盗憎，位高寇至，道不能枉，世所不容，愧负淑人，为余伤寿。瞑目何报？寄怀斯文。铭曰：清泉一源，秀木孤根，惟子素行，不生朱门。操比松桂，粹如瑶琨，不扶自直，不琢自温。七子均养，人靡间言，百口无怨，加之以恩。生我三子，熊罴庆蕃，育我二女，素绚是敦。既毕婚嫁，亦已抱孙。念子之德，众姜莫援，诞于高族，可法后昆。昔我降秩，退居林园，平泉秋日，坐待朝暾。西岭高眺，南荣负暄，自兹而往，惆怅山樊。岩销寒桂，洞歇芳荪，舍我而去，伤心讵论。天池南极，谁与招魂？芒山北阜，将托高原，空留片石，千古常存。

第四男烨记：

大中戊辰岁冬十一月，烨获罪窜于蒙州立山县，支离顾复，恋切蓼莪，欲报之恩，昊天罔极。己巳岁冬十月十六日，贬所奄承凶讣，茹毒迷仆，岂复念□。匍匐诣桂管廉察使张鹭，请解官奔讣，竟为抑塞。荏苒经时，罪逆暨深，仍钟酷罚。呼天不闻，叩心无益，抱痛负冤，块然骨立。阴阳致寇，棣萼尽凋，藐尔残生，寄命顷刻。殆及再期，乃蒙恩宥，命烨奉帷裳还祔先兆。烨舆曳就途，饮泣前进。壬申岁春三月，扶护帷裳，陪先公旌旐发崖州，崎岖川陆，备尝险艰，首涉三时，途经万里，其年十月，方达洛阳。十二月癸酉迁祔，礼也。呜呼天乎，烨迫于谴逐，不能终养，劬劳莫报，巨痛终天，有生至哀，瞑目已矣。

先卫公自制志文,烨详记月日,编之于后,盖审于行事,不敢诬也。谨言。

(乙)罗振玉《贞松老人遗稿·石交录》四略云:

近年中州出太和己酉卫公撰《滑台观女冠徐氏墓志》、大中三年《茅山燕洞宫大洞炼师刘氏墓志》,二人皆公侍姬也。徐氏志作于公刺滑州时,刘氏则以大中三年卒于贬所,公但为之文。公亦以是年卒,其葬在大中六年。志之立,则出于公之嗣子也。二文均不见《会昌一品集》中,吉光片羽,至可珍矣。

与两志同时出土者,尚有李烨妻郑氏及烨志,乃卫公子妇及季子也。郑氏志为烨所撰,中叙门阀之盛衰,令人凄感。烨志载诏许卫公归葬,烨护显考及昆弟亡姊凡六丧,洎仆驭辈死海上者,皆辇其枢,悉还亲属。

(丙)据冯氏所定大中二年义山上峡、下峡诸诗之季节景物言之,则《荆门西下》诗云:

一夕南风一叶危,荆门回望夏云时。

乃下峡之时正值夏季,此可决定无疑者也。《风》云:

回拂来鸿急,斜催别燕高。已寒休惨淡,更远尚呼号。

楚色分西塞,夷音接下牢。

及《摇落》略云:

人闲始遥夜,地迥更清砧。……滩激黄牛暮,云屯白帝阴。

下峡既在夏季,则此等秋季峡中诸诗必是上峡时所赋,又可推知。若依冯氏所说,义山必先上峡,后下峡。夫秋季上峡,夏季始下峡,则义山何以濡滞巴蜀几至一岁之久,而不往谒杜惊?此情理所不可通,冯氏亦难自圆其说也。若依鄙说,则大中六年

459

夏季义山奉柳仲郢之命，下峡祭吊卫公之枢，因送至襄阳，事毕复命，还归东川，其上峡时已是秋深。如此假设，始于行程往复，季节先后，皆能适合。冯氏编《汉南书事》一诗于大中二年，但据新旧《唐书》及《通鉴》等，宣宗赦党项羌在大中五年，义山此诗云：

> 哀痛天书近已裁。

大中六年义山送卫公枢至襄阳，在六年而指五年，故可言"近"。若依冯氏之说，此诗作于大中二年，义山岂非预言家乎？又据《通鉴》二四九《唐纪》"宣宗大中六年"略云：

> 党项复扰边。六月癸酉，除〔毕诚〕邠宁节度使。

然则义山此诗当是在襄阳有所闻而作，其所谓"书事"，即书此事也。总而言之，杜工部诗所谓"即从巴峡穿巫峡，便下襄阳向洛阳"者，正与义山此行相同。此意每于二十年来讲授时言及之，但以奔走衰病，未暇著之楮墨，今特补录于此。

复次，"益德冤魂终报主"之句，自来解释玉谿生诗者，皆不知其出处。考《隋书》三三《经籍志·史部杂传类》载："《冤魂志》三卷，颜之推撰。"此书久佚，近始见残本，其中未有益德事，岂此事即在所阙卷中耶？不敢确言，姑附记此疑，以俟博雅君子校正。

> 乙未春日寅恪记于广州河南瞑写斋

（丁）兹更有关于戏剧小说颇饶兴趣而与白敏中招降党项一事相涉者，可略论之。

《新唐书》二一六下《吐蕃传》云：

> 〔彝泰赞普〕死，以弟达磨嗣。达磨嗜酒，好吹猎，喜内，且凶愎少恩，政益乱。（可参《资治通鉴》二四六《唐纪》"文宗开成三年，吐蕃彝泰赞普卒，弟达磨立"条。）

大凡吐蕃或其他民族最盛强时，其所辖别部种类，必有与其中央主部不尽相同者。如突厥既衰，其所辖之胡部入主河北之例。拙著《论李栖筠自赵徙卫事》一文，可为例证。吐蕃主部之衰，汉族之张议潮于大中五年即以瓜、沙归还中国。其他邻近中国边境之党项，亦先后就中国之招引，令其守护北境也。

《宋史》四八五《夏国传》云：

> 唐末，拓跋思恭镇夏州，统银、夏、绥、宥、静五州地。

同书三三五《种世衡传》略云：

> 世衡建言，延安东北二百里有故宽州，请因其废垒而兴之，以当寇冲。朝廷从之，命董其役。

《通志》二八《氏族略》四"种氏"条略云：

> 本仲氏。或言仲山甫之后，因避难改为种。宋种放，长安人，望出河南。

《宋史》四九二《吐蕃传》云：

> 周广顺三年，始以申师厚为河西节度。师厚初至凉州，奏请授吐蕃首领折逋支等官，并从之。

同书二五三《折德扆传》云：

> 父从阮，自晋汉以来，独据府州，控扼西北。

《嘉庆一统志》一五二《保德直隶州·陵墓门》云：

> 〔宋〕折太君墓，在州城南四十里折窝村。杨业妻。

《通志》二九《氏族略五》"佘氏"条云：

> 〔佘〕音蛇，从示。唐开元有太学博士佘钦，南昌人。唐又有右司郎中佘珝，祖文集，隋考功主事，洛阳人。宋登科佘赟，洪州人。佘刚，衢州人。佘赫，徽州人。

《宋史》二七二《杨业传》云：

> 杨业，并州太原人。父信，为汉麟州刺史。

夫拓跋思恭之自称为拓跋氏，不过自托于后魏之裔以自夸耀，近人乃混淆鲜卑族之拓跋与党项族之拓跋为同一族类，误矣。

种世衡世守延安之地，依《通志》所言，世衡之叔父为种放。放为洛阳人，自是不误。但有可疑者，《通志》言种氏本作仲氏，出仲山甫之后，如避难改为种等语，当是本于《种氏家谱》。自六朝以来，外族往往喜称出于中国名人之后，如沈炳震《唐书宰相世系表订讹》一书，苟取《后汉书》《三国志》《晋书》等证之，其讹舛立见。避乱改姓之说尤多，不再详举例证。鄙意"仲氏"之作"种氏"，实与"党项"不作"黨项"同例，盖所以表示其原非汉族之义。《集注分类东坡诗》四《赵成伯家有丽人仆忝乡人不肯开樽徒吟春雪美句次韵一笑》中"何如低唱两三杯"句自注云：

> 陶谷学士买得党太尉家妓。遇雪，陶谷取雪水烹团茶，调妓曰："党家应不识此。"妓曰："彼粗人，安有此？但能于红绡暖帐中，浅斟低唱，吃羊羔儿酒。"陶嘿然，惭其言。

据此东坡自注与《宋史》二六〇《党进传》原文，尤可证"党"字本应作"黨"字。检宋章定《名贤氏族言行类稿》（四库珍本影印文渊阁本）三九载有黨氏，四八复载有黨氏。下云：

> 本出西羌，姚秦有将军黨耐虎，自云夏后氏之后，代为羌家。

颇疑此卷之"黨"本作"党"。汪辉祖《史姓韵编》五十分"党"及"黛"为二，"党"下云：

> 党进。

熊在湄峻运《新纂氏族笺释》五云：

> 党，冯翊郡，系獯鬻氏，夏桀窜居獯鬻，其后支裔世居党项，有降唐者赐姓党氏，宋党进。

汪、熊两氏关于党氏之文，均采《史记》一一〇《匈奴传》，至章氏书"党"之作"黨"应为后人所改，非其原字也。史籍中亦有作"黨"者，如《宋史》四九二《吐蕃传》中之党令支，殿本"党"作"黨"之类，当是与文渊阁本章氏书同出清代文臣浅陋之笔，不足据也。依《通志·氏族略》，折氏望出西河，宋为大姓。佘氏望出南昌，北方土音读"折"为"佘"，故戏剧小说乃以"折"为"佘"，其实两姓迥别也。

综合白敏中招降吐蕃境内党项诸部，除汉族张议潮外，其极西之拓跋部不肯归附，以致北宋之世，西夏与契丹最为中国之大患。故读史者于地域之方位、种族之区别，尤应特加注意也。世人喜谈小说戏剧，而不知其与义山《汉南书事》诗有关，遂标出之如此。

复次，寅恪昔年于太平洋战后，由海道自香港至广州湾途中，曾次韵义山"万里风波"《无题》诗一首，虽辞意鄙陋，殊不足道，然以其足资纪念当日个人身世之感，遂附录之于下。诗云：

> 万国兵戈一叶舟，故邱归死不夷犹。袖中缩手嗟空老，
> 纸上刳肝或稍留。此日中原真一发，当时遗恨已千秋。读
> 书久识人生苦，未得崩离早白头。

一九六四年岁次甲辰五月五日陈寅恪书于广州金明馆